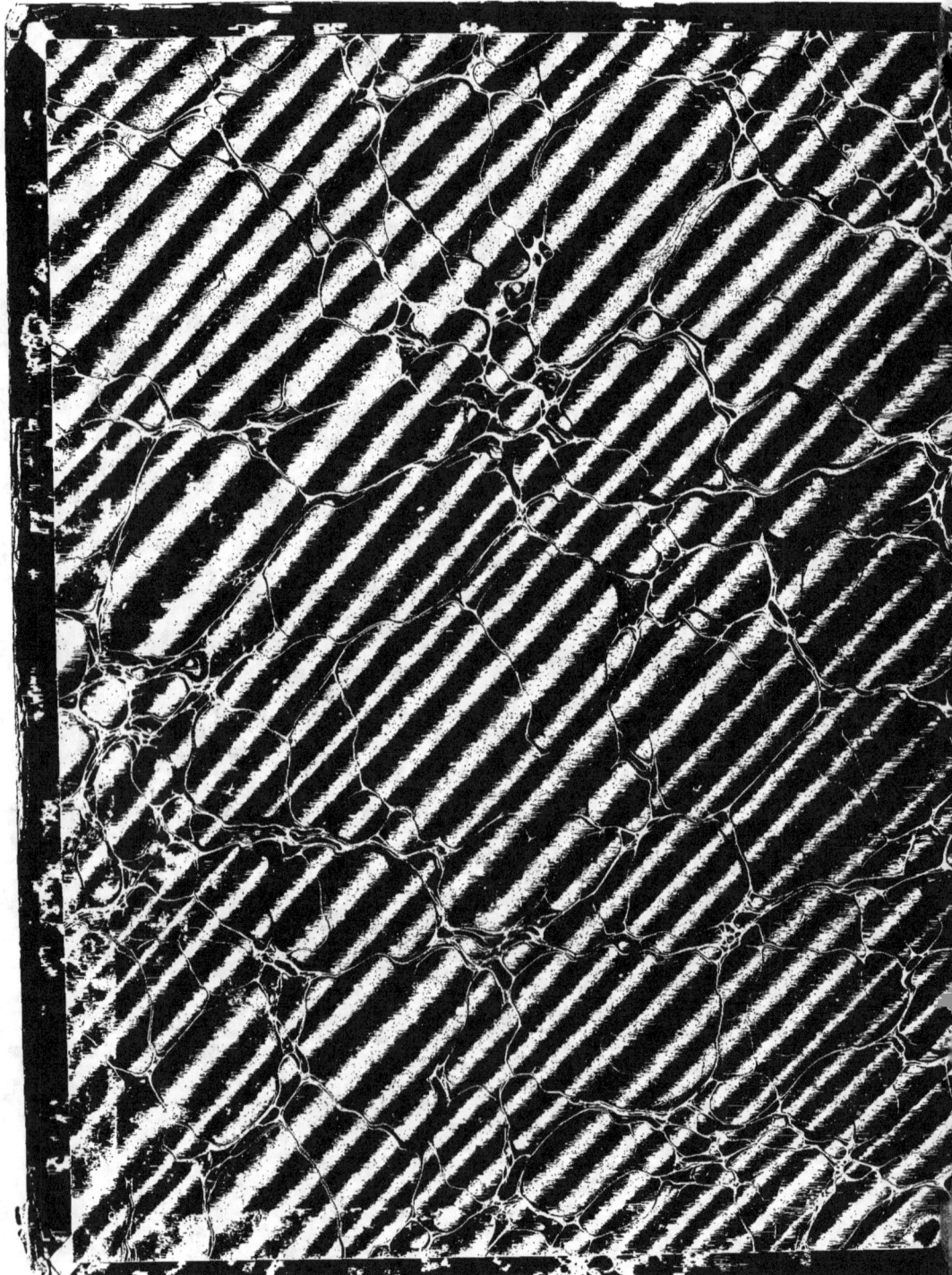

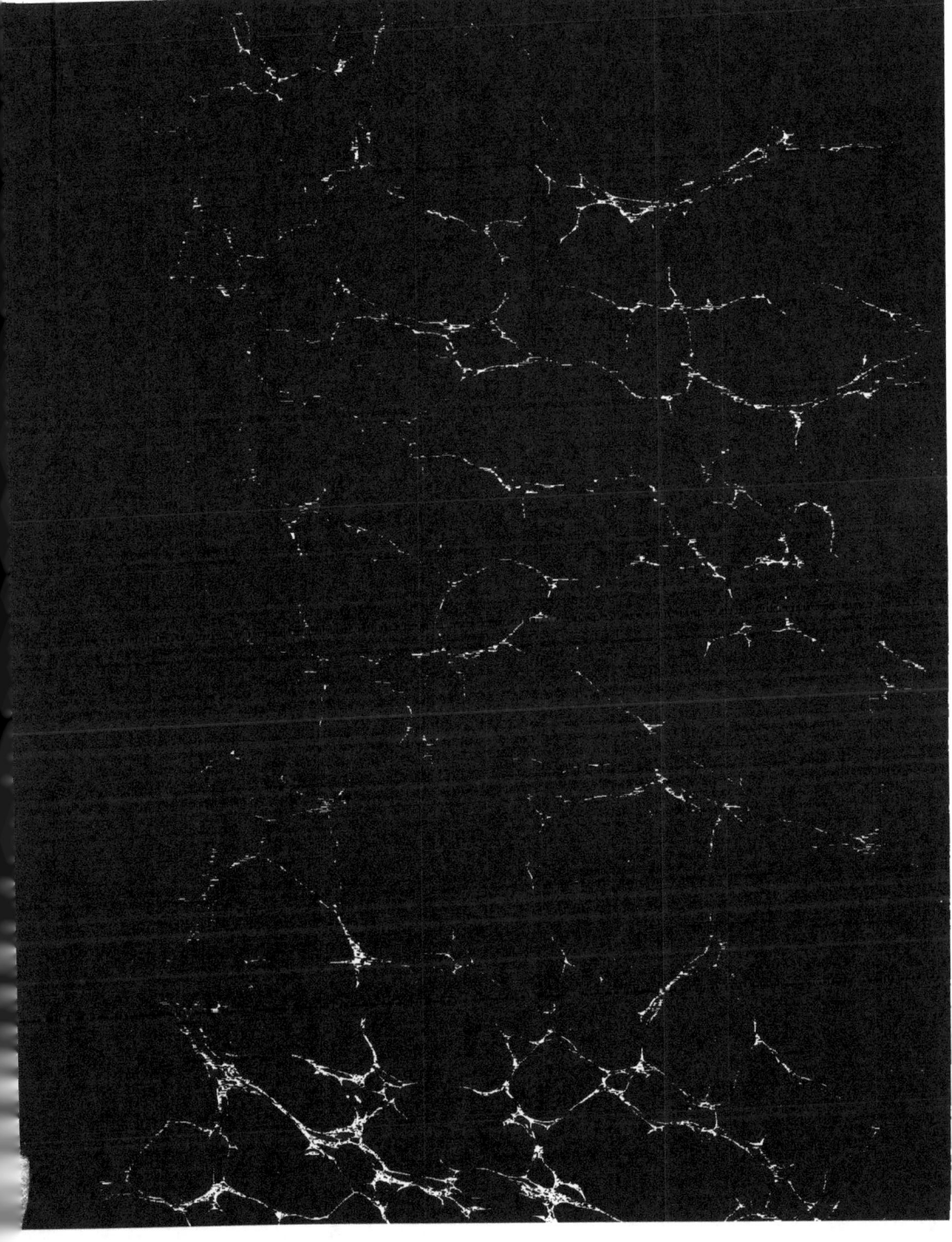

V 13838

L'ART HARMONIQUE

AUX XIIe & XIIIe SIÈCLES

PAR

E. DE COUSSEMAKER

Correspondant de l'Institut.

Un volume in 4° de 550 pages, tiré à 300 exemplaires numérotés à la presse.

PROSPECTUS.

L'harmonie est la base de la musique moderne; elle y occupe partout la principale place. Elle a imprimé à la musique européenne un caractère particulier qui la distingue de la musique des peuples répandus sur les autres parties du globe. Bien qu'au point de vue métaphysique, l'harmonie ne soit en quelque sorte que la partie matérielle de la musique dont la mélodie est l'âme, ces deux éléments sont aujourd'hui si étroitement unis l'un à l'autre, que c'est à peine si, sans l'harmonie, on conçoit la musique. Dans les œuvres enfantées par des génies tels que Mozart et Beethoven, l'harmonie et la mélodie s'identifient à tel point, qu'il ne serait pas possible de les isoler sans les anéantir toutes deux.

En présence de résultats aussi considérables, il est intéressant de rechercher l'origine et les premiers développements d'un art qui engendre ces effets merveilleux. Grâce à de récentes découvertes cette origine et ces développements ne sont plus un mystère; les premières transformations de la musique harmonique peuvent être étudiées et saisies; c'est la tache que s'est imposée l'auteur de l'ouvrage qu'on annonce ici.

L'ART HARMONIQUE AUX XIIe ET XIIIe SIÈCLES comprend trois parties : I. *Musique harmonique*. II. *Musiciens harmonistes*. III. *Monuments*.

Dans la première partie l'auteur expose l'origine et la constitution de la musique harmonique moderne ; il détermine le caractère des divers genres de compositions ; il en examine la contexture mélodique, harmonique, tonale et rhythmique; il démontre l'existence du style imitatif, du canon et du contrepoint double. — La deuxième partie, qui peut être considérée comme la plus neuve, est consacrée aux Musiciens harmonistes que l'auteur divise en trois classes : les Déchanteurs, les Didacticiens, et les Trouvères. — La troisième partie contient une série de 51 compositions à 2, 3 et 4 parties, choisies, parmi les 340 dont se compose le Manuscrit de Montpellier, comme les plus propres à faire apprécier l'état de l'art. C'est la première fois que paraîtra une collection de cette importance.

Cet ouvrage s'adresse non-seulement aux amateurs de l'histoire musicale, mais aussi à ceux qui s'occupent de la littérature des trouvères.

Les faits historiques nombreux et importants qui y sont révélés, les thèses appuyés par les documents ou accompagnées des monuments eux-mêmes, en font un livre de première main, entièrement basé sur l'investigation des sources originales.

La table des matières donnera une idée du plan et de l'ensemble de l'ouvrage.

PRIX : 40 FRANCS

LILLE
L. QUARRÉ, LIBRAIRE,
GRANDE-PLACE, 64.

TABLE DES MATIÈRES

PRÉFACE.

PROLÉGOMÈNES.

I. — *Description du Manuscrit de Montpellier.*
SOMMAIRE. — Utilité de cette description. Le titre a donné lieu à des erreurs. — Miniatures. — Le volume comprend huit recueils distincts. Description particulière de chacun d'eux.

II. — *Des plus anciennes compositions harmoniques.*
SOMMAIRE. — Aperçu des compositions harmoniques connues avant la découverte du manuscrit de Montpellier. Résultat comparatif.

III. — *Des plus anciens documents sur la musique harmonique.*
SOMMAIRE. — A quelle époque ont été écrits les plus anciens documents. Discussion sur l'époque où a vécu Francon de Cologne. Découverte de nouveaux documents où il est parlé de l'existence de deux Francon.

PREMIÈRE PARTIE.
MUSIQUE HARMONIQUE.

CHAP. I. — *Musique harmonique; son origine; sa constitution.*
SOMMAIRE. — Ce qu'il faut entendre par musique harmonique. Distinction entre la diaphonie et le déchant. Quatre périodes dans la constitution de la musique harmonique : Période originaire; période d'essais des signes de valeurs temporaires; période d'amélioration et de fixité dans les signes; période franconienne.

CHAP. II. — *Des compositions harmoniques appelées déchant ou double, triple, quadruple,*
SOMMAIRE. — DÉCHANT; ses diverses significations; envisagé comme composition à deux parties; comment on y procédait; la partie génératrice de l'harmonie était tantôt la partie inférieure, tantôt la partie supérieure ; différence résultant de ces procédés. TRIPLE,

composition à trois parties ; règles ; ses diverses espèces. QUADRUPLE, composition à quatre parties ; règles.—Avant la découverte du manuscrit de Montpellier, on ne connaissait pas de Quadruples. Celui-ci en contient dix-neuf dont un du célèbre Pérotin.

CHAP. III. — *Des différentes espèces de compositions harmoniques et de leur caractère distinctif.*

SOMMAIRE. — ORGANUM. — Il y avait deux sortes d'Organum : l'Organum pur et l'Organum ordinaire. Comment se composait l'Organum pur. On y employait la « Copule » et la « Florature ». Ce qu'on entendait par « Copule ». Copule liée. Copule non liée. Ce qu'on entendait par « Florature ». L'Organum pur à deux parties, appelé aussi « Duplum », est le plus ancien. — Organum pur à trois parties. Son caractère. Organum pur de maître Pérotin. Organum ordinaire. MOTET. Étymologie et signification de ce mot. Caractère distinctif de cette composition. Le manuscrit de Montpellier contient des Motets à deux, trois et quatre parties. Chaque partie chante des paroles différentes. Analogie, sous ce rapport, avec certaines compositions modernes. Le Motet, très en vogue aux XIIIᵉ et XIVᵉ siècles, avait disparu à la fin du XVᵉ. RONDEAU ; composition où toutes les parties chantent les mêmes paroles. Rondeaux d'Adam de La Hale. Versification particulière du Rondeau. CONDUIT. Le caractère de cette composition n'est pas nettement défini. Conduits simples, doubles, triples et quadruples. Conduits de maître Pérotin. Les parties, sans paroles, semblent indiquer que le Conduit était une composition instrumentale. Livres d'orgues. CANTINELLE COURONNÉE. Caractère de cette composition. On y employait le genre chromatique.

CHAP. IV. — *De l'art d'écrire la musique harmonique aux XIIᵉ et XIIIᵉ siècles.*

SOMMAIRE. En quoi consistait l'art d'écrire aux XIIᵉ et XIIIᵉ siècles. CONTRE-POINT SIMPLE. C'était rarement un contre-point de note contre note. IMITATION. Ce qu'on entend par là. On en trouve des traces dans les compositions de Pérotin, et des exemples dans le manuscrit de Montpellier. CANON. Différence entre le Canon et l'Imitation. En usage en Angleterre au XIIIᵉ siècle, sous le nom de « Rota ». Exemple remarquable d'un canon à six parties. Son examen au point de vue mélodique et harmonique. CONTRE-POINT DOUBLE. Son existence au XIIIᵉ siècle est contestée par M. Fétis. Preuve tirée de la disposition diapasonale des diverses espèces de voix dans les compositions harmoniques. Renseignements fournis à cet égard par Jean de Garlande et par un anonyme du British Museum. Le manuscrit de Montpellier contient trois compositions en contre-point double. Autre preuve de l'existence du contre-point double à trois parties dans le traité de Walter Odington. Procédés harmoniques secondaires.

CHAP. V. — *De la mélodie dans les compositions harmoniques des XIIᵉ et XIIIᵉ siècles.*

SOMMAIRE. — Deux sortes de mélodies ; la mélodie spontanée, et la mélodie créée harmoniquement sur un thème ou chant donné. On distingue ces deux sortes de mélodies dans les compositions des XIIᵉ et XIIIᵉ siècles. Mélodies spontanées du manuscrit de Montpellier. Exemples. Les mélodies spontanées subissaient parfois des modifications. Exemples. Ces modifications étaient nécessaires, lorsqu'on faisait marcher ensemble deux mélodies préexistantes. Mélodies des compositions religieuses. Dessins mélodiques des parties secondaires. Mélodies des thèmes ou ténors.

CHAP. VI. — *De l'harmonie et de la tonalité des compositions harmoniques des XIIᵉ et XIIIᵉ siècles.*

SOMMAIRE. — HARMONIE, appelée d'abord diaphonie, puis déchant, exceptionnellement harmonie par Walter Odington. Considérée comme science des accords, n'existait pas. Classification et enchaînement des intervalles harmoniques. Règles et exemples de l'anonyme de St-Dié. TONALITÉ. Sens de ce mot. Tonalité du plain-chant ; tonalité moderne. Différence entre ces deux tonalités. La tonalité appelée moderne existait dans les mélodies populaires et dans celles des trouvères. Exemples d'Adam de La Hale et du manuscrit de Montpellier. Cette tonalité remonte à une époque fort reculée. Elle était inhérente à la musique des peuples du Nord. C'est à cette cause qu'il faut attribuer la difficulté qu'éprouvèrent Charlemagne et ses prédécesseurs à faire adopter le chant romain. On ne trouve pas cette tonalité dans l'harmonie des XIIᵉ et XIIIᵉ siècles.

CHAP. VII. — *Du rhythme dans les compositions harmoniques des XIIᵉ et XIIIᵉ siècles.*

SOMMAIRE. Le rhythme musical moderne est né de l'alliance du mètre antique avec le rhythme mélodique des peuples septentrionaux. Ces deux rhythmes sont employés simultanément dans les compositions harmoniques des XIIᵉ et XIIIᵉ siècles. Les divers rhythmes étaient appelés modes. Rapports des modes avec les mètres antiques, d'après Walter Odington. Modes parfaits et imparfaits. Modifications par suite des changements intervenus dans la valeur donnée aux notes. Modes complexes. Rôle rhythmique du ténor dans les compositions harmoniques. Le rhythme du ténor a un caractère franc et décidé. Il est à croire que le ténor était exécuté par un instrument. Le rhythme, dans les autres parties, n'a pas un caractère aussi déterminé. Il est subordonné au rhythme des vers. Rhythme des mélodies spontanées. Rhythme des mélodies à base harmonique. Rhythme phraséologique.

CHAP. VIII. — *De la mesure dans les compositions harmoniques des XIIᵉ et XIIIᵉ siècles.*

SOMMAIRE. — La mesure est l'élément essentiel du rhythme musical dans les compositions harmoniques. Différence entre la mesure dans la mélodie et dans l'harmonie. Règles du chant mesurable. Mesure binaire et ternaire. Elle était exclusivement ternaire aux XIIᵉ et XIIIᵉ siècles. Erreur de M. Fétis sur ce point. Éléments constitutifs de la mesure à cette époque. Unité de durée du temps. Manière alors usitée d'exprimer le degré de lenteur ou de vitesse à donner à la mesure.

CHAP. IX. — *De la notation employée dans les compositions du Manuscrit de Montpellier.*

SOMMAIRE. — Importance de la fixité dans la notation. Premiers essais de notation mesurée. Améliorations successives. Doctrine franconienne. Différence entre celle-ci et les doctrines antérieures. Le manuscrit de Montpellier contient des compositions en notations antérieures, contemporaines, et postérieures à Francon. Signes caractéristiques de ces notations. Subdivision de la brève en plus de trois semibrèves. Pierre de La Croix passe pour en avoir régularisé l'emploi. — Elle était connue du temps de Walter Odington. Ce qu'en disent Robert de Handlo et Jean Hanboys.

CHAP. X. — *Coup-d'œil général sur les compositions harmoniques, religieuses et séculières.*

SOMMAIRE. — COMPOSITIONS HARMONIQUES RELIGIEUSES. Le déchant est né dans les grandes écoles ecclésiastiques. Témoignage de Jérome de Moravie. Il y avait diverses sortes de déchants ecclésiastiques. Leur caractère. Les motets religieux avec paroles différentes étaient chantés dans l'église. COMPOSITIONS HARMONIQUES SÉCULIÈRES. Elles étaient plus variées que les compositions religieuses. Leur véritable caractère harmonique consistait à faire entendre simultanément plusieurs mélodies. On n'aperçoit pas de différence entre les compositions religieuses et séculières. Absence de sentiment religieux. Les artistes étaient préoccupés par la nouveauté des effets harmoniques. Enthousiasme qu'excitaient les compositions à plusieurs parties. Résultat historique. La musique harmonique était répandue dans toute l'Europe au XII° siècle. Elle était en usage à la Cour de Rome. Où l'on exécutaient les compositions séculaires. Ce que l'on connaît des compositions et des compositeurs des XII° et XIII° siècles permet d'asseoir une opinion sur l'état de l'art à cette époque.

DEUXIÈME PARTIE.
MUSICIENS HARMONISTES.

CHAP. I. — *Déchanteurs.*

SOMMAIRE. — Les déchanteurs différaient des trouvères et des théoriciens en ce qu'ils étaient à la fois compositeurs, chanteurs et organistes. Rôle secondaire que leur fait tenir M. Fétis. Dès le XII° siècle toutes les contrées de l'Europe avaient des déchanteurs habiles. Déchanteurs de Notre-Dame de Paris. Déchanteurs picards, bourguignons, anglais, italiens, espagnols, allemands et belges.

CHAP. II. — *Compositions des Déchanteurs.*

SOMMAIRE. — Pérotin surnommé le Grand auteur d'Organum purs, de triples, de quadruples. Anonyme espagnol auteur d'un quadruple avec hoquets. Anonyme de Reading, auteur d'un canon à six parties.

CHAP. III. — *Les didacticiens considérés comme compositeurs.*

SOMMAIRE. — Les didacticiens citent pour exemples, dans leurs traités, des fragments de compositions qu'on trouve en entier dans le manuscrit de Montpellier. Exemples du traité de déchant vulgaire, des traités de Francon de Paris, de Francon de Cologne, d'Aristote, de plusieurs anonymes. Preuves d'où résultent que les didacticiens étaient en même temps compositeurs.

CHAP. IV. — *Compositions des didacticiens.*

SOMMAIRE. — Compositions de l'auteur du « traité de déchant vulgaire»; de Jean de Garlande; de Pierre de La Croix; du nommé Aristote; de Francon de Paris; de Francon de Cologne; de Walter Odington; de Pierre Picard; de Jean de Bourgogne; d'un anonyme de Paris; de deux anonymes de St-Dié.

CHAP. V. — *Trouvères harmonistes.*

SOMMAIRE. — Suivant M. Fétis, les trouvères étaient seulement mélodistes. Le manuscrit de Montpellier fournit la preuve qu'ils étaient aussi harmonistes. D'après M. Th. Nisard, les mélodies des trouvères étaient toutes le résultat d'une création harmonique. Erreur de ce système. Les trouvères étaient harmonistes et mélodistes.

CHAP. VI. — *Compositions des trouvères harmonistes.*

SOMMAIRE. — Plusieurs compositions du manuscrit de Montpellier ont pour auteurs d'une manière certaine les trouvères suivants : Adam de La Hale; Gilon Ferrant, Moniot d'Arras; Moniot de Paris; le Prince de Morée; Thomas Herriers; un anonyme de Cambrai; des anonymes; d'Artois. D'autres avec moins de certitude, mais très-vraisemblablement appartiennent à Andrieu de Douai; Gillebert de Berneville; Jacques de Cambrai; Jocelin de Bruges; Jacques de Cysoing; Audefroi le Bâtard; Jean Fremau; Baude de La Kakerie; Blondeau de Nesles; Colart le Bouteillier; Gautier d'Argies; Gautier de Soignies; Guillaume le Vinier; Jean Bodel ; Jean de Neufville ; Jean Erart; Jean le Cunelier; Martin Béguin. Quelques trouvères ont composé des poésies latines. — Adam de La Bassée. — Jongleurs — Ils semblent aussi avoir composé de la musique harmonique. Pièces qui peuvent leur être attribuées. Conclusion.

APPENDICE.

I. — *Textes seuls des compositions harmoniques de la troisième partie.* II. — *Table des compositions contenues dans le Manuscrit de Montpellier.* III. — *Liste par ordre alphabétique des pièces du même Manuscrit.* — IV. *Notes et éclaircissements sur les compositions insérées dans la troisième partie.*

TROISIÈME PARTIE.
MONUMENTS.

I. — *Compositions en notation originale.* —
II. — *Traductions en notation moderne.*

L'ART
HARMONIQUE

AUX XIIᵉ & XIIIᵉ SIÈCLES

TIRÉ A TROIS CENTS EXEMPLAIRES

———

N° 294BIS.

MANUSCRIT H. 196.
Bibliothèque de la faculté de Médecine de Montpellier

L'ART HARMONIQUE

AUX XIIe ET XIIIe SIÈCLES

PAR

E. DE COUSSEMAKER

Correspondant de l'Institut,
Membre correspondant de l'Académie Impériale de Vienne,
Membre titulaire non résidant du Comité Impérial des travaux historiques,
Associé de l'Académie Royale de Belgique, Membre honoraire de la
Société Royale des Antiquaires de Londres, etc., etc.

PARIS

| A. DURAND, Libraire, | V. DIDRON, Libraire, |
| rue des Grès, 7. | rue St-Dominique, 23. |

M DCCC LXV

TYPOGRAPHIE DE LEFEBVRE-DUCROCQ
LILLE

PRÉFACE

Depuis quelques années, il s'est produit un mouvement considérable dans les études historiques sur la musique. L'archéologie musicale a fixé l'attention des érudits et des corps savants. On a compris que l'art des sons, par la puissance de ses effets, mérite dans l'histoire générale une place au moins égale à celle qu'on y a accordée aux arts plastiques.

Bien que l'archéologie musicale ne soit pas une science nouvelle, témoins les travaux sur la musique grecque, témoins les savants ouvrages sur le plain-chant et la musique du moyen âge, publiés depuis le xvie siècle jusqu'à nos jours, néanmoins, on peut le dire, le développement qu'ont pris ces études lui a donné un caractère et une importance qu'elle n'avait pas auparavant.

L'archéologie musicale comprend, selon nous, deux branches distinctes : l'une relative au plain-chant, l'autre à la musique proprement dite.

L'idée de retrouver le chant de saint Grégoire et de le rétablir sur ses bases primitives a donné lieu à des recherches sérieuses et profondes qui devaient mener à des résultats, sinon absolus, du moins satisfaisants. Malheureusement, l'esprit de système s'est emparé de la question et l'a détournée de la véritable voie qui pouvait la conduire à la solution désirée[1]. Ce mouvement incomplet, ces études inachevées ont fait croire à quelques esprits superficiels que les efforts tentés s'exerçaient sur un terrain stérile, que l'art musical n'avait pas de principes fixes, qu'il manquait de bases solides pour constituer une science: c'est là une grave erreur.

Lorsque la question sera replacée sur son véritable terrain, qu'elle aura repris son essor réellement scientifique, on verra qu'aujourd'hui, comme aux époques les plus brillantes du christianisme, le plain-chant est digne d'occuper l'attention des hommes sérieux; que la solution des graves questions qui s'agitent sur cette matière intéresse au plus haut point l'art catholique.

Mais, comme nous venons de le dire, l'étude historique du plain-chant n'est qu'une des branches de l'archéologie musicale. Il en est une autre tout à fait distincte, la branche relative à la musique proprement dite. Celle-ci n'est ni moins intéressante, ni moins importante que l'autre à un point de vue différent de l'art. En effet, s'il y a un intérêt immense à connaître et à faire revivre dans nos cathédrales et dans nos églises paroissiales les chants primitifs de saint Grégoire, une importance incontestable se rattache aux questions d'origine, de constitution et de développement de la musique moderne, et notamment de l'harmonie qui en est la base et qui en a fait à la fois une science et un art. C'est cette branche de l'archéologie qui forme l'objet principal du présent ouvrage.

---

[1] Des restrictions sont ici nécessaires; on ne saurait nier la valeur de quelques travaux exceptionnels. Il ne faut donc pas prendre nos assertions dans un sens trop absolu.

Si quelques questions concernant la musique des Grecs n'ont pu sortir entièrement du domaine de la controverse, c'est qu'on ne possède pas de monuments qui datent de l'époque où l'art était le plus florissant. Il est évident que si des ouvrages pratiques, si des compositions de ces temps reculés nous étaient parvenus, on y trouverait des éléments certains d'appréciation, et l'on ne verrait pas se perpétuer des discussions où sont soutenues les thèses les plus opposées, sans que les questions traitées puissent recevoir une solution décisive, faute de preuves à l'abri de toute contestation.

Il en a été longtemps de même à l'égard des origines de la musique moderne : les documents et les monuments, bien qu'ils existassent, étaient enfouis dans la poussière des bibliothèques; mais les choses ont changé. Vers la fin du siècle dernier, le prince-abbé Gerbert a publié une collection d'écrivains qui a ouvert une ère nouvelle à l'histoire de l'art, en mettant les érudits à même de l'étudier dans ses sources originales [1]. Il faut le dire néanmoins, outre que cette collection ne renferme qu'une faible partie des documents relatifs à la musique des XIIe et XIIIe siècles, elle laisse subsister une lacune très importante. Les « monuments », c'est-à-dire les compositions musicales, n'y ont aucune place; le docte abbé de St-Blaise semble même en avoir ignoré l'existence.

C'est à peine si l'on trouve dans Hawkins, Burney, Forkel et Kiesewetter, dont les investigations ont été pourtant si patientes et si laborieuses, quelques fragments de mélodies sans valeur.

Ce fut en 1827, qu'eut lieu la première découverte de « rondeaux » à trois parties d'Adam de la Hale. M. Fétis, à qui en revient l'honneur, a publié une de ces compositions en notation originale, avec traduction en notation moderne [2]; mais sa traduction est totalement fautive. M. Fétis

---

[1] « SCRIPTORES ecclesiastici de musica sacra potissimum, » etc., 3 vol. in-4°, 1784.

[2] « Revue musicale » t. I. p. 3.

traduit ce rondeau en mesure binaire, tandis qu'il appartient à la mesure ternaire. Ces compositions et quelques autres, trouvées depuis, dont les unes sont incomplètes et les autres inexactement transcrites, sont loin d'être suffisantes pour donner une idée véritable de l'art harmonique aux XIIe et XIIIe siècles.

Une nouvelle découverte est venue combler cette lacune. Un manuscrit de la bibliothèque de la Faculté de médecine de Montpellier, renfermant trois cent quarante compositions à deux, trois et quatre parties, toutes inédites, est destiné à jeter une vive lumière sur l'histoire de la musique harmonique dans les premiers temps de ses développements.

Ce manuscrit contient en effet des œuvres des divers genres de compositions en usage aux XIIe et XIIIe siècles, et connues sous le nom de déchant, triple, quadruple, organum, motet, rondeau, conduit, etc. On n'avait que des idées plus ou moins vagues sur ces genres de compositions.

On y trouve en outre des pièces en « style imitatif » et des morceaux entiers en « contrepoint double », dont jusqu'ici les historiens de la musique ne faisaient pas remonter l'existence plus haut que le XVe siècle.

C'est dans l'examen de ces œuvres qu'on peut apprécier l'art d'écrire l'harmonie dans ce temps, la manière d'agencer les parties entre elles, leur mélodie, leur rhythme, etc.

Le manuscrit de Montpellier, dont on ne saurait proclamer assez haut l'importance, non-seulement pour l'archéologie musicale, mais aussi pour la littérature du moyen âge, puisqu'il renferme plus de cinq cents pièces de poésies latines et françaises[1], offre pourtant une lacune regrettable. Les trois cent quarante pièces harmoniques sont toutes

---

[1] Cette différence dans le nombre des pièces harmoniques et celle des poésies provient de ce qu'à chacune des pièces harmoniques correspondent des textes multiples.

anonymes; aucune ne porte le moindre indice d'auteur. Heureusement certains documents, et notamment les traités de Jérôme de Moravie, de Walter Odington, de Robert de Handlo, de Jean Hanboys et de divers anonymes de Saint-Dié et du British Museum, sont venus à notre secours pour déterminer les auteurs d'un certain nombre de ces compositions.

Notre travail, nous ne craignons pas de le proclamer, est un ouvrage de première main; il ne doit rien qu'aux sources originales.

Nous l'avons divisé en trois parties : I. *Musique harmonique*. — II. *Musiciens harmonistes*. — III. *Monuments*.

Afin qu'on puisse facilement faire la comparaison des résultats auxquels nous ont conduit nos recherches, avec ce que l'on connaissait jusqu'ici de l'état de l'art harmonique, nous donnons, dans les *prolégomènes*, d'abord la description du manuscrit de Montpellier, puis un aperçu des plus anciennes compositions harmoniques et des plus anciens documents sur la musique harmonique.

La *première partie* contient un exposé succinct de l'origine, de la constitution et des premiers développements de la musique harmonique. Nous y passons en revue tous les genres de compositions; nous en examinons la contexture mélodique, harmonique, tonale, rhythmique; nous y démontrons l'existence de l'imitation, du canon, et du contrepoint double; nous y révélons une foule de faits restés inconnus, et dont l'ignorance laissait régner l'obscurité sur plusieurs points historiques fort importants.

La *seconde partie* est consacrée aux artistes compositeurs. Nous les divisons en trois classes : Les déchanteurs, les didacticiens et les trouvères. Les recherches auxquelles nous nous sommes livré nous ont en effet mis à même de constater que, parmi les compositions, toutes anonymes, du manuscrit de Montpellier, il en est qui ont pour auteurs, les unes des déchanteurs, d'autres quelques-uns des plus célèbres didacticiens de l'époque, d'autres encore des trouvères. C'est là un fait historique d'une importance capitale.

M. Fétis a prononcé le nom de déchanteurs; selon lui, le talent de ces artistes aurait consisté à harmoniser, c'est-à-dire à mettre en parties harmoniques les mélodies des trouvères. Mais il ne cite à l'appui de cette assertion aucune preuve; il ne produit aucune composition de ce genre, ni aucun nom d'auteur. Suivant nous au contraire, les déchanteurs n'en étaient pas réduits au rôle secondaire que M. Fétis leur assigne. Ils étaient à la fois compositeurs, chanteurs et organistes. C'est parmi les déchanteurs que se recrutaient les maîtres de chapelle des cathédrales et des autres églises. Le chapitre II de la deuxième partie comprend une série de déchanteurs et de maîtres de chapelle restés inconnus; la mention seule de leurs noms, avec les fonctions qu'ils remplissaient, est de nature à exciter le plus vif intérêt sous le rapport historique. Mais nous faisons plus, nous publions de leurs œuvres.

Dès le XIIe siècle, toutes les contrées de l'Europe avaient des déchanteurs habiles. En France, en Angleterre, en Espagne, en Italie, en Belgique et en Allemagne, la musique harmonique était cultivée avec enthousiasme.

Les didacticiens étaient rangés parmi les compositeurs, mais on ne connaissait d'eux que les courts fragments mélodiques donnés comme exemples des règles qu'ils posent dans leurs ouvrages théoriques; les pièces entières étaient inconnues. Le manuscrit de Montpellier révèle l'existence d'un certain nombre de leurs compositions. Grâce à une aussi précieuse découverte, on peut aujourd'hui apprécier le mérite de ces maîtres, considérés comme compositeurs.

Quant aux trouvères, on admettait généralement qu'ils étaient mélodistes, c'est-à-dire inventeurs de mélodies, notamment de celles qui

---

[1] Fétis, « Biographie universelle des Musiciens », première édition, tome 1; « Résumé philosophique de l'histoire de la musique », page CLXXXIX.

accompagnent leurs poésies; mais on ne les regardait pas comme harmonistes, c'est-à-dire comme auteurs de compositions à plusieurs parties; cette qualité leur était même refusée[1]. Nous établissons que les trouvères étaient véritablement harmonistes, et que quelques-uns n'étaient pas inférieurs, dans l'art d'écrire, aux déchanteurs et aux didacticiens de l'époque.

La *troisième partie* comprend une série de cinquante-et-une compositions à deux, trois et quatre parties, reproduites en notation originale d'après le manuscrit de Montpellier, et accompagnées de leur traduction en notation moderne. Ne pouvant éditer en entier le manuscrit de Montpellier, nous avons fait choix des pièces qui nous ont paru les plus propres à faire apprécier l'état de l'art à cette époque. C'est la première fois, nous osons l'affirmer, que paraît une collection de cette importance.

En reproduisant la notation originale, pour laquelle nous avons fait graver et fondre des caractères tout exprès, nous avons voulu mettre chacun à même de vérifier l'exactitude de nos interprétations, faites d'après les règles posées par les auteurs du temps.

En résumé l'*Art harmonique aux* XIIe *et* XIIIe *siècles* embrasse : 1º l'examen de tous les genres de compositions harmoniques en usage aux XIIe et XIIIe siècles; 2º l'appréciation de la part de mérite qui revient aux divers initiateurs de cet art, alors tout à fait nouveau. Grâce au manuscrit de Montpellier, grâce aux importants documents publiés dans le « *Scriptorum de musica medii ævi nova series* », qui viennent jeter un jour tout nouveau sur une période de l'histoire musicale, restée obscure, nous sommes à même de présenter un travail complet sur l'origine et les premiers développements de l'harmonie, qui est devenue, entre les mains des hommes de génie de ces derniers siècles un ART et une SCIENCE à la fois.

---

[1] Fétis, Ibid. p. CLXXXIX, CXLII et CXCIII.

Notre ouvrage s'adresse non-seulement aux amateurs de l'histoire musicale, mais aussi à ceux qui s'occupent de la littérature des trouvères, de l'étude de la langue et des mœurs de cette époque. Ils y trouveront un certain nombre de poésies vraiment dignes de leur attention. C'est dans cette vue surtout que nous reproduisons à part le texte des compositions harmoniques de la troisième partie, et que nous donnons la table du manuscrit de Montpellier.

PROLÉGOMÈNES

PROLÉGOMÈNES

Avant d'aborder le sujet principal de cet ouvrage, nous allons donner quelques notions sur les monuments et les documents qui lui servent de base. Cela nous paraît utile, nécessaire même, pour l'éclaircissement de certaines questions qui seront examinées.

Nous décrirons d'abord le « manuscrit de Montpellier [1] ». La description matérielle de ce monument capital et unique, est loin d'être sans intérêt artistique; elle ne saurait, d'ailleurs, être considérée comme oiseuse, quand il s'agit d'un livre de cette importance. Au cas présent, elle ne le sera pas, car il en ressortira des renseignements propres à éclairer les faits historiques qui seront étudiés dans le cours de notre travail.

Nous jetterons ensuite un coup d'œil rapide sur les « compositions harmoniques » des XIIe et XIIIe siècles, qui étaient connues avant la découverte du manuscrit de Montpellier, afin de faire mieux apprécier l'intérêt des œuvres contenues dans ce dernier.

Enfin nous dirons quelques mots des plus « anciens traités » relatifs à la musique harmonique, en les envisageant au point de vue de leur

---

[1] Il ne s'agit pas ici du célèbre manuscrit de plain-chant, noté à la fois en neumes et en lettres, dont la découverte, faite en 1847, par M. Danjou, a eu un si grand retentissement; le volume dont il va être parlé est un manuscrit de musique harmonique, écrite en notation carrée, telle qu'elle était en usage aux XIIe et XIIIe siècles.

corrélation avec les monuments, ce qui nous conduira à discuter une question importante et controversée, celle de l'époque où vécut Francon de Cologne, regardé comme l'artiste qui a exercé l'influence la plus considérable sur le mouvement de l'art harmonique.

Ces trois points préliminaires, loin donc d'être des digressions, serviront au contraire à préparer le lecteur à nous suivre dans les faits que nous allons exposer et dans l'examen des questions qui en naîtront. Car, ainsi que nous l'avons déjà dit, notre livre est un livre de première main. Pour en suivre la portée et s'y intéresser, il est nécessaire d'avoir quelques notions préparatoires; il est indispensable surtout de faire abstraction des idées modernes sur l'harmonie ; en un mot, pour juger l'art au temps de son origine et de ses premiers développements, il faut se placer au point de vue historique de cette situation.

I

DESCRIPTION DU MANUSCRIT DE MONTPELLIER.

Sommaire. — Utilité de cette description. — Le titre a donné lieu à des erreurs. — Miniatures. — Le volume comprend huit recueils distincts. — Description particulière de chacun d'eux.

Le manuscrit de Montpellier étant la principale base en quelque sorte de notre ouvrage, il importe d'en donner une description complète. Il en ressortira, comme nous venons de le dire, des renseignements utiles pour l'éclaircissement de certains points historiques.

Ce livre est d'ailleurs un véritable monument, monument unique pour l'art musical aux XIIe et XIIIe siècles. On se fera tout d'abord une idée de son importance, quand on saura qu'il ne contient pas moins de trois cent quarante compositions à deux, trois et quatre parties, toutes antérieures au XIVe siècle, et ayant pour auteurs des déchanteurs, des maîtres de chapelle de Notre-Dame de Paris, les plus célèbres didacticiens du temps, et enfin des trouvères.

Ce manuscrit, qui faisait autrefois partie de la riche collection du président Bouhier[1], appartient aujourd'hui à la bibliothèque de la Faculté de médecine de Montpellier, où il porte pour indication H. 196. Une main moderne lui a donné le titre singulier que voici : *Livre de chansons anciennes et romans avec leurs notes de musique, manuscrit de la bibliothèque du président Bouhier, F. 61. M.D.CCXXI.*

Dans une « Notice des manuscrits de quelques bibliothèques des départements », publiée dans le *Journal des Savants,* en 1842, M. Libri, en parlant de ce volume, s'exprime ainsi : « Les romans de chevalerie, les anciens
» monuments de la poésie française, sont si nombreux dans cette biblio-
» thèque, qu'il est impossible de nous y arrêter. Nous n'en citerons qu'un
» seul, remarquable à plus d'un titre : c'est un recueil de chansons en latin
» et en français, écrit au xiv° siècle, avec la musique notée. Parmi ces
» chansons, il y en a de fort jolies. Ce manuscrit, qui a appartenu à
» M. Bouhier, se distingue aussi par l'exécution calligraphique. Il est
» accompagné d'un grand nombre de petites miniatures où sont représentés
» divers jeux. »

Le catalogue général des manuscrits des bibliothèques des départements (t. I, Paris, 1846) contient cette mention : « 196. Petit in-4° sur velin. —
« Chansons anciennes (en latin et en français) avec la musique. — xiv°
» siècle. Fonds de Bouhier. — Manuscrit fort intéressant, avec de pe-
» tites miniatures fort bien faites, représentant des jeux, des danses, etc.
» Les notes sont carrées; les portées à cinq lignes; les mesures sont sé-
» parées. Les chansons, dont il y a une liste au commencement, sont très-
» nombreuses; il y en a de fort jolies. »

Ces titres et indications, tous inexacts et incomplets, étaient néanmoins de nature à éveiller l'attention sur ce recueil; mais ils étaient incapables de donner la moindre idée de son importance.

Vers la fin de 1850, M. Laurens, secrétaire de la Faculté de médecine, par l'intermédiaire de M. Paulin Blanc, voulut bien nous transmettre sur ce volume quelques renseignements : « Ce manuscrit, disait-il, renferme
» des morceaux à plusieurs parties; ceux du commencement sont sur des
» paroles latines. Il contient près de huit cents pages toutes notées. »

A sa lettre, M. Laurens ajoutait une copie *fac-simile* de la première page.

---

[1] Jean Bouhier, jurisconsulte et littérateur, président à mortier au Parlement de Dijon, mort en 1746, avait formé une des plus belles collections de manuscrits qui aient jamais appartenu à un particulier.—Journal des Savants, 1842.

Ces renseignements ne pouvaient plus laisser de doute sur l'importance du manuscrit au point de vue musical. Aussi est-ce avec un très vif regret que nous nous sommes vu privé de consigner dans notre « Histoire de l'harmonie au moyen âge », dont l'impression était alors déjà avancée, le résultat fécond que ne pouvait manquer de produire un examen approfondi de ce monument.

En 1851, M. l'abbé Théodule Normand (connu sous le pseudonyme de Théodore Nisard[1]), dont l'attention fut appelée sur ce manuscrit par M. Kühnholtz[2], le savant bibliothécaire de la Faculté de médecine, adressa à M. le Ministre de l'instruction publique une lettre qui débute ainsi : « Monsieur
» le Ministre, j'ai à vous signaler aujourd'hui le manuscrit H. 196, in-4°,
» de la Faculté de médecine de Montpellier, que je désirerais avoir à ma
» disposition pour en faire une étude approfondie et de nombreux extraits.
» Le résultat de mon travail vous serait adressé immédiatement. Je dis de
» nombreux extraits : car pour copier entièrement un manuscrit de sept
» cent quatre-vingt-quatorze pages compactes, il faudrait des ressources
» de temps et d'argent que ma mission ne me fournit pas; et cependant
» peu de monuments sont aussi considérables et aussi précieux pour l'his-
» toire de l'art musical au moyen âge, que celui qui fait le sujet de cette
» note[3]. »

Ce que M. Nisard considérait, non sans raison, comme une entreprise longue et difficile, nous avons eu la patience de l'exécuter. Nous sommes en possession d'une copie *fac-simile* du manuscrit H. 196, c'est-à-dire d'une copie faite page pour page, ligne pour ligne. Nous avons pu ainsi nous livrer à un examen approfondi de ce monument. C'est le résultat de cet examen qui va faire, en grande partie, l'objet du présent ouvrage.

L'importance du manuscrit nous a déterminé à en donner une description détaillée.

Le volume, de format petit in-4°, haut de 19 centimètres, large de 12 centimètres et 8 millimètres, est écrit sur vélin mince et bien apprêté. Il contient 397 feuillets, plus la table, qui en comprend quatre. Il a deux paginations; mais ni l'une ni l'autre ne sont contemporaines du manuscrit.

---

[1] Fétis. « Biographie universelle des musiciens »; deuxième édition, t. iv, p. 329.

[2] Des Spinola de Gênes, etc. Paris, 1852, p. 184.

[3] Archives des Missions scientifiques, t. ii, p. 337.

La plus ancienne est en chiffres romains, placés en tête et au milieu de chaque feuillet recto. Cette pagination constate deux lacunes d'un feuillet chaque; la première est entre les feuillets III^eII et III^eIIII (3o2 et 3o3 de la pagination moderne); l'autre, entre les feuillets III^eVII et III^eIX (3o6 et 3o7 de la pagination actuelle[1]).

La pagination en chiffres romains s'arrête au feuillet marqué XVI^{xx} et XIII, c'est-à-dire au feuillet 331 de la pagination en chiffres arabes. A partir de là, la pagination en chiffres romains est abandonnée et continuée par la pagination en chiffres arabes. Celle-ci commence au feuillet 334, chiffre actuel 332, et finit avec le 397e, ce qui forme un total de 794 pages.

Le manuscrit est entièrement noté en notation noire, carrée, écrite sur des portées à quatre et cinq lignes tracées en rouge, tantôt à deux colonnes, tantôt à longues lignes. Nous en donnerons le détail plus loin.

On y voit de jolies miniatures dont nous allons essayer de donner la description.

Folio 1 r°. — D. Trois clercs chantent devant un lutrin, sur lequel est un livre ouvert; leur manteau est tenu avec une agrafe d'or. Deux glands d'or sont attachés à l'extrémité supérieure et inférieure du capuchon du personnage qui tient le livre ouvert.—Voir la planche frontispice.

Fol. 5 v°. — V. On y voit la Sainte-Vierge assise, tenant sur ses genoux l'enfant Jésus debout. Elle a un bouquet à la main droite.

Fol. 23 v°. — Deux Q. Dans celui de gauche est un trouvère à genoux, les mains jointes et suppliantes vers la dame qui est peinte dans la lettre de droite et qui lance une flèche.

Fol. 24 r°.—A gauche, un Q représente un trouvère ayant à ses pieds un jeune chien, et tendant sa main vers la dame qui est peinte dans la majuscule N à droite et qui offre un bouquet. Aux pieds de la dame est un lapin.

Fol. 63 v°. — E. Un chevalier reçoit une fleur d'une dame dont il est séparé par l'arbre duquel elle vient de cueillir la fleur. A côté du chevalier est un page tenant son cheval.

Au bas de la page, à gauche, un guerrier armé d'un bouclier perce un ours de sa lance; à droite, deux autres chevaliers armés chacun d'un bouclier et d'une épée, se livrent à un combat particulier.

---

[1] La différence entre la pagination en chiffres romains et celle en chiffres arabes provient de ce que, dans cette dernière, on n'a pas tenu compte des lacunes signalées.

Fol. 64 r°. — O. La Vierge Marie assise tient l'enfant Jésus sur son giron. Un clerc est à genoux en prière devant les saints personnages.

Au bas de la page, un bateleur dresse un lion; un chien poursuit un lièvre.

Fol. 87 v°. — C. Dieu le Père tient sur ses genoux Jésus crucifié; le Saint-Esprit, en forme de colombe, plane au-dessus de la tête de Jésus.

Au bas de la page, des femmes jouent au jeu de balle.

Fol. 88 r°. — O. Dieu le Père, assis à côté de son Fils, tient le livre de la loi à la main gauche; le Saint-Esprit, en forme de colombe, la tête nimbée, descend au milieu des deux autres personnes divines.

Au bas de la page se voit une petite scène à huit personnages qui se livrent au jeu appelé « la main-chaude ».

Fol. 111 r°. — I. Quatre épisodes de la vie de la Ste-Vierge : l'Annonciation, la Nativité, l'Epiphanie et l'Assomption.

Fol. 111 v°. — L. Un trouvère joue de la musette et va à la rencontre d'une dame montée sur un palefroi et tenant un faucon à la main gauche.

Fol. 112 r°. — D. Un berger et une bergère avec leur troupeau de moutons.

Fol. 231 r°. — L. Un chevalier à genoux devant une dame qui lance une flèche.

Au bas de la page, des joueurs de quilles. Auprès d'eux, une table avec des verres que remplit un tavernier.

Fol. 246 r°. — N. Deux amants expriment leur tendresse par des gestes qui attirent l'attention de deux voisines penchées à la fenêtre de la maison d'où est sortie la dame.

Au bas de la page, une chasse au cerf.

Fol. 270 r°. — S, à gauche. Deux amants assis sur un banc au pied d'un arbre; la dame pose la main droite sur un lapin, et le chevalier sur un chien. — A, à droite. Un personnage assis dans une attitude pensive.

Au bas de la page, une chasse au cerf et au faucon.

Fol. 350 r°. — D. Reproduction identique de la scène figurée au D du folio 1 r°.

Toutes ces miniatures sont d'un bon style et d'une grande finesse, ainsi qu'on pourra en juger par le *fac-simile* qui est en tête de cet ouvrage.

En jetant un coup d'œil général sur ce volumineux manuscrit, une question se présente tout d'abord, celle de savoir s'il contient un seul et unique recueil, ou si ce n'est pas plutôt un assemblage de plusieurs. Un examen attentif nous fait pencher vers cette dernière hypothèse. Nous croyons qu'il renferme huit recueils distincts. Notre opinion se fonde sur ce qui suit :

1° Chacun des huit fascicules commence par une où plusieurs lettres majuscules ornementées, et il ne s'en trouve qu'à ces endroits-là.

2° Chacun de ces mêmes fascicules se distingue par une disposition particulière dans la notation.

De ces deux faits, nous concluons que le copiste a voulu respecter le caractère original et distinctif des recueils qu'il avait sous les yeux. S'il s'était simplement agi de transcrire une série de morceaux les uns à la suite des autres, il est certain qu'il eût adopté un tout autre plan que celui qu'il a suivi.

3° Le dernier fascicule a une double pagination : celle du volume, et une pagination particulière. Cette dernière, sans aucun doute, était la pagination du recueil original.

4° Chaque fascicule contient des compositions ayant un caractère distinct. On y voit en même temps des morceaux qui pouvaient avoir leur place aussi bien dans tel fascicule que dans tel autre.

5° Dans presque tous les fascicules on trouve un mélange de compositions religieuses et profanes. Si le copiste n'avait pas voulu laisser à chacun de ces fascicules son caractère propre, il est évident qu'il eût adopté une autre classification.

6° Enfin, on trouve plusieurs morceaux répétés deux fois; ce qui n'existerait pas si le manuscrit ne formait qu'un seul recueil.

7° Les artistes des XIIIe, XIVe et XVe siècles commencent, la plupart, leurs recueils de compositions à plusieurs parties par un morceau religieux; cette pratique est observée dans les fascicules 1, 4, 5 et 8.

Tels sont les faits qui nous ont porté à croire que ce manuscrit contient une réunion de recueils distincts.

Cette opinion vient d'acquérir un nouveau degré de probabilité par la révélation de faits récemment découverts, et que nous allons exposer.

L'auteur anonyme d'un traité[1] qui se trouve au British Museum, parle dans quelques endroits de son ouvrage de « divers recueils de

---

[1] Ce traité est publié dans notre « SCRIPTORUM DE MUSICA MEDII ÆVI NOVA SERIES », etc., p. 327. Comme il sera souvent question de ce traité dans le présent ouvrage, nous le désignerons dorénavant par l'abréviation suivante : Ms. B.

déchants »[1]. Il consacre même un chapitre entier à la description des recueils les plus renommés de son temps[2]. D'après ce document, il y avait : 1° un recueil de « Quadruples »[3] que composa Pérotin surnommé le Grand[4], et parmi lesquels on cite celui qui débute par le mot : *Viderunt*. Ce quadruple fait partie des dix-sept quadruples formant le second fascicule du manuscrit de Montpellier.

2° Un recueil de « Triples majeurs[5], » parmi lesquels l'auteur compte une autre composition du même Pérotin, qu'on retrouve également dans le manuscrit de Montpellier.

3° Le troisième recueil contenait des « Conduits triples[6] ».

4° Le quatrième était un recueil de « Conduits doubles. »

5° Le cinquième contenait des Quadruples, des Triples et des Doubles, à l'usage des musiciens inférieurs.

6° Le sixième était un recueil « d'Organum doubles. »

Il y avait, en outre, d'autres recueils consacrés aux « Déchants laïcs[7]. »

Ces indications, rapprochées des détails que nous allons donner, donneront la conviction que ces fascicules formèrent autant de recueils spéciaux et séparés; elles pourront faire naître l'idée que l'on y possède peut-être quelques-uns des recueils dont parle l'anonyme du Ms.B. Pour nous, nous sommes disposé à adopter cette opinion, et on verra dans le cours de notre livre que bien des faits y viennent donner leur appui.

Voici maintenant la description détaillée de chacun des fascicules.

Le premier comprend les vingt-deux premiers feuillets du manuscrit. Chaque page a six portées de musique longues. Les lignes de chaque portée y sont plus espacées que dans les autres fascicules, et les notes sont plus grosses. Les marges ont dû être originairement plus grandes, car les ornements de plusieurs pages ont été entamés par le couteau du relieur. Les parties sont écrites les unes sous les autres avec beaucoup de netteté. Les morceaux compris dans ce fascicule sont au nombre de dix-sept; quinze sont à trois parties; le second et le troisième sont à quatre voix

---

[1] Scriptorum, etc., p. 334, 339, 341, 346, 347, 349.
[2] Ibid., p. 360.
[3] Compositions à quatre parties. Voir plus loin, première partie, chap. II.
[4] Jean de Garlande (Scriptorum etc., p. 116) parle aussi du recueil où se trouvent les Quadruples de Pérotin.
[5] Pour la signification de ce mot, voir plus loin, première partie, chap. II.
[6] Ibid.
[7] Scriptorum etc., p. 360.

avec paroles différentes. Les morceaux à trois parties sont composés sur un court texte latin, que chantent toutes les parties. Ils ont un caractère particulier dont nous parlerons au chapitre II de la première partie.

C'est dans ce fascicule qu'on trouve plusieurs compositions de Pérotin, maître de chapelle de Notre-Dame de Paris au XIIe siècle. Les autres étant dans le même style, tout porte à croire qu'ils sont du même auteur.

Le second fascicule commence au f° 23 v° et finit au f° 61 r°. Il contient dix-sept compositions à quatre parties; seize sont avec paroles françaises différentes pour chacune des trois premières parties. Ces quadruples sont écrits sur deux pages; les deux premières parties sur deux colonnes au verso, et les deux autres aussi sur deux colonnes au recto du feuillet suivant. Chaque colonne a huit portées; les lignes sont plus rapprochées, et la notation est plus légère que dans le premier fascicule. Les ornements ont été également rognés par le relieur. Parmi les quadruples de ce fascicule se trouve celui qui commence par le mot : « Viderunt » il est attribué à Pérotin par l'anonyme du Ms.B.

Le troisième fascicule, allant du f° 63 v° au f° 86 r°, est écrit sur des portées à longues lignes. L'écriture du texte et de la notation est semblable à celle du précédent fascicule. Les parties sont disposées ainsi : la première est écrite sur le verso; la deuxième sur le recto du feuillet suivant, et la troisième sur la dernière ligne du verso et du recto des deux premières parties. Le couteau du relieur a passé aussi sur ce fascicule, mais il l'a moins endommagé que les deux premiers.

On y compte treize triples avec paroles latines religieuses à la partie médiaire, et paroles françaises à la partie supérieure. C'est dans ce fascicule que se trouvent des compositions données comme exemples dans le traité de « Déchant vulgaire », le plus ancien de tous, et dans les traités de Francon de Paris et de Francon de Cologne.

Le quatrième prend les feuillets 87 v° à 110 r°. Il contient vingt-deux compositions religieuses sur paroles latines. Elles sont à trois parties et disposées comme celles du fascicule précédent.

Le cinquième commence au f° 111 r° et se termine avec le f° 228 r°. Il est écrit, comme le précédent, à longues portées. Les parties, au nombre de trois, sont disposées de la même manière. Ce fascicule contient cent dix triples avec paroles françaises, à l'exception du premier dont les trois parties n'ont pas d'autre texte que les mots : « In seculum. »

Le sixième commence au f° 231 et finit au f° 270. Il contient soixante-quinze morceaux à deux parties. Le ténor est écrit sur la dernière portée de chaque page; le déchant est tracé sur les autres portées.

Le septième, allant du f° 270 v° au f° 349 r°, comprend quarante-huit triples avec paroles françaises, sept avec paroles latines, et six avec paroles françaises pour une partie et paroles latines pour l'autre. La première partie est écrite sur la colonne gauche, la deuxième sur la colonne droite, et la troisième sur la dernière portée ou sur les deux dernières de la colonne de droite.

Ce septième fascicule n'allait d'abord que jusqu'au f° 320; une autre main de la même époque a écrit les autres pièces. A partir du f° 334, la pagination en chiffres romains cesse.

Le huitième, allant du f° 350 v° à la fin du volume, commence par un « Deus in adjutorium » à trois parties écrites les unes sous les autres. Les quarante-deux autres morceaux sont des triples, dont vingt-un avec paroles françaises, seize avec paroles latines, et cinq avec paroles françaises pour une partie et paroles latines pour l'autre. Ils sont disposés à deux colonnes pour les deux parties supérieures; la troisième partie est écrite sur une longue portée, au bas de chaque page. Ce fascicule a une seconde pagination de 1 à 45 en chiffres arabes, finissant au f° 394; ce qui prouve encore que ce fascicule formait un recueil à part, et confirme, à cet égard, l'opinion que nous avons exprimée plus haut.

Au commencement du volume, il y a une liste des pièces contenues dans le manuscrit; mais elle n'est pas complète; elle ne va que jusqu'au f° 333, ce qui semble démontrer que les pièces qui sont écrites à partir de ce feuillet jusqu'à la fin y ont été copiées postérieurement. L'encre et l'écriture de ces dernières pages confirment cette hypothèse.

Tel est en quelque sorte l'état matériel de ce manuscrit. Les soins qu'on a donnés à son exécution calligraphique témoignent de la valeur qu'on attachait à son contenu. Il est probable qu'il aura été exécuté pour quelque grand personnage ami des lettres et des arts. C'est aujourd'hui un monument précieux pour les érudits et unique pour l'histoire de la musique aux XII° et XIII° siècles.

II

DES PLUS ANCIENNES COMPOSITIONS HARMONIQUES.

Sommaire. — Aperçu des compositions harmoniques connues avant la découverte du manuscrit de Montpellier. — Résultat comparatif.

Toutes les compositions du manuscrit de Montpellier sont antérieures au dernier tiers du xiiie siècle. Comme c'est là un fait très important et que le manuscrit a été évidemment écrit au xive siècle, il convient de donner la preuve que les morceaux de musique qu'il renferme appartiennent à une époque antérieure. Cette preuve réside, selon nous, dans la notation même de la musique. Trois valeurs temporaires seulement, la longue, la brève et la semibrève, étaient en usage aux xiie et xiiie siècles; la minime ne fut admise comme quatrième valeur temporaire qu'à la fin du xiiie siècle. Or, parmi les trois cent quarante compositions du manuscrit de Montpellier il n'en est pas une où la minime soit employée. C'est à peine si l'on y rencontre deux ou trois pièces où soit usitée la modification introduite par quelques artistes pour attribuer à la brève, représentative du temps, plus de trois semibrèves. L'absence de cet élément dans un grand nombre de morceaux, ne pouvant être attribuée à un fait volontaire, doit être regardée comme une preuve de sa non-existence à cette époque. Il faut donc considérer comme antérieures au xive siècle les compositions de ce volume.

Ce fait étant établi, jetons un coup d'œil rapide sur les compositions harmoniques de la même époque dont l'existence était connue avant la découverte du manuscrit de Montpellier ou depuis. De cette manière on jugera mieux encore de l'importance de ce dernier.

Les plus anciennes compositions harmoniques connues, se trouvent dans un manuscrit du xiii siècle, renfermant l'office de la Circoncision, autrefois en usage dans l'église de Beauvais. Ce volume, qui, avant la Révolution, appartenait à la cathédrale de cette ville, est aujourd'hui

— 14 —

un des ornements de la collection particulière de M. Pacchiarotti, à Padoue[1].

La pièce en question est un « Conduit[2] » à trois parties, sur la prose de l'âne « Orientis partibus ». La notation mesurée y est dans un état tout à fait rudimentaire; les notes ne portent pas de signes de durée; ce qui indique que le morceau a été composé pendant l'une des deux premières périodes originaires de la musique harmonique, dont il sera parlé au chapitre premier de la première partie.

M. Th. Nisard en a publié (dans « la Revue de musique religieuse », 1855, p. 769) une copie avec traduction en notation moderne; mais la copie est inexacte[4] et la traduction fautive. Le traducteur n'a pas compris la signification des deux premières notes, et n'a pas vu que l'ensemble de cette notation appartient à la période primitive.

Dans un manuscrit de la Bibliothèque impériale, portant le n° 273 *bis* du fonds Notre-Dame de Paris, se trouvent deux pièces, une à deux parties et une à trois, dont le caractère harmonique et la notation indiquent une époque très voisine de celle où a été composé le « Conduit » de Beauvais. Elle est beaucoup antérieure à 1267, qui est la date inscrite à la fin du « Bestiaire », f° 71 du même volume.

Le morceau à trois voix a été publié en traduction[5] par M. Fétis, qui n'en a pas saisi le véritable caractère, et qui, en outre, a commis deux grosses erreurs; la première, en donnant à cet « Organum » le nom de « Motet[6] »; la seconde, en le traduisant en mesure à deux temps, tandis qu'il est en mesure ternaire.

Le désordre qui règne dans la notation de « l'Orientis partibus » du manuscrit de Beauvais et dans les deux pièces du manuscrit de l'ancien fonds de Notre-Dame de Paris, par suite de l'absence de signes de durée, fixes et déterminés, ne permet pas d'en donner une traduction rigoureusement

---

[1] Danjou, « Revue de musique religieuse », t. IV, p. 71. — Annales archéologiques, t. XVI, p. 300.—M. Didron aîné qui, en 1856, a vu ce manuscrit, a cru y reconnaître d'autres compositions à plusieurs parties. — « Drames liturgiques du moyen age », p. 322.

[2] Voir plus loin, première partie, chap. II.

[3] Dans le manuscrit de Sens l' « Orientis partibus » n'a pas d'harmonie. M. Félix Clément en a ajouté une dans l'édition qu'il a donnée de cette pièce en 1850.—« Chants de la Sainte-Chapelle du xiii° siècle. »

[4] Il est facile de s'en convaincre en comparant cette copie avec le *fac-simile* publié dans les « Annales archéologiques », t. XVI, p. 300.

[5] Danjou, « Revue de musique religieuse », t. III, p. 323.

[6] Voir plus loin, première partie, chap. I.

exacte; celle qu'on hasarderait ne pourrait être que plus ou moins conjecturale.

Le manuscrit 813, fonds latin de la Bibliothèque impériale de Paris, contient:

1º Trente-six compositions à deux parties avec paroles latines;

2º Sept compositions à trois parties également avec paroles latines;

3º Deux autres à trois parties avec paroles françaises, excepté au ténor qui chante un fragment latin;

4º Trente-huit motets à deux voix, dans lesquels le déchant est en français, le ténor en latin.

Dans notre « Histoire de l'Harmonie au moyen âge », nous avons publié, en fac-simile avec traduction en notation moderne, deux morceaux à trois parties et deux à deux parties [1].

Le manuscrit 812 du même fonds contient trois compositions à deux voix, et deux à trois voix. Nous les avons publiées en fac-simile avec traduction dans le même ouvrage [2].

Le manuscrit d'Adam de la Bassée, de la bibliothèque de Lille, renferme un « Agnus fili Virginis » à deux voix [3].

Adam de la Hale, le célèbre trouvère artésien, est auteur d'un certain nombre de compositions harmoniques. Le manuscrit de la Vallière, n° 2736 de la Bibliothèque impériale de Paris, contient seize rondeaux à trois voix [4], et quatre motets dont trois à trois voix et un à deux.

M. Fétis a publié un de ces rondeaux dans la « Revue musicale, t. I, p. 10; mais la notation originale y est mal reproduite et la traduction est complètement fautive. M. Fétis y a traduit le morceau à deux temps, tandis qu'il est en mesure ternaire. Cette faute fondamentale a été répétée par tous ceux qui se sont contenté de copier la traduction de M. Fétis; elle a été reproduite par ceux même qui ont donné ce morceau depuis la publication de notre « Histoire de l'Harmonie au moyen âge », où nous

---

[1] FAC-SIMILE : pl. XXVII, nos 1, 2, 3 et 4. — TRADUCTION : nos 26, 27, 28 et 29. — M. Fétis avait publié auparavant l'*ascendit* à deux voix dans la « Revue de musique religieuse », de M. Danjou, t. III, p. 226, mais d'une manière inexacte.

[2] FAC-SIMILE : pl. XXVIII et XXIX. — TRADUCTION : nos 31, 32, 33, 34 et 36.

[3] HISTOIRE DE L'HARMONIE AU MOYEN AGE : FAC-SIMILE : pl. XXVI; — TRADUCTION : no 24.

[4] Trois de ces rondeaux sont écrits sur les gardes d'un manuscrit de la bibliothèque de Cambrai. (Voir « Histoire de l'Harmonie au moyen âge »; FAC-SIMILE : pl. XXXI; — TRADUCTION : nos 37 et 38.

nous sommes longuement étendu sur la manière dont il faut traduire les compositions de cette époque [1].

M. Henrich Bellermann, en publiant ce rondeau dans son ouvrage sur la notation des xv⁰ et xvi⁰ siècles [2], a signalé l'erreur capitale du professeur de Bruxelles, mais il a reproduit sa mauvaise transcription originale, et il a commis lui-même une autre erreur en donnant aux semibrèves une valeur égale, quand elles sont groupées par deux; ce qui est contraire aux règles posées par tous les théoriciens des xii⁰ et xiii⁰ siècles.

Parmi les nombreuses pièces notées en musique que contient le manuscrit 184, suppl. du fonds français de la Bibliothèque impériale, on en compte soixante-dix-sept à deux parties, sept à trois, et une à quatre. Quarante de ces pièces figurent dans le manuscrit 844 du même fonds. Ces deux manuscrits, qui ont échappé à l'investigation de M. Fétis et des autres musicographes, sont très précieux pour les textes, en ce qu'ils portent les noms d'un grand nombre de trouvères; ils le sont beaucoup moins pour la musique; leur notation souvent inexacte et presque intraduisible les rend peu utiles pour l'histoire de l'art musical.

Un manuscrit anglais, cité par Hawkins comme étant du xv⁰ siècle, mais qui est réellement du commencement du xiii⁰ (1226) ainsi que nous le prouverons plus loin [3], renferme quatre compositions harmoniques, savoir : deux à trois parties, une à quatre, et un canon à six voix.

Enfin, le manuscrit 11266 fonds latin de la Bibliothèque impériale de Paris, qui contient le traité de musique mesurée attribué à un pseudonyme appelé Aristote, se termine par sept motets à trois voix, dont un est incomplet.

Voilà à peu près toutes les compositions harmoniques des xii⁰ et xiii⁰ siècles dont l'existence était connue avant et même depuis la découverte du manuscrit de Montpellier; en tout cent trente-six; savoir : une à six parties, deux à quatre, quarante-cinq à trois, et quatre-vingt-neuf à deux.

Mais de ce total, il faut en retrancher un assez grand nombre comme n'ayant pour ainsi dire aucune valeur, à cause de la défectuosité de leur notation, qui en rend la traduction presque impossible; en sorte que ce

---

[1] Pages 205 et suiv.
[2] Die Mensuralnoten und Taktzeichen des xv und xvi Jahrhunderts Berlin 1858, p. 35.
[3] Voir première partie, chap. iv.

total ne forme pas la moitié des pièces que renferme le manuscrit de Montpellier.

Celui-ci, en effet, contient : Dix-sept pièces à quatre parties ; deux cent quarante-cinq à trois; soixante-seize à deux parties; en tout trois cent quarante.

Mais ce n'est pas par la quantité seulement que ce recueil est important; c'est surtout par la valeur intrinsèque des œuvres qu'il renferme.

On y trouve d'abord plusieurs des plus anciennes compositions harmoniques connues, et ensuite des spécimen de tous les genres qui étaient en usage aux XIIe et XIIIe siècles. On y possède en outre des œuvres appartenant aux trouvères, aux déchanteurs et aux plus célèbres didacticiens de cette époque, et qui donnent sur l'art et les artistes des éclaircissements qu'on aurait cherchés en vain dans les compositions connues que nous venons d'énumérer plus haut.

La publication du manuscrit de Montpellier serait certainement du plus haut intérêt, tant au point de vue de l'histoire musicale qu'au point de vue littéraire; mais une entreprise de ce genre dépasse les forces individuelles. C'est à peine, et à grands frais seulement, que nous pouvons donner un certain nombre des pièces les plus importantes; on les trouvera à la troisième partie de ce volume.

Toutefois, comme il peut y avoir utilité, pour les recherches à faire sur les auteurs de ces compositions, de connaître le commencement du texte de chaque pièce, nous allons en donner la table dans un annexe placé à la fin du présent volume.

III

DES PLUS ANCIENS DOCUMENTS SUR LA MUSIQUE HARMONIQUE.

SOMMAIRE. — A quelle époque ont été écrits les plus anciens documents. — Importance de cette question. — Discussion sur l'époque où a vécu Francon de Cologne. — Découverte de nouveaux documents où il est parlé de l'existence de deux Francon.

Dans un travail comme celui-ci, qui a pour objet l'étude de la musique harmonique aux premiers temps de son existence, il importe d'être fixé sur l'époque où ont été composés non seulement les monuments, mais aussi les documents qui doivent aider à éclairer les questions théoriques.

Nous venons de démontrer que les compositions du manuscrit de Montpellier sont antérieures au xive siècle. Il est plus difficile de déterminer à quelle époque précise remontent les plus anciennes. Cette question pourrait être résolue d'une manière plus ou moins approximative, selon qu'on fût fixé sur l'âge de certains documents, notamment sur celui du traité de « déchant vulgaire » et sur celui de l'« Ars cantus mensurabilis » de Francon de Cologne, le plus célèbre de tous les théoriciens de cette époque.

Il est toutefois un fait certain, c'est que le traité de déchant vulgaire est mentionné par Jérôme de Moravie, qui le rapporte, comme le plus ancien de tous[1]. D'autres encore peuvent être considérés comme antérieurs à celui de Francon de Cologne. Si l'on était fixé sur la date de celui-ci, la question pour les autres se trouverait en grande partie résolue; c'est donc la date du traité de Francon qu'il importe d'établir.

Pour comprendre la portée historique de cette question, il est utile de la poser nettement.

Gui d'Arezzo, qui écrivait vers le commencement du xie siècle, et ses successeurs immédiats, parmi lesquels il faut ranger Gui de Chaalis[2] et deux anonymes, l'un de Milan[3] et l'autre de Montpellier[4], ne parlent d'autre harmonie que de celle qui depuis longtemps déjà était en usage sous le nom d'« organum » ou de « diaphonie. »

Ce n'est que plus tard qu'on voit s'élever, à côté de cette dernière, une autre musique harmonique, ayant un caractère tout à fait distinct.

Tandis que la diaphonie procédait par note contre note, sans rhythme musical autre que celui qui est inhérent au plain-chant, le déchant était une musique harmonique à rhythme déterminé, procédant par deux ou plusieurs notes contre une, dont la proportionnalité temporaire, d'abord vague et arbitraire, ne tarda pas à être réglée d'après des principes certains.

Cette musique harmonique fut appelée « déchant » (discantus) ou chant

---

[1] Hec est prima positio. Qua quia quedam nationes utuntur communiter, et quia « antiquior est omnibus » vulgarem esse diximus.— SCRIPTORUM etc., t. I, p. 97.

[2] HISTOIRE DE L'HARMONIE AU MOYEN AGE, p. 254.

[3] Ibid., p. 225.

[4] T. NISARD, « Etudes sur la restauration du chant grégorien », p. 232.

mesuré (cantus mensurabilis), et l'ensemble des règles de proportionnalité reçut le nom de « Ars cantus mensurabilis », « Ars mensurabilis », ou « Cantus mensurabilis ».

Francon est auteur d'un traité de chant mesuré dont la doctrine a été pour ainsi dire exclusivement en usage jusqu'à la fin du XIIIe siècle, et a fait autorité encore longtemps après lui ; mais on n'est pas d'accord sur la question de savoir à quelle époque il a vécu ; les uns la fixent au XIe siècle, les autres à la fin du XIIe.

Nous allons examiner ces deux opinions ; toutefois nous ne reproduirons pas tous les arguments exposés de part et d'autre. Nous nous bornerons à résumer les raisons déterminantes, en y ajoutant les documents et les faits nouveaux qui sont de nature à apporter quelque éclaircissement dans la question.

Les partisans du premier système, c'est-à-dire ceux qui prétendent que Francon a écrit son traité à la fin du XIe siècle, cherchent à établir son identité avec un des personnages du même nom qui a vécu vers la même époque.

On en cite trois :

1° Un moine de ce nom, qui vivait à l'abbaye d'Afflighem vers 1110 ; 2° un Francon, né à Dortmund, recteur du prieuré de Saint-Benoît à Cologne, qui florissait vers 1190 ; 3° un Francon, scholastique de Liége, qui vivait vers 1060.

On écarte d'abord le premier « par la simple raison, dit-on, que ce bon religieux n'est pas connu sous le rapport de la musique ou des mathématiques, et qu'il a vécu au commencement du XIIe siècle [1] ».

On écarte encore le second « parce qu'il n'est pas né à Cologne, et qu'on ne connaît aucun titre d'ouvrage de ce moine [2] ».

Reste donc le troisième, le scholastique de Liége ; c'est sur lui que se concentrent tous les efforts pour le faire considérer comme l'auteur de l'« Ars cantus mensurabilis ».

Certes, il y aurait beaucoup à dire sur les motifs qui font rejeter le moine d'Afflighem et surtout le recteur de Saint-Benoît ; mais, nous l'avons

---

[1] REVUE de Musique ancienne et moderne, p. 89.
[2] Ibid., p. 90.

dit, nous voulons laisser là les arguments secondaires qui ne sauraient faire faire un pas décisif à la question, pour nous en tenir aux motifs déterminants. Examinons donc les raisons sur lesquelles on s'appuie pour attribuer le traité de Francon au scolastique de Liége. Afin de ne pas en affaiblir la portée, nous les reproduisons en entier; voici ce que dit M. Th. Nisard [1] :

« Sigebert, moine de l'abbaye de Gemblours, fait mention, dans son ou-
» vrage intitulé « De viris illustribus », d'un Francon qui avait été éco-
» lâtre à Liége où il s'était distingué par sa science et sa piété. Parmi les
» ouvrages qu'il cite, il remarque un livre sur « la Quadrature du cercle »,
» dédié à Hermann, archevêque de Cologne, mort en février 1055. Or,
» Sigebert mourut lui-même en 1112 ou 1113. Il était donc contemporain
» ou d'un temps si rapproché de ce Francon dont il parle, que son témoi-
» gnage est ici d'un grand poids en matière d'exactitude biographique.[2] »

« Jean Trithême, savant ecclésiastique qui vivait de 1462 à 1516, con-
» firme le récit de Sigebert dans son livre « De scriptoribus ecclesiasticis »,
» et y ajoute quelques détails fort intéressants. Francon, écolâtre de Liége,
» était, dit-il, Allemand de nation, homme magnifiquement docte dans les
» Saintes Écritures, il était également très-érudit dans les lettres profanes.
» Philosophe, astronome et computiste remarquable, sa science égalait sa
» piété. Il dédia son livre sur la « Quadrature du Cercle » à Hermann II,
» archevêque de Cologne, et brilla d'un vif éclat sous le règne de l'empe-
» reur Henri III, en 1060 [3]. »

---

[1] Revue de musique ancienne et moderne, p. 87.

[2] « Franco Scholasticus Leodiensis, religione
» et utraque literarum scientia nominatus,
» quantum valuerit scribendo notificavit pos-
» teris. Amatores scientiæ secularis taxent eius
» scientiam ex libro, quem scripsit ad Herma-
» num Coloniæ Archiepiscopum, de quadra-
» tura circuli, de qua Aristoteles ait : Quadra-
» tura circuli si est scibile, scientia quidem
» nondum est, illud vero scibile. Conferant vel
» etiam præferant eum seculares philosophis,
» nos laudamus eum, quia divinæ scripturæ
» invigilavit, et plura scripsit, de ratione com-
» puti librum unum, et alia quæ ab aliis ha-
» bentur. » — Aubert Le Mire et Fabricius ont donné des éditions du « De viris illustribus » de Sigebert. Ce qui vient d'en être rapporté est emprunté à la collection qui a pour titre : « De illustribus Ecclesiæ Scriptoribus, Authores præcipui veteres..., opera Suffridi Petri Leonardiensis Frisii » (Coloniæ, apud Maternum Cholinum, in-8º, cIɔ. Iɔ. Lxxx, p. 387.)

[3] « Franco, scholasticus Leodiensis ecclesiæ,
» natione Teutonicus, vir in divinis scripturis
» magnifice doctus, et in secularium literarum
» disciplina eruditissimus, philosophus, astro-
» nomus, et computista insignis, et non minus
» religione quam scientia venerabilis, fertur in
» sacris scripturis nonnullos composuisse trac-
» tatus, qui ad notitiam meam non venerunt.

Le même écrivain ajoute : « Un mathématicien seul pouvait au moyen
» âge donner des règles sur les proportions temporaires des différentes
» figures de la musique mesurée [1] ».

Dès 1828, le conseiller Kiesewetter [2], qui a examiné et discuté les textes
de Sigebert et de Trithême d'une manière approfondie, a fait remarquer
que tout ce qui en résulte, c'est que Francon est auteur d'un traité sur la
« Quadrature du cercle » et d'un livre : « De ratione computi »; mais que
ni Sigebert ni Trithême ne disent un mot sur les prétendues connaissances
musicales du scholastique de Liége. Sur quoi M. Th. Nisard s'écrie: «Donc,
» parce que Sigebert et Trithême n'ont point dit que l'écolâtre de Liége était
» musicien, celui-ci ne l'était pas [3] ».

Telle n'est pas la conclusion de Kiesewetter; et nous, qui partageons son
avis sur les passages de Sigebert et de Trithême, nous n'allons pas non
plus aussi loin; nous admettons parfaitement que des paroles de ces auteurs
on ne doit pas conclure que l'écolâtre de Liége n'était pas musicien; mais
nous ne pouvons accorder qu'il faille en conclure qu'il l'était, ce qui est
bien différent. En saine logique, c'est la seule conséquence qui puisse en
sortir. La conclusion de M. Nisard n'a d'autre base que le faux raisonnement suivant : Tout musicien au moyen âge était mathématicien; or, le
scholastique de Liége était mathématicien, donc il était musicien.

Mais, en supposant que l'écolâtre de Liége eût été musicien, s'en sui-
vrait-il qu'il fût l'auteur de l'« Ars cantus mensurabilis »?

Cette conséquence ne serait vraie que si la relation d'itentité qui aurait
existé entre ces deux personnages était démontrée; ici encore nous ren-
controns, dans le même sens, force conjectures, d'où il résulterait qu'un
nommé Francon est l'auteur de l'« Ars cantus mensurabilis »,— ce que personne ne conteste; — mais quand, au milieu de toutes ces assertions, on
cherche quelque preuve d'où résulte que ce Francon était le scholastique

---

» Scripsit ad archiepiscopum Coloniensem
» Hermannum II, subtile opus et egregium
» De quadratura circuli lib. I, De computo
» ecclesiastico lib. I, et alia plura. Claruit sub
» Henrico imperatore III, anno Domini 1060.
» (Dn. Johannis TRITHEMII... « De Scriptoribus
» ecclesiasticis... liber vnus », Coloniæ, in-4o,
» M. D. XLVI, p. 144). »

[1] REVUE de musique ancienne et moderne, p. 89.

[2] « GAZETTE MUSICALE de Leipzig », 1828 N°" 48, 49 et 50; voir aussi 1838; N°" 24 et 25.

[3] REVUE de musique ancienne et moderne, p. 88.

de Liége, on n'en trouve pas le moindre adminicule. On dit bien que l'auteur de l'« Ars cantus mensurabilis » « a dû être [1] » mathématicien, computiste et philosophe, mais on ne cite aucun texte qui le démontre.

Ainsi, d'un côté, on n'établit pas que l'écolâtre de Liége ait été musicien, et de l'autre, on ne prouve pas que l'auteur de l'« Ars cantus mensurabilis » ait été mathématicien. Le rapprochement qu'on voudrait établir ne repose donc sur rien de solide, et n'a d'autre base que des conjectures plus ou moins habilement présentées.

En 1859 [2], nous avons publié deux documents qui n'ont pas paru dignes de l'attention de M. Fétis, puisque, dans le long article qu'il consacre à Francon dans la 2e édition de sa « Biographie des musiciens » où il cite et relève toutes les opinions, tous les faits jusques dans leurs moindres détails, et où certes il ne ménage ni les déclamations, ni la prolixité, le célèbre professeur les passe complètement sous silence. Ces documents ne tranchent pas la difficulté en ce qui concerne la date précise de l'« Ars cantus mensurabilis »; mais ils sont décisifs contre l'écolâtre de Liége. Ils ont une importance telle dans la question, que nous n'hésitons pas à les reproduire ici.

Le premier de ces documents est une mention par laquelle se termine le traité de Francon dans le manuscrit de la bibliothèque de St-Dié. La voici : « Explicit magna ars mensurabilis musice Reverendi viri, cujusdam Do-
» mini Franconis, Capellani Domini Pape, nec non Preceptoris Domus
» Coloniensium hospitalis sancti Johannis Jerosolimitani. » [3]

Le second est un passage qui se trouve au chap. xxv d'un traité manuscrit de Jean Ciconi, conservé dans la bibliothèque de Pise, où on lit : « Magister Francho de Colonia Prothonotarius ». [4]

Ainsi, tandis qu'aucun des documents invoqués à l'appui de l'opinion que nous combattons, ne démontre la moindre relation entre l'auteur de l'« Ars cantus mensurabilis » et l'écolâtre de Liége, sinon que l'un et l'autre étaient de Cologne, voici des documents qui établissent qu'un Francon de Cologne, auteur du « Magna ars mensurabilis » remplissait les fonctions et dignités de chapelain du Pape, de protonaire apostolique et de précepteur

---

[1] Revue de musique ancienne et moderne, p. 89.
[2] « Notice sur un manuscrit musical de la bibliothèque de Saint-Dié », p. 8 et suiv.
[3] Scriptorum, etc., t. I, p. 135, note 2.
[4] A. de la Fage, Diphtérographie, p. 387.

de la maison de St-Jean de Jérusalem des Coloniens, trois fonctions et dignités qui ne s'excluaient pas et dont la réunion sur la tête d'un même personnage n'offre rien d'incompatible avec la qualité de savant musicien.

Y a-t-il grande témérité à croire que c'est là le Francon[1] auteur de l'« Ars cantus mensurabilis » ? On ne le pensera pas en présence du renseignement que nous venons de produire.

Dans tous les cas, ces documents ne permettent plus de restreindre le débat dans le cercle des trois personnages du nom de Francon, sur lesquels jusqu'ici on a fait rouler la discussion.

Abordons maintenant un autre ordre d'arguments; examinons ceux qu'on tire de la situation de l'art.

Les écrivains qui soutiennent que l'« Ars cantus mensurabilis » n'a pas pour auteur le scholastique de Liége, argumentent principalement de ce que ce traité, qui représente très-bien l'état de l'art au xiie siècle, n'est pas en rapport avec sa situation théorique et pratique au xie siècle.

Cette thèse est soutenue par Kiesewetter, de Winterfeld, Perne, Bottée de Toulmon, Schilling, et autres qui, à cause de cela, ont été rangés par M. le professeur Fétis dans une classe de personnes qu'il qualifie poliment comme manquant de rectitude dans les idées.[2]

Doni, le Père Martini, Forkel et les auteurs de l'« Histoire littéraire de la France », ont embrassé l'opinion contraire. M. le professeur Fétis et M. Th. Nisard s'en sont constitués les champions.

Quant à nous, au risque de recevoir un diplôme semblable à celui qui a été décerné, par M. le professeur Fétis, à Kiesewetter, Winterfeld, etc., nous avons adopté et nous maintenons l'opinion soulevée par Kiesewetter, parce qu'elle nous a paru la mieux fondée, et que les faits et documents découverts depuis n'ont fait que la corroborer.

Nous allons exposer brièvement les motifs sur lesquels nous nous appuyons. Mais avant tout, qu'il soit bien entendu que, dans la discussion de cette question comme dans toute autre, nous resterons dans le domaine des faits, et laisserons de côté tout ce qui touche aux personnes.

Examinons donc seulement les raisons.

Commençons par produire le raisonnement que M. Th. Nisard donne

---

[1] Le nom de Francon était un nom très commun au moyen âge.

[2] Biographie universelle des musiciens, 2ᵉ édition, t. III, p. 315.

comme décisif et inébranlable. Pour ne pas l'affaiblir, nous allons le rapporter en entier :

« En plaçant la rédaction de l'« Ars cantus mensurabilis » à la fin du
» XIIe siècle, dit-il, qu'arriverait-il? Il arriverait que, dans l'espace de
» quelques années seulement, la doctrine de Francon de Cologne aurait fait,
» au moyen âge, le tour de l'Europe. Rapide comme l'éclair, elle aurait
» pénétré dans toutes les écoles : en France, où Jean de Bourgogne, Pierre
» Picard, Jean Baloce, Jérôme de Moravie et beaucoup d'autres l'enseignaient
» déjà dès les premières années du XIIIe siècle, si ce n'est auparavant,
» — en Angleterre, où Walter Odington l'enseignait vers 1217, —
» en Italie, où Marchetto de Padoue l'enseignait dans la seconde moitié du
» XIIIe siècle comme une chose connue, perfectionnée même depuis longtemps.
» En un mot, il s'ensuivrait qu'une doctrine que l'opinion générale
» *(vulgaris opinio,* comme dit Jérôme de Moravie) attribuait à Francon
» de Cologne, tout au commencement du XIIIe siècle, un ouvrage que celui-
» ci aurait composé la veille; il s'ensuivrait qu'en plein moyen âge, c'est-
» à-dire, à une époque où les communications étaient lentes et difficiles,
» où toute espèce d'enseignement restait longtemps renfermé et comme enseveli
» dans les quatre murs d'une école, avant d'obtenir les honneurs
» d'une réputation européenne, — il s'ensuivrait qu'un petit livre de musique,
» rédigé par un écolâtre quelconque, aurait, en quelques années,
» conquis une popularité que le meilleur ouvrage élémentaire n'obtiendrait
» pas en cinquante ans aujourd'hui, en plein XIXe siècle, avec la presse,
» avec la vapeur, avec tous les moyens imaginables enfin du charlatanisme
» moderne et de la publicité des temps actuels.... »

Est-ce là un argument véritablement sérieux?

Comment, une doctrine musicale, rédigée à la fin du XIIe siècle, par exemple entre 1175 et 1180, n'aurait pas pu avoir pénétré dans les écoles de France, d'Angleterre et d'Italie au commencement du XIIIe siècle, c'est-à-dire en trente ou quarante années? Encore une fois, cela n'est pas sérieux et encore moins admissible. En effet, parce qu'on n'avait à cette époque ni chemin de fer, ni télégraphe électrique, les communications de pays à pays, d'école à école, étaient-elles aussi lentes qu'on voudrait le faire croire pour les besoins de la cause qu'on soutient? Ne sait-on pas que les nombreux monastères de l'Europe, alors les vrais foyers de l'activité intellectuelle, entretenaient des relations continuelles entre eux par des correspondances, par des voyages, etc. Cela résulte de tout ce qu'on connaît sur l'activité des religieux de ce temps ; cela résulte notamment de l'examen de l'écriture des manuscrits, qui est pour ainsi dire la même partout aux mêmes époques. Il n'a donc pas fallu près d'un demi-siècle pour que la doctrine de Francon ait pénétré dans les divers pays. Cela devient encore moins douteux, quand on réfléchit que la doctrine de Francon n'était pas une doctrine neuve, mais seulement modificative en quelques points de celles qui étaient alors en vigueur chez les principales nations de l'Europe.

M. le professeur Fétis, qui embrasse le système soutenu par M. Th. Nisard, cherche à le fortifier par des arguments tirés de passages d'écrivains postérieurs au xiie siècle. Voici ces arguments ; nous citons encore les passages en entier : 1º « Walter Odington, moine d'Evesham, au comté de Wor-
» chester, en Angleterre, auteur d'un grand traité de toutes les parties de la
» musique, composé au commencement du règne de Henri III, c'est-à-dire
» vers 1217[1], s'exprime ainsi, au quatrième chapitre du sixième livre de cet
» ouvrage : Diversæ sunt in modis doctrinæ ; dicitur a Francone quinque
» modos esse, etc. Or, puisqu'il existait déjà, dans les premières années
» du xiiie siècle, diverses doctrines sur les modes, c'est-à-dire sur la com-
» binaison des temps de la mesure, il est évident que le système de la mu-
» sique mesurée était déjà ancien ; car on ne discute point sur les théories
» des choses nouvelles, surtout quand elles offrent la complication qu'on
» remarque dans le système de la notation noire de Francon, et dans un
» temps où les découvertes se propageaient avec beaucoup de lenteur. »

2º « Marchetto de Padoue dit aussi, dans le quatrième chapitre du
» Traité de l'application du temps imparfait, qu'il y avait une grande
» différence entre les Italiens et les Français, dans la manière de propor-
» tionner et de chanter les notes dans le temps imparfait, les premiers vou-
» lant que la note finale fut parfaite, et les autres qu'elle fut imparfaite ; et
» Marchetto juge le différend en faveur des Français. » « Ces différences
» dans la manière dont deux peuples concevaient les proportions des
» modes, n'ont pu s'établir qu'après un très long exercice de la musique
» mesurée ; telle était l'incertitude sur la valeur réelle des notes dans beau-
» coup de cas, à l'égard de cette singulière notation, que les discussions

---

[1] Je possède une copie de cet ouvrage. (Cette note est de M. Fétis.)

» n'avaient pas cessé à la fin du xvᵉ siècle, et que les ouvrages de Tinctoris
» en sont remplis. Qu'on juge d'après cela de l'ancienneté qu'avait déjà
» vers 1217 le système exposé par Francon, puisqu'il y avait diverses
» autres doctrines qui balançaient la sienne. »

3º « Il est évident que l'épithète «antiqui» dont se sert Jean de Muris dans
» deux passages de son « Traité de la musique pratique », s'applique à
» Francon et à ses contemporains, car cet écrivain a fait un usage habituel
» de longues parfaites, longues imparfaites et brèves. Or, les auteurs qui
» étaient considérés comme anciens en 1325, ne sont certainement pas ceux
» qui auraient vécu à la fin du xiiᵉ siècle.¹ »

A tout cela la réponse est facile :

1º Toute l'argumentation de cette première prétendue preuve se fonde, comme on vient de le voir, sur ce que Francon serait cité par Walter Odington qui écrivait vers 1217. Nous ignorons d'où provient la copie du traité du moine d'Evesham que possède M. Fétis; mais ce que nous pouvons affirmer, c'est que celle qui a servi à l'édition de Walter Odington, que nous avons donnée dans notre « Scriptorum », t. I, pag. 182., a été faite scrupuleusement sur le manuscrit de la bibliothèque du collége du Corpus-Christi à Cambridge, considéré comme unique, et que la phrase citée par M. Fétis ne s'y trouve pas. Il en résulte que le moine d'Evesham n'y mentionne pas Francon. Nous pourrions, à la rigueur, en conclure que s'il ne nomme pas le mensuraliste de Cologne, c'est que celui-ci n'avait pas encore existé. Mais on peut admettre et nous admettons l'existence de Francon au temps où vécut Walter Odington et même antérieurement. Qu'en conclure? que Francon a vécu à la fin du xiiᵉ siècle ou au commencement du xiiiᵉ? c'est notre opinion; mais en résulte-t-il la preuve qu'il vivait à la fin du xiᵉ siècle? évidemment non. Donc, cet argument n'a aucune valeur.

2º De ce qu'à la fin du xiiiᵉ siècle, il existait une grande différence entre les Italiens et les Français, dans la manière de proportionner et de chanter les notes dans le temps imparfait², est-ce une preuve que le traité de Francon ait été écrit au xiᵉ siècle plutôt qu'au xiiᵉ? poser la question c'est la résoudre.

3º L'épithète *antiqui* employée par Jean de Muris, s'applique non-seule-ment à Francon, il existait des divergences dans la doctrine du chant mesuré chez les Français, les Anglais et les Italiens.

---

¹ Biographie universelle des musiciens, 2ᵐᵉ édition, t. III, p. 317.

² On verra plus loin que bien antérieure-

ment à Francon et à ses contemporains, mais à tous ceux qui ont suivi ou enseigné sa doctrine jusqu'à l'adoption de la nouvelle, qui fut appelée *ars nova,* par opposition à la doctrine franconienne, qu'on nomma *ars antiqua.* Mais ici encore, qu'en argumenter pour prétendre que le traité de Francon a été écrit plutôt au xie siècle qu'au xiie?

Tous les raisonnements de M. Fétis et de M. T. Nisard, comme on le voit, roulent sur des pétitions de principe. Ils admettent toujours comme démontré ce qui est à prouver. D'un autre côté, ils ne se placent jamais sur le vrai terrain de la question, la comparaison de la doctrine de Francon avec la situation de l'art. C'est cependant ce qu'il faudrait faire; c'est ce que nous allons essayer de faire.

En comparant le traité de Francon à ceux de ses contemporains et de ses devanciers immédiats, on y remarque peu de différences. Quand on le compare au contraire à la doctrine vulgaire, rapportée par Jérôme de Moravie et signalée par cet auteur comme la plus ancienne, les différences sont plus nombreuses et plus importantes[1]; ces deux doctrines marquent évidemment un intervalle assez notable dans les dates de leur rédaction. S'il fallait admettre cependant que le traité de Francon fût de la fin du xie siècle, on devrait assigner à la doctrine vulgaire une antériorité d'au moins vingt-cinq ou trente ans, ce qui le porterait au milieu du xie siècle et peut-être encore au delà. Or, comme cette dernière doctrine cite pour exemples des fragments de chansons romanes, dont nous avons aujourd'hui le complément dans le manuscrit de Montpellier, qu'en résulterait-il si l'on adoptait cette date? Il arriverait que ces chansons, dont la forme et la contexture accusent évidemment le xiie siècle, auraient eu pour auteurs des trouvères du xie siècle, ce qui n'est pas soutenable. M Fétis, prévoyant cette objection, a cherché à démontrer l'existence de chansons en langue romane au xie siècle[2], en rappelant notamment les pièces du manuscrit 1139 de St-Martial de Limoges, et en citant comme preuve les fragments de chansons citées par Francon, sans faire attention qu'il donne encore ici comme preuve ce qui est à prouver, et dans l'ignorance où il était que les chansons citées par Francon se trouvent déjà signalées dans la

---

[1] HISTOIRE DE L'HARMONIE au moyen âge, p. 38 et suiv.
[2] BIOGRAPHIE UNIVERSELLE DES MUSICIENS, 1re édit., t. 1. — « Résumé philosophique de l'histoire de la Musique », p. CLXXXV, note 1.

— 28 —

« doctrine vulgaire ». Si cette question pouvait laisser quelque doute, lorsqu'on n'avait que les fragments cités par l'auteur de la « doctrine vulgaire » et par Francon, et qu'on pouvait craindre que ces fragments n'eussent subi quelques modifications dans la transcription, il n'en est pas de même aujourd'hui que ces chansons sont connues en entier. Or ces poésies, dont on peut maintenant, grâce au manuscrit de Montpellier où elles sont conservées, apprécier la facture, n'ont rien de commun, en ce qui touche la forme du langage, avec les pièces mentionnées par les Bénédictins, et avec celles que renferme le manuscrit de St-Martial de Limoges.

Voici une de ces chansons :

F° 66 v° Mout me fu griés li départir,
De mamiette la bele au cors gent :
Quant sa grant biauté remir,
Por li sovent et nuit et jor sospir ;
Si très dos ris me fet frémir,
Et si oeil vair riant languir ;
Et sa bele boche ensement :
Ele est docete, simple et pleisant,
Sa vermellete bochete riant.
Son chief blont luisant
Très bien avenant.
Sorcis voutis et traitis,
Dens drus petis, bien assis.
Languir me fait son dous ris,
Sa bouche et son cler vis ;
En grant dolor m'a la bele mis,
Blanchete comme flor de lis
De celi qui est si pris
Por vostre amor,
Qui n'a repos ne nuit ne jor
Aiéz merci,
Que je vos en pri,
Faites de moi vostre loial ami.
Por vos morrai

Se n'aves pitié de moi.
Ostés moi
De la prison
Dont garison
Avoir ne porrai,
Se de vos aucun secors n'ai.
Je vos servirai
Tot les jors que je vivrai ;
Et ja nul jor
Ne m'en départirai,
Dame de valor,
Vermelle com rose en mai,
Tos jors serai
Vostre ami vrai.
Et se de vos me convient partir,
Por vos me convient a languir.
Quant je vos lerai,
Quant me partirai,
De vos, amie,
Mon cuer sans fausser
Dire porrai
Tout mon cuer vos remaint
O moi ne l'emport mie.

Peut on admettre un seul instant que cette pièce ait été composée au milieu du XIe siècle ? Cela ne nous paraît pas soutenable. Il faudrait pourtant que cette pièce fût bien du XIe siècle pour que l'on pût assigner cette époque au traité qui la rapporte. C'est là une impossibilité contre laquelle lutteraient en vain les conjectures les plus ingénieuses.

Un autre fait vient démontrer qu'il a dû se passer un intervalle assez long entre les premières méthodes de musique mesurée et celle de Francon. Walter Odington rapporte dans le chapitre premier de la sixième partie de son traité, que chez les premiers déchanteurs, la longue ne valait que deux temps, en musique comme en métrique; mais que postérieurement sa valeur fut portée à trois temps, à l'instar de la très-sainte Trinité qui est la souveraine perfection [1].

On trouve encore des traces de cette doctrine sur la valeur de la longue dans un anonyme de la Bibliothèque impériale [2].

Voilà donc une doctrine de musique mesurée encore plus ancienne que la doctrine vulgaire rapportée par Jérôme de Moravie, puisque, suivant celle-ci, la longue valait trois temps [3].

Comme on le voit, au fur et à mesure qu'on approfondit cette question, les documents et les faits viennent corroborer l'opinion que nous soutenons. Ces faits, ces documents, M. Fétis les a passés sous silence. Pourquoi? Est-ce pour n'avoir pas à les combattre, ou parce qu'il n'a rien de sérieux à y objecter? Il eût été plus digne de les discuter que de se livrer à des exclamations vides de sens et de raisons, surtout contre les archéologues [4], dont les découvertes ne manquent jamais d'être mises à profit par les historiens, pourvu qu'elles ne viennent pas trop contrarier leurs systèmes préconçus.

En résumé, de ce qui précède il résulte ceci :

1º Rien ne prouve que l'écolâtre de Liége ait été musicien; rien ne prouve que l'auteur de l'« Ars cantus mensurabilis » fût mathématicien; donc, l'identité de ces deux personnages n'est pas établie.

2º Il est démontré qu'il existait des doctrines de musique mesurée antérieures à Francon, et que leur existence ne pouvait remonter au delà de la fin du xiᵉ siècle ou au commencement du xiiᵉ Donc, le traité de Francon n'est pas du xiᵉ siècle.

---

[1] Longa autem apud priores organistas duo tantum habent tempora, sic in metris; sed postea ad perfectionem dicitur, ut sit trium temporum ad similitudinem beatissime trinitatis que est summa perfectio, diciturque longa hujusmodi perfecta.—Scriptorum etc., t. I, p. 235.

[2] Est recta longa que continet in se duo tempora solum.— Ibid., p. 378.

[3] (Longa) habet enim tria tempora.— Ibid., p. 94.

[4] « Biographie universelle des musiciens, » 2ᵉ édit., t. iii, p. 317, col. 1, et p. 318, col. 2.

3° L'examen comparatif de l'état de l'art avec la doctrine et les exemples de l'« Ars cantus mensurabilis » prouve que ce traité n'a pas été écrit avant la seconde partie du xii° siècle.

A notre tour, disons-le donc avec assurance, l'opinion de M. Fétis et de M. Th. Nisard n'a pas de base solide; les considérations de ces savants en faveur de l'identité de Francon le scholastique et de l'auteur de l'« Ars cantus mensurabilis », tombent devant la saine interprétation des passages de Sigebert de Gemblours et de Trithême, invoqués comme preuves; elles tombent surtout devant les faits et les documents que nous avons produits.

Le traité de Francon a été publié par le Prince-abbé Gerbert, dans le tome III de son « Scriptores »; mais le texte et les exemples contiennent des fautes qui le rendent souvent inintelligible. Il en existe une bonne leçon dans le traité de Jérôme de Moravie; nous l'avons publiée avec des variantes tirées d'un manuscrit de la bibliothèque impériale de Paris, provenant du fonds de Fontanieu, et de deux autres appartenant l'un à la bibliothèque de Milan et l'autre à celle de Saint-Dié[1].

On doit se garder de prendre à la lettre le passage suivant, écrit par M. Fétis dans la 2° édition de sa « Biographie universelle des Musiciens », t. III, p. 320, col. 2 : « J'ai fait, dit-il, un long travail sur les ouvrages de Fran-
» con; j'en ai corrigé le texte d'après une collation des manuscrits, avec
» l'édition donnée par l'abbé Gerbert, dans le 3° volume de sa « Collection
» des Écrivains ecclésiastiques sur la musique »; j'ai rectifié avec beau-
» coup de soin et de peine les exemples altérés, omis ou tronqués dans
» la plupart des manuscrits; j'ai fait une traduction des deux traités; j'y ai
» joint des extraits des commentaires de Robert de Handlo, de Simon
» Tunstède et de Jean Hamboys, d'un curieux traité anonyme du xii°
» siècle, du « Pomerium musicæ mensuratæ » de Marchetto de Padoue,
» beaucoup de notes et une dissertation sur le système de proportions
» de la notation noire en usage jusque dans la seconde partie du xiv°
» siècle. J'attendrai que M. de Coussemaker ait donné l'édition qu'il pré-
» pare des écrivains du moyen âge sur la musique, afin de juger si la
» publication de mon travail pourrait être encore utile. »

---

[1] SCRIPTORUM, etc., t. I, p. 117.

Puisque M. Fétis a examiné les traités originaux des auteurs qu'il cite dans le passage qu'on vient de lire, comment se fait-il que, dans sa « Biographie universelle des musiciens », il se soit contenté de reproduire les erreurs de Burney et de Forkel qui, eux mêmes, les ont puisées dans Hawkins; puisqu'il a fait des extraits des commentaires de Robert de Handlo et de Jean Hanboys, pourquoi n'a-t-il pas mentionné dans sa « Biographie universelle » les artistes qui y sont nommés et notamment Jean de Garlande, Pierre de la Croix, Pierre le Viser, etc; comment ne s'est-il pas aperçu que ce que Robert de Handlo donne comme des extraits du traité de Francon, appartient non à celui de Francon de Cologne, dont le texte doit être bien connu à M. Fétis, puisqu'il l'a commenté, mais à un anonyme dont nous avons publié le traité dans notre « Histoire de l'harmonie au moyen âge »; d'un autre côté comment M. Fétis, qui a *traduit et commenté* le traité de Jérôme de Moravie[1], n'a-t-il pas jugé à propos de donner une place dans la première édition de sa « Biographie universelle » à Jean de Garlande, à Jean de Bourgogne, à Pierre Picard, dont les ouvrages sont rapportés par le savant Dominicain; pourquoi a-t-il attendu la publication de « l'Histoire de l'harmonie au moyen âge » pour mentionner ces écrivains dans la seconde édition de son livre?

Le célèbre professeur expliquera sans doute tout cela dans le « long travail qu'il a fait sur les ouvrages de Francon »; sous ce rapport du moins, « il jugera que la publication de son travail pourra être encore utile »

En attendant que le savant biographe ménage cette agréable surprise à ses admirateurs, les lecteurs de la « Biographie universelle des musiciens » ayant aujourd'hui sous les yeux les traités de Jérôme de Moravie, de Robert de Handlo et de Jean Hanboys pourront apprécier la valeur des assertions de M. Fétis, que nous venons de rapporter, ainsi que nombre d'autres de même nature, produites dans le même ouvrage et soutenues avec l'aplomb qui caractérise leur auteur.

Ce qu'on vient de lire était écrit, quand nous avons eu connaissance

---

[1] « Le livre de Jérôme de Moravie est un de ceux que j'ai traduits et commentés pour entrer dans la collection d'auteurs inédits dont je prépare une édition : sa publication me parait d'autant plus utile qu'on ne connait qu'un seul manuscrit ancien de cet ouvrage. » — BIOGRAPHIE UNIVERSELLE DES MUSICIENS 1re *édition*, t. V, p. 268, col. 1.

du traité anonyme du Ms B[1]. Ce document suffirait pour renverser de fond en comble tout l'échafaudage de M. Fétis, en supposant qu'il en soit resté quelque chose debout à la suite de la discussion à laquelle nous venons de nous livrer.

Le contenu de ce traité ne permet plus de soutenir que l'«Ars cantus mensurabilis» a été écrit au xie siècle, et qu'il a pour auteur l'écolâtre de Liége. Il en résulte en effet que la constitution de la musique proportionnelle a parcouru diverses phases avant d'arriver à la période franconienne : la première, qu'on peut appeler période originaire, où il n'existait ni signes fixes ni méthodes écrites; la deuxième, où les signes de proportionnalité ont commencé à être en usage, et pendant laquelle s'est formée une doctrine appelé «vulgaire»; la troisième, où s'était accomplies des améliorations dont on peut se faire une idée par le traité de Jean de Garlande et par le traité anonyme auquel nous empruntons ces renseignements; la quatrième qu'on peut appeler période franconienne, parce que les nouveaux progrès qui se sont accomplis ont eu pour auteurs d'abord Francon de Paris, dont le traité est publié comme anonyme dans notre «Histoire de l'Harmonie au moyen âge», p. 259, puis Francon de Cologne.

Ces faits, dont on trouvera plus loin la démonstration avec les preuves à l'appui, excluent de la manière la plus absolue, l'existence de Francon de Cologne à la fin du xie siècle; c'est tout au plus s'ils permettent de la porter vers le milieu du xiie siècle.

Francon de Cologne a été en effet précédé de : 1º Francon de Paris, auteur du traité que nous venons de mentionner; 2º Jean de Garlande, auteur du traité de musique mesurée, publié dans notre «Scriptorum», p. 97 et 175; 3º Pierre de la Croix «notator optimus», très-vraisemblablement auteur du traité publié dans notre «Histoire de l'Harmonie au moyen âge», p. 274; 4º L'auteur anonyme du «Libellus de musica», «Scriptorum», p. 378; 5º L'auteur du traité de déchant vulgaire (ibid., p. 94) :

Cela étant, la prétention de MM. Fétis et Nisard ne saurait plus se soutenir. La discussion de cette question, qui ne roulait que sur des équivoques de noms et de dates, doit donc être considérée comme définitivement close.

---

[1] « Scriptorum de musica medii ævi nova series », etc., t. I, p. 327.

PREMIÈRE PARTIE

MUSIQUE HARMONIQUE

L'ART HARMONIQUE

AUX XIIᵉ ET XIIIᵉ SIÈCLES

PREMIÈRE PARTIE

MUSIQUE HARMONIQUE

CHAPITRE I.

MUSIQUE HARMONIQUE, SON ORIGINE, SA CONSTITUTION.

SOMMAIRE. — Ce qu'il faut entendre par musique harmonique. — Distinction entre la diaphonie et le déchant. — Quatre périodes dans la constitution de la musique harmonique. — Période originaire ; période d'essais de signes de valeur temporaire ; période d'amélioration et de fixité dans les signes ; période franconienne.

Sans qu'il soit besoin de discuter ici la question relative à l'existence ou à la non existence de l'harmonie chez les Grecs, question qui, dans le sens affirmatif, a été récemment traitée d'une manière si lucide par M. Vincent, de l'Institut[1], et M. Wagener, professeur à l'Université de Gand[2]; en admettant, ce qui est notre opinion, qu'ils ont connu et pratiqué l'harmonie, il est à craindre qu'on ne reste dans l'incertitude sur son essence et sur son mode d'emploi, tant que l'on n'aura pas découvert des documents ou des monuments propres à nous renseigner à cet égard et d'une manière claire et précise.

---

[1] RÉPONSE à M. Fétis et réfutation de son mémoire sur l'harmonie simultanée des sons chez les anciens, Lille 1858.

[2] MÉMOIRE sur la symphonie des anciens, Bruxelles, 1861.

Ce qu'on connaît de plus favorable ne semble pas de nature à laisser croire que ce soit à la simultanéité des sons qu'il faille attribuer les merveilleux effets dont parlent les plus grands philosophes et les écrivains les plus autorisés. Ces effets avaient, selon nous, leur source dans la mélodie; ils résidaient dans certaines successions phoniques dont l'exquise sensibilité du peuple grec savait apprécier les nuances et la délicatesse.

Dans la musique moderne, au contraire, l'harmonie règne en souveraine; elle y occupe la première place; sa puissance est telle que la mélodie lui obéit en quelque sorte, qu'elle se plie et se façonne, dans l'imagination des artistes, à certaines formules existantes ou inventées par eux.

L'harmonie a imprimé à la musique européenne moderne un caractère particulier qui la distingue de la musique non-seulement des peuples anciens, mais aussi des autres nations du globe. Favorisée par une tonalité nouvelle, elle a produit toute une révolution. Bien qu'au point de vue métaphysique elle ne soit pour ainsi dire que la partie matérielle de la musique dont la mélodie est l'âme, ces deux éléments sont aujourd'hui si étroitement unis l'un à l'autre, que c'est à peine si, sans l'harmonie, on conçoit la musique. Dans les œuvres enfantées par des génies tels que Mozart et Beethoven, l'harmonie et la mélodie s'identifient à tel point, qu'il ne serait pas possible de les isoler sans les anéantir toutes deux.

En présence de résultats aussi considérables, il est intéressant de rechercher l'origine et les premiers développements d'un art qui engendre ces effets merveilleux. Grâce à de récentes découvertes cette origine et ces développements ne sont plus un mystère; les premières transformations de la musique harmonique peuvent être étudiées et saisies; c'est la tache que nous nous sommes imposée dans le présent ouvrage.

Il existe des documents qui ne laissent pas de doute sur l'existence et la pratique de l'harmonie dans les premiers siècles du christianisme; mais on est obligé de se reporter au IXe siècle pour s'en faire une idée exacte. Hucbald, moine de Saint-Amand au IXe siècle, est le premier qui fasse connaître une méthode, et qui donne des exemples de cette harmonie.

A partir de cette époque, presque tous les auteurs qui ont écrit sur le chant ecclésiastique, consacrent une partie de leurs ouvrages au développement de la musique simultanée.

« Organum » ou « diaphonie », tels étaient les noms qu'on donnait à l'harmonie de note contre note, à intervalles et à mouvements semblables et quelquefois mélangés, qui était alors en usage dans le plain-chant et qui semble n'avoir été exclusivement usitée que là.

Hucbald et Gui d'Arezzo en furent les premiers promoteurs.

Pendant que se maintint l'usage de la diaphonie à intervalles et à mouvements semblables, l'attention des artistes se porta de préférence sur celle qui emploie les intervalles et les mouvements mélangés. Là était le progrès et l'avenir de la musique. Des améliorations progressives au point de vue des successions harmoniques en furent la conséquence. Guy de Chaalis et quelques auteurs restés anonymes nous font connaître ce progrès[1].

Bientôt après, en même temps peut-être, se manifesta une harmonie nouvelle, différente de la diaphonie. Elle reçut le nom de «déchant».

Deux différences essentielles distinguent le déchant de la diaphonie :

1º Tandis que la diaphonie ne se composait que de deux parties simples ou doublées à l'octave, se suivant, pour ainsi dire, pas à pas l'une l'autre, de telle sorte que les deux ou les quatre voix chantaient la même mélodie à des intervalles différents; le déchant était un véritable double chant dont l'un était sinon indépendant, du moins tout à fait distinct de l'autre.

2º La diaphonie, ainsi qu'on l'a déjà dit, était inhérente au plain-chant, c'est à dire non soumise à la mesure. Le caractère peut-être le plus distinctif du déchant, au contraire, est l'emploi qui s'y faisait de deux ou plusieurs notes harmoniques contre une, dont la proportionnalité fut réglée d'après certains principes, d'où est né le système de musique mesurée moderne[2].

Le mot «déchant», en latin «discantus», était, aux XIIe et XIIIe siècles, le terme générique sous lequel on désignait toutes les compositions harmoniques mesurées. Celles-ci recevaient ensuite des dénominations particulières, telles que « Organum ordinaire ou spécial, Motet, Rondeau, Conduit ». On les appelait en outre doubles, triples ou quadruples, lorsqu'elles étaient à deux, trois ou quatre parties.

C'est à l'ensemble de toutes les compositions harmoniques mesurées

---

[1] HISTOIRE de l'Harmonie au moyen âge, p. 225. — ETUDES sur la restauration du chant grégorien, p. 187.

[2] Omnes autem note discantus sunt mensurabiles per directam brevem et directam longam; unde sequitur quod super quamlibet notam firmi cantus ad minus due note, longa scilicet et brevis, vel aliquid his equipollens, ut quatuor breves, vel tres cum plica brevi proferri debent; que etiam convenire debent in aliqua dictarum trium consonantiarum. — SCRIPTORUM etc., t. I, p. 95, c. I.

que nous donnons le nom générique de « Musique harmonique ».

Quand la musique harmonique a-t-elle pris naissance? C'est là une question sur laquelle on n'a eu jusqu'ici que des idées vagues et incertaines. A défauts de documents positifs, on s'est livré aux conjectures.

Les partisans de l'opinion que Francon, l'auteur de l'« Ars cantus mensurabilis », est le même que l'écolâtre de Liège, placent naturellement son origine au XIe siècle, et soutiennent qu'à la fin de ce même siècle, l'harmonie était déjà à l'état indiqué par le traité du maître de Cologne. Mais cette opinion, on l'a vu plus haut[1], n'est plus soutenable.

Les écrivains qui considèrent la fin du XIIe siècle ou le commencement du XIIIe comme l'époque où vécut le célèbre mensuraliste, assignent le XIIe siècle comme la période où l'harmonie mesurée a reçu ses premiers développements. Cette opinion, qui s'appuie sur la saine interprétation des textes et sur la juste appréciation de l'état de l'art, est la vraie. Elle se trouve aujourd'hui confirmée par des faits précis qui ne peuvent plus laisser aucun doute. Ces faits que nous allons exposer, nous les puisons dans un traité du XIIe siècle[2] appartenant au British-Museum, et dont nous avons déjà signalé l'importance.

D'après ce document, il faut, pour l'origine et la constitution de la musique harmonique, compter quatre périodes parfaitement distinctes.

La première, que l'on peut appeler période originaire, est celle pendant laquelle les notes ne portaient encore aucun signe matériel propre à distinguer leur valeur temporaire. Il n'existait aucune méthode écrite ; la parole du maître y suppléait. Il disait : « Ceci est une longue, ceci est une brève[3] »; ou bien : « Ecoutez et retenez ceci en chantant[4]. ». C'est

---

[1] Voir p. 17 et suiv.

[2] Scriptorum etc., t. 1, p. 327.

[3] Sic ex predictis colligimus quod omnes ligate post tres, et due ligate cum una, vel una cum duabus, ad tres ligatas possunt reduci. Ea que dicuntur cum proprietate et sine perfectione, erant primo confuse quoad notitiam, sed per modum equivocationis accipiebantur, quod quidem modo non est, quoniam in antiquis libris habebant puncta equivoca nimis, quia simplicia materialia fuerunt equalia, sed solo intellectu operabantur dicendo : intelligo istam longam, intelligo illam brevem, et nimio tempore laborabant, antequam scirent bene aliquid, quod nunc ex levi ab omnibus laborantibus circa talia percipitur mediantibus predictorum, ita quod quilibet plus proficerit in una hora quam in septem ante quoad longum ire.—Scriptorum etc., t. 1, p. 344, c. 1.

[4] Maxima pars cognitionis antiquorum fuit in predictis sine materiali significatione, quod ipsi habebant notitiam concordantiarum melodie complete, sicut de diapason, diapente et diatessaron sicut in quarto et quinto capitulo istius

là une époque embryonnaire s'il en fût jamais; c'est l'origine de l'art constatée dans son état le plus rudimentaire.

Quelque simples pourtant que fussent ces premiers éléments, ils ont été, pendant un certain temps, en pratique chez les principales nations de l'Europe; ainsi en France, en Angleterre, en Espagne[1]. Les Français, les premiers, paraissent être entrés dans la voie du progrès[2].

La seconde période est celle pendant laquelle furent en usage nonseulement des signes matériels indiquant la valeur temporaire des notes, mais aussi une doctrine ou méthode écrite, doctrine toutefois encore incertaine et peu fixe. Cette époque est celle où vécurent maître Léonin, surnommé « Optimus organista », et le célèbre Pérotin, appelé « Magnus » et « Optimus discantor[3] ».

Certaines règles relatives à la perfection et à l'imperfection des longues et des brèves dans les notes simples et dans les ligatures, étaient déjà en pratique du temps de Léonin[4], qui n'y aura pas été étranger. Mais à maître Pérotin revient l'honneur du progrès considérable qui caractérise cette période. Il est auteur de procédés qui ont singulièrement aidé à faciliter la lecture de la musique harmonique[5].

---

tractatus plenius continetur; prout habebant respectum superioris ad cantum inferiorem, et docebant alios dicendo : Audiatis vos vel retineatis hoc canendo. Sed materialem significationem parvam habebant, et dicebant : Punctus ille superior sic concordat cum puncto inferiori, et sufficiebat eis. — Scriptorum etc., t. 1, p. 344.

[1] In libris quorumdam antiquorum non erat materialis signatio talis signata; sed solo intellectu procedebant semper cum proprietate et perfectione operatoris in eisdem, velut in libris « Hispanorum et Pompilonensium » et in libris « Anglicorum, » sed diversimode secundum magis et minus. — Scriptorum etc., t. 1, p. 345.

[2] Gallici vero Parisiis habebant omnes istos modos supradictorum, prout in libris diversis a diversis notatoribus plenius patet, ad cognitionem quorum sic procedimus. — Scriptorum etc., t. 1, p. 345.

[3] Et nota quod Magister Leoninus, secundum quod dicebatur, fuit optimus organista, qui fecit magnum librum organi de Gradali et Antiphonario pro servitio divino multiplicando; et fuit in usu usque ad tempus Perotini Magni, qui abreviavit eumdem, et fecit clausulas sive puncta plurima meliora, quoniam optimus discantor erat, et melior quam Leonius erat; sed hic non dicendus de subtilitate organi, etc. — Scriptorum etc., t. 1, p. 342.

[4] Iste regule utuntur in pluribus libris antiquorum et hoc a parte et in suo tempore Perotini Magni; sed nesciebant narrare ipsas cum quibusdam aliis postpositis, et semper a tempore Leonis pro parte. — Ibid., p. 341.

[5] Abreviatio erat facta per signa materialia a tempore Perotini Magni. — Ibid., p. 4—44. Voir en outre la note précédente.

La méthode en usage pendant cette période a été, selon toute vraisemblabilité, celle que Jérôme de Moravie a insérée dans son traité sous le titre de « Doctrine vulgaire » (discantus vulgaris positio)[1], appelée ainsi, d'après le savant Dominicain, parce qu'elle était la plus ancienne et la plus usitée partout[2].

La troisième période est celle où Jean de Garlande a écrit son traité sur la musique mesurée[3]. Ce document marque un progrès nouveau, qu'il est aisé de constater en comparant ce traité avec le précédent. C'est pendant cette période qu'ont vécu maître Robert de Sabillon et maître Pierre, surnommé « Optimus notator[4] ». D'après l'anonyme du British-Museum, la doctrine de maître Robert de Sabillon avait rendu l'enseignement plus court et plus facile que ne le comportait celle de Pérotin[5]. L'excellent notateur maître Pierre avait encore amélioré cette méthode[6].

Puis arrive la quatrième période où se manifesta un progrès tel que le nom de ceux qui l'accomplirent fit oublier complètement l'origine et les améliorations successives antérieures. C'est par hasard, pour ainsi dire, que quelques souvenirs de ces derniers artistes nous ont été conservés. Cette période, que l'on peut appeler Franconienne, du nom des auteurs de la doctrine, est sans contredit la plus importante.

Deux maîtres du nom de Francon, on le sait[7], ont coopéré aux améliorations progressives qui ont rendu cette doctrine célèbre; d'abord Francon de Paris, ensuite Francon de Cologne.

---

[1] SCRIPTORUM, etc., t. 1, p. 94.

[2] Ibid., p. 97.

[3] Ibid., p. 97 et 175.

[4] Liber vel libri Magistri Perotini erant in usu usque ad tempus Magistri Roberti de Sabilone, et in choro beate Virginis Majoris ecclesie Parisiis, et a suo tempore usque in hodiernum diem, simili modo, etc., prout Petrus notator optimus, et Johannes, dictus Primarius, cum quibusdam aliis, in majori parte usque in tempus Magistri Franconis Primi et alterius Magistri Franconis de Colonia qui inceperunt in suis libris aliter pro parte notare; qua de causa alias regulas proprias suis libris appropriatas tradiderunt. — SCRIPTORUM, etc., t. 1, p. 342, c. 1.

[5] Et adhuc brevius Magistri Roberti de Sabilone, quamvis spaciose docebat, sed nimis deliciose fecit melos canendo apparere. Qua de causa fuit valde laudandus Parisiis, sicut fuit Magister Petrus Trothun, Aurelianis (sic), in cantu plano, sed de consideratione temporum parum nihil sciebat aut docebat; sed Magister Robertus supradictus optime ea cognoscebat et fideliter docebat. — Ibid., p. 344, c. 1.

[6] Post ipsum, ex documento suo fuit Magister Petrus, optimus notator, et nimis fideliter libros suos, secundum usum et consuetudinem magistri sui, et melius notabat. — Ibid. p. 344, c. 2.

[7] Voir plus haut, p. 31 et 32; voir la note 4 qui précède, et le ch. VI de la deuxième partie.

Telle fut l'influence de la doctrine franconienne qu'immédiatement elle fût adoptée dans toute l'Europe.

Maintenant, quelle sont les dates qui appartiennent à chacune de ces quatre périodes? Nous avions espéré découvrir quelques renseignements parmi les documents provenant de Notre-Dame de Paris; mais les comptes capitulaires conservés aux archives de l'Empire, d'où résulte qu'on exécutait des compositions harmoniques, ne remontent qu'à 1326. Quant au nécrologe publié par Guérard, à la suite du Cartulaire de Notre-Dame, il contient quelques notes [1] rapportées en partie par l'abbé Lebeuf[2], mais rien sur les maîtres de chapelle qui figurent dans l'anonyme du Musée britannique.

Ce dernier traité contient heureusement quelques indications qui permettent d'arriver à une fixation approximative.

D'abord, le manuscrit (Royal Mss. 12, c. VI) qui le contient, est suivant M. Frédéric Madden, conservateur des manuscrits de ce dépôt, et excellent juge en cette matière, d'une écriture qui ne saurait être postérieure à 1270.

Ensuite, l'auteur de ce traité cite, parmi les artistes en réputation, un Anglais du nom de Blakesmit, attaché, dit-il, à la cour du roi Henri «ultimi». Est-ce Henri II ou Henri III?

S'il s'agissait de Henri III, qui a vécu de 1216 à 1272, il faudrait que l'auteur du traité eût écrit son ouvrage après cette époque. Or, on vient de voir que l'écriture du manuscrit est d'une date plutôt antérieure que postérieure à 1270. D'un autre côté, il serait singulier qu'un écrivain qui a pris tant de soin pour faire connaître les diverses phases progressives de l'art et d'énumérer les artistes qui s'y sont rendus les plus célèbres, se fût borné à citer Francon sans mentionner les compositeurs de son époque qui s'y sont fait un nom. S'il s'arrête à Francon, c'est que lui-même n'a pas vécu

---

[1] 1230, 7 jul. — Et capitulum tenetur in eodem festo unicuique canonicorum et majori altari serviencium distribuere duodecim denarios Parisiensium qui matutinis intererunt, et unicuique clerico de choro, qui misse intereri duos denarios, et quatuor clericis qui organizabunt Alleluia culibet sex denarios. — 1208, 13 jul. — Singulis vero clericis qui in missa Responsum vel Alleluia in organo triplo vel quadruplo decantabunt, singulis sex denarios. GUÉRARD, Cartulaire de Notre-Dame de Paris, t. IV, p. 105 et 107.

[2] Traité historique sur le chant ecclésiastique, p. 74.

beaucoup au delà. Autrement, il n'aurait pas manqué de faire pour cette période, ce qu'il a fait pour les périodes antérieures. Il s'agit donc ici de Henri II.

Ce qui le démontre davantage encore, c'est que ce traité lui-même, comme on vient de le démontrer, appartient à la fin du xiie siècle. Les doctrines qui y sont exposées sont les doctrines de la période antérieure à Francon; tous les exemples sont puisés dans les œuvres des artistes de cette période et spécialement dans celles de Pérotin, le chef d'école.

Un autre fait qui paraîtra décisif est celui-ci : Walter Odington, Bénédictin du monastère d'Evesham, dans le comté de Worchester, a écrit son traité, avant 1228, puisqu'il fut élu archevêque de Cantorbery en cette année et que dans son ouvrage il s'appelle « Frater ».

En effet, il est certain que si le moine d'Evesham, devenu plus tard archevêque de Cantorbery, avait existé ou avait cessé de vivre du temps de notre anonyme, celui-ci en eût parlé au moins comme il a parlé des autres musiciens anglais renommés, entre autres de Makeblite et de Blakesmit. Or, il n'en dit rien ; il faut en conclure, suivant nous, que Walter Odington ne vivait pas encore à cette époque.

C'est donc sous le règne de Richard Ier ou sous celui de Jean sans-Terre, c'est-à-dire entre 1190 et 1216, que ce traité a été écrit, et c'est peu auparavant que s'était accompli la réforme franconienne. Tout concourt ainsi à confirmer l'opinion émise plus haut, que la période franconienne ne date pas d'un temps antérieur au dernier tiers du xiie siècle.

L'époque où vécurent Robert de Sabillon et Jean de Garlande, qui forme la troisième période, doit se placer vers le milieu du xiie siècle.

Quant à la seconde, qu'on sait aujourd'hui avoir été illustrée par deux savants maîtres de chapelle de Notre-Dame de Paris, maître Léonin et le célèbre Pérotin, ce qui implique un intervalle d'au moins une trentaine d'années, on peut raisonnablement en fixer le commencement à l'entrée du xiie siècle.

Par suite, la première période trouve sa place à la fin du xie siècle, ce qui concorde parfaitement avec les autres faits historiques de cette époque, que nous avons exposés.

C'est en prenant ces données pour base que nous allons procéder à l'examen des œuvres et à l'appréciation des artistes des xiie et xiiie siècles.

CHAPITRE II.

DES COMPOSITIONS HARMONIQUES APPELÉES DÉCHANT OU DOUBLE, TRIPLE, QUADRUPLE.

SOMMAIRE. — Déchant ; — ses diverses significations ; — envisagé comme composition à deux parties ; — comment on y procédait ; — la partie génératrice de l'harmonie était tantôt la partie inférieure, tantôt la partie supérieure ; — différence résultant de ces procédés. — Triple, composition à trois parties ; — règles ; — ses diverses espèces. — Quadruple, composition à quatre parties ; — règles. — Avant la découverte du manuscrit de Montpellier on ne connaissait pas de Quadruples. — Celui-ci en contient dix-neuf dont un du célèbre Pérotin.

L'origine et le caractère de la musique harmonique étant bien établis, nous allons examiner la constitution des compositions harmoniques mesurées à deux, trois et quatre parties, qu'on appelle aujourd'hui duo, trio et quatuor, et qu'on désignait alors sous les noms de « double », ou déchant, « triple » et « quadruple ».

Au chapitre suivant, nous parlerons des diverses espèces de ces compositions.

DOUBLE OU DÉCHANT.

Le mot déchant se présente si souvent sous la plume des écrivains sur la musique du moyen âge, que nous croyons nécessaire d'en bien déterminer la signification.

C'était d'abord, on vient de le voir, le terme générique sous lequel on désignait toutes les compositions harmoniques mesurées.

On donnait ensuite le nom de déchant à la deuxième partie d'une composition harmonique, c'est-à-dire à celle qui se trouvait immédiatement au dessus du Ténor[1].

---

[1] Potest discantus dici a dy, quod est de, et cantu, quasi de cantu sumptus id est de tenore supra quem discantus fundatur. — JEAN DE MURIS, « Speculum musicæ », lib. VII, c. III. — In principio, in discantu non erant nisi duo cantus, ut ille qui tenor dicitur, et alius qui supra tenorem decantatur, qui vocatur discantus. — Ibid. — Discantus vel secundus cantus sic incipiendo in eodem sono, etc. — SCRIPTORUM etc., t. I, p. 358, c. I.

Enfin on appelait encore « déchant » ou « double » (duplum) une composition à deux parties [1].

C'est du déchant considéré comme composition à deux parties que nous allons parler. Nous ne répéterons pas les explications que nous avons données à cet égard dans notre « Histoire de l'harmonie au moyen âge »; nous nous bornerons à y renvoyer le lecteur; mais nous croyons utile de revenir sur les procédés usités aux XIIe et XIIIe siècles pour composer les déchants.

Si l'on interroge les anciens documents sur l'« organum » non mesuré, à intervalles et à mouvements semblables ou mélangés [2], on voit que la partie organale avait pour base un chant ecclésiastique qui formait avec elle un contrepoint de note contre note. Le chant ecclésiastique y est et y reste la partie principale.

Dès qu'il s'agit de déchant, c'est-à-dire de composition harmonique mesurée, la partie harmonique n'y est plus la partie accessoire et secondaire, elle devient la partie principale. On y aperçoit bien encore un chant ecclésiastique, mais celui-ci n'est plus qu'un thème purement musical dont le rôle est tout autre que dans l'organum; il est même quelquefois remplacé par une mélodie populaire.

D'après cela, on peut se demander de quelle manière procédait le compositeur dans la création d'un déchant. Le déchant se produisait-il en prenant pour base harmonique le ténor, ou bien celui-ci était-il adapté à une mélodie?

Suivant nous, les deux procédés étaient en usage; on en trouve la preuve dans Francon de Cologne. « Le déchant, dit-il, a une double signification : on le nomme déchant, d'abord, parce que c'est une composition formée de divers chants; ensuite, parce qu'il est tiré du chant [3]. »

Ce dernier procédé, consistait à, broder une partie harmonique sur le ténor, qui était un thème donné « cantus prius factus [4] »; cétait le procédé le plus usité.

---

[1] Discantus igitur cum magis proprie duos cantus respiciat quam plures, antiquitus de organo duplo dicebatur in quo non sunt nisi duo cantus. — JEAN DE MURIS « Speculum musicæ, lib. VII.

[2] HISTOIRE DE L'HARMONIE AU MOYEN AGE, p. 23.

[3] Discantus dupliciter dicitur : primo dicitur discantus, quia diversorum cantus; secundo, quasi de cantu sumptus. — SCRIPTORUM etc., t. I, p. 130, c. 2.

[4] Ibid.

Dans celui-ci, le déchant dépendait entièrement du ténor, et le déchanteur devait régler le déchant d'après l'exigence harmonique et la proportionnalité mensurale des notes du même ténor.

Mais il y avait un autre procédé qui consistait à adapter deux chants ensemble, ou à ajuster harmoniquement une basse à une mélodie. C'est encore Francon de Cologne qui nous l'apprend : « Le déchant, dit-il, est un ensemble harmonique de divers chants, dans lequel ceux-ci sont ajustés entre eux proportionnellement par des longues, des brèves et des semi-brèves, et représentés dans l'écriture par des figures diverses [1] ».

Nicolas de Capoue et Jean de Muris confirment Francon; le premier dit: « Le déchant s'appelle ainsi, parce que c'est une composition formée de plusieurs chants différents qui s'ajustent entre eux harmoniquement et proportionnellement par des longues, des brèves et des semibrèves [2] ». Le second s'exprime ainsi : « Le ténor n'est pas tiré du déchant, c'est le contraire; mais un déchant peut être assimilé à un ténor, en s'harmonisant avec lui; alors une telle composition s'appelle déchant [3] ».

Jean de Garlande aussi semble faire allusion au déchant composé d'après ce procédé, en disant que le plain-chant devait se conformer au chant supérieur [4].

Ces passages ne peuvent, selon nous, laisser de doute sur ce point.

En examinant les compositions du manuscrit de Montpellier, on en rencontre plusieurs dont les déchants ne sauraient être considérés comme des mélodies créées harmoniquement sur un thème donné; mais il en

---

[1] Discantus est aliquorum diversorum cantuum consonantia, in quo illi diversi cantus per voces longas, breves vel semibreves proportionaliter adequantur, et in scripto debitas figuras proportionaliter ad invicem designantur. — SCRIPTORUM etc. t. I, p. 118.

[2] Discantus dicitur quia diversus cantus; et formatur ex consonantiis aliquorum diversorum cantuum in quibus diversi cantus per longas, breves et semibreves proportionaliter adæquantur. — A. DE LA FAGE, Essai de diphtérographie musicale, p. 310.

[3] Non tenor de discantu sumitur; sed e converso. Possunt autem voces discantus ad voces comparari tenoris cum quibus concordare debent, et tunc talis cantus discantus dicitur. — « SPECULUM MUSICÆ », lib. VII, c. 2.

[4] Iste regule tenentur in cantu plano, sed aliquotiens restringuntur in discantu propter habitudinem concordantie ipsius discantus; quia subtilis debet cantum suum conformare respectu superioris cantus, vel inclinare vel acuere, ut melius conformetur concordantie, in quantum poterit, supradictas regulas observando. — SCRIPTORUM etc., t. I, p. 115, c. 2.

est surtout deux d'où résulte la preuve formelle de ce que nous soutenons.

Au f° 66 v°, on voit un triple dont les trois parties chantent, savoir:

La 1re — Mout mi fu griés li départir.
La 2e — In omni fratre tuo.
La 3e — In seculum.

Et au f° 292 r°, on en trouve un autre dont les parties chantent, savoir :

La 1re — Mout mi fu griés li départir
La 2e — Robin m'aime, Robin m'a.
La 3e — Portare.

Dans ces deux pièces, qu'on trouvera reproduites à la troisième partie de cet ouvrage, en notation originale, sous les n°s VII et XXVIII, et en notation moderne, sous les n°s 7 et 28, le texte et la mélodie de la partie commençant par ces mots: « Mout mi fu griés », sont les mêmes, tandis que le ténor de la première a pour mélodie : « In seculum », et l'autre a pour thème : « Portare ».

Si la mélodie : « Mout mi fu griés » est le produit harmonique d'un thème donné, quel est celui de ces thèmes qui a servi de base? Est-ce le thème : « In seculum »? est-ce le thème : « Portare »? S'il n'avait existé qu'un seul procédé de composition, celui qui consiste à créer un déchant sur un thème donné, comment expliquer le fait que nous venons de signaler? Cela nous paraît impossible.

En admettant, au contraire, qu'indépendamment de ce procédé, il y en avait un autre consistant à ajuster un ténor sous une mélodie préconçue, ce qui est inexplicable dans la première hypothèse devient clair et s'explique très-bien. Cela devient encore plus clair et s'explique encore mieux, quand on sait, comme nous l'établirons plus loin, qu'il était loisible à un compositeur de choisir pour thème de déchant tel fragment de plain-chant ou de mélodie mondaine qui lui plaisait, et de lui donner telle forme mélodique ou rhythmique qu'il jugeait convenable; ce qui fait voir, combien il était facile d'exécuter de semblables combinaisons harmoniques.

Ces deux procédés exigent des règles harmoniques opposées. En effet, dans le premier cas, il s'agit d'établir l'harmonie entre une partie inférieure existante et une partie supérieure à créer; dans le second, il faut envisager la partie supérieure existante par rapport à l'inférieure à créer.

Tous les traités des XIIe et XIIIe siècles donnent les règles à suivre dans le premier cas; pour l'emploi des intervalles harmoniques, c'est-à-dire des accords ce qui indique que c'était le procédé le plus habituel. Mais des traités de la même époque donnent également et avec le plus grand soin la méthode à suivre dans le second procédé [1] ; ce qui est très important, car il en résulte la preuve que celui-ci était également en pratique et avait nécessité des règles particulières; ces règles sont telles que, suivant nous, elles ne sauraient s'appliquer à autre chose. Nous appelons fortement l'attention sur ces documents et principalement sur celui de St-Dié.

Ainsi, le déchant considéré comme composition à deux parties pouvait se produire de deux manières : ou bien on créait une partie harmonique sur un ténor ou thème donné; ou bien on ajoutait, selon les règles harmoniques, un ténor à une mélodie préconçue.

Nous aurons occasion de revenir sur cette question en parlant des trouvères.

TRIPLUM.

Le mot « triplum » avait une double signification : on désignait ainsi la troisième partie d'une composition harmonique qui s'ajoutait aux deux parties préexistantes [2]. On appelait aussi « triplum », d'une manière générale, une composition à trois parties [3]. Ce mot avait alors la même signification que le mot « trio » dans la musique moderne. Le triplum prenait plus spécialement le nom d'Organum, Motet, Rondeau, Conduit, etc., suivant qu'il remplissait telle ou telle condition déterminée; mais dans ces conditions spéciales, les règles harmoniques étaient à peu près les mêmes.

Voici les règles suivies dans le Triplum :

A une composition à deux parties, on en ajoutait une troisième, en procédant ainsi : lorsque celle-ci faisait dissonance avec le ténor, elle devait

---

[1] Nous avons publié dans notre « Histoire de l'harmonie au moyen âge », sous le N° VI des documents inédits (pag. 283), un traité où sont enseignées les règles à suivre dans la composition d'une seconde partie inférieure. Le manuscrit de St-Dié contient un autre traité où cette doctrine est encore plus développée ; il est inséré dans notre SCRIPTORUM etc., t. I., p. 303.

[2] Triplum est cantus proportionatus aliquis conveniens et concordans cum discantu, et hic est tertius cantus adjunctus duobus.— JEAN DE GARLANDE, apud SCRIPTORUM etc., t. I., pag. 114, c. 2.

[3] Cum autem quis facit discantum qui triplum vocatur , etc. — JEAN DE MURIS, SPECULUM MUSICÆ, lib. VII.

former consonnance avec le déchant (la seconde partie) et réciproquement. Elle devait en outre monter ou descendre tantôt avec le ténor, tantôt avec le déchant [1].

Suivant Jean de Muris, le « triplum » (troisième partie) devait concorder aussi bien avec la deuxième partie qu'avec le ténor [2].

D'après Jean de Garlande, la troisième partie devait concorder avec les deux autres « ex remoto », c'est-à-dire dans les limites de la deuxième octave supérieure [3].

C'est à l'occasion de la composition appelé « triplum » que Jean de Garlande enseigne les diverses manières de donner de la couleur « color » à l'harmonie. Nous en avons donné l'explication dans notre « Histoire de l'harmonie au moyen âge », p. 54.

Quelques auteurs appellent la composition à trois parties indifféremment triplum ou triplex [4]. Les grandes compositions de ce genre s'appelaient « tripla magna », « triplices majores [5] ».

Les compositions à trois parties sont celles qui dominent dans le manuscrit de Montpellier. On y rencontre des triples où toutes les parties chantent des paroles latines ou des paroles françaises différentes; d'autres où une partie chante des paroles françaises, une autre des paroles latines, tandis que le ténor ne porte que les premières paroles d'un fragment de plain-chant. On trouvera des spécimens de ces sortes de compositions parmi celles dont nous offrons la reproduction en notation originale et en notation moderne dans la troisième partie de cet ouvrage. Au chapitre suivant on verra ce qui différenciait ces compositions; mais nous pouvons dire dès à présent que le caractère distinctif ne résidait pas dans le style musical. Celui-ci est le même dans presque tous ces morceaux. On n'a-

---

1 Qui autem triplum operari voluerit, respicere debet tenorem et discantum, ita quod si discordat cum tenore, non discordat cum discantu, vel converso ; et procedat ulterius per concordantias, nunc ascendendo cum tenore, vel descendendo, nunc cum discantu, ita quod non semper cum altero tantum. — Francon, apud Scriptorum etc., t. I, p. 132.

2 Cum autem quis facit discantus, qui triplum vocatur, debet aspicere non solum ad voces tenoris, sed et moteti, ut concordet cum tenore similiter et cum moteto. — Jean de Muris, « Speculum musicæ », lib. VII, c. 2.

3 Triplum specialiter sumptum debet ex remoto concordare primo et secundo cantui, nisi fuerit concordantia insimul per sonum reductum, quod sibi equipollet.— Jean de Garlande, apud Scriptorum etc., t. I, p. 114, c. 2.

4 Ibid., p. 115, 250 et 358.

5 Ibid., p. 360.

perçoit guère de différence, soit dans la contexture mélodique ou harmonique, soit dans l'agencement ou la disposition des parties entre elles.

QUADRUPLE.

Le mot « quadruplum » aussi a une double signification. Il désignait à la fois une composition harmonique à quatre parties, et la quatrième partie. C'est de la composition à quatre parties que nous allons nous occuper.

Les didacticiens des xiie et xiiie siècles, tels que Francon de Cologne, Jean de Garlande, Walter Odington et divers anonymes, parlent du Quadruple et des règles qui présidaient à sa composition; mais aucun de ces écrivains n'en donne d'exemple, et aucun des manuscrits qui ont conservé des compositions harmoniques de cette époque, ne nous en offrent le moindre spécimen [1]. Le manuscrit de Montpellier est le seul qui contient des quadruples complets; ils y sont au nombre de dix-sept. Avant d'en parler, nous allons rappeler les règles concernant cette espèce de composition.

Francon de Cologne en détermine les conditions harmoniques. Selon ce didacticien, la quatrième partie devait être disposée ainsi : lorsqu'elle formait dissonnance avec l'une des trois parties existantes, elle devait former consonnance avec les deux autres [2].

L'anonyme du Musée britannique (Ms. B.) nous apprend un fait très-important, à savoir que la quatrième partie pouvait quelquefois former tierce majeure ou tierce mineure avec l'une des autres parties, ce qui n'était pas permis dans les triples [3].

Suivant Jean de Muris, quand on ne faisait qu'un déchant, c'est-à-dire une partie sur un ténor, on ne devait employer que des consonnances parfaites; mais quand il s'en faisait plusieurs, on pouvait employer les diverses

---

[1] Il faut en excepter le manuscrit 184, suppl. français de la Bibliothèque impériale, où l'on voit un quadruple, défectueux toutefois dans la notation, qui est resté inconnu jusqu'à présent à tous les écrivains sur la musique.

[2] Qui autem quadruplum vel quintuplum facere voluerit, accipiat vel respiciat cantus prius factos, ut si cum uno discordat, cum aliis in concordantiis habeatur ; nec ascendere debet semper vel descendere cum altero ipsorum, sed nunc cum tenore, nunc cum discantu, etc. — Scriptorum etc., t. i, p. 132.

[3] Sed nota quod quadruplum quandoque potest etiam ponere in discordantia cum aliquo predictorum, quod triplum cum suis subditis non potest facere, sicut si potuerit se in ditono vel semiditono cum tenore, vel duplo, et alii tres fuissent concordabiles vel concordantes in diapason, diapente, diatessaron.— Scriptorum etc., t. i, p. 360, 1.

— 50 —

espèces de consonnances, c'est-à-dire les consonnances parfaites, les consonnances moyennes et imparfaites[1].

Selon Jean de Garlande, on y employait les six consonnances et leurs composés avec mélange de dissonnances pour donner de la couleur [2].

D'où il résulte que toutes les parties ne devaient pas toujours former rigoureusement consonnances entre elles; que l'une d'elles notamment pouvait former dissonnances avec les autres.

Le manuscrit de Montpellier reproduit dix-sept quadruples; savoir : un avec paroles latines; un ayant pour thème une chanson française; un dont le thème n'a pas de paroles, et dont les trois autres parties chantent les mêmes paroles. Dans les quatorze autres, les trois premières voix chantent des paroles françaises différentes, et le thème est un fragment de plainchant.

Une de ces pièces se trouve, mais seulement à trois parties, parmi celles qui sont transcrites à la suite du traité du nommé Aristote[3], dans le manuscrit de la bibliothèque impériale de Paris. Nous en parlerons plus spécialement à la deuxième partie de cet ouvrage, à propos de ce maître.

Deux autres quadruples dont l'un commence par ces paroles :

> Cest quadruple sans reison;

et l'autre par ces mots :

> Le premier jor de mai
> Acordai
> Cest quadruble renvoisie;

sont évidemment des œuvres de trouvères.

La traduction de ces dix-sept quadruples en notation moderne démontre

---

[1] Quamvis autem magis proprie uni tenori unus respondeat cantus, ut sint duo cantus, possunt tamen supra tenorem unum multi fieri discantus, ut Motetus, Triplum, Quadruplum; et cum supra tenorem unum fit unus discantus, perfectiores et pauciores observari debent concordie et precipue diapente. Quando autem plures sunt discantus plurium concordiarum potest esse usus. — SPECULUM MUSICÆ, lib. VII, c. III. — Et similiter qui quadruplum facit, fundare se debet supra voces tenoris, moteti et tripli. Sicque in triplo rationem tenoris habet tenor una cum moteto. In quadruplo vero, tenor una cum moteto et triplo; et sic ulterius esset, si plures fuerint discantus. — Ibid.

[2] Cum commixtione sex concordantiarum sive in simplicitate, sive in compositione ad utrumque. — SCRIPTORUM etc., t. I, p. 116. — Pone colores loco sonorum proportionaliter ignotorum, et quanto magis colores, tanto sonus erit magis notus; et si fuerit notus erit placens. — Ibid. p. 117.—Voir aussi HISTOIRE DE L'HARMONIE AU MOYEN AGE, p. 52 et suiv.

[3] Ce traité est publié dans le SCRIPTORUM etc., t. I, p. 251.

que les auteurs ont suivi les règles de Francon et de Jean de Garlande. Dans ces compositions comme dans celles à trois parties, plus même que dans ces dernières, on remarque de singulières successions d'intervalles harmoniques; mais quand on se place au point de vue de l'art à cette époque, on est vraiment étonné de l'habileté avec laquelle les artistes usaient des ressources dont ils pouvaient disposer. On est étonné de voir avec quelle aisance chaque partie brode une mélodie, quelquefois élégante, sur le tissu harmonique déjà produit; il est toutefois facile de voir que malgré les prescriptions et les règles posées par les théoriciens, le compositeur se préoccupait principalement du ténor, et avait peu égard aux autres parties. C'est pourquoi, quand on compare spécialement chacune des parties au ténor, on remarque qu'elles concordent toutes isolément avec cette base; mais quand on compare ensuite ces mêmes parties entre elles, on n'aperçoit plus ce même accord; il s'y rencontre, au contraire, les dissonnances les plus choquantes sans résolution.

D'après Jean de Garlande, le quadruple était rarement usité dans la musique vocale. Il était plutôt réservé à la musique instrumentale [1]. Ceux du manuscrit de Montpellier sont disposés pour être exécutés par des chanteurs. Les parties n'y dépassent d'ailleurs pas le diapason normal des voix; ils rentrent par conséquent dans la catégorie de ceux de maître Pérotin, que Jean de Garlande et l'anonyme du Musée britannique (Ms. B) citent comme les plus beaux et les meilleurs [2].

Parmi les quadruples du manuscrit de Montpellier se trouve un de ceux qui sont attribués à maître Pérotin [3]. C'est là un fait des plus curieux dont nous ferons ressortir toute l'importance dans la deuxième partie, quand nous parlerons des didacticiens. Le quadruple attribué à ce célèbre artiste est intitulé : « Viderunt », du mot par lequel commencent les quatre parties. On le trouvera à la troisième partie, sous les N°s XLII - 42.

---

[1] Situs proprius quadrupli in triplici diapason et infra, quod vix in opere ponitur, nisi in instrumentis. — SCRIPTORUM etc., t. I, p. 116.

[2] Sed proprietas predicta vix tenetur in aliquibus, quod patet in quadruplicibus magistri Perotini per totum in principio magni voluminis. Que quadrupla optima reperiuntur et proportionata, et in colore conservata, ut manifeste ibidem patet.—SCRIPTORUM etc., t. I, p. 116.

[3] Ipse vero magister Perotinus fecit quadrupla optima, sicut *Viderunt, Sederunt*, cum abandantia colorum armonice artis. — Ibid., p. 342. — Est quoddam volumen continens quadrupla ut: *Viderunt, Sederunt*, que composuit Perotinus magnus, in quibus continentur colores pulchritudines. — Ibid., p. 360.

Un de ces quadruples, celui dont les parties chantent ces paroles, savoir :

        La 1re — Joliement en douce désirée
        La 2e — Quant voi la florete,
        La 3e — Je sui joliete.
        La 4e — Aptatur.

a pour auteur le nommé Aristote; nous donnons cette pièce sous les Nos XLIV - 44.

L'auteur anonyme du « Libellus de musica [1] » cite aussi les premiers mots d'une composition [2] qui se présente, dans le manuscrit de Montpellier, sous la forme d'un quadruple dont les parties chantent :

        La 1re — Ce que je tieng por déduit,
        La 2e — Certes mout est bone vin,
        La 3e — Bone compaignie.
        La 4e — Manere.

Nous le reproduisons à la troisième partie, sous les Nos XLIII - 43.

Nous y donnons ensuite, sous les Nos XLVI - 46 et XLVII - 47, les deux compositions à quatre parties que nous avons signalées plus haut et dont les paroles démontrent qu'elles sont dues à des trouvères.

Dans l'impossibilité de publier tous les quadruples du manuscrit de Montpellier, et devant faire un choix, nous reproduisons, indépendamment de ceux que nous venons de mentionner, quatre autres qui nous ont paru les plus propres à donner l'idée la plus complète des compositions de ce genre à l'époque dont il est question. On les trouvera à la troisième partie de cet ouvrage, sous les Nos XLV - 45, XLVIII - 48, XLIX - 49 et L - 50.

---

[1] SCRIPTORUM etc., t. I, p. 378.   [2] Ib. id., p. 379.

CHAPITRE III

DES DIFFÉRENTES ESPÈCES DE COMPOSITIONS HARMONIQUES ET DE LEUR CARACTÈRE DISTINCTIF.

ORGANUM — MOTET — RONDEAU — CONDUIT — CANTINELLE COURONNÉE.

SOMMAIRE. — ORGANUM. — Il y avait deux sortes d'Organum : l'Organum pur et l'Organum ordinaire. — Comment se composait l'organum pur. — On y employait la « Copule » et la « Florature ». Ce qu'on entendait par « Copule ». — Copule liée. — Copule non liée. — Ce qu'on entendait par « Florature ». — L'Organum pur à deux parties, appelé aussi « Duplum, » est le plus ancien. — Organum pur à trois parties. — Son caractère.— Organum pur de maître Pérotin.—Organum ordinaire.— MOTET. — Étymologie et signification de ce mot.— Caractère distinctif de cette composition. — Le manuscrit de Montpellier contient des Motets à deux, trois et quatre parties. — Chaque partie chante des paroles différentes. — Analogie, sous ce rapport, avec certaines compositions modernes. — Le Motet, très en vogue aux XIIIe et XIVe siècles, avait disparu à la fin du XVe. — RONDEAU ; composition où toutes les parties chantent les mêmes paroles. — Rondeau d'Adam de La Hale. — Versification particulière du Rondeau. — CONDUIT. — Le caractère de cette composition n'est pas nettement défini. — Conduits simples, doubles, triples et quadruples. — Conduits de maître Pérotin. — Les parties, sans paroles, semblent indiquer que le Conduit était une composition instrumentale. — Livres d'orgues. — CANTINELLE COURONNÉE. — Caractère de cette composition. — On y employait le genre chromatique.

Après avoir déterminé les caractères généraux des compositions à deux, trois et quatre parties, nous allons faire connaître leurs diverses espèces et ce qui les distinguait.

ORGANUM.

Il ne s'agit pas ici de l'harmonie primitive appelée « Organum » ou « Diaphonie ». Celle-ci n'était soumise à d'autre rhythme qu'au rhythme du plain-chant où elle paraît avoir été exclusivement en usage.

L'« Organum » dont il va être parlé était, au contraire, une composition harmonique rangée, par les mensuralistes du XIIe siècle, parmi les compositions de musique mesurée [1].

On ne semble pas avoir eu jusqu'à présent des idées bien nettes, bien

---

[1] Tria tantummodo sunt genera per que tota mensurabilis musica discurrit, scilicet Discantus, Hoketus et Organum.—SCRIPTORUM etc., t. I, p. 269.— Ibid., p. 118.

précises, sur cette sorte de composition. Nous allons essayer de dissiper l'obscurité qui existe à cet égard.

On comptait deux sortes d'Organum : l'« organum spécial » (proprie sumptum), appelé aussi organum pur (organum purum), et l'organum ordinaire (communiter sumptum) [1].

L'organum spécial ou pur était constitué ainsi :

On prenait une, deux ou trois notes de plain-chant dont on faisait le ténor. Cette partie fondamentale ne se composait que de longues et de doubles-longues [2]. Puis on disposait sur ce ténor une partie supérieure dans laquelle étaient admises la longue, la brève et la semi-brève [3]. La composition de cette partie était pour ainsi dire entièrement laissée à l'imagination de l'artiste. Il devait seulement se conformer aux règles suivantes :

L'organum pur, selon Walter Odington, devait commencer par l'octave, la quinte ou la quarte, et finir par l'octave, la quinte ou l'unisson [4].

Selon l'anonyme du Musée britannique (Ms. B), les meilleurs compositeurs d'organum commençaient à l'unisson, à l'octave, à la quinte, à la quarte, à la tierce mineure ou à la tierce majeure, et finissaient à l'octave, à la quinte, à la quarte et à l'unisson ; cependant quelques auteurs terminaient cette composition par la tierce majeure ou la tierce mineure [5].

Toute note longue devait former consonnance avec le ténor. Quand le déchant devait produire dissonnance, le ténor devait se taire ou se transfor-

---

[1] {Et sciendum quod organum dupliciter sumitur proprie et communiter. — Est enim organum proprie sumptum organum duplum, quod purum organum appellatur. Communiter vero dicitur organum quilibet cantus ecclesiasticus tempore mensuratus. — FRANCO DE COLONIA, apud SCRIPTORUM etc., t. I, p. 118.

[2] Fit igitur « organum purum » hoc modo : accepto uno puncto vel duobus seu tribus de plano cantu certo, disponitur tenor et superius proceditur per concordias quantumlibet. — WALTER ODINGTON, apud SCRIPTORUM etc., t. I, p. 246.

[3] Pure organum est, quando cuilibet note de plano cantu ultra mensuram existenti, correspondent de discantu due note, longa scilicet et brevis vel his aliquid equipollens, ut superius est ostensum. — JEAN DE GARLANDE, apud SCRIPTORUM etc., t. I, p. 96.

[4] Incipit autem superior cantus in diapason supra tenorem vel diapente vel diatessaron et desinit in diapason, vel diapente vel unisono, Et est cantandum leniter et subtiliter ; discantus vero et equaliter ; tenor autem tremule teneatur, et cum discordia offendit, tacet. — WALTER ODINGTON, apud SCRIPTORUM etc., t. I, p. 146.

[5] Inter organistas optimos est autem inceptio in unisono, vel diapason, vel diapente, vel diatessaron, vel semiditono, vel ditono ; sed finis proprie loquendo non est in semi ditono, vel ditono, quamvis aliqui ibidem sonos suos improprie terminant ; sed omnis finis in diapason, vel diapente, vel diatessaron et unisono. — SCRIPTORUM etc., t. I, p. 354 et 355.

mer en consonnance au moyen de la musique feinte, c'est-à-dire par l'addition d'un bémol ou d'un dièse accidentel [1].

Les tirades ou groupes de notes dont se composait chacune des périodes mélodiques de la partie supérieure, étaient de deux espèces ; on les appelait « Copules [2] » ou « Floratures [3] ».

La copule était une phrase musicale composée de notes liées ou détachées qui s'exécutaient rapidement.

La copule liée commençait par une note simple et était suivie de ligatures de deux notes, avec propriété et perfection, c'est-à-dire de ligatures de deux notes dont la première était brève et la dernière longue. La copule se distinguait du deuxième mode sous deux points de vue : dans la notation et dans l'exécution. Dans la notation, en ce que le deuxième mode ne commençait pas par une note simple ; dans l'exécution, en ce que, dans la copule, la brève et la longue étaient chantées aussi rapidement que si elles étaient des semibrèves et des brèves [4].

La copule non liée se composait de notes détachées. Elle se distinguait du cinquième mode par sa notation et son exécution. Par sa notation, en ce que les notes du cinquième mode devaient être liées, quand elles n'étaient pas accompagnées de paroles, tandis que la copule non liée n'avait jamais de paroles ; par son exécution, en ce que, dans la copule, les brèves se chantaient plus rapidement que dans le cinquième mode [5].

Du temps de Jean de Garlande, la copule était une partie essentielle d'un déchant [6]. D'après un anonyme du Musée britannique (add. Msc. n° 4909), la « florature » était la même chose que la « copule » [7].

---

[1] Quidquid est longum indiget concordantiam respectu tenoris ; sed si discordantia venerit, tenor taceat, vel se in concordantiam fingat. — FRANCO, apud SCRIPTORUM etc., t. I, p. 135. — Organum autem aliquando est unius, aliquando duorum, ut, dum attendens concordiam, tenor aliquando taceat. — WALTER ODINGTON, o. VI. — Ibid., p. 245.

[2] Copula dicitur esse id quod est inter discantum et organum. — JOANNES DE GARLANDIA, ibid., 114, c. 1.

[3] Ita notandum quod quotiescunque in organo puro plures figure similiter in unisono venerint, solo prima debet percuti, reliquæ vero omnes in floratura teneantur. — Ibid., p. 135.

[4] FRANCON DE COLOGNE, apud SCRIPTORUM etc., t. I, p. 133.

[5] Idem, p. 133 et 134.

[6] Dicto de discantu, dicendum est de copula que multum valet ad discantum, quia discantus nunquam perfecte scitur, nisi mediante copula. — SCRIPTORUM etc., t. I, p. 114, c. 1.

[7] Discantus enim sic dividitur : Discantus alius est simplex prolatus, id est sine fractionibus, alius est copulatus qui dicitur copula, id est floratura.

· Le nom et la chose se rapportent singulièrement au trait musical appelé aujourd'hui « fioritures ».

La florature était une phrase mélodique composée de brèves et de semi-brèves qui s'exécutaient rapidement sur une tenue de la partie inférieure [1].

La « copule » et la « florature » n'étaient pas soumises à la mesure ; c'était la portion non mesurée de l'organum. C'est à cause de cela que celui-ci était appelé « musique en partie mesurée [2] ».

L'« organum pur » est la plus ancienne espèce de composition harmonique mesurée [3]. Elle n'était d'abord qu'à deux parties. C'est pourquoi on l'appelle quelquefois « organum double » (organum duplum) [4].

---

[1] Voir la note 3 de la page précédente.

[2] Dividitur autem mensurabilis musica in mensurabilem simpliciter et partim ; mensurabilis simpliciter est discantus, eo quod in omni parte sua tempore mensuratur. Partim mensurabilis dicitur organum pro tanto quod non in qualibet parte sua mensuratur. — Scriptorum etc., t. I, p. 118. — Musica partim mensurabilis est que quidem organum appellatur, et dicitur partim mensurabilis eo quod non in omni parte sua tempore mensuratur, unde tanta vicinitate discantus et organum connectuntur ut medium non habent ; recedente discantu a mensura statim fit organum, et e contrario. — Anonyme du Musée britannique (Add. Msc., No 4909).

[3] Est autem unum genus organici in quo cantuum attenditur coherentia vocum immensurabilium et organum purum appellatur. Et hoc genus antiquissimum est, et duorum tantum. — Walter Odington, Scriptorum etc., t. I, p. 245. — Discantus igitur cum magis proprie duos cantus respiciat quam plures, antiquitus de organo duplo dicebatur in quo non sunt nisi duo cantus. — J. de Muris, Speculum musicæ, lib. VII, c. 3. — Communiter vero organum appellatur quilibet cantus ecclesiasticus tempore mensuratus, sed organum proprie sumptum mensuram non retinet ; modum pronunciandi notas habet, et illud purum organum appellatur quod a dulcedine et melodia originem trahit. — De auctore autem organi atque ejus inventione certitudinem aliter non invenimus quam in Genesi capito quarto ubi dicitur : « Tubal fuit pater canentium in cithara et in organo ». Verumtamen sicut de Grecia musica descendebat ad nos, ita organum. Nam anno Domini 797, venit organum primo in Franciam, missum a Constantino rege Grecorum, Pippino Imperatore. — Non enim erat musica tunc mensurata, sed paulatim crescebat ad mensuram usque ad tempus Franconis qui erat musice mensurabilis primus auctor approbatus. Precipue sciendum est quod organum purum haberi non potest, nisi super tenorem et sine mensura. Hoc modo cantans tenorem in aliquibus locis fingere debet. Unde quando per consonantiam aliquam perfectam imminere et specialiter in penultima, tunc enim se ad concordantiam debet signari. Cantans vero organum super tenorem tunc modo modulari debet, ut, quando organum purum durat, discurrere per notas opporteat sine mensura usque ad concordiam perfectam pervenerit, moram ibidem trahet et specialiter super penultinam. — Traité anonyme du Musée britannique. (Add. Msc. No 4909.)

[4] Est enim organum proprie sumptum, organum duplum, quod purum organum appellatur. — Franco de Colonia, apud Scriptorum etc., t. I, p. 118, c. 2. — Et sic propositis duobus melis concordantibus addimus tertium

Nous ne connaissons aucune composition entière d'« organum pur » à deux parties. Pour s'en faire une idée, on doit s'en rapporter aux fragments donnés pour exemple par Francon de Cologne [1].

Mais comme on ne tarda pas à faire des compositions à trois et quatre parties, on ajouta aussi une troisième partie à l'organum pur, qui prit alors le nom d'« organum triplum [2] ».

Mais cette composition perdit alors une partie de son caractère primitif, qui consistait, on vient de le voir, dans la faculté, pour le compositeur et le chanteur, d'exécuter de pure fantaisie et sans autre guide en quelque sorte que son habileté et son talent, les « copules » et les « floratures ». En effet, les copules et les floratures n'étaient plus seulement une partie supérieure, formant duo avec la partie inférieure à laquelle la supérieure était subordonnée à de rares intervalles, elles formaient en outre elles-mêmes un duo, pour l'ensemble duquel le compositeur et les chanteurs étaient obligés de tenir compte des valeurs temporaires. De là la nécessité de mesurer ces phrases musicales, auparavant abandonnées, sinon au caprice absolu du chanteur, du moins à une grande liberté de sa part. Il est probable pourtant que compositeurs et chanteurs tenaient grand compte des traditions; mais on ne doit pas en douter, le caractère essentiel de cette composition était sinon détruit, du moins fortement modifié. C'est pourquoi sans doute l'anonyme du Ms. B. que nous venons de citer, dit que cet organum est improprement appelé ainsi. C'est aussi probablement le motif qui le fit disparaître peu de temps après.

Jusqu'à la découverte du manuscrit de Montpellier, on ne pouvait se faire une idée plus ou moins approximative de ce genre de composition. Ce monument vient encore à cet égard combler une lacune, en offrant à l'étude des érudits quatorze compositions à trois parties, qui sont autant d'« organum purs », parmi lesquels il s'en trouve trois qui sont attribués au

---

melum sic : et vocetur triplum ab aliquibus sicut secundus cantus duplum et tenor primum. — Ibid., p. 358, c. 1. — Sed cantus alios multos diviserunt quibus in propria forma non utuntur, sicut fecerunt antiqui, ut cantus organicos mensuratos, vel non ubique mensuratos, ut est organum purum, vel duplum de quo forsan pauci sciunt modernorum. — JEAN DE MURIS, « Speculum musicæ », lib. VII, cap. 44.

[1] SCRIPTORUM etc., t. I, p. 133.

[2] Sciendum est quod organum verbum equivocum est; quandoque dicitur organum purum : velut in *Judea et Jerusalem*; in duplo, velut : *Descendit de celis*, vel *Gaude Maria*, etc..... Quandoque dicitur alio modo, ut in organo triplo, quamvis improprie, ut in : *Posui adjutorium*. — SCRIPTORUM etc., t. I, p. 354, c. 2.

fameux Pérotin; ce sont ceux qui commencent par ces mots : « Alleluia »; « Posui adjutorium »; « Nativitas¹ ». La célébrité de ce maître, appelé Pérotin le Grand, est hautement proclamée tant par l'anonyme du Ms. B.² que par Jean de Garlande³. Mais le triplum « Posui adjutorium », paraît avoir tenu une place hors ligne parmi les compositions de même espèce⁴.

Dans la troisième partie de cet ouvrage, nous reproduisons, sous les N°ˢ I-1 et II-2, l'« Alleluia » et le « Posui adjutorium ». Nous appelons sur ces deux compositions toute l'attention des archéologues, car on doit les ranger parmi les plus anciennes qu'on ait découvertes jusqu'à présent. Qu'on se rappelle, en outre, que ces pièces faisaient partie du répertoire musical de Notre-Dame de Paris au XII° siècle.

ORGANUM ORDINAIRE.

L'organum ordinaire (communiter sumptum) était un chant ecclésiastique mesuré⁵.

Cette définition, donnée par Francon de Cologne, ne peut s'entendre que d'une composition harmonique, puisqu'il en parle à propos de la musique harmonique et par opposition à l'« organum spécial ou pur ».

Walter Odington définit l'organum ordinaire une composition harmonique formée d'intervalles consonnants et dissonnants, appelée ainsi, dit-il, parce qu'elle procède non entièrement par consonnances, mais par mélange de consonnances et de dissonnances, la consonnance suivante enlevant l'effet désagréable de la dissonnance précédente⁶.

---

¹ Ipse vero Magister Perotinus fecit quadrupla optima, sicut : « Viderunt »; « Sederunt » cum abundantia colorum armonice artis; insuper et tripla plurima nobilissima, sicut : « Alleluia », « Posui in adjutorium », « Nativitas».—SCRIPTORUM etc., t. I, p. 342, c. 1.

² Voir plus haut, p. 39, notes 3 et 4.

³ SCRIPTORUM etc., t. I, p. 116.

⁴ Ibid., p. 101, 180, 342, 347, 350, 354, 361.

⁵ Communiter dicitur organum quilibet cantus ecclesiasticus tempore mensuratus. — FRANCON DE COLOGNE, apud SCRIPTORUM etc., t. 1. p 118.

⁶ Armonica est inflexio vocis a voce. Est autem simplex seu multiplex. Simplex quam planum cantum voco, solius est vocis modo impresse, modo elevate modulatio. Multiplex armonica est plurium vocum dissimilium, ut gravis cum acuta concussio, quam diaphoniam dico que communiter organum appellatur. — WALTER ODINGTON, apud SCRIPTORUM etc., t. I, p. 212, c. 2.— De armonia simplici expeditum est. Restat de armonia multiplici explicandum quam voco diaphoniam. Diaphonia est concors discordia inferiorum vocum cum superioribus, sic dicta, quia non per totum proceditur per concordias, sed quia concordia sequens tollit offensionem discordie prioris, et hoc organum communiter appellatur. — Id. ibid., p. 235.

De cette double explication de Francon et de Walter Odington, résulte clairement que l'organum ordinaire était un déchant religieux, c'est-à-dire une composition harmonique mesurée ayant pour base une mélodie de plain-chant.

Le manuscrit de Montpellier contient des compositions de ce genre. Le premier morceau de ce volume, dont le fac-simile est en tête de notre ouvrage, est un organum ordinaire. On en trouvera la traduction en notation moderne dans la troisième partie, sous le N° 3.

MOTETS.

Le mot Motet, en latin « Motetus », dont se servent fréquemment les trouvères et les théoriciens de la musique au moyen âge, n'apparaît pas d'une manière très-claire. Un seul auteur, Walter Odington, qui écrivait à la fin du xiie siècle, cherche à le définir par cette interprétation : « Motus brevis cantilenæ ».[1]

Ce mot avait deux significations : il désignait, dans les déchants à deux parties, la voix supérieure opposée au ténor[2]; dans les trios ou triples, c'était la partie médiaire ; dans les quatuors ou quadruples, le motet tenait encore la place immédiatement au-dessus du ténor. Ainsi, la partie la plus basse s'appelait « ténor »; la seconde en montant, « motet »; la troisième, « triplum », et la quatrième, « quadruplum ». Ces dénominations ont été maintenues jusqu'au commencement du xve siècle.

Mais, indépendamment de cette signification, le mot « motet » servait à désigner une composition harmonique d'un caractère spécial.

De nos jours, on entend par « motet » un morceau de musique sur des paroles religieuses, destiné d'ordinaire à être exécuté à l'église.

Au xiiie siècle, le motet était une composition harmonique à deux, trois ou quatre parties — le plus souvent à trois — ayant habituellement pour ténor un fragment de plain-chant, quelquefois un air populaire avec lequel devaient s'harmoniser les autres parties, selon que le ténor ou l'une des parties servaient de base harmonique. Cette base harmonique était géné-

---

[1] Et alia quidem species (discantus) attendit consonantiam et mensuram vocum ac carminum, que motetus dicitur, id est motus brevis cantilene — SCRIPTORUM etc. t. 1, p. 246.

[2] JÉROME DE MORAVIE, apud SCRIPTORUM etc t. 1, p. 96.

ralement le ténor; mais nous avons fait voir plus haut que cette règle souffrait des exceptions.

Jusqu'à la découverte du manuscrit de Montpellier, on ne connaissait d'autres motets que les cinq d'Adam de La Hale, conservés tant dans le manuscrit de La Vallière, que sur une garde de manuscrit de la Bibliothèque de Cambrai[1], plus les sept qui sont à la suite du traité du nommé Aristote[2].

Trois motets d'Adam de La Hale et cinq d'Aristote sont reproduits dans le manuscrit de Montpellier, où les motets forment les cinq sixièmes de la totalité des compositions harmoniques. Cette espèce de déchant y est aussi variée que possible. Ainsi, on y trouve des motets à deux, trois et quatre parties, où toutes les voix chantent des paroles latines; d'autres où toutes les voix chantent des paroles françaises; d'autres enfin où l'une des parties chante des paroles françaises tandis que les autres chantent des paroles latines, et vice-versâ.

M. Fétis dit que les motets se chantaient aux processions, mais il ne cite aucune autorité, aucun document à l'appui de cette assertion. Si M. Fétis avait connu le manuscrit de Montpellier, il aurait certainement fait des réserves à l'égard de quelques-uns des motets qu'il contient. D'autres, au contraire, notamment ceux à paroles latines en l'honneur de la Vierge, étaient vraisemblablement exécutés aux cérémonies religieuses, mais non exclusivement aux processions.

Le motet semble, dans l'esprit du musicien, avoir été une composition dans laquelle on avait la prétention de donner un rôle particulier à chacune des parties dont la réunion devait créer un ensemble harmonique analogue à celui que les artistes modernes sont quelquefois parvenus à produire dans certains trios, quatuors ou chœurs d'opéras. Cette idée, que les développements et les ressources de l'harmonie moderne peuvent seuls réaliser parfois avec bonheur, est celle qui, dans l'origine, a dû présider à la création du motet. Mais il est évident qu'avec les moyens bornés que les compositeurs du XIIIe siècle avaient à leur disposition, cette idée était difficilement réalisable. Ils ne l'ont pas moins tenté de la réaliser; ils l'ont résolue à leur point de vue, souvent même avec une grande habileté.

Faire chanter simultanément des paroles différentes par plusieurs

---

[1] Voir plus haut page 15.   [2] Ibid p. 16.

parties, est quelque chose qui, au premier abord, paraît bizarre. Aussi, ce genre de composition a-t-il été l'objet de critiques sévères, surtout à l'égard des morceaux destinés à être exécutés dans les églises. Toutefois, en l'examinant de près, il ne semble pas inexplicable. Au fond, les motets ne sont pas plus singuliers que certains duos, trios, ou quatuors d'opéras modernes où les personnages chantent des paroles comme celles-ci :

LE PHILTRE, par Scribe.

Acte II, Scène VI.

FONTANAROSE.

O miracle ! ô surprise extrême !
Ai-je dit vrai sans le vouloir ?
Me serais-je abusé moi-même
Sur ce philtre et sur son pouvoir ?

TERENZINE.

Qu'ai-je entendu ? Surprise extrême !
Je le croyais au désespoir,
Et je vois que chacune l'aime.
Non, je n'y puis rien concevoir.

JEANNETTE.

O bonheur ! ô surprise extrême !
Il est riche sans le savoir !
J'en suis sure, c'est moi qu'il aime,
Et de l'épouser j'ai l'espoir.

GUILLAUME.

O miracle ! ô bonheur suprême !
Grâce à ce magique pouvoir,
Il est donc vrai qu'enfin l'on m'aime ·
Mon cœur bat d'amour et d'espoir.

LA JUIVE, par Scribe.

Acte III, Scène II.

LÉOPOLD.

O surprise ! ô terreur nouvelle !
Un sort fatal s'offre à mes yeux !
Et sur ma tête criminelle
Gronde la vengeance des cieux.

LE CHŒUR.

O Ciel ! il frémit, il chancelle !
Vers la terre il baisse les yeux !
D'où vient cette terreur mortelle
Dans un instant si glorieux.

EUDOXIE.

Ah ! combien cette chaîne est belle !
Que ce travail est précieux !
Oui, cette surprise nouvelle.
D'un époux charmera les yeux.

RACHEL.

C'est lui, c'est bien lui, l'infidèle !
Et dans ces lieux amant heureux,
Il me fuyait, c'était pour elle,
Ah ! je saurai briser leurs nœuds.

GUIDO ET GINEVRA, par Scribe.

Acte I, scène VII.

Ginevra.

O remords qui m'accable
Et me poursuit, hélas !
C'est moi qui suis coupable :
J'ai causé son trépas !
Ah ! ma reconnaissance
Le bénira toujours,
Quand c'est pour ma défense
Qu'il a donné ses jours !

Lorenzo et le chœur.

Veillez sur le coupable ;
Qu'un châtiment vengeur,
D'un attentat semblable,
Punisse la fureur.
Par quelle récompense
Payer un tel secours,
Quand c'est pour sa défense
Qu'il a donné ses jours !

Forte-Braccio et les condottieri.

Gens de justice au diable !
Nous bravons leur fureur ;
Oui, d'un forfait semblable,
Voila ! voila l'auteur !
D'une vaine défense
A quoi bon le secours,
S'il faut que la potence
Termine ici nos jours ?

Le duc de Ferrare et Riccarda.

O plaisir ineffable !
Qui fait battre mon cœur !
D'une fête semblable
L'aspect est enchanteur,
Surtout quand l'espérance,
Venant charmer nos jours,
Promet la récompense
A de tendres amours.

Le manuscrit de Montpellier offre, dans les motets, des textes analogues à ceux que nous venons de rapporter. En voici quelques-uns : les vers placés en regard se chantent ensemble, tandis que la troisième partie exécute le ténor.

F° 212 v°.

Ci mi tient li maus d'amer.
Haro ! je ni puis durer,
Douce Kamusete.
Li cuers qui sanloit estre mien
Est vostre sans prametre,
Prametre sans doner n'est rien,
Aloiaument amer me tieg ;
Se trop vos aim ce me plaist bien.

F° 213 r°.

Haro ! je ni puis durer,
Ci mi tient li max d'amer,
Douce Kamusete.
Par vos esgarder
M'a souspris une amorete,
Qui ne mi lait reposer.
Haro ! je ni puis durer,
Ci mi tient li maus d'amer.

Omnes.

F° 210 v°.

   Emi, emi, Marotele
N'ocies pas vostre ami;
Douce amie, cointe et bele
Cors plesant, cuer envoisie,
Debonaires et jolis.
Por qui li miens cuers sautele
Com oiseillonet; fort sui
En voz penser esveillie;
Plus voz aim que je ne di.
Si saches bien, damoisele,
Se n'aves de moi merci,
Voz trairés l'ame de mi.

F° 211 v°.

   Emi, emi, Marotele
Sage, cortoise pucele,
Onques de mes eus ne vi,
Si jolie ne tant bele,
Non fist nus hom autresi.
Por ce vos requier et pri,
Ne m'ocies, damoisele,
Navrés sui sous la mamele
D'un regart qui me feri,
Qui de voz douz euz issi.
Mes se plus mi renovele
Vos trairés l'ame de mi.

PORTARE.

F° 173. v°.

   Quant define la verdour,
Que muert la feuille et la flour,
Et par pré et par boscage
Ont cil oisiel grand tristour,
Qui ni font point de séjour,
Lors ne me vient en courage
De servir en nul aige,
    Bone amour
    Pour sa badour
    Ne nuit ne jour
    Ne puist penser
    Diex qui m'a doné
Cors pensant et cuer amer.

F° 174 v°.

   Quant repaire la dolour,
Que pert la foille et la flour,
Et par pré et par boscage
Font li oisel grant boudour,
Mon cuer qu'est en grant tristour,
Et me met en grant corage ;
Car j'ai mis tout mon aage
    En fine amor,
    Sans nul retor ;
    Et nuit et jor
    Mestuet penser,
Car j'ai doné, Diex! quar j'ai douné
Cuer et cors pour bien amer

FLOS FILIUS EJUS.

Nous pourrions multiplier ces citations; mais nous pensons que celles que nous venons de rapporter sont suffisantes pour la démonstration du fait avancé.

Il est fort probable que, dans le principe, les paroles de chaque partie, bien que différentes, avaient une certaine corrélation entre elles, et que ce n'est que plus tard et par extension, qu'on a admis des textes n'ayant que peu ou point de rapports entre eux.

Ce genre de composition a été très en vogue aux XIIe, XIIIe et XIVe siècles.

Au commencement du xv⁰ siècle, l'usage s'en ralentit; à la fin du même siècle, le motet avait presque disparu.

Le plus grand nombre des compositions du manuscrit de Montpellier sont des motets.

RONDEAU.

Les auteurs des xii⁰ et xiii⁰ siècles ne donnent aucune définition du rondeau. Il résulte seulement d'un passage de Francon de Cologne[1], répété par Jean de Muris[2], que le rondeau était une espèce de déchant dans lequel les parties faisaient entendre les mêmes paroles.

Walter Odington est plus explicite. Selon lui, le rondeau était une espèce de déchant, avec ou sans paroles, où la mélodie était répétée alternativement par toutes les parties[3]. Cette définition, à la suite de laquelle se trouve un exemple, est très importante pour la résolution de la question du contrepoint double, qui sera traitée plus loin; mais elle ne nous éclaire pas beaucoup sur le véritable caractère du rondeau; car elle ne concorde nullement avec ceux d'Adam de La Hale, dont quelques-uns sont rapportés dans le manuscrit de Montpellier.

Les rondeaux du trouvère artésien, au nombre de seize dans le manuscrit de La Vallière, où ils portent pour titre : « li Rondel Adam », sont des compositions à trois parties chantant les mêmes paroles. Le rondeau avait pour thème une mélodie inventée par le compositeur, ou un chant populaire emprunté. Aucun des rondeaux d'Adam de La Hale n'a pour ténor un thème formé d'un fragment de mélodie de plain-chant.

Le manuscrit de Montpellier reproduit deux rondeaux d'Adam, mais avec des différences notables.

Le rondeau : « Adieu coment amouretes », s'y présente sous forme de motet à trois parties, dont la première chante : « Aucun se sont loé »; la deuxième : « Adieu coment amouretes », et la troisième : « Et super ». Dans le manuscrit de La Vallière, les trois parties chantent le même texte : « Adieu coment amouretes ». La musique des premières mesures de la deuxième partie et de la troisième seulement se ressemblent dans les deux manuscrits.

---

[1] Scriptorum etc., t. 1, p. 130.
[2] Speculum, musicæ, lib. vii.
[3] Scriptorum etc., t. 1, p. 245 et 246.

La musique de l'autre rondeau, sur ces paroles : « Fi mari de vostre amour », à de légères modifications près, est la même dans les deux manuscrits. Mais dans celui de La Vallière, le morceau finit après la sixième mesure et reprend ensuite le commencement, tandis que dans le manuscrit de Montpellier, la troisième partie seulement répète la même mélodie après la sixième mesure. Dans ce dernier manuscrit, chaque partie chante des paroles différentes. La première dit : « Dame bel avenant »; la deuxième : « Fi maris de vostre amour », et la troisième : « Nus niert ja jolis s'il m'aime ». Ces dernières paroles ne sont pas complètes. On trouvera ce morceau à la troisième partie sous le N° XXVII. — 27.

Les rondeaux d'Adam de La Hale, tels qu'ils sont dans le manuscrit de La Vallière, seront donnés avec les œuvres du trouvère artésien dont nous avons préparé l'édition.

Quant à la versification des rondeaux, on peut consulter ce qu'en dit M. Vincent, de l'Institut, dans un rapport sur un manuscrit du xve siècle[1], où il démontre que le deuxième couplet et le troisième, au lieu de se terminer comme les rondeaux de Marot, Benserade et autres, par le premier mot ou une des parties du premier vers seulement, se complètent en répétant le premier couplet ou au moins les deux premiers vers nécessaires alors pour faire un seul couplet.

CONDUIT

Le Conduit (conductus) était une composition harmonique dont les auteurs du temps ne définissent pas très-nettement le caractère.

Selon Francon de Cologne, c'était une composition dont le ténor n'était pas une mélodie empruntée, mais un chant original de l'invention du compositeur[2]. Ce chant toutefois devait servir de ténor[3].

Walter Odington dit que les Conduits étaient composés de chants déjà

---

[1] Bulletin du Comité historique, année 1857, p. 339.

[2] Quia in omnibus aliis primo accipitur cantus aliquis prius factus, qui tenor dicitur, eo quod discantum tenet, et ab ipso ortum habet. In conductis vero non sic, sed fiunt ab eodem cantus et discantus. — SCRIPTORUM etc., t. 1, p. 130, c. 2.

[3] Quia qui vult facere conductum, primum cantum debet invenire pulchriorem quam potest; deinde debet uti illo, ut de tenore faciendo discantum, ut dictum est prius.—Ibid., p.132.

— 66 —

connus ou inventés, qu'on disposait selon les divers modes, dans un ou plusieurs tons [1].

D'après Jean de Garlande, le conduit était un chant à plusieurs parties où étaient admises les consonnances secondaires [2], et où était employée la couleur appelée « florificatio vocis » [3].

Francon de Cologne range le conduit parmi les déchants « avec et sans paroles [4] ».

Tout cela n'est pas bien clair, et les spécimen connus ne sont pas de nature à en donner une idée beaucoup plus nette.

Il y avait des conduits simples, doubles, triples et quadruples [5]. Il y avait en outre des conduits auxquels on ajoutait une sorte de finale [6].

Cette espèce de composition était tellement en vogue, que, parmi les livres de déchants en usage au XIIe siècle, deux volumes entiers étaient consacrés aux conduits simples, doubles et triples [7]. Ces compositions avaient pour auteurs les plus célèbres musiciens de l'époque. Maître Pérotin, l'un des plus renommés, était auteur de conduits simples, doubles et triples, qui jouissaient d'une grande réputation [8] et qui étaient soigneusement transcrits dans des livres qui semblent aujourd'hui perdus [9]. Un seul de ces conduits est conservé dans le manuscrit de Montpellier. C'est celui qui est intitulé : « Beata viscera ». Il est placé à la troisième partie de cet ouvrage, sous les N°s IV. — 4.

---

[1] Conducti sunt compositi ex plicabilibus canticis decoris cognitis vel inventis et in diversis modis ac punctis iteratis in eodem tono vel in diversis. — SCRIPTORUM etc., t. 1, p. 247.

[2] Conductus autem est super unum metrum multiplex consonans cantus, qui etiam secundarias recipit consonantias. — Ibid., p. 96, c. 2.

[3] In florificatone vocis fit color, ut commixtio in conductis simplicibus. Et fit semper ista commixtio in sonis conjunctis et in disjunctis.— Ibid., p. 115, c. 2.

[4] Cum littera et sine fit discantus in conductis. — Ibid., p. 130, c. 1.

[5] Velut patet inter conductos simplices, duplices, triplices et quadruplices, si fuerint. — SCRIPTORUM etc., t. 1, p. 350, c. 1.

[6] Tertium volumen est de conductis triplicibus caudas habentibus, etc. — Est et aliud volumen de duplicibus conductis habentibus caudas, etc.— Ibid., p. 360, c. 1.

[7] Voir la note précédente.

[8] Fecit etiam triplices conductus, ut « Salvatoris hodie »; et duplices conductus, sicut : « Dum sigillum summi patris »; et simplices conductus cum pluribus aliis, sicut : « Beata viscera »; « Justitia », etc. — Ibid. p. 342, c. 1.

[9] Liber vel libri magistri Perotini erant in usu usque ad tempus magistri Roberti de Sabilone, etc.— Ibid. p. 342.

Il ne semble nullement correspondre aux indications données par
Francon de Cologne. Il concorde mieux avec les explications de Jean de
Garlande et de Walter Odington.

Le conduit du manuscrit de Beauvais dont nous avons parlé plus haut,
p. 13 et 14, semble rentrer plus exactement dans les conditions tracées par
Francon de Cologne.

Voici ce que nous disions de cette espèce de composition dans une note
dont nous avons accompagné le fac-simile de l'« Orientis partibus », du
manuscrit de Beauvais : [1]

« Envisagé au point de vue de l'harmonie, le « conduit » était un déchant
dans lequel une partie était avec paroles et les autres sans paroles. Il
est probable que les deux parties sans paroles étaient destinées à être
exécutées par des instruments. Ce qui peut corroborer cette opinion, que
nous avons déjà manifestée, c'est que, dans la pièce dont nous nous
occupons, les deux parties harmoniques qui ne sont pas accompagnées
de paroles, débutent par deux notes formant entre elles des accords de
déchant, tandis que la partie avec paroles se tait. S'il en était ainsi, nous
aurions là un curieux spécimen de musique instrumentale servant
d'accompagnement à la musique vocale. Si au contraire les trois parties
étaient chantées, on pourrait se demander comment, dans ce cas, les
voix chantaient les parties sans paroles. Il serait difficile de le dire en
l'absence de tout renseignement. On peut même difficilement supposer comment cela pouvait se faire, à moins d'admettre que les paroles
eussent un accompagnement vocal analogue à celui qui se pratique
aujourd'hui dans les chœurs de voix d'hommes sans accompagnement
instrumental. Mais ce sont là des conjectures trop vagues pour permettre
d'asseoir une opinion. Il est plus probable que les parties sans paroles
étaient exécutées par des instruments. Un passage du « roman de la
Violette », que nous avons rapporté dans notre « Histoire de l'harmonie
du moyen-âge », et que nous reproduisons ici, paraît assez formel :

> Cil jugleor viellent lais
> Et sons, et notes, et conduis ».

---

[1] ANNALES ARCHÉOLOGIQUES, publiées par DIDRON aîné, t. XVI.

« Du reste, les instruments de musique, qui étaient en si grand nombre à cette époque, ont dû avoir, cela est indubitable, un rôle déterminé dans la musique d'ensemble; sans cela la musique instrumentale eût été une affreuse cacophonie, ce qui est inadmissible. »

Malheureusement les écrivains de cette époque ne donnent pas de renseignements sur cette partie intéressante de l'art. L'auteur du traité anonyme (Ms. B.) est le seul qui nous fasse connaître qu'il y avait en son temps des livres d'orgues de divers genres, et des compositions pour tous les instruments [1] dont l'étendue dépassait le diapason des voix [2], et sur lesquels on exécutait des difficultés qui ne semblaient pas compatibles avec la musique vocale [3]. Le même auteur cite notamment le grand ouvrage d'orgue sur le graduel et l'antiphonaire que maître Léonin avait disposé pour augmenter la pompe du service divin [4].

CANTINELLE COURONNÉE (cantinella coronata).

Un des traités anonymes du manuscrit de St-Dié [5] est le seul document qui mentionne cette sorte de déchant, à moins qu'il ne faille considérer comme tel celui qu'indiquent quelques autres traités sous le nom de « cantilena ». Il est à croire toutefois que la « cantinelle couronnée » avait

---

[1] Simplicia puncta quedam accipiuntur, prout utuntur in tropis ecclesiasticis, et quedam prout utuntur in libris organi, et hoc secundum sua volumina diversa, et etiam prout utuntur in libris nostrorum diversi generis, prout utuntur in quolibet genere omnium instrumentorum, etc., prout in posteris patebit. — Scriptorum etc., t. 1, p. 339, c. 1.

[2] Diapason dicitur dupla; diapente cum diapason tripla; bis diapason quadrupla; diapente cum bis diapason sextupla; triplex diapason quod vix reperitur, nisi instrumentis a flatu, dicitur octupla. — Ibid., p. 115, c. 1. — Ulteriori quidem processu, quidem raro, procedunt usque ad triplex diapason, quamvis in communi usu se habeat in instrumento organorum et ulterius aliorum instrumentorum; et hoc numero cordarum vel fistularum, vel prout in cimbalis bene sonantibus, apud bonos musicos plenius habetur. — Ibid., p. 362, c. 2.

[3] Et ulterius per consuetudinem raro frangimus, videlicet non ponimus quatuor pro brevi in voce humana. Sed in instrumentis sepius bene fit.— Ibid., p. 338, c.1.—Consimili modo, si quatuor currentes pro uno brevi ordinentur, sed hoc raro solebat contingere; ultimi vero non in voce humana, sed instrumentis cordarum possunt ordinari. — Ibid., p. 341, c. 2.

[4] Et nota quod magister Leoninus, secundum quod dicebatur, fuit optimus organista qui fecit magnum librum organi de Gradali et Antiphonario pro servitio divino multiplicando, etc. — Ibid., p. 342, c. 1.

[5] Ce traité est publié dans le Scriptorum, etc., t. 1, p. 303.

un autre caractère et que c'est à cause de cela qu'on l'appelait ainsi. Un de ces caractères paraît avoir été l'usage qu'on y faisait de ce qu'on appelait alors la « musique feinte », c'est-à-dire l'emploi du demi-ton à tous les degrés de la gamme. Ce n'était pas là le genre chromatique des Grecs, qui consistait, on le sait, en ce que chaque tétracorde était divisé en une tierce suivie de deux demi-tons ; ce n'était pas encore non plus la musique chromatique moderne reposant sur la division de chaque gamme en demi-tons; mais c'était un acheminement vers celle-ci. L'emploi d'intervalles chromatiques existait déjà dans les mélodies inventées par les trouvères ; nous avons fait voir que ce qui caractérise la tonalité moderne et sa différence avec celle du plain-chant, à savoir l'emploi du triton et de la quinte diminuée, se rencontre fréquemment dans les mélodies populaires et dans celles des trouvères,. On en trouvera de nouvelles preuves au chapitre VI. On peut donc considérer les intervalles chromatiques introduits dans la musique harmonique sous le nom de « musique feinte », comme le commencement de la lutte qui allait s'établir entre la tonalité de la musique populaire et la tonalité du plain-chant, seule admise comme base artistique.

Ce qui démontre que les « cantinelle coronate » appartenaient à la tonalité moderne, du moins au point de vue mélodique, c'est que l'anonyme de St-Dié distingue deux cas où les intervalles chromatiques étaient employés, l'un pour cause de nécessité, lorsqu'on voulait avoir un quinte, un quarte ou un diapason là où les intervalles naturels s'y opposaient; l'autre pour ajouter à la beauté de la composition, et qu'il place les « cantinelles couronnées » dans cette dernière catégorie [2].

---

[1] Histoire de l'harmonie au moyen âge, p. 65 et 96.

[2] Fuit autem inventa falsa musica propter duas causas, scilicet causa necessitatis, et causa pulchritudinis cantus per se. Causa necessitatis, quia non poteremus habere diapente, diatessaron, diapason, ut in locis visis in capitulo de proportionibus. Causa pulchritudinis, ut patet in cantinellis coronatis.— SCRIPTORUM, etc., t. I, p. 312.

CHAPITRE IV.

DE L'ART D'ÉCRIRE LA MUSIQUE HARMONIQUE AUX XIIe ET XIIIe SIÈCLES.

Sommaire. — En quoi consistait l'art d'écrire aux XIIe et XIII$_e$ siècles. — Contre-point simple. — C'était rarement un contre-point de note contre-note. — Imitation. — Ce qu'on entend par là. — On en trouve des traces dans les compositions de Pérotin, et des exemples dans le manuscrit de Montpellier. — Canon. — Différence entre le Canon et l'Imitation. — En usage en Angleterre au XIIIe siècle, sous le nom de « Rota ». — Exemple remarquable d'un canon à six parties. — Son examen au point de vue mélodique et harmonique. — Contre-point double. — Son existence au XIIIe siècle est contestée par M. Fétis. — Preuve tirée de la disposition diapasonale des diverses espèces de voix dans les compositions harmoniques. — Renseignements fournis à cet égard par Jean de Garlande et par l'anonyme Ms. B. — Le manuscrit de Montpellier contient trois compositions en contre-point double. — Autre preuve de l'existence du contre-point double à trois parties dans le traité de Walter Odington. — Procédés harmoniques secondaires.

L'art d'écrire la musique harmonique s'appelait, aux XIIe et XIIIe siècles, l'art de déchanter, « ars discantandi ». Il consistait à faire entendre simultanément deux ou plusieurs mélodies. Le déchant était donc à peu près ce que les musiciens de profession nomment aujourd'hui contre-point simple. Nous disons à peu près, parce que les procédés, ainsi qu'on l'a vu dans le chapitre précédent, n'étaient pas les mêmes que ceux d'aujourd'hui. La composition harmonique était plutôt un ajustement de deux ou plusieurs chants, qu'un contre-point rigoureux dans le sens moderne.

On a pensé qu'à cela se bornait l'art de composer, au temps dont nous nous occupons, mais c'est une erreur. Ce qu'on nomme aujourd'hui « imitation », « canon », « contre-point double », était connu et pratiqué alors.

IMITATION.

L'« imitation » en musique est la répétition d'une phrase ou d'un fragment de phrase musicale d'une partie dans une autre. Pour établir une semblable composition, on fait passer alternativement cette phrase ou ce fragment de phrase d'une voix à une autre, en la combinant harmoniquement de telle sorte qu'elle sert d'accompagnement à d'autres phrases, ce qui implique certains procédés inhérents à l'art d'écrire proprement dit. Dès ce moment a commencé l'art de composer, qui est devenu peu à peu si compliqué par l'adjonction d'une foule d'éléments divers, tous nécessaires pour former un ensemble véritablement artistique.

On trouve des traces d'« imitation » dans les plus anciennes compositions connues. Citons à cet égard le « Posui adjutorium » de Pérotin, placé à la troisième partie de cet ouvrage, sous le N° 2. On y remarque quelques imitations et spécialement dans les mesures 81 à 92.

Le manuscrit de Montpellier contient en outre deux autres compositions où ce procédé est employé d'une manière plus complète. Dans l'une les trois parties chantent ces paroles :

F° 114 v°.   La 1e. — Amoureusement mi tient,
             La 2e. — Hé amours morrai je.
             La 3e. — Omnes.

Dans l'autre les parties débutent ainsi :

F° 375 v°.   La 1e — S'on me regarde,
             La 2e — Prenés-y garde,
             La 3e — Hé mi enfant.

Nous donnons cette dernière à la troisième partie, sous les N°s XIX - 19.

Pour faire voir que ces compositions ne sont pas isolées, nous demandons la permission de rappeler que, dans notre « Histoire de l'Harmonie au moyen âge », nous avons reproduit en notation originale avec traduction en notation moderne [1], un déchant à trois parties avec « imitations », tiré du manuscrit 813, fonds latin de la Bibliothèque impériale.

La constatation de ces divers faits est importante, car ce sont évidemment les « imitations » qui ont donné naissance au canon et au contrepoint double.

CANON.

Ce qui distingue le « Canon » de l'« imitation », consiste en ce que, dans le canon, chacune des parties se fait entendre successivement et entièrement

---

[1] Voir cet ouvrage, FAC-SIMILE : pl. XXVII; et TRADUCTION : N° 29, pl. 25.

dans toutes, en servant à la fois de mélodie et d'accompagnement, tandis que, dans l'imitation, certaines phrases ou portions de phrases seulement se répètent.

Le monument le plus curieux et le plus complet d'un canon à plusieurs parties est celui qu'a découvert Hawkins [1] dans un manuscrit du Musée britannique, du fonds Harléien, n° 978.

Hawkins et Burney après lui, l'ont attribué à un artiste du xve siècle. M. William Chapell a démontré, dans son savant ouvrage sur les chants populaires de l'Angleterre [2], que l'écriture de la partie du manuscrit qui contient ce canon est du xiiie siècle. Il ressort en outre de ses nouvelles recherches, dont cet érudit a bien voulu nous communiquer le résultat, que la copie de ce canon est de la main d'un moine de l'abbaye de Réading, en Berkshire, nommé John Fornsete (en Nordfolk). La dernière date de l'écriture de ce religieux, dans le manuscrit 978, est 1226, et dans le cartulaire de la même abbaye, 1236. Ces dates, qui paraissent être restées inconnues à Hawkins, ne laissent prise à aucune discussion, et prouvent qu'à cette époque ce genre de composition était en usage en Angleterre. Ce morceau est trop précieux pour ne pas avoir sa place parmi les monuments que nous reproduisons dans notre ouvrage. On le trouvera à la troisième partie, sous les N^{os} xx—20.

L'auteur appelle cette composition « rota ». L'explication dont il l'accompagne montre jusqu'à l'évidence que c'est ce que les musiciens modernes appellent canon. La voici : « Cette rote, dit-il, peut être exécutée par quatre compagnons ; elle ne doit être chantée par moins de trois ou deux personnes, outre celles qui chantent la basse. La rote se chante ainsi : pendant que les autres se taisent, un des chanteurs commence avec ceux qui exécutent la basse, et quand il arrive à la première note qui précède la croix, un autre commence, et ainsi de suite. Chacun se tait aux pauses indiquées, et non ailleurs, la valeur d'une longue ».

Cette explication est claire, nette et précise. Elle ne saurait laisser le moindre doute sur le caractère de ce morceau remarquable à tous les points de vue.

---

[1] GENERAL HISTORY of the Science and practice of music. London, 1853, p. 201.

[2] POPULAR MUSIC of the olden time, etc., p. 21 et suiv.

Quand on l'analyse au point de vue de la mélodie, on n'est pas moins frappé de l'élégance et de la fraîcheur que du naturel et de l'aisance qui y règne.

Au point de vue harmonique, on y voit l'emploi de la tierce et de la sixte, qu'il eût été difficile peut-être d'éviter dans l'enchevêtrement d'un aussi grand nombre de parties; ce qui était, d'ailleurs, permis dans les compositions à plus de trois voix. Il est à croire que c'est à des compositions de ce genre qu'est due peu à peu l'admission de ces intervalles comme consonnances.

Il faut, en outre, considérer cette composition à six parties réelles, comme la seule qui soit connue.

Le canon nous conduit naturellement au contre-point double dont il est évidemment le précurseur.

CONTRE-POINT DOUBLE.

Le contre-point double était connu alors sous le nom de « repetitio diversæ vocis ». C'est dans notre « Histoire de l'harmonie au moyen âge », publiée en 1852, qu'a été révélée pour la première fois l'existence, au XIIIe siècle, du contre-point double. Ce fait, l'un des plus importants de l'histoire musicale, était resté inconnu à tous les historiens de l'art. On ne datait que du XIVe siècle les premières traces d'imitations et de canon. Quant au contre-point double, on n'en faisait remonter les plus anciens essais qu'au XVIe siècle.

L'existence du contre-point double au XIIIe siècle, celle même de l'imitation et du canon, venant à l'encontre de données historiques reçues jusqu'alors, fut contestée. Voici ce qu'en dit M. le professeur Fétis :

M de Coussemaker a cru trouver le « contre-point double » au moyen âge, dans un passage de musique qu'il rapporte ; il ne s'est pas souvenu qu'il n'y a de contre-point double que lorsqu'il y a renversement des deux parties à l'octave, et conséquemment changement des intervalles. Le contre-point alors est appelé « double » parce qu'il y a, en effet, une double considération de la part de celui qui le fait, à savoir, l'harmonie dans sa forme première, et celle qui doit résulter du renversement. Le passage rapporté par M. de Coussemaker n'est qu'un changement de parties entre des voix égales : les exemples en sont fréquents dans les monuments des XIVᵉ et XVᵉ siècles.¹ »

Que le savant professeur de contre-point se rassure; en avançant un fait historique aussi considérable, aussi important, nous n'avons pas oublié les principes de contre-point double; il faut donc écarter cette sorte de fin de non-recevoir. D'un autre côté, nous n'avons rien à retrancher de la définition du contre-point double qu'en donne M. le professeur Fétis; mais ce dont M. Fétis ne se souvient pas, lui qui prétend avoir traduit et commenté Jérôme de Moravie², c'est ce que dit Jean de Garlande, dans son traité de musique mesurée³, à propos du passage de contre-point double reproduit dans « l'Histoire de l'Harmonie au moyen âge »⁴.

Puisque le savant professeur a oublié la doctrine de Jean de Garlande, nous allons la rappeler, en y ajoutant quelques éclaircissements qui aideront peut-être à dissiper ses doutes.

Ce sera pour nous l'occasion d'examiner une autre question non moins importante qui ne paraît pas avoir jusqu'ici attiré l'attention des historiens de la musique, celle de savoir par quelles voix s'exécutaient les diverses parties d'une composition harmonique, et de quelle manière se distinguaient ces diverses parties.

Cette question, ainsi qu'on le verra bientôt, se rattache si intimement à celle du contre-point double, qu'elle en est en quelque sorte la corrélative. Sa solution devant jeter une lumière décisive sur la question du contre-point double, on nous permettra de la traiter d'abord.

Nous disons que cette question est des plus importantes; n'est-il pas, en effet, du plus haut intérêt de savoir si une partie harmonique devait être exécutée par des voix d'hommes seules, par des voix de femmes seules, ou par des voix d'hommes et de femmes mélangées, et dans quelle proportion? Tout musicien, quelque peu instruit dans son art, sait que le caractère harmonique d'une composition à plusieurs parties varie selon qu'elle est exécutée dans l'une ou l'autre de ces conditions; qu'une partie

---

¹ Biographie universelle des Musiciens, 2ᵉ édit., t. II, p. 381.

² « Le livre de Jérôme de Moravie est un de ceux que j'ai traduits et commentés pour entrer dans la collection d'auteurs inédits dont je prépare une édition. » — Biographie universelle des Musiciens, 1ʳᵉ édit., t. V, p. 268, c. 1. — Voir aussi plus haut, p. 31.

³ Scriptorum etc., t. I, p. 114 à 117.

⁴ Page 53.

harmonique, par rapport à une autre, se trouve une octave plus haut ou plus bas, selon qu'elle est exécutée soit par une voix d'homme, soit par une voix de femme ou d'enfant; il en résulte que les intervalles harmoniques varient, c'est-à-dire que l'unisson devient octave; la seconde, septième; la tierce, sixte, etc. On en verra plus loin la conséquence. L'examen de cette question est donc d'un très grand intérêt; sa solution doit jeter une vive lumière sur divers points historiques de la théorie et de la pratique.

Dans la musique moderne, la distinction des diverses parties harmoniques est nettement établie; aucune équivoque n'est possible. Le dessus ou soprano est noté avec la clef d'ut première ligne ou avec la clef de sol deuxième ligne; l'alto ou le contre-alto est désigné par la clef d'ut troisième ligne; le ténor par la clef d'ut quatrième ligne; et la basse se reconnaît à la clef de fa quatrième ligne. C'est ainsi que sont notées les partitions des grands maîtres. Ces clefs répondent très-bien au diapason des quatre voix. Lorsque accidentellement l'une d'elles dépasse, à l'aigu ou au grave, l'étendue de la portée de cinq lignes, on ajoute des fragments de lignes aux notes additionnelles.

Il n'en était pas de même aux XIIe et XIIIe siècles. A cette époque, toutes les parties sont notées avec la clef d'ut posée sur l'une des quatre ou cinq lignes de la portée. La clef de fa n'est employée que rarement et à la partie de ténor. On ne connaissait pas alors l'addition de fragments de ligne dont il vient d'être parlé. Quand une partie devait dépasser la portée, on transportait la clef à une ou plusieurs lignes plus haut ou plus bas, selon que la partie devait monter ou descendre. La position de la clef d'ut sur telle ou telle ligne de la portée n'était donc pas un signe indicatif de telle ou telle qualité de voix. Lorsqu'on aperçoit la clef d'ut placée à la première, à la deuxième, à la troisième, à la quatrième ou à la cinquième ligne de la portée, il n'est pas possible, d'après cette indication, de dire si la partie doit être chantée par un soprano, par un contralto ou par un ténor. Ce n'étaient donc pas les clefs ou leurs diverses positions qui désignaient le genre de voix. L'examen d'un très-grand nombre de compositions à deux, trois et quatre parties de cette époque, ne nous a pas fait découvrir, par la notation, la distinction des voix. En jetant un coup d'œil sur la notation originale des compositions du manuscrit de Montpellier, que nous reproduisons à la troisième partie de cet ouvrage, il sera facile de se faire une idée de ce que nous venons de signaler. La partie de ténor seule ne laisse pas de doute.

Puisque ce n'est pas dans les monuments que l'on peut trouver les éléments propres à élucider ce point obscur, nous avons interrogé les didacticiens. Francon de Cologne reste muet à cet égard; mais on trouve quelques renseignements dans Jean de Garlande et ailleurs. D'après cet auteur, chaque partie avait sa position particulière « proprius situs[1] ». Le déchant ou motet avait sa place immédiatement au-dessus du ténor et devait se mouvoir dans la première octave; la partie appelée « triplum », qui était un troisième chant ajouté aux deux autres, devait s'accorder avec ceux-ci « ex remoto »; elle avait son siége au-dessus du déchant ou motet, et devait se mouvoir dans la deuxième octave. La quatrième partie, appelée « quadruplum », avait sa position au-dessus du triplum et se mouvait dans la troisième octave[2].

Ces principes sont confirmés par l'anonyme du manuscrit britannique: (Ms. B.), «Les vrais déchanteurs, dit-il, emploient trois modes de déchant:
» ils procèdent par intervalles rapprochés dont le siége est entre la quarte
» ou la quinte; par intervalles éloignés qui sont compris dans l'octave
» ajoutée à la quinte; ou par intervalles très-éloignés dont le siége est
» dans la quinte au-dessus de l'octave, ou dans la double octave.[3] »

Toutefois, ces limites diapasonales n'étaient pas tellement rigoureuses

---

[1] Proprius situs primi dicitur diapason et infra; proprius situs secundi est in duplici diapason et infra; proprius situs tertii est duplici diapason et infra, cum commixtione sex concordantiarum, sive in simplicitate, sive in compositione ad utrumque. Situs proprius quadrupli in triplici diapason et infra; quod vix in opere ponitur, nisi in instrumentis, etc. — Scriptorum, etc., t. 1, p. 116.

[2] Triplum specialiter sumptum debet ex remoto concordare primo et secundo cantui, nisi fuerit concordantia insimul per sonum reductum, quod sibi equipollet. Proprium est diapason et infra; remotum est duplex diapason et infra usque ad diapason; remotissimum est triplex diapason et infra usque ad duplex diapason.— Scriptorum etc., t. 1, p. 114.

[3] Notandum quod duplex est modus faciendi discantum secundum veros discantores. Primus modus est propinquis proportionibus, hoc est infra diatessaron vel diapente. Alius modus est ex remotioribus que continetur sub diapason cum predictis. Tertius modus est ex remotissimis infra diapente cum diapason, vel duplex diapason, vel altera, etc. Incipiamus ex propinquis sic non transeundo diapente regula tenoris; quod fit tripliciter: aut ex propprioribus aut infra ditonum inclusive, vel remotioribus infra diapente et supra ditonum, aut ex ambobus. — Ibid., p. 357.

qu'elles ne pussent jamais être dépassées. « Au contraire, ajoute Jean de Garlande, c'est à peine si elles étaient observées strictement dans quelques pièces harmoniques[1]. » Il est évident que le génie de l'artiste ne pouvait être enchaîné dans des bornes aussi rigoureuses; il dût arriver et il arriva plus d'une fois que l'une des parties sortît, soit à l'aigu, soit au grave, de l'octave qui lui était assignée; mais cela importe peu pour la question que nous examinons. Il résulte des principes posés par Jean de Garlande, que chaque partie harmonique occupait un rang spécial qui indiquait le diapason de la voix, par conséquent l'espèce de voix qui devait exécuter chaque partie. En d'autres termes, dans une composition à trois voix, par exemple, la partie de ténor devait être exécutée par une voix grave, c'est-à-dire par une voix de basse ou de ténor; la partie immédiatement au-dessus, appelée « discantus » ou « motetus », devait être chantée par une voix médiaire, c'est-à-dire par une voix de ténor ou de contralto, selon le cas; la troisième, appelée « triplum » et placée immédiatement au-dessus de la seconde, devait être exécutée par une voix aiguë, c'est-à-dire par une voix de dessus ou de contralto, selon le cas. Dans une composition à quatre voix, la quatrième partie se plaçait au-dessus des trois premières, et était exécutée par une voix de dessus ou de soprano. Quand les parties étaient écrites séparément, comme dans la plupart des compositions du manuscrit de Montpellier, elles étaient rangées par ordre d'acuité, de gauche à droite. La disposition des quadruples dans ce manuscrit ne laisse pas de doute à cet égard [2].

De ce qui précède, il faut conclure :

1º Que les diverses parties d'une composition harmonique étaient exécutées non par des voix égales, mais par des voix de timbres différents, échelonnées selon leur diapason, et disposées à peu près comme dans la musique moderne;

2º Que les clefs placées en tête de chaque partie n'étaient pas destinées à servir de guide pour distinguer les voix qui devaient exécuter ces parties ;

---

[1] Sed proprietas predicta vix tenetur in aliquibus, quod patet in quadruplicibus magistri Perotini per totum in principio magni voluminis. — SCRIPTORUM etc., t. 1, p. 116.

[2] Voir à la troisième partie, les Nos XLII et suivants.

3º Que les parties, quoiques notées à l'unisson sur la même clef, doivent être traduites selon les règles posées par Jean de Garlande.

D'où cette conséquence que les parties supérieures qui, d'après la notation, semblent placées à l'unisson, à la seconde, à la tierce, à la quarte, à la quinte, à la sixte ou à la septième au-dessous des parties inférieures, doivent, dans certaines parties, s'exécuter par renversement et être chantées à l'octave, à la septième, à la sixte, à la quinte, à la quarte, à la tierce ou à la seconde supérieure.

Cette question préliminaire résolue, examinons celle du contre-point double.

L'existence du contre-point double résulte, suivant nous, d'un passage de Jean de Garlande, ainsi conçu : « La répétition d'une voix différente est la même mélodie répétée dans une mesure différente et par des voix différentes [1] ».

M. Fétis ne voit, dans ce passage et dans l'exemple ajouté par Jean de Garlande, « qu'un changement de parties entre des voix égales [2] ».

On a vraiment lieu de s'étonner d'une semblable interprétation, et on est en droit de se demander si elle est bien sérieuse. Cela ne revient-il pas à soutenir qu'une même mélodie répétée par des voix différentes, veut dire une même mélodie répétée par des voix égales?

Mais allons plus loin; M. Fétis voudrait-il prétendre que « vocibus diversis » doit s'entendre par « parties différentes lesquelles étaient exécutées par des voix égales »? Si telle était sa pensée, sur quoi se baserait une semblable interprétation? Sur rien, sinon que sur cette idée préconçue de l'impossibilité de l'existence du contre-point double au XIIIᵉ siècle.

En tout cas, non-seulement cette interprétation serait forcée et sans fondement, mais elle est contraire aux préceptes du même Jean de Garlande; car immédiatement après la définition que nous venons de rapporter, cet auteur ajoute : «Et ce procédé, c'est-à-dire la répétition d'une voix différente, est employé dans les « triples », dans les «quadruples», dans les « conduits » et dans beaucoup d'autres compositions [3] ». Or, par quelles voix s'exécu-

---

[1] Repetitio diverse vocis est idem sonus repetitus in tempore diverso adiversis vocibus. — Scriptorum, etc., t. 1, p. 116

[2] Biographie universelle des Musiciens, 2ᵉ édit., t. II, p. 381; et plus haut, p. 73-74.

[3] Et iste modus reperitur in triplicibus, quadruplicibus et conductis et multis aliis. — Scriptorum etc., t. 1, p. 116.

— 79 —

taient les diverses parties des triples et des quadruples? On vient de le voir; chaque partie était exécutée par une voix différente, ayant son diapason propre « proprius situs ».

Appliquons donc ces préceptes à l'exemple de Jean de Garlande. Le voici dans sa notation originale :

Maintenant voici la traduction d'après la doctrine de Jean de Garlande :

Si M. Fétis avait fait remarquer que la traduction publiée dans notre « Histoire de l'Harmonie au moyen âge », p. 55, n'est pas exacte, en ce que nous y avons donné aux deux parties la même clef, sans prévenir que ces deux parties devaient être considérées non comme des voix égales, ainsi que la notation originale semble l'indiquer, mais comme des voix différentes, c'est-à-dire à l'octave l'une de l'autre, il aurait eu raison, et ne faisons aucune difficulté de confesser que notre traduction n'est pas suffisamment claire sous ce rapport. Mais s'appuyer sur ce défaut d'exactitude et de précision pour soutenir une thèse contraire à un texte aussi précis, aussi formel que celui auquel cet exemple est destiné à servir de démonstration, ne peut être que le résultat d'une idée erronée ou préconçue. Ce que Jean de Garlande appelle « répétition de voix différente » n'était donc pas un simple changement de parties entre voix égales, ni une simple imitation à l'unisson; c'était un véritable « contre-point double », résultat du changement d'intervalles produit par le renversement des parties. La critique de M. Fétis porte donc à faux, et le fait important révélé par nous reste un fait acquis.

Ici encore le manuscrit de Montpellier est d'un secours on ne peut plus précieux, en apportant dans le débat trois monuments considérables qui viennent confirmer pratiquement les principes que nous venons de développer. Il ne s'agit plus ici d'un simple fragment à deux parties; mais de compositions entières à trois parties en contre-point double. On les trouvera à la troisième partie de cet ouvrage, en notation originale, sous les N^{os} xix, xx et xxi, et en traduction moderne, sous les N°s 19, 20 et 21.

La découverte de ces monuments vient démontrer de la manière la plus formelle que le contre-point double, enseigné par Jean de Garlande, sous le nom de « repetitio diversæ vocis », était pratiqué par les artistes de cette époque.

Mais ce n'était pas seulement en France qu'il était en usage; en Angleterre, où l'art de la composition n'était pas moins avancé que sur le continent, on le trouve également. Voici ce qu'enseigne Walter Odington :

« Les rondeaux, dit-il, se composent ainsi : on imagine un chant le plus beau possible, on le dispose suivant l'un des modes, avec ou sans paroles. Ce chant est répété par chacune des parties; pendant que l'une des parties l'exécute, les autres exécutent chacune un autre chant en procédant par consonnances de sorte que, pendant que l'une descend, l'autre monte, sans qu'elles descendent et montent toutes à la fois, sinon pour ajouter à la beauté de la composition. Le chant de chaque partie doit être répété alternativement par chacune des autres parties [1]. »

Cette explication, comme on le voit, n'est ni moins précise ni moins claire que celle de Jean de Garlande. Elle offre, en outre, ceci de remarquable, c'est qu'il ne s'agit plus ici seulement d'un « contre-point double à deux parties », établi sur un thème servant de basse, mais d'un « contre-

---

[1] Rondelli sic sunt componendi : excogitetur cantus pulchrior qui possit, et disponatur secundum aliquem modorum predictorum, cum littera vel sine, et ille cantus a singulis recitetur; tamen aptentur alii cantus in duplici, aut triplici procedendo per consonantias, ut dum unus ascendit, alius descendit, vel tertius, ita ut non simul descendat vel ascendat, nisi forte tamen majoris pulchritudinis, et a singulis singulorum cantus recitentur. — Scriptorum etc., t. i, p. 246.

point double à trois parties », dont chacune devient alternativement basse, ténor et dessus, possédant, par conséquent, la condition de renversement d'intervalles autant de fois qu'il y a de parties.

Et ce qu'il y a d'heureux, c'est que Walter Odington donne un exemple que nous nous empressons de reproduire ici avec sa traduction en notation moderne :

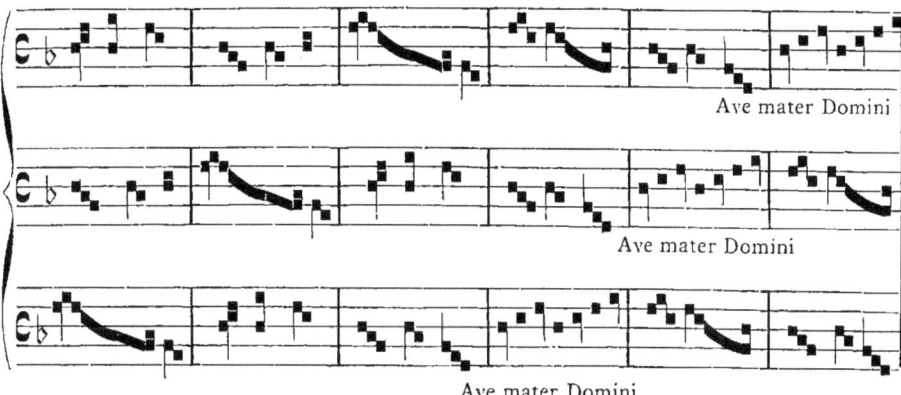

TRADUCTION

L'examen de cet exemple démontre même que la thèse historique de M. le professeur Fétis est inapplicable, à moins de vouloir que les théoriciens du XIIIe siècle, sous le prétexte d'avoir inventé un genre de composition plus varié, aient voulu se contenter de produire un assemblage harmonique aussi pauvre et aussi monotone, pour ne pas dire aussi absurde, que celui-ci :

Un pareil croisement de parties est contraire non-seulement à la doctrine de Jean de Garlande, de Walter Odington et de l'anonyme du manuscrit britannique (Ms. B.) que nous venons de rappeler, mais encore aux règles que l'on trouve dans d'autres traités. Ainsi d'après un anonyme de la bibliothèque Magliabechiana de Florence, le déchant ne pouvait approcher du chant ou du ténor à une intervalle moindre que la quarte ou la quinte, si ce n'est lorsque les deux parties faisaient entendre l'unisson [1].

En présence de faits aussi importants, il semble difficile de nier plus longtemps l'existence du contre-point double à deux et à trois parties, au XIIIe siècle. C'est désormais un fait acquis à la science historique de l'art.

Est-ce à dire pour cela que les artistes du XIIIe siècle aient eu conscience de ce qui constitue le contre-point double, en ce sens qu'ils aient prévu la double combinaison harmonique qui devait se produire par le renversement des parties? Nous sommes loin de soutenir cette thèse. Il nous paraît au contraire douteux que cette idée ait présidé à la naissance du contre-point double; cela est d'autant moins probable que les seuls intervalles fondamentaux admis dans les compositions harmoniques de cette époque, étant l'unisson, l'octave, la quinte et la quarte, qui ne produisent, par leur renversement, que des consonnances de même nature, les compositeurs n'avaient pas à se préoccuper des combinaisons qui pouvaient résulter de

---

[1] Discantus igitur suo cantui appropinquare nullo modo debet, nisi per unam harum consonantiarum (diatessaron diapente vel diapason) et quum cum cantu facit unisonum. — A. DE LA FAGE, « ESSAIS de diphthérographie musicale », p. 358.

ces renversements, puisque l'unisson devenait octave; l'octave, unisson; la quinte, quarte; la quarte, quinte. Quant à la tierce majeure ou mineure, qui était admise comme consonnance imparfaite, et qui produisait la sixte mineure ou majeure, considérée comme dissonnance imparfaite, c'est-à-dire comme n'étant ni consonnance ni dissonnance; ce n'était pas un motif d'empêchement.

HOQUET.

Outre ces procédés principaux, il y en avait quelques autres que nous appellerons secondaires. Parmi ceux-ci, il faut compter la « copule » dont nous avons parlé plus haut[1] à propos de l'organum où elle était spécialement en usage, et le « hoquet », regardé par les didacticiens comme une des parties essentielles de la musique mesurée.

Le hoquet, appelé « hochetus, ochetus ou truncatio », était une phrase harmonique dans laquelle une ou plusieurs parties étaient entrecoupées ou interrompues par des silences.

Suivant Walter Odington, dans une composition à deux voix où le hoquet était employé, lorsque l'une chantait, l'autre devait se taire; et dans une composition à trois voix, une des voix devait se taire pendant que les deux autres chantaient; mais ces règles ne semblent pas avoir toujours été rigoureusement observées, pas même dans les exemples nombreux et intéressants donnés par Walter Odington[2]. Parmi ces exemples, il en est deux que nous reproduisons ici en notation moderne, parce qu'ils se rapportent à ce que Walter Odington appelle le sixième mode dont on ne trouve que de rares applications au XIIIe siècle, et parce qu'ils montrent en même temps les raffinements accessoires, qui, à cette époque, tendaient déjà à s'introduire dans les compositions harmoniques.

---

[1] Page 55.   [2] SCRIPTORUM etc., t. I, p. 249 et 250.

Le manuscrit de Montpellier contient quelques pièces où le hoquet est employé. Nous en donnons une à la troisième partie, sous les N^{os} xxiv-24.

STYLE IMITATIF.

Le « style imitatif » semble aussi avoir pris naissance à cette époque. Le même manuscrit contient (f° 381) un morceau où l'auteur fait descendre de l'aigu au grave la phrase musicale placée sur le mot « descendendo », et monter du grave à l'aigu celle commençant par le mot « ascendendo ».

Enfin, il faut reculer aussi vers l'époque dont nous nous occupons l'usage de finir une pièce par une tirade harmonique sur la syllabe « a » du mot « amen ». Nous en avions constaté l'usage dans le « credo » de la messe de la fin du xiiie siècle, de la cathédrale de Tournai[1]. Le manuscrit de Montpellier contient un motet religieux où se rencontre cette particularité. On le trouvera à la troisième partie, sous les N^{os} xxiv et 24.

---

[1] Mémoires de la Société historique de Tournai, t. 8, p. 100; et tiré à part sous le titre: Messe du xiiie siècle, in 4°, Lille, 1861.

CHAPITRE V.

DE LA MÉLODIE DANS LES COMPOSITIONS HARMONIQUES DES XIIe ET XIIIe SIÈCLES.

SOMMAIRE : Deux sortes de mélodies; la mélodie spontanée, et la mélodie créée harmoniquement sur un thème ou chant donné. — On distingue ces deux sortes de mélodies dans les compositions des XIIe et XIIIe siècles. — Mélodies spontanées du manuscrit de Montpellier. — Exemples. — Les mélodies spontanées subissaient parfois des modifications. — Exemples. — Ces modifications étaient nécessaires lorsqu'on faisait marcher ensemble deux mélodies préexistantes. — Mélodies des compositions religieuses. — Dessins mélodiques des paroles secondaires. — Mélodies des thèmes ou ténors.

Pour apprécier le véritable caractère mélodique des compositions à plusieurs parties de l'époque qui nous occupe, il était nécessaire d'en connaître auparavant la constitution et les diverses espèces. Ce n'est qu'après avoir fait cette étude, étude à laquelle nous nous sommes livré dans les précédents chapitres, que l'on peut examiner en connaissance de cause les divers éléments mélodiques de ces compositions. C'est le motif pour lequel nous n'avons pas parlé plus tôt de la mélodie.

Dans le sens absolu, la mélodie est le résultat d'une succession de sons graves et aigus; mais, au point de vue relatif, on ne donne le nom de mélodie que quand une semblable succession de sons est disposée de manière à produire une pensée musicale.

Il faut distinguer deux sortes de mélodies : la mélodie spontanée et la mélodie basée sur l'harmonie. La première est le résultat de l'inspiration directe, libre et originale, dégagée de toute règle conventionnelle; l'autre aussi est le produit de l'inspiration, mais d'une inspiration dont les mouvements sont plus circonscrits, parce qu'ils sont soumis à certaines règles qui, sans être toujours une gêne, resserrent néanmoins l'imagination dans des limites déterminées.

Pour beaucoup de personnes, la mélodie est la musique elle-même; pour tous, c'en est la partie essentielle. Bien que l'harmonie soit aujourd'hui liée à la mélodie d'une manière si intime qu'elle en semble presque inséparable, c'est pourtant toujours la mélodie seule qui est l'âme de toute composition.

Il en était de même à l'époque qui nous occupe. Une composition harmonique, qu'elle fût le résultat de la combinaison d'un chant créé sur un thème donné, ou bien d'un accompagnement harmonique ajusté à une mélodie préexistante, n'acquérait de valeur et n'obtenait la vogue, que par la mélodie.

Mais il y avait une très-grande différence entre les mélodies de ces deux sortes de compositions harmoniques. Lorsque le compositeur subordonnait ses inspirations à un thème donné servant de partie fondamentale, la mélodie qui était le produit de cette combinaison, devait avoir et avait quelque chose de contraint, souvent de peu naturel.

Dans l'autre procédé, au contraire, qui lui laissait toute liberté, toute spontanéité, la mélodie conservait son caractère franc et naturel.

On remarque sans peine cette distinction dans les compositions du manuscrit de Montpellier, et notamment dans les suivantes :

Ms. de M. F° 104.

Ma-ter vir-go pi - a, Om-ni-um re - fu- gi - um Ma-ter ma-ris nes-ci - a, etc.

Il est facile de voir que ces mélodies sont des mélodies spontanées qui ont servi de thème et de point de départ aux compositions harmoniques dont elles forment une des parties. On pourra s'en convaincre en examinant, à la troisième partie de cet ouvrage, les N°s 16, 18, 37, 49. dont nous les avons détachées. Faisons toutefois remarquer que nous avons noté ici ces mélodies de manière à en faire ressortir mieux encore le caractère primitif et même populaire.

L'examen du manuscrit de Montpellier montre aussi certaines mélodies spontanées ayant subi de légères modifications, soit pour se plier aux exigences harmoniques, soit pour s'adapter à d'autres mélodies formant une des parties de la composition harmonique. Nous allons donner à cet égard une preuve palpable.

La charmante pastorale d'Adam de La Hale « le Jeu de Robin et de Marion », qu'on peut considérer en quelque sorte comme l'origine de l'opéra comique, contient un air véritablement populaire dont voici la traduction :

Ro-bins m'ai-me, Ro-bins m'a ; Ro-bins m'a de- man - dé - e, si m'a - ra.

Ro-bins m'a-ca - ta co - te- le D'es-car - la - te bo-ne et be-le, Sous-ka-nie et chain-tu-re-le, A

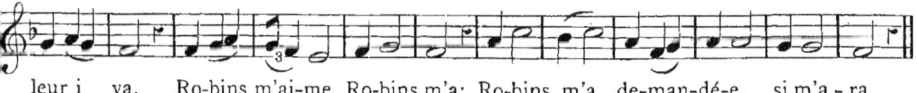

leur i va. Ro-bins m'ai-me, Ro-bins m'a; Ro-bins m'a de-man-dé-e, si m'a - ra.

Le manuscrit de Montpellier renferme une composition à trois voix où cet air forme la première partie. En voici la traduction en notation moderne. Pour mieux en faire apprécier la différence, nous l'avons notée dans le même ton que celui du manuscrit de La Vallière :

De la comparaison de ces deux airs, il résulte clairement que celui du manuscrit de La Vallière est l'air primitif, et que celui du manuscrit de Montpellier a reçu des modifications pour concorder avec les autres parties. En se reportant à la composition harmonique qui est inscrite sous le n° 28 de la troisième partie de cet ouvrage, et dans laquelle l'air « Robin m'aime » occupe la place supérieure, on verra que les principales modifications et notamment celles des mesures 3, 6, 7, 18, 20, 21, 27, 30, 31, sont motivées par des exigences harmoniques.

Un grand nombre d'autres compositions du manuscrit de Montpellier présentent le même caractère. Nous signalerons principalement les mélodies suivantes parmi les compositions dont la reproduction est annexée à la troisième partie de cet ouvrage : « L'autrier joer m'en aler » du n° 50 « Joliment douce désirée » et « Je suis joliete » du n° 44; « O Maria virgo Davidica » du n° 8; « Demenant grant joie » du n° 15 ; « la Vierge Marie loyale est amie » du n° 16; etc.

Ces modifications devenaient surtout nécessaires lorsqu'on voulait faire marcher harmoniquement ensemble deux mélodies préexistantes, comme : « Diex qui porroit » avec « En grand dolour » du triple n° 16; « Ce que je tieng » avec « Bonne compaignie » du quadruple n° 43; « Joliment en douce désirée » avec « Quant voit la florete » du quadruple n° 44; et « Chansonete va ten tost » avec « A la cheminée » du n° 49.

Nous recommandons l'examen de ce point de vue à l'attention des archéologues.

Quant aux mélodies qui sont le résultat harmonique d'un thème donné (cantus prius factus), il est très-facile de les distinguer. Celles-ci n'ont plus le caractère de franchise, de naïveté et de naturel des autres. Quelquefois une mélodie est commencée d'une manière heureuse, mais elle ne tarde pas à devenir embarrassée ou affectée. On s'aperçoit que l'artiste se trouve en face de difficultés qui ont arrêté l'élan de son imagination.

Une chose digne de remarque, c'est que, dans toutes les œuvres à plusieurs parties datant de cette époque, on voit que le compositeur est préoccupé de l'idée de faire de chaque partie harmonique une partie réelle, un chant indépendant et différent des autres, et d'en faire une mélodie véritable et non une partie de remplissage. Ce procédé est d'ailleurs conforme aux prescriptions des didacticiens. Ils placent la mélodie parmi les qualités essentielles d'un bon déchant [1].

En parcourant la table du manuscrit de Montpellier, que nous reproduisons à la fin de cet ouvrage, on remarquera qu'il contient un assez grand nombre de compositions avec paroles latines religieuses, et pour la plupart, des proses ou séquences à la Ste-Vierge. L'examen de ces pièces nous a fait reconnaître que plusieurs ont pour mélodie des airs qui ont un caractère tout à fait populaire, soit qu'ils aient été composés exprès pour ces textes, soit que ceux-ci aient été adaptés à des mélodies connues. Ce qu'il y a de remarquable, c'est que ces compositions semblent appartenir aux plus anciennes du recueil. Les n°s 4 et 5 de la page 86, nous paraissent devoir être rangés dans cette classe de mélodies. Parmi les autres compositions que nous reproduisons dans la troisième partie, nous signalerons encore les n°s 8, 14, 17 et 18, qui semblent avoir ce caractère, non sans exprimer un regret si les limites que nous avons dû nous imposer, ne nous permettent pas d'en reproduire plusieurs autres non moins caractéristiques et intéressantes.

---

[1] Notandum quod ad bonitatem discantus quatuor requirunter: Primo, quod illorum diversorum cantuum sit differentia, ita quod, quando unus ascendit, alter descendat, etc. Secundo, requiritur cantuum pulchritudo. Tertio, requiritur in ipsorum prolationem bona melodia. Quarto, requiritur bona cadentia dictaminum cum discantu, ita quod longe figure longis syllabis, breves brevibus nobiliter adaptentur.— SCRIPTORUM etc., t. I, p. 314.

Dans un grand nombre de manuscrits, contenant des proses et des séquences notées, il est facile de voir que plusieurs de ces mélodies demandent à être chantées en rhythme musical, bien que la notation n'indique pas ce rhythme. Le manuscrit de Montpellier confirme cette présomption par la production de proses ainsi rhythmées. C'est là un fait digne d'attention.

Outre les trois sortes de mélodies dont nous avons constaté l'existence dans les compositions harmoniques, on remarque encore dans certaines parties, des phrases ou des fragments de phrases dont les dessins mélodiques indiquent une pensée artistique. Nous signalons, comme rentrant dans cette catégorie, les pièces portant les n°s 14, 15, 25, 26 et 37.

Pour n'omettre aucun des éléments mélodiques qui entraient dans les compositions à plusieurs parties, nous allons dire un mot des thèmes ou ténors. Les thèmes composés de fragments de plain-chant n'ont généralement aucun caractère mélodique bien prononcé ; leur principal rôle était rhythmique, ainsi que nous le ferons voir au chapitre VII. Les thèmes au contraire pris dans les airs populaires y conservent leur mélodie, sinon complètement intacte, du moins assez entière pour permettre d'en distinguer le caractère. La plupart de ces airs populaires ou connus, puisqu'on n'en cite que les premières paroles, ont une mélodie franche, déterminée, simple et nettement rhythmée. En voici un qui sert de thème au triple n° 19 de la troisième partie de cet ouvrage :

Ms. de M. F° 375 v°.

Hé en-fant

Parmi les compositions que nous reproduisons, nous citerons les thèmes des n°s 27, 36, 38, 39, 40 et 49, comme appartenant à cette catégorie. On verra, dans la table du manuscrit de Montpellier, la mention de plusieurs autres qui présentent le même caractère.

CHAPITRE VI.

DE L'HARMONIE ET DE LA TONALITÉ DES COMPOSITIONS HARMONIQUES DES XIIe ET XIIIe SIÈCLES.

SOMMAIRE.— HARMONIE, appelée d'abord diaphonie, puis déchant, exceptionnellement harmonie par Walter Odington. — Considérée comme science des accords, n'existait pas. — Classification, enchaînement des intervalles harmoniques. — Règles et exemples de l'anonyme de St-Dié. — TONALITÉ. Sens de ce mot. — Tonalité du plain-chant ; tonalité moderne. — Différence entre ces deux tonalités.— La tonalité appelée moderne existait dans les mélodies populaires et dans celles des trouvères. — Exemples d'Adam de La Hale et du manuscrit de Montpellier. — Cette tonalité remonte à une époque fort reculée. — Elle était inhérente à la musique des peuples du Nord.— C'est à cette cause qu'il faut attribuer la difficulté qu'eurent Charlemagne et ses prédécesseurs à faire adopter le chant romain. — On ne la trouve pas dans l'harmonie des XIIe et XIIIe siècles.

HARMONIE.

La musique dans laquelle plusieurs sons se font entendre simultanément fut appelée, on l'a vu plus haut [1], « diaphonie » ou « organum », quand les combinaisons de sons simultanés n'étaient encore en grande partie que de longues suites de quintes, de quartes et d'octaves; elle reçut le nom de « déchant » lors de la transformation qu'elle subit en s'alliant à la musique mesurée. Le nom de « déchant » lui resta fort longtemps ; il était encore en usage au XVe siècle, époque où l'on y substitua le nom de « contre-point ». Cependant, dès la fin du XIIe siècle, on trouve le mot « harmonie » dans la bouche d'un des plus célèbres théoriciens de cette époque, pour désigner la musique à sons simultanés. Walter Odington l'appelle «musique harmonique » ou « harmonie multiple [2] ».

Mais, hâtons-nous de le dire, ni le mot « diaphonie », ni le mot « déchant», ni même le mot « harmonie » employé par Walter Odington, n'expriment ce que nous entendons aujourd'hui par harmonie. Le déchant était l'art de disposer harmoniquement deux ou plusieurs parties destinées à être

---

[1] Page 37.
[2] Multiplex armonica (musica) est plurium vocum dissimilium, ut gravis cum acuta concussio, quam diaphoniam dico, que communiter organum appellatur. — SCRIPTORUM etc., t. I, p. 212. — Restat de armonia multiplici explicandum quam voce diaphoniam. — Ibid., p. 235.

chantées ensemble ; c'était ce qu'on nomma plus tard l'art de composer ou d'écrire.

De nos jours, le mot « harmonie » est un terme générique qui signifie doctrine ou science des accords. On désigne sous ce nom les lois qui régissent leurs successions et le système de leur classification.

Aux XIIe et XIIIe siècles, ni le mot harmonie, ni le mot déchant n'avaient cette signification, parce que la chose elle-même n'existait pas. Il y avait bien alors certaines règles relatives au classement, à l'emploi et à l'enchaînement des consonnances et des dissonnances, mais ces règles n'avaient rien de commun avec le système actuel.

On classait les intervalles harmoniques ou accords en consonnances et en dissonnances ; on réglait leur emploi ; on déterminait leur enchaînement ; mais cela était plus ou moins en dehors de toute méthode scientifique.

L'auteur de la doctrine du déchant vulgaire ne compte que trois consonnances : l'unisson, la quinte et la quarte. Les autres intervalles, dit-il, sont plutôt des dissonnances que des consonnances ; mais parmi les dissonnances, il en est de plus ou moins grandes ; le ton est une dissonnance plus grande que les autres intervalles dissonnants [1].

L'anonyme du Ms. B. divise les consonnances en consonnances parfaites, moyennes, et imparfaites. Les consonnances parfaites sont : l'unisson et l'octave ; Les moyennes sont : la quarte et la quinte ; Les imparfaites sont : la tierce majeure et la tierce mineure, bien que quelques théoriciens, dit-il, n'admettent pas ces intervalles parmi les consonnances.

Pour donner de l'autorité à son opinion, il ajoute que, dans certains pays, ces accords sont considérés comme les meilleures consonnances ; qu'ils sont employés comme telles en Angleterre et dans la contrée appelée Westcuntre, par les plus habiles déchanteurs[2].

Cet auteur ne donne aucune classification des dissonnances.

Jean de Garlande,[3] Francon de Cologne[4] et le nommé Aristote[5] adoptent, pour les consonnances, la même classification que l'anonyme du Ms. B.

Quant aux dissonnances, ils leur donnent aussi une classification, mais ils ne sont pas d'accord à cet égard.

---

[1] SCRIPTORUM etc., t. I, p. 95.
[2] Ibid. p. 358.
[3] Ibid. p. 105.
[4] SCRIPTORUM, t. I, p. 129.
[5] Ibid. p. 260.

Francon n'admet que deux sortes de dissonnances : des dissonnances parfaites et des dissonnances imparfaites. Dans les premières, il range la seconde le triton, la septième majeure et la septième mineure. Dans les secondes, il place le ton, la sixte majeure et la sixte mineure.

Jean de Garlande et Aristote divisent les dissonnances en trois classes : dissonnances parfaites, moyennes et imparfaites.

Parmi les dissonnances parfaites, Jean de Garlande range la seconde mineure, le triton, la septième majeure. Aristote met dans cette classe : la seconde majeure, la seconde mineure, le triton.

Les dissonnances imparfaites étaient, suivant Jean de Garlande, la sixte majeure et la septième mineure. Suivant Aristote, c'étaient la sixte majeure et la sixte mineure.

Jean de Garlande range parmi les dissonnances moyennes : la seconde majeure et la sixte mineure. Aristote met dans cette catégorie : la tierce majeure et la seconde mineure.

On voit combien ces classifications sont vagues et arbitraires. On n'aperçoit là ni principe ni base scientifique qui y aient servi de fondement. Les théoriciens n'en indiquent aucun.

Pour l'emploi des intervalles, il existait deux règles fondamentales : il fallait : 1º commencer et finir par un accord consonnant ; 2º procéder par mouvement contraire, c'est-à-dire que quand une partie montait, l'autre devait descendre, et vice-versâ.

Quant à l'enchaînement des accords, il se déterminait, non comme aujourd'hui d'après les relations des intervalles, mais d'après la marche ascendante ou descendante des notes de la partie servant de base harmonique.

N'oublions pas que les accords ne consistaient qu'en intervalles de deux sons avec redoublements. La tierce et la sixte n'étaient admises qu'exceptionnellement.

Il est facile de voir combien, dans ces conditions, étaient restreintes les ressources harmoniques, combien surtout eût été monotone l'emploi exclusif des consonnances. Aussi y a-t-on admis bientôt certains intervalles qui, on vient de le voir, étaient rangés parmi les dissonnances, mais qui ne tardèrent pas à être classés parmi les consonnances, telles sont la sixte et la tierce. C'est dans l'emploi des dissonnances, soit comme accord, soit comme notes de passage, que consistait l'habileté des compositeurs.

L'auteur d'un des traités anonymes du manuscrit de St-Dié [1] contient, sur la composition du déchant, un chapitre dont nous avons déjà fait ressortir l'importance à propos des procédés de composition en usage aux XIIe et XIIIe siècles [2]. Il n'a pas un intérêt moindre au point de vue de l'emploi des dissonnances. « Le déchant, dit-il, se compose de consonnances et incidemment de dissonnances, afin que le déchant soit plus beau, et que, par les dissonnances, les consonnances deviennent plus agréables [3]. »

Les exemples qu'il donne à l'appui de l'emploi des intervalles harmoniques sont on ne peut plus précieux. Après avoir indiqué l'intervalle qu'il convient d'employer, soit au-dessus, soit au-dessous de la partie considérée comme thème, il ajoute quatre ou cinq formules où les mêmes accords servent de base, mais où sont introduites des dissonnances accessoires. Voulant donner une idée de cette manière de procéder, nous allons en reproduire deux exemples :

Scriptorum etc., t. I, p. 313

TRADUCTION.

---

[1] Scriptorum etc., t. I, p. 303.
[2] Voir plus haut, p. 89, note.
[3] Scriptorum etc., t. I, p. 311.
[4] Il est facile de voir que la notation originale de ces exemples n'est pas toujours rigoureusement exacte.

Scriptorum etc., t. I, p. 315.

TRADUCTION.

Déchant supérieur.
Thème ou chant donné.
Déchant inférieur.

Pour ne pas nous exposer à répéter ce que nous avons déjà dit ailleurs[1] concernant l'harmonie, nous n'en dirons pas davantage ici, et nous y renvoyons le lecteur.

Quand on se reporte au manuscrit de Montpellier, il est facile de voir que les compositions qu'il renferme sont la mise en œuvre de l'ensemble des règles formulées dans les traités de cette époque. On remarquera toutefois que les traités ne donnent que les principes généraux. Ceux-ci y sont toujours expliqués si brièvement, qu'il faut supposer que le soin de les développer était abandonné à l'enseignement oral, et leur application à la sagacité ou au génie particulier de chaque artiste.

Tant qu'on n'avait que les traités de Francon et de Marchetto de Padoue, tant qu'on n'avait que les fragments de compositions rapportés dans ces traités, il était difficile de se faire une idée exacte de la pratique de l'art. La reproduction de quelques monuments dans notre « Histoire de l'Harmonie au moyen âge », a commencé à jeter un certain jour sur l'état de l'art à cette époque. Le manuscrit de Montpellier est venu combler les lacunes antérieures, en révélant l'existence de plus de quatre cents compositions où l'on peut étudier, sous toutes leurs faces, les diverses compositions harmoniques alors en usage. Il est à regretter que ce monument ne soit pas publié en entier. En attendant, nous en donnons un certain nombre de pièces où il sera possible de vérifier les doctrines que nous exposons ici.

TONALITÉ.

Quelques mots maintenant sur la tonalité de la musique harmonique de cette époque.

La tonalité est le résultat d'un assemblage de sons graves et aigus disposés de telle sorte que, dans la composition de l'échelle des sons, les tons et les demi-tons se succèdent d'une manière déterminée. La musique européenne a pour fondement une échelle où les sons se succèdent ainsi : deux tons, un demi-ton; trois tons, un demi-ton; deux tons, un demi-ton; trois tons, un demi-ton; etc.

De cette échelle qui primitivement ne constituait qu'une seule tonalité,

---

[1] Histoire de l'Harmonie au moyen âge, p. 46 et suiv. — Messe du xiiie siècle, p. 6 et 7.

ont sorties deux tonalités tout à fait distinctes, appelées aujourd'hui, l'une, tonalité grégorienne ou de plain-chant; l'autre, tonalité moderne ou harmonique.

La différence de ces deux tonalités n'a pas pour base une différence dans la disposition des tons et des demi-tons dans l'échelle; cette disposition est la même dans les deux tonalités. Elle repose sur la relation des deux notes de la gamme qui forment triton ou quinte diminuée, c'est-à-dire sur la relation du quatrième degré avec le septième, ou vice-versa. Proscrit et réprouvé dans le plain-chant, cet emploi est la base et le fondement de la musique moderne. En d'autres termes, la tonalité moderne consiste : 1º dans l'emploi facultatif de la relation du triton ou de la quinte diminuée; 2º dans la mobilité également facultative de la place occupée par cette relation, mobilité qu'on obtient par l'adjonction de notes accidentelles. Dans la tonalité du plain-chant, au contraire, la relation du triton et de la quinte diminuée occupe toujours la même place, et son emploi effectif ou immédiat doit être évité.

La tonalité ancienne se distingue encore par la faculté de faire des repos sur tous les degrés; tandis que, dans la tonalité moderne, le repos n'existe réellement que sur le premier degré.

La tonalité moderne admet l'altération de tous les degrés de l'échelle; la tonalité du plain-chant admet à peine l'altération du si.

La constitution de la tonalité moderne a eu pour auxiliaire l'art harmonique et la naissance du drame moderne; cela est un fait incontestable; mais cette tonalité est-elle née seulement alors? n'existait-elle pas déjà auparavant? Pour nous, nous avons la conviction que son existence, non dans l'harmonie, mais dans la mélodie, remonte à une époque très reculée.

Cette tonalité existait dans la plupart des airs populaires et spontanés du moyen âge; on l'aperçoit dans les plus anciens chants qui nous sont parvenus. Elle était employée aussi par les trouvères des XIIe et XIIIe siècles dans un grand nombre de leurs mélodies. Pour nous en tenir à des exemples qui ne sauraient exciter le moindre doute, nous citerons d'abord les deux chansons suivantes d'Adam de La Hale :

Ms: La Vallière.

Je senc en moi l'a-mour re - nou-ve - ler

Il est évident que, dans ces deux mélodies, le fa dièze n'est pas placé pour éviter le triton entre si et fa, mais bien au contraire pour déterminer la tonalité de sol, à chaque cadence où cette note accidentelle se rencontre. D'ailleurs, loin d'avoir en vue d'éviter le triton, la chanson du même trouvère commençant par ces mots : « Ma douche dame », montre, de la part d'Adam, l'intention formelle de faire chanter cet intervalle en mettant l'ut en rapport avec le fa, dans la première mesure de cette phrase :

Le ton mineur avec son caractère moderne nous semble encore suffisamment accusé dans la chanson suivante :

Et ce qui achève de démontrer l'existence de cette tonalité, ce sont les cadences et les demi-cadences.

Si nous avons pris ces exemples dans Adam de La Hale, c'est parce que

— 99 —

nous y trouvons la preuve palpable de la volonté de cet auteur de faire entendre la relation de quinte diminuée. Si Adam de La Hale s'était borné à écrire cette mélodie un ton plus bas, on pourrait concevoir quelque doute sur son intention, mais ici il ne saurait y en avoir aucun; par l'addition du dièze au fa, la tonalité moderne de sol est nettement fixée.

Mais le caractère de la tonalité moderne se trouve non moins bien établi dans certaines mélodies des compositions harmoniques du manuscrit de Montpellier. Nous devons d'abord rappeler deux de celles que nous avons reproduites plus haut, page 86, et commençant l'une ainsi : « Quant repaire la verdor », etc.; l'autre par ces mots : « O Maria maris stella ». Nous citerons ensuite la mélodie : « Sumer is icumen in » du canon à six parties, placé dans la troisième partie, sous le n° 20.

Il n'est pas nécessaire de faire remarquer en quoi consiste le caractère tonal de ces mélodies. Cela se sent encore mieux qu'on ne saurait l'exprimer.

Mais la tonalité dite moderne existait non-seulement dans les mélodies séculières et dans un certain nombre de cantilènes religieuses des XIIe et XIIIe siècles, on la trouve aussi dans les plus anciens chants populaires d'origine septentrionale. On ne possède pas, à la vérité, des exemples de mélodies d'une date fort reculée ; les plus anciennes ne vont pas au delà du IXe siècle ; mais certains faits sont propres à nous éclairer à cet égard, et à démontrer que c'est à cette tonalité qu'il faut attribuer principalement les difficultés qu'ont eues Charlemagne et ses prédécesseurs à faire adopter le Chant Romain par les chanteurs de sa nation.

C'est sous le pontificat de St Grégoire-le-Grand que le christianisme a reçu son plus grand développement en Allemagne, dans le nord de la Gaule et en Angleterre. L'apôtre Boniface, dans la Germanie, le moine Augustin, dans les îles de la Grande-Bretagne, ne furent pas seulement chargés d'y prêcher la foi, ils étaient accompagnés d'un personnel nombreux et instruit ayant pour mission d'y introduire tout ce qui était de nature à instituer et à consolider le dogme, par le culte et les cérémonies en usage à Rome. Or, une des branches du culte à laquelle le célèbre Pontife attacha le plus d'importance fut le chant. Aux missionnaires prêcheurs il ne manqua pas de joindre des ecclésiastiques instruits dans l'art qu'il venait de réformer et de régler. En passant par la Gaule où ils séjournèrent quelque temps, ils y enseignèrent le chant grégorien ou romain ; mais ce chant n'y resta pas longtemps intact. Bientôt Pépin fut obligé d'appeler de nouveaux maîtres romains, et ses efforts n'eurent pas grand résultat. Lorsque Charlemagne monta sur le trône, il fallut en venir à une réforme complète pour opérer l'unité avec le Saint-Siége. On connaît la lutte que le grand monarque eut à soutenir avec les chantres français, qui prétendaient conserver leur manière de chanter. Les changements introduits par eux étaient tels que le chant usité dans les églises de France était devenu en quelque sorte un chant particulier auquel les auteurs ont donné le nom de « gallican ». Il y avait donc entre le chant romain et le chant français des différences considérables qui ne résidaient pas seulement dans l'exécution, mais qui avaient leur origine dans le caractère même de la mélodie. Ce caractère, c'est la tonalité particulière que les auteurs désignent avec fondement sous le nom de « goût national [1] ».

Effectivement, des recherches faites dans ces derniers temps ont fait reconnaître que la tonalité des peuples du Nord diffère essentiellement de la tonalité ecclésiastique. Elle se rencontre dans les chants populaires dès qu'il s'en présente des vestiges notés; on en suit la tradition dans les airs populaires du moyen âge, à travers la musique artistique et malgré la prédominance de celle-ci. On la trouve dans les mélodies des trouvères qui ont obtenu de la popularité. Signalons à cet égard les airs intercalés dans le roman du « Renard noviel » du trouvère Lillois Jacquemars Giélée, ceux du « jeu » d'Adam de La Bassée, et un grand nombre qui servent de thèmes à des compositions harmoniques du manuscrit de Montpellier.

Une chose plus digne encore de remarque, c'est que la plupart de ces airs sont notés dans le cinquième ton de plain-chant, c'est-à-dire dans le ton qui a le plus de rapport avec la tonalité moderne; ce qui semble venir à l'appui de la thèse que nous soutenons.

Nous engageons ceux qui voudront approfondir cette question à examiner les airs qu'Adam de La Bassée a intercalés dans son « Ludus in anti-Claudinanum [2] ».

Nous les engageons surtout à étendre leur examen sur les mélodies populaires que Jacquemars Giélée a mis dans la bouche des acteurs de son roman « le Renart noviel ». Plusieurs de ces mélodies rentrent dans la

---

[1] Gerbert, De Cantu et musica sacra, t. I, p. 264 et suiv.—Forkel, Allgemeine Geschichte der Musik, t. II, p. 205 et suiv.

[2] Nous appelons particulièrement l'attention sur les Nos 4 et 7 de ceux que M. l'abbé Carnel a reproduits en notation moderne, dans son intéressante notice intitulée : « Chants liturgiques d'Adam de La Bassée ». Gand, 1858.

catégorie des mélodies populaires dont nous venons de parler; elles viennent corroborer l'opinion que nous avons émise à ce sujet.

Mais cette tonalité dont nous venons de constater l'existence dans les mélodies, existait-elle dans l'harmonie? Hâtons-nous de dire qu'on ne l'y trouve pas. Les signes accidentels de demi-tons n'y sont employés que pour éviter le triton ou la quinte diminuée, c'est-à-dire qu'on ajoutait un dièse au fa quand cette note devait être en rapport avec si, et un bémol au si quand cette note était en relation avec fa. C'est la seule exception faite aux règles de la tonalité grégorienne.

Marchetto de Padoue, en parlant de certaines dissonnances [1], donne des exemples qui offrent des successions chromatiques, mais celles-ci restèrent sans application; on ne trouve du moins aucune composition de son temps où elles soient usitées.

Dans l'emploi des dissonnances, on ne remarque rien qui puisse faire croire à une tendance vers la tonalité dite moderne. Nous avons parlé plus haut d'une composition appelée « cantinelle couronnée », où les notes chromatiques étaient usitées « pour donner, dit l'auteur qui la signale, de la beauté à ce genre de composition [2] »; mais rien n'indique que ces signes accidentels aient eu pour but de modifier la tonalité harmonique, et il est plus que douteux qu'ils aient eu pour effet d'opérer des accords dissonnants de la nature de ceux qui constituent la tonalité moderne.

Il faut donc conclure que la tonalité harmonique des XIIe et XIIIe siècles était la tonalité du plain-chant. Ce qu'il y a de remarquable et en même temps de singulier, c'est que les harmonistes de cette époque, dans leurs compositions à trois et quatre parties, appliquaient, sans s'en apercevoir, la tonalité du plain-chant à des mélodies qui avaient tous les caractères de la tonalité moderne. Par ce fait, joint à l'absence presque constante de la tierce dans la plupart des accords et à la présence d'un reste de successions de consonnances parfaites, les compositions harmoniques de ce temps sont devenues un mélange de sons simultanés, qui, loin d'offrir quelque chose d'agréable à nos oreilles, semble au contraire répugner à notre sens musical. C'est le commencement de la lutte qui s'établit alors entre la tonalité ancienne et la tonalité moderne, lutte dont celle-ci n'a fini par triompher qu'en faisant scission complète avec sa rivale.

---

[1] GERB. SCRIPT. t. III, p. 89. [2] Voir plus haut, p. 68.

CHAPITRE VII.

DU RHYTHME DANS LES COMPOSITIONS HARMONIQUES DES XIIe ET XIIIe SIÈCLES.

SOMMAIRE. — Le rhythme musical moderne est né de l'alliance du mètre antique avec le rhythme mélodique des peuples septentrionaux.— Ces deux rhythmes sont employés simultanément dans les compositions harmoniques des xiie et xiiie siècles. — Les divers rhythmes étaient appelés modes. — Rapports des modes avec les mètres antiques, d'après Walter Odington. — Modes parfaits et imparfaits. — Modifications par suite des changements intervenus dans la valeur donnée aux notes. — Modes complexes. — Rôle rhythmique du ténor dans les compositions harmoniques. — Le rhythme du ténor a un caractère franc et décidé. — Il est à croire que le ténor était exécuté par un instrument. — Le rhythme, dans les autres parties, n'a pas un caractère aussi déterminé. — Il est subordonné au rhythme des vers. — Rhythme des mélodies spontanées. — Rhythme des mélodies à base harmonique. — Rhythme phraséologique.

La différence de lenteur et de vitesse dans l'émission d'une série de sons soumis à certaines conditions de convenance, donne naissance à ce que l'on nomme « rhythme ». « Le rhythme musical, avons-nous dit ailleurs[1], peut être envisagé de deux manières : au point de vue absolu, c'est-à-dire indépendant de toute mesure, ou au point de vue relatif, c'est-à-dire soumis à la mesure. Considéré sous le premier rapport, le rhythme existe dans toute musique; car dès qu'il y a chant, il y a mouvement de la voix, par conséquent rhythme; mais ce rhythme, comme nous l'avons déjà fait remarquer[2], n'a rien de commun avec le rhythme dans son application à la mesure musicale. » Le rhythme du plain-chant est un rhythme complètement libre dans son essor et son allure, nullement circonscrit dans des limites déterminées. Le rhythme de la musique proprement dite est au contraire fondé sur la mesure, c'est-à-dire sur des règles de symétrie variées, mais fixes. C'est de ce dernier rhythme seul qu'il va être parlé ici.

Quand on examine avec soin les plus anciennes mélodies qui sont parvenues jusqu'à nous, on y remarque deux rhythmes bien distincts : l'un

---

[1] CHANTS POPULAIRES des Flamands de France, Introd., p. xx.

[2] HISTOIRE DE L'HARMONIE au moyen âge, p. 122.

ayant pour base les pieds poétiques des anciens [1], l'autre, libre et indépendant de ces formules, et présentant les caractères d'une autre origine.

Nous avons émis l'opinion que la musique mesurée des XIIe et XIIIe siècles était née de l'alliancce de ces deux rhythmes [2]. Notre opinion se trouve aujourd'hui corroborée par des documents et par des monuments.

Les documents font voir en effet la transformation de la doctrine rhythmique des anciens.

Les monuments montrent un grand nombre de compositions harmoniques où ces deux rhythmes sont employés simultanément.

Les théoriciens des XIe, XIIe et XIIIe siècles donnent le nom de modes aux divers mouvements du rhythme musical. Dès leur admission dans la musique harmonique, ces modes ne sont plus les pieds de l'ancienne métrique, mais ils en ont conservé la forme apparente, ainsi qu'on le verra plus loin. Les auteurs de cette époque ne sont pas d'accord sur le nombre de modes qu'il convenait d'adopter; quelques-uns en comptent jusqu'à neuf, mais la plupart les réduisaient à six; Francon de Cologne en fixa le nombre à cinq en réunissant le cinquième au premier.

Voici les combinaisons des six modes considérés comme pieds métriques :

Premier mode :	— ◡ — ◡ — ◡ — ◡
Deuxième mode :	◡ — ◡ — ◡ — ◡ —
Troisième mode :	— ◡ ◡ — ◡ ◡ — ◡ ◡
Quatrième mode :	◡ ◡ — ◡ ◡ — ◡ ◡ —
Cinquième mode :	— — — — — — — —
Sixième mode :	◡ ◡ ◡ ◡ ◡ ◡ ◡ ◡ ◡

Ces six modes étaient représentés par la notation de la manière suivante :

[1] Histoire de l'Harmonie au moyen âge, p. 97 et suiv.
[2] Ibid., p. 114.
[3] Ibid., p. 205.

Mais ces combinaisons n'étaient pas les seules admises. Les modes se divisaient encore en modes parfaits et modes imparfaits. Le mode parfait était celui qui terminait par la même note que celle par laquelle il commençait. Le mode imparfait était celui qui finissait par une autre note que celle du commencement. De là une foule de combinaisons dont Walter Odington donne les formules, que nous allons reproduire ici [1]:

PREMIER MODE.

Premier mode parfait : Amphimacre.

Deuxième mode parfait : Trochée et amphimacre.

Troisième mode parfait : Distrochée et amphimacre.

Premier mode imparfait : Trochée.

Deuxième mode imparfait : Distrochée ou double trochée.

Troisième mode imparfait : Amphimacre et amphibraque.

DEUXIÈME MODE.

Premier mode parfait : Amphibraque.

Deuxième mode parfait : Iambe et amphibraque.

Troisième mode parfait : Diiambe et amphibraque.

Premier mode imparfait : Iambe.

Deuxième mode imparfait : Diiambe.

Troisième mode imparfait : Iambe et diiambe.

---

[1] WALTER ODINGTON, apud SCRIPTORUM etc., t. 1, p. 238 et suiv.

TROISIÈME MODE.

Premièr mode parfait : — ∪ ∪ —
Coriambe.

Deuxième mode parfait : — ∪ ∪ — ∪ ∪ —
Dactyle et coriambe.

Troisième mode parfait : — ∪ ∪ — ∪ ∪ — ∪ ∪ —
Double dactyle et coriambe.

Premier mode imparfait : — ∪ ∪
Dactyle

Deuxième mode imparfait : — ∪ ∪ — ∪ ∪
Double dactyle.

Troisième mode imparfait : — ∪ ∪ — ∪ ∪ — ∪ ∪
Triple dactyle.

QUATRIÈME MODE.

Premier mode parfait : ∪ ∪ — ∪ ∪
Anapeste et pyrrhique.

Deuxième mode parfait : ∪ ∪ — ∪ ∪ — ∪ ∪
Double anapeste et pyrrhique.

Troisième mode parfait : ∪ ∪ — ∪ ∪ — ∪ ∪ — ∪ ∪
Triple anapeste et pyrrhique.

Premier mode imparfait : ∪ ∪ —
Anapeste.

Deuxième mode imparfait : ∪ ∪ — ∪ ∪ —
Double anapeste.

Troisième mode imparfait : ∪ ∪ — ∪ ∪ — ∪ ∪ —
Triple anapeste.

CINQUIÈME MODE.

Premier mode parfait : — — —
Molosse.

Deuxième mode parfait : — — — — —
Molosse et spondée.

Troisième mode parfait : — — — — — — —
Molosse et dispondée.

Premier mode imparfait :   ▬ ▬
                           Spondée.

Deuxième mode imparfait : ▬ ▬ ▬ ▬
                           Double spondée.

Troisième mode imparfait : ▬ ▬ ▬ ▬ ▬ ▬
                           Molosse et spondée.

SIXIÈME MODE.

Premier mode parfait :   ■ ■ ■
                           Proceleusmatique.

Deuxième mode parfait :   ■ ■ ■ ■ ■ ■
                           Tribraque et proceleusmatique.

Troisième mode parfait :   ■ ■ ■ ■ ■ ■ ■ ■ ■
                           Proceleusmatique et tribraque.

Premier mode imparfait :   ■ ■ ■
                           Tribraque.

Deuxième mode imparfait : ■ ■ ■ ■ ■ ■
                           Double tribraque.

Troisième mode imparfait : ■ ■ ■ ■ ■ ■ ■ ■ ■
                           Triple tribraque[1].

Ces combinaisons présentent, comme on le voit, la plus grande analogie avec les combinaisons du rhythme poétique des anciens; elles offrent une assez grande variété, même en laissant de côté certaines différences qui ne sauraient avoir le même caractère distinctif en musique qu'en poésie.

L'anonyme du Musée britannique (Ms. B.) parle en outre de modes irréguliers, appelés ainsi, dit-il, quoiqu'ils ne soient pas considérés comme tels en Angleterre et ailleurs[2]. Il compte sept modes irréguliers dont il fait connaître les variétés[3]. La principale différence entre les modes irréguliers et les autres consistait en ce que, dans les mélanges des

---

[1] WALTER ODINGTON, apud SCRIPTORUM etc., t. I, p. 328 et suiv.

[2] Iterato sunt et alii modi inusitati, quasi irregulares, quamvis non sint, veluti in partibus Angliæ et alibi, cum dicunt longa, longa brevis ; et sunt plures tales veluti inferius plenius demonstrabitur. — SCRIPTORUM etc., t. I, p. 328.

[3] Septimum capitulum tractat de modis irregularibus : qui modi dicuntur voluntarii et sunt multiplices quorum unus, etc. — Ibid., p. 361.

modes irréguliers, on faisait entrer la double longue et certains groupes de notes conjointes.

On trouve presque tous ces modes employés dans les compositions du manuscrit de Montpellier, mais avec les modifications dont nous allons parler. Un coup d'œil jeté sur les pièces reproduites en notation originale, dans la troisième partie de cet ouvrage, fera découvrir facilement la plupart des modes dont les combinaisons viennent d'être indiquées. Nous appelons particulièrement l'attention sur les suivantes :

La deuxième partie du n° 6, la deuxième du n° 8, la première du n° 31, la première du n° 43, les deuxième, troisième et quatrième du n° 48, la troisième du n° 49, appartiennent au premier mode ;

La première et la deuxième partie du n° 2, la deuxième du n° 26, la deuxième du n° 45, la troisième du n° 49 et la troisième du n° 33, sont du deuxième mode;

La première partie du n° 4, la première et la deuxième du n° 5, la première et la deuxième du n° 18, et la première du n° 44, rentrent dans le troisième mode ;

La première partie du n° 45 se rapporte au quatrième mode;

La troisième partie du n° 25, la troisième du n° 34, la troisième du n° 41, sont du cinquième mode;

La première partie des n°s 7, 8, 9, 10, 16, 17 et 39, la deuxième des n°s 16 et 47, appartiennent au sixième mode.

Tous les thèmes pris dans le plain-chant sont disposés dans l'un des six modes ou de leurs dérivés.

Dans les premiers temps il y avait conformité complète entre le rhythme poétique et le rhythme musical. Walter Odington enseigne que, chez les premiers déchanteurs, la longue valait deux temps comme dans le mètre[1]. C'est ainsi que les deux premiers modes étaient des rhythmes ternaires; les troisième et quatrième, des rhythmes binaires. Mais plus tard, comme le dit le même écrivain, lorsqu'on donna à la longue la valeur de trois temps, pour la rendre parfaite à l'imitation de la Sainte-Trinité, il s'opéra un changement considérable. Cette modification fit subir à l'ensemble du

---

[1] Longa autem apud priores organistas duo tantum habuerit tempora, sic in metris; sed postea adperfectionem dicitur, ut sit trium temporum ad similitudinem beatissime trinitatis que est summa perfectio, diciturque longa hujus modi perfecta. — SCRIPTORUM etc., t. 1, p. 235.

système rhythmique de la musique harmonique une transformation telle que de là date et l'origine de la séparation complète entre le rhythme poétique et le rhythme musical, et l'indépendance de celui-ci. Cette indépendance, qui existait déjà dans les chants populaires du Nord, et qui s'introduisit dans la musique harmonique, y a pris immédiatement un développement considérable.

Par suite du changement dont il vient d'être parlé, la longue, valant trois brèves, représentait l'unité de mesure. Sa valeur était toutefois réduite à deux temps lorsqu'une brève ou sa valeur lui était adjointe. D'un autre côté, lorsque deux brèves étaient réunies, la première valait un temps et la seconde deux.

Il en résulte que, parmi les six modes, deux seulement, le premier qui représente le trochée et le second l'iambe, conservèrent leur caractère antique. Il en fut autrement du troisième et du quatrième. Le troisième, composé particulièrement de dactyles — ◡ ◡ — ◡ ◡ — ◡ ◡,

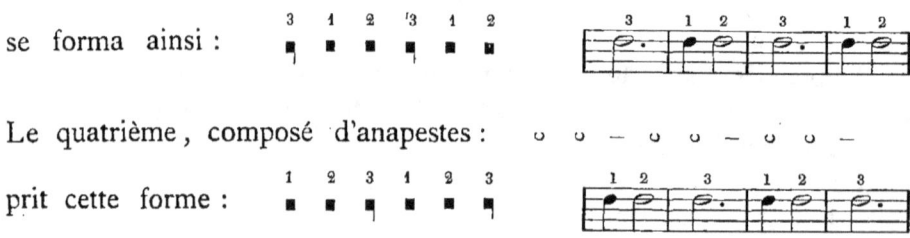

Ce qui produit un rhythme tout différent de celui qui résultait des pieds antiques.

Cette théorie a donc complètement modifié une partie des modes primitivement calqués sur les rhythmes anciens.

Mais cette modification ne fut pas la seule, ni même la plus considérable; celle qui semble avoir déterminé d'une manière pour ainsi dire complète la séparation entre le rhythme musical antique et le moderne, consiste dans la faculté laissée aux auteurs de mélanger les divers modes, d'où résultaient des modes composés ou complexes[1].

Ces modes complexes, qu'on distinguait en modes parfaits et imparfaits,

---

[1] Histoire de l'Harmonie au moyen âge, p. 204.

Les deux formules du n° 1, appartiennent au premier mode et à ses dérivés.

La formule du n° 2 se rapporte au deuxième mode et à ses dérivés.

La formule du n° 3 est du troisième mode.

Les deux formules du n° 4 doivent être rangées dans le quatrième mode et ses dérivés.

La formule du n° 5 appartient au cinquième mode.

Et les cinq formules du n° 6 sont des formules mélangées se rapportant à plusieurs modes.

Les rhythmes des ténors qui dominent dans les compositions de cette époque sont ceux qui ont pour équivalents en pieds poétiques : le molosse, le molosse uni à l'anapeste, le spondée uni à l'anapeste. Dans le manuscrit de Montpellier, ces rhythmes s'y trouvent dans la proportion d'au moins quatre cinquièmes. On remarque qu'ils ont un caractère très déterminé, caractère qu'ils empruntent à l'interposition de silences et au retour périodique des mêmes phrases musicales. Ces courtes phrases se prêtaient d'ailleurs facilement aux combinaisons harmoniques des autres parties.

Reste à examiner comment s'exécutait la partie du ténor, car on sait qu'elle ne porte ordinairement que les premières paroles du fragment du chant auquel il est emprunté. Etait-elle exécutée par une voix ou par un instrument? Aucun auteur ne s'explique sur ce point. Ce qui pourrait faire douter qu'elle fut chantée, c'est que la phrase musicale non-seulement ne porte aucun texte, mais ne saurait en supporter un, ayant un sens, et qu'en outre elle se répète très-souvent plusieurs fois. Une semblable partie paraît mieux convenir à un instrument d'accompagnement qu'à une voix. Comme il est d'ailleurs certain qu'on accompagnait le chant avec des instruments, il est naturel de supposer qu'on leur donnait de préférence la partie qui pouvait se passer de texte. Mais, hâtons-nous de le dire, ce sont là de simples conjectures. Ce point historique, plein d'intérêt, ne pourra s'éclaircir qu'au moyen de quelque nouvelle découverte.

Quant aux autres parties, elles suivaient souvent le mode du ténor. Primitivement même, il semble que cela était de règle, du moins dans les motets. Mais dès que le mélange des modes fut permis, on en usa, et souvent largement afin d'ajouter à la variété.

Ce mélange a fortement contribué à la transformation du rhythme musical; mais un autre élément y a aussi porté son influence, la valeur temporaire représentée par la semibrève. L'emploi de cette subdivision du temps a introduit dans le rhythme des parties supérieures un certain vague qui ne trouvait son correctif que dans le rhythme du ténor.

Nous avons cité plus haut un certain nombre de compositions du manuscrit de Montpellier où les six modes se trouvent employés dans les parties autres que le ténor. Nous devons toutefois signaler de notables différences dans le rhythme des parties supérieures. La première consiste en ce que le rhythme musical y est subordonné au rhythme poétique, c'est-à-dire que les repos ou demi-repos des phrases musicales suivent les repos ou demi-repos de la poésie, ce qui donne souvent lieu à des rhythmes totalement différents entre les diverses parties. Ensuite, ces rhythmes offrent rarement le caractère déterminé et cadencé qu'on remarque dans le rhythme fondamental. On verra ces particularités dans les compositions placées dans la troisième partie, sous les n°s 5, 6, 8, 12, et dans plusieurs autres.

Nous avons distingué plus haut le rhythme musical en rhythme antique et en rhythme libre.

Nous allons dire maintenant quelques mots de ce dernier, envisagé au point de vue harmonique.

On peut faire à cet égard les distinctions que l'on a établies plus haut en parlant de la mélodie. Dans les mélodies spontanées, le rhythme est franc et naturel; dans les mélodies spontanées auxquelles on a dû faire certaines modifications pour qu'elles s'adaptassent à l'harmonie, on aperçoit moins de franchise dans le rhythme; enfin, dans les mélodies qui sont le produit harmonique d'un thème donné, le rhythme se ressent de la même contrainte. Comme application de ce que nous venons d'exposer, on peut prendre pour exemples les compositions signalées plus haut, au chapitre v, sur la mélodie.

Il est encore un autre rhythme auquel les modernes ont donné le nom de rhythme phraséologique ou de carrure de phrases, et qui consiste dans le retour périodique d'un certain nombre de mesures disposées symétriquement. On trouve dans le manuscrit de Montpellier quelques compositions où ce rhythme phraséologique se rencontre non-seulement dans une des parties, mais encore dans deux parties à la fois. Nous citerons comme ayant ce caractère les n°s 14, 16, 18.

CHAPITRE VIII.

DE LA MESURE DANS LES COMPOSITIONS HARMONIQUES DES XIIe ET XIIIe SIÈCLES.

SOMMAIRE — La mesure est l'élément essentiel du rhythme musical dans les compositions harmoniques. — Différence entre la mesure dans la mélodie et dans l'harmonie. — Règles du chant mesurable. — Mesures binaire et ternaire. — Elle était exclusivement ternaire aux XIIe et XIIIe siècles. — Erreur de M. Fétis sur ce point. — Eléments constitutifs de la mesure à cette époque. — Unité de durée du temps. — Manière alors usitée d'exprimer le degré de lenteur et de vitesse à donner à la mesure.

Nous avons fait voir, dans le précédent chapitre, le rôle que jouait le rhythme dans les compositions harmoniques; nous croyons avoir démontré l'influence mutuelle qu'y ont exercé le rhythme antique et le rhythme des peuples du Nord. Nous avons cherché également à faire sentir que ces rhythmes n'y avaient pas toute la liberté qu'ils peuvent avoir dans la mélodie, et que c'est de l'alliance des deux rhythmes, en même temps que de l'espèce de contrainte et de gêne imposée à tous deux, qu'est né le rhythme musical moderne.

Mais cette contrainte, cette gêne, à quoi est-elle due? N'a-t-elle pas pour cause la simultanéité des sons placés dans certaines conditions? Nous le pensons. En effet, dès qu'on a eu l'idée de faire chanter simultanément deux ou plusieurs sons contre un seul, il a fallu régler la proportionnalité temporaire de ces sons respectifs, et soumettre ceux-ci à une uniformité temporaire, mathématique en quelque sorte, servant de loi commune aux chanteurs comme aux théoriciens. Cette loi temporaire est la mesure musicale.

On peut dire que, dans la musique harmonique, la mesure est l'élément essentiel du rhythme musical, en ce que c'est elle qui régularise le rhythme et lui sert de base et d'appui pour maintenir les chanteurs sous une direction commune, et les empêcher de se livrer à leur sentiment individuel.

Il faut faire une grande distinction entre la mesure musicale de la mélodie et celle de l'harmonie. Dans la mélodie, la mesure est pour ainsi dire entièrement subordonnée au rhythme; elle n'est là en quelque sorte que comme simple guide général, laissant au chanteur la faculté de s'abandonner à ses inspirations individuelles. Dans la musique harmonique, au contraire, la mesure devient une loi rigoureuse à laquelle le rhythme lui-même est obligé de se soumettre à peine de n'être que confusion et désordre. Tandis que, dans la mélodie, la mesure suit le caprice du chanteur, dans l'harmonie, elle est soumise à des règles fixes[1]. C'est à l'ensemble de ces règles que les théoriciens des XIIe et XIIIe siècles ont donné le nom de « ars cantus mensurabilis ».

Mais ce code des règles du chant mesurable ne s'est pas formé d'un seul jet. Nous avons indiqué plus haut, au chapitre Ier, les diverses phases qu'il a parcourues avant d'arriver à la constitution qu'il avait à la fin du XIIIe siècle. Nous y reviendrons au chapitre suivant, quand nous traiterons de la notation.

La mesure se divise en mesure binaire et mesure ternaire, selon que la division a pour principe le nombre deux ou le nombre trois.

Par une singularité dont on ne trouve pas une explication satisfaisante dans les auteurs du temps, la mesure ternaire seule était employée dans la musique harmonique des XIIe et XIIIe siècles; la mesure binaire en était exclue. C'est là un fait qui avait échappé à l'attention de tous ceux qui s'étaient occupés de la musique de cette époque. Son existence a été révélée pour la première fois par nous, dans notre « Histoire de l'Harmonie au moyen âge » (p. 205). Nous y avons exposé tous les éléments propres à rendre ce fait palpable. Nous ne reviendrons pas sur cette question; nous ajouterons seulement un passage non moins formel d'un auteur anonyme du Musée britannique, qui s'exprime ainsi : « Du temps de Francon, dit-il, il n'était question ni du mode imparfait, ni du temps imparfait, ni de la minime[2]. »

Ce fait de l'usage exclusif de la mesure ternaire, nous le constatons de nouveau ici, parce qu'il a une importance considérable, capitale en quelque sorte, pour la traduction en notation moderne des compositions harmoniques des XIIe et XIIIe siècles.

---

[1] Voir, sur le rhythme musical des Grecs, la note N des « Notices » de M. Vincent, de l'Institut, (Notices et extraits des manuscrits, etc., t. XVI, p. 197). — Voir aussi, sur la distinction du rhythme et de la mesure, les articles sur l'Histoire de l'harmonie au moyen-âge, de M. Vitet, de l'Institut, dans le « Journal des savants, 1854; et dans ses « Etudes sur l'histoire de l'art, » t. IV, p. 282 et suiv.

[2] Et sciendum est quod in tempore Franconis non erat mentio de modo imperfecto, nec de tempore imperfecto, neque de minima — App. Msc. 4909.

C'est donc à tort que M. Fétis dans sa « Revue musicale », t. i, p. 8, a traduit un des rondeaux d'Adam de La Hale en mesure binaire. Cette traduction est complètement fautive. Le morceau doit être transcrit en mesure ternaire. Il est étonnant que le célèbre professeur qui, à la même époque[1], invoquait la doctrine de Francon de Cologne pour combattre les erreurs de Kretschmer, ne se soit pas aperçu qu'il allait lui-même contre ces vrais principes, et que, pour arriver à la traduction proposée par lui, il était obligé de faire violence à la notation originale, de la modifier et de la torturer en tous sens. Ce qu'il y a de singulier, c'est que tous ceux qui ont reproduit la traduction de M. Fétis — et ils sont nombreux — l'ont adoptée sur l'autorité du savant professeur de Bruxelles, sans la contrôler, soit avec la notation originale, soit avec les règles posées par les auteurs des xiie et xiiie siècles.

M. Heinrich Bellermann, seul jusqu'ici[2], a fait remarquer que la traduction de M. Fétis est fautive, que ce rondeau doit être traduit en mesure ternaire. Il en donne une traduction rectifiée en ce sens; mais sa rectification ne porte que sur le rhythme général. M. H. Bellermann ne semble pas avoir vu que les principes de Francon et de ses contemporains s'étendent essentiellement aux parties subdivisionnaires de la mesure et spécialement à la semibrève. A cet égard aucun doute pourtant n'est possible. Suivant Francon de Paris, Francon de Cologne, Jean Balloce et l'anonyme de St-Dié, la semibrève ne pouvait jamais être employée que par groupes de trois ou de deux.

Dans le premier cas, c'est-à-dire lorsque le groupe était de trois semibrèves, la valeur de chacune de ces trois notes était égale; chacune valait le tiers d'une brève ou d'un temps. Au second cas, c'est-à-dire lorsqu'un groupe était composé de deux semibrèves, la première valait le tiers d'un temps, et la seconde valait deux tiers[3]. Or, M. H. Bellermann a donné à

---

[1] REVUE MUSICALE, t. iii, p. 457.

[2] DIE MENSURAL Noten und Taktzeichen des xve und xvie Jahrhunderts, Berlin, 1858, p. 34.

[3] Quandocunque duæ semibreves inter duas longas, vel inter longam et brevem vel e converso inveniuntur, prima semibrevis habebit tertiam partem unius temporis, alia vero duas partes unius temporis. Si autem tres, erunt æquales. — FRANCON DE PARIS, HISTOIRE DE L'HARMONIE AU MOYEN AGE, p. 268. — Semibrevis autem alia major, alia minor dicitur ; harum tamen quælibet uniformiter ad modum losange, sic ♦ formatur. — FRANCON DE COLOGNE, apud SCRIPTORUM, etc., t. i, p. 119 et 122. — Sciendum est quandocunque duæ semibreves inveniuntur inter duas longas vel breves, sunt inequales ; primo vocatur minor, secunda vero major. Quandocunque tres semi-

deux semibrèves groupées une valeur égale; ce qui est contraire à la doctrine et au système rhythmique enseignés par les auteurs de l'époque.

Vingt ans après, M. Fétis commettait encore la même erreur. Dans un travail publié par lui en 1847[1]: il donne une « antienne » à trois voix, extraite d'un manuscrit de la bibliothèque impériale de Paris daté de l'an 1267, et il la traduit en mesure à deux temps, tandis que le morceau est évidemment en mesure ternaire.

En traitant cette question en 1852, dans notre « Histoire de l'Harmonie au moyen âge[2] », nous nous étions tenu dans des termes généraux, sans signaler les traductions erronnées dont il vient d'être parlé. Si nous nous départissons ici de cette réserve, c'est que la traduction du rondeau d'Adam de La Hale a été reproduite encore récemment dans le même état d'inexactitude, et qu'il nous a semblé utile d'empêcher que l'erreur accréditée pendant plus de trente ans, sur une autorité aussi considérable que celle de M. Fétis, se propageât davantage. Pour en donner une idée, nous allons reproduire :

1º La notation originale de ce rondeau, telle qu'elle a été donnée par M. Fétis; 2º la notation originale d'après le manuscrit de La Vallière; 3º la traduction de M. Fétis; 4º celle de M. H. Bellermann; et 5º la traduction faite par nous, d'après les règles des théoriciens de l'époque.

I — NOTATION ORIGINALE
telle qu'elle est donnée par M. Fétis.

Rev. mus., t. I, p. 8.

Tant con je vi-vrai, N'a-me-rai au - trui que vous; Ja n'en par-ti-rai.

breves inveniuntur, omnes erunt equales. — JEAN BALLOCE, apud SCRIPTORUM etc., t. I, p. 251.—Quandocunque due semibreves inter duas longas vel breves inveniuntur, prima habebit unum tempus semibreve; secunda duo tempora semibrevia. Si autem tres inveniuntur omnes erunt equales. — ANONYME DE ST-DIÉ, apud SCRIPTORUM etc., t. I, p. 304.

[1] LES ÉPOQUES CARACTÉRISTIQUES de la musique d'église, dans la REVUE DE MUSIQUE RELIGIEUSE, t. III, p. 323.

[2] Pag. 204 et suiv.

2 — TRANSCRIPTION DE LA NOTATION ORIGINALE
d'après le Ms. de La Vallière.

Tant con je vi-vrai, N'a-me-rai au-trui que vous; Ja n'en par-ti-rai.

En comparant cette transcription avec la reproduction de M. Fétis, il est facile de voir combien la copie de M. Fétis est inexacte. Le savant professeur a omis les notes appelées pliques, il a changé la forme des notes nommées longues, et a déplacé le dièse.

Voici maintenant la traduction de M. Fétis en mesure à deux temps et sans égard aux repos indiqués dans la notation originale.

3 — TRADUCTION DE M. FÉTIS.
Revue mus., t. 1, p. 8.

Tant con je vi- - vrai, N'a- - me- - rai au- - trui que - vous; Ja n'en par- - ti- - rai.

La traduction suivante est celle de M. H. Bellermann. Comme elle est faite d'après la copie de M. Fétis, elle contient naturellement les erreurs provenant de l'inexactitude de cette copie, erreurs qui ne sauraient être attribuées à M. Bellermann; mais on y voit en outre, dans les mesures sept, dix, douze et treize, la double semibrève traduite par deux notes égales, ce qui n'est pas correct. Enfin M. H. Bellermann n'y tient non plus aucun compte des repos; il traduit les pauses par des doubles barres.

4 — TRADUCTION DE M. H. BELLERMANN.

Die Mensural Noten, etc., p. 35.

Voici maintenant notre traduction d'après la notation originale du manuscrit de La Vallière, et d'après les règles exposées dans les traités de Jean de Garlande, Francon de Paris, Francon de Cologne, Walter Odington, Jean Balloce, du nommé Aristote, et des anonymes publiés dans notre Scriptorum etc., t. I.

5 — TRADUCTION D'APRÈS LES PRINCIPES POSÉS PAR LES DIDACTICIENS
des XIIe et XIIIe siècles.

Tant com je vi- vrai, N'a- me- rai

au- trui que vous; Ja n'en par- ti- rai.

Ainsi, nous le répétons, la seule mesure dont il soit question dans les auteurs des XIIe et XIIIe siècles, est la mesure ternaire.

Quelquefois, et spécialement dans les mouvement vifs, on mesurait par dipodies; de cette façon on obtenait une sorte de mesure binaire analogue à la mesure moderne de six-huit. Nous citerons, comme exemple de ce genre, les compositions à trois et à quatre parties placées dans la troisième parties, sous les n°s 37 et 49.

Qu'on ne croie pas pourtant que la mesure binaire n'ait jamais été en usage auparavant dans la musique harmonique. On trouve au contraire la preuve que, dans les premiers temps, dont il serait difficile de préciser la date, la mesure binaire était employée aussi bien que la mesure ternaire. Walter Odington dit formellement que chez les premiers déchanteurs la longue valait deux temps[1]. Ailleurs il cite des compositeurs qui, dans les ligatures de deux notes, comme celles-ci : ▪ ▙, font de ces deux notes deux brèves[2]; ce qui se rencontre fréquemment dans le manuscrit de Montpellier.

Les éléments constitutifs de la mesure, aux XIIe et XIIIe siècles, se composaient de trois valeurs temporaires, représentées par la longue, la brève et la semibrève; mais ces notes n'avaient qu'une valeur de durée relative.

Jérôme de Moravie indique bien comme unité de durée le « temps harmonique » se divisant en trois « instants[3] »; mais il est douteux que cette fixation ait été observée dans la pratique. On n'aurait pu le faire qu'à l'aide d'un instrument semblable au métronome. Or, rien de pareil n'existait alors; on ne semble même pas avoir employé des termes analogues à ceux dont on se sert aujourd'hui pour indiquer approximativement le degré de lenteur et de vitesse qu'il fallait donner à la mesure. Nul doute pourtant, ainsi qu'on va le voir, que certains morceaux devaient être exécutés lentement, d'autres avec vitesse, d'autres encore dans un mouvement modéré. Voici ce que nous avons pu trouver à cet égard.

Jean de Muris, en vantant la supériorité des « modes » franconiens sur les « modes » de son temps, dit qu'il n'y a d'autre différence entre ceux-ci et les premiers qu'en ce que la brève avait remplacé la longue, c'est-à-dire que, dans l'exécution d'une composition harmonique de son temps, la brève avait la même durée que la longue franconienne, et ainsi des autres[4].

Un écrivain musical dont le nom apparaît pour la première fois dans le traité de Robert de Handlo, et dont M. Fétis se borne à citer inexactement le nom[5], d'après Hawkins et Forkel, donne quelques renseignements précieux.

Pierre le Viser — c'est le nom de cet écrivain — dit qu'il y avait trois

---

[1] Longa autem apud priores organistas duo tantum habent tempora, sic in metris. — SCRIPTORUM etc., t. I, p. 235.

[2] In binaria, autem ligatura omnes tenent breves, donec ternaria vel longa, aut longa pausa sequatur.—Ibid., p. 245. — In secundo, tertio et septimo (modo) ambe pronuntuintur equales tantummodo supra litteram, nisi longa precedat. — Ibid., p. 273

[3] HIST. DE L'HARMONIE AU MOYEN AGE, p. 142.

[4] Tantum enim apud modernos valet nunc brevis perfectæ tertia pars quam apud antiquos brevis perfecta, quia tam morose mensuratur ut illa; et tantum brevis perfecta quantum apud veteres longa perfecta. — SPECULUM MUSICÆ, lib. VII, cap. 17.

[5] BIOGRAPHIE UNIVERSELLE DES MUSICIENS, 2e édit., t. IV, p. 219.

mouvements : le mouvement lent, le mouvement modéré et le mouvement vif. Dans le mouvement lent, les semibrèves, quel que fût leur nombre, étaient employées avec les longues et les brèves. Dans le mouvement modéré, on pouvait employer trois, quatre ou cinq semibrèves pour une brève; mais alors elles devaient être liées et non séparées; ou si elles étaient divisées, elles devaient l'être par trois. Dans ce mouvement, deux brèves étaient égales, trois inégales, quatre égales et cinq inégales. Dans le mouvement lent, toutes les règles ordinaires sur la valeur des semibrèves devaient être observées; dans le mouvement modéré, jamais. Dans le mouvement vif, on n'admet que la longue, la brève et la semibrève par groupe de deux et de trois; les groupes de quatre et de cinq en sont exclus. Dans ce mouvement, toutes les brèves sont égales : ainsi deux brèves posées entre deux longues sont de valeur égale; deux longues qui se suivent sont imparfaites. Si pourtant, dans ce mouvement, trois brèves sont placées entre deux longues, ces deux longues sont parfaites, à moins qu'elles ne soient précédées ou suivies d'une brève [1].

Comme Pierre Le Viser ne cite d'autres valeurs temporaires que la longue, la brève et la semibrève, comme il ne parle pas de mode impar-

---

[1] PETRUS LE VISER. — Triplici vero more longe, semilonge, breves et semibreves in voce proferuntur, scilicet more longo, mediocri et more lascivo. More vero longo, semibreves, quotquot sunt, cum longis, semilongis et brevibus proferri et describi possunt. More vero mediocri, proferuntur tres, vel quatuor, vel quinque semibreves pro brevi cum semilongis et brevibus, et aliquando cum longis, et tunc has semibreves oportet conjungi, non dividi, et si dividi debeant, sint tres et non plures divise. In hoc vero more due semibreves equales sunt, et tres inequales, et quatuor equales, et quinque inequales. More tamen longo omnes precedentes regule tangentes de equaltate et inequalitate semibrevium locum habent; more tamen mediocri nequaquam. More vocato lascivo proferuntur longe, semilonge et breves cum semibrevi minori et majori, divisis, ligatis, vel obliquis, et aliquando cum eis proferuntur longe duplices; sed nec tres, nec quatuor, nec quinque semibreves in hoc more inveniuntur, nisi omittantur longe et semilonge; et tunc eis omissis proferuntur breves et semibreves, scilicet due vel tres pro brevi, non plures. Ex his itaque semibrevibus proveniunt hoketi lascivi quamplures in hoc more, et sic regula tertia in hac rubrica locum habet, teste maxima secunda sequente. In hoc vero more denegamus omnem brevem alteram et omnes brevium inequalitates, quarum equalitatem affirmamus. Due igitur breves inter duas longas posite in hoc more sunt equales, ambe longe imperfecte; et sic deneganda est regula quarta tertie rubrice que tamen locum habet in longo more. Si tamen in hoc more lascivo tres breves inter duas longas inveniantur, ambe longe erunt perfecte, nisi brevis vel valor eas procedat vel valor eas precedat vel sequatur, ut patet supra in regula quinta tertie rubrice.— SCRIPTORUM etc., t. I, p. 388 et 389.

fait, on peut présumer qu'il appartient au XIIIᵉ siècle. Cette supposition concorde d'ailleurs avec un passage de Jean de Muris d'où il résulte qu'à cette époque on faisait usage de trois mouvements : le mouvement vif modéré et lent¹.

Ces règles sont importantes pour l'appréciation des compositions harmoniques des XIIᵉ et XIIIᵉ siècles.

La révélation de ce fait et de quelques autres que nous signalons dans le cours de cet ouvrage, doit faire voir qu'il n'est pas toujours sans intérêt d'exhumer des noms restés inconnus. Sans nous donner pour le Cristophe-Colombs d'un nouveau monde musical, il nous est permis de croire que ces révélations ne sont pas tout à fait indignes de l'attention des archéologues. Nous sommes persuadé que les hommes sérieux n'y verront d'autre but que le désir d'être utile à la science en cherchant à porter le jour sur des questions obscures, dédaignées par certains historiens qui ne veulent pas se donner la peine de les étudier, croyant suppléer à l'érudition par leur outrecuidance, ou par des phrases aussi creuses que sonores

---

¹ Ad majorem antiquorum excusationem et dictorum suorum intelligentiam, notandum est duplicem vel triplicem esse notularum musicalium longæ, brevis et semibrevis mensurationem, citam scilicet, morosam et mediam, et hoc moderni testantur. Dicit enim unus sic tripliciter modulamur, aut tractim aut velociter aut medie, et quocunque modo fiat, non est mutanda maneries notandi, etc.—SPECULUM MUSICÆ, lib. VII, cap. 17.

CHAPITRE IX.

DE LA NOTATION EMPLOYÉE DANS LES COMPOSITIONS DU MANUSCRIT DE MONTPELLIER.

SOMMAIRE. — Importance de la fixité dans la notation. — Premiers essais de notation mesurée. — Améliorations successives. — Doctrine Franconienne. — Différence entre celle-ci et les doctrines antérieures.— Le manuscrit de Montpellier contient des compositions en notations antérieures, contemporaines, et postérieures à Francon. — Signes caractéristiques de ces notations. — Subdivision de la brève en plus de trois semibrèves. — Pierre de La Croix passe pour en avoir régularisé l'emploi. — Elle était connue du temps de Walter Odington. — Ce qu'en disent Robert de Handlo et Jean Hanboys.

La notation est à proprement parler l'écriture musicale. Dans la musique mesurée des XIIe et XIIIe siècles, la notation est l'ensemble des signes qui servent à déterminer à la fois l'intonation et la valeur temporaire des sons.

Les principes et les règles concernant la notation jouent un grand rôle dans les traités de musique harmonique des XIIe et XIIIe siècles ; quelques-uns même s'en occupent presque exclusivement. Les plus importants sont ceux de Jean de Garlande [1], de Pierre Picard [2], du nommé Aristote [3], de Jean Balloce [4], de Walter Odington [5], de Francon de Paris [6], de Francon de Cologne [7] et de divers anonymes [8].

La chose en effet était très-importante ; c'est de la fixité des principes et de la saine application des règles que dépendait la bonne interprétation des œuvres artistiques.

La notation mesurée est née avec le déchant, qui, ainsi que nous l'avons dit plus haut, était, aux XIIe et XIIIe siècles, le nom générique de la musique harmonique.

Il serait difficile de déterminer l'époque précise à laquelle remontent les premiers essais de notation mesurée. Toutefois, à l'aide des précieux

---

[1] SCRIPTORUM etc., t. I, p. 97 et 175.
[2] Ibid., p. 136.
[3] Ibid., p. 251.
[4] Ibid., p. 292.
[5] Ibid., p. 182.
[6] HISTOIRE DE L'HARMONIE AU MOYEN AGE, p. 250.
[7] SCRIPTORUM etc., t. I, p. 117.
[8] Ibid., p. 296 à 378 ; et HISTOIRE DE L'HARMONIE AU MOYEN AGE, p. 274.

renseignements que l'on trouve dans le traité anonyme du Musée britannique (Ms. B)[1], on peut la fixer d'une manière au moins approximative et en suivre le développement jusqu'à Francon. Ce que nous savons à l'égard de l'origine du déchant s'adapte parfaitement à l'origine de la notation mesurée.

On y voit qu'on peut diviser la constitution de la musique mesurée en quatre périodes : la première où il n'existait pas encore de signes matériels de durée; la seconde où l'on avait adopté des signes indiquant la valeur temporaire des sons, signes toutefois encore peu fixes; la troisième où de nouveaux progrès s'étaient faits, mais où la diversité des méthodes rendait la pratique incertaine et indécise; la quatrième, qu'on peut appeler Franconienne, du nom de leurs auteurs, où une doctrine unique prévalut.

L'anonyme du Musée britannique (Ms. B) déclare de la manière la plus formelle que les plus anciens livres n'étaient pas notés avec des signes matériels. La connaissance des valeurs temporaires était abandonnée à l'intelligence des chanteurs. Tels étaient alors les livres des Espagnols et des Anglais[2].

C'est en France qu'on semble avoir employé en premier lieu une notation avec signes temporaires matériels ou distinctifs. D'après le même anonyme, il existait, chez les musiciens français et notamment à Paris, diverses méthodes de notation[3].

Faisons remarquer toutefois que ce qui vient d'être dit ne s'applique qu'aux notes liées. Quant aux notes simples, elles avaient une valeur relativement déterminée ; nous en parlerons plus loin.

Ces premiers essais ne restèrent pas infructueux; maître Léonin écrivit un livre d'orgue sur le graduel et l'antiphonaire, qui fut noté d'après ces principes; maître Pérotin, son successeur, y apporta des améliorations qui amenèrent de notables progrès.

Au milieu de ces tentatives, il est évident qu'il surgit des principes sur lesquels tout le monde tomba d'accord; ce furent là les premières règles, que l'on coordonna peu à peu, et qui prirent le nom de doctrine de déchant vulgaire (positio vulgaris discantus)[4].

---

[1] Voir plus haut, p. 38.
[2] Ibid., 39.
[3] Ibid., p. 39.
[4] SCRIPTORUM etc., t. 1, p. 94.

La musique harmonique, qui devint tous les jours de plus en plus goûtée par le public, excita les artistes et attira l'attention des théoriciens. Ceux-ci s'éclairant de la pratique, cherchèrent à simplifier les méthodes. De là les nombreux traités où l'on remarque des diversités assez grandes dans les détails, mais où les principes fondamentaux restèrent les mêmes.

C'est pendant cette troisième période que l'on voit l'Université de Paris elle-même possédant des maîtres dont la réputation et les ouvrages sont parvenus jusqu'à nous. Jean de Garlande est un de ceux-là [1]. Robert de Sabillon passe aussi pour avoir rendu l'enseignement plus facile; mais l'artiste qui paraît avoir rendu les plus grands services à la notation s'appelait maître Pierre, qualifié « optimus notator » [2].

Enfin, la quatrième période est marquée par les travaux de Francon de Paris et de Francon de Cologne. Ce sont eux qui ont fixé la doctrine. Ils ont eu le privilége de faire disparaître la diversité qui existait avant eux, et de faire adopter une méthode à laquelle la presque unanimité des didacticiens ont adhéré.

C'est par Francon de Cologne lui-même que l'on connaît l'existence de certaines divergences qui nuisaient aux progrès de l'art. Il en a signalé quelques-unes [3], mais on ne les connaît pas toutes. Bien qu'on sache que les théoriciens ont adopté ces réformes, on peut supposer avec quelque fondement que la pratique, toujours entraînée par la routine, ne s'est pas soumise aussi promptement à ces modifications.

Il y a évidemment un grand intérêt à connaître en quoi consistaient ces divergences. Cela est surtout utile pour la traduction en notation moderne de certaines compositions harmoniques antérieures à l'époque Franconnienne ou contemporaines. Ce que ne dit pas Francon de Cologne se trouve heureusement, en partie du moins, dans les traités d'Aristote et de Walter Odington.

L'exposé que nous avons donné de la notation proportionnelle dans notre « Histoire de l'Harmonie au moyen âge », nous dispense d'y revenir. Nous

---

[1] Scriptorum etc., p. 94.
[2] Voir plus haut, p. 40.
[3] Figure significare debent modos et non e converso, quemadmodum quidam posuerunt.— Scriptorum etc., t. I, p. 119, c. 1.— Illi peccant qui (longam imperfectam) rectam appellant, cum illud quod rectum est, possit per se stare. — Ibid., p. 119, c. 2. — Per quod patet positionem illorum esse falsam, qui ponunt in ternaria (ligatura) aliquam mediam esse longam, in omnibus aliis autem fore brevem. — Ibid., p. 124, c. 1.

y avons indiqué certaines différences entre la doctrine de Francon de Cologne et celle de ses prédécesseurs.

Nous nous bornerons ici à faire connaître les indications fournies par Aristote et Walter Odington ; elles ne sont pas moins intéressantes au même point de vue.

Dans le premier mode, il fallait procéder par une ligature descendante de trois notes sans propriété et avec perfection, c'est-à-dire par une ligature descendante dont la première note n'a pas de queue, et dont la dernière est plus basse que la pénultième; et cette ligature devait être suivie de deux autres ligatures avec propriété et perfection, comme dans cet exemple : [notation] traduction : [notation]

Contrairement à cette règle, certains auteurs procédaient par une ligature descendante de trois notes avec propriété et perfection; exemple : [notation] traduction : [notation]

De sorte que, dans la ligature de trois notes, la première note avec queue est longue, tandis que, dans les ligatures suivantes de deux notes, la première note avec queue est brève.

D'autres, dans le même mode, procédaient par une ligature ascendante de trois notes avec queue; exemple : [notation] traduction : [notation]

Dans les ligatures de deux notes comme celles-ci: [notation] ils en faisaient deux brèves, notamment dans le troisième mode et dans le quatrième [2].

D'autres encore donnaient la valeur de deux longues à une ligature de trois notes, ainsi qu'à celles de quatre et de cinq notes, faisant, dans ces deux dernières, la note finale toujours longue [3].

Quelquefois trois semibrèves égales ou deux semibrèves inégales sont employées pour une double brève (brevis altera) [4].

Walter Odington fait voir l'incertitude et la confusion qui résultaient de ces manières erronées de noter.

Ce blâme, Walter Odington l'adresse-t-il à ses contemporains ou à des

---

[1] Scriptorum etc., t. 1, p. 244 et 245.
[2] Ibid., p. 245 et 273.
[3] Ibid., p. 245.
[4] Ibid., 342.

uteurs plus anciens dont les œuvres étaient encore en vogue de son temps ? Nous croyons que cela s'appliquait principalement à ces derniers, mais aussi probablement à quelques contemporains qui suivaient encore les anciennes doctrines.

Quoi qu'il en soit, cette manière de noter se rencontre dans plusieurs compositions du manuscrit de Montpellier et notamment dans les fascicules 4, 5 et 6. On y rencontre même des ligatures de deux notes avec propriété et perfection valant deux semibrèves.

Ce système de notation peut servir de preuve que quelques-unes de ces compositions sont antérieures à Francon. Il en résulte que nous possédons là une série d'œuvres harmoniques évidemment les plus anciennes connues jusqu'à ce jour. Inutile dès lors d'insister sur leur importance historique.

Nous avons déjà fait remarquer que le copiste du manuscrit de Montpellier semblait avoir respecté la disposition graphique des recueils qu'il avait transcrits. Nous en trouverions au besoin ici une nouvelle preuve. Toutes ces circonstances démontrent l'ancienneté de ces compositions.

Les fascicules 7 et 8 présentent un tout autre caractère. La notation y est régulière et conforme à la doctrine de Francon. L'art y est plus avancé que dans les autres. C'est là que se révèlent le contre-point double, les imitations, etc.

En même temps que se manifestaient ces progrès dans l'harmonie et le contre-point, en même temps se préparait la transformation de la notation qui bientôt, sous le nom d'« Ars nova », devait produire une sorte de révolution dans le chant mesuré. Nous allons à cet égard signaler un fait dont l'existence n'a pas été révélée jusqu'ici. Trois valeurs temporaires seulement, on le sait, étaient en usage aux XIIe et XIIIe siècles : la longue, la brève et la semibrève. La quatrième valeur temporaire appelée minime n'apparaît que vers la fin du XIIIe siècle. On n'en rencontre pas de traces dans le manuscrit de Montpellier. La longue, la brève et la semibrève sont les seules notes qu'on y rencontre.

Les artistes des XIIe et XIIIe siècles ont senti néanmoins le besoin d'une variété plus grande dans le mouvement ou dans le rhythme. Jean de Muris, qui signale ce fait, rapporte que les musiciens de cette époque, qu'il appelle anciens (antiqui) par rapport à ceux de son temps, qu'il appelle « novi », plaçaient quelquefois plus de trois semibrèves pour une brève. Il ajoute que c'est le célèbre Pierre de La Croix, auteur d'un grand nombre de belles compositions, qui a commencé par mettre quatre semibrèves pour une brève, puis six et sept, et qu'il en a posé jusqu'à neuf. Jean de Muris donne comme exemples plusieurs fragments de compositions de Pierre de La Croix. Le passage où Jean de Muris parle de ce fait nous paraît tellement important que nous n'hésitons pas à le reproduire en entier malgré sa longueur [1].

---

[1] Secundum illos qui sibi primitus significationem imposuerunt, quamvis autem antiqui cita mensuratione brevium in motetis communiter, vel citissima in Hoketis duplicibus usi sint. Quandoque tamen ad morosam et mediam se extenderunt, et si raro, in qua plures semibreves quam tres pro perfecto posuerunt tempore. Nam ille valens cantor, Petrus de Cruce, qui tot pulchros et bonos cantus composuit mensurabiles et artem Franconis secutus est, quandoque plures tribus pro perfecta brevi semibreves posuit. Ipse primo incepit ponere quatuor semibreves pro perfecto tempore in triplo illo :

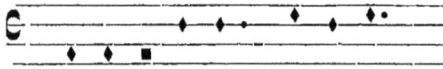

S'amours eust point de poer.
Consequens statim ibi :

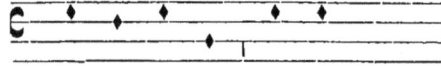

Je m'en deusse bien
Et ibidem in locis quatuor semibreves pro uno perfecto posuit tempore. Postea idem ampliavit se et posuit pro uno perfecto tempore, nunc quinque semibreves, nunc sex, nunc septem in triplo illo :

Aucun ont trouvé.

Mais à moi en donne okoison.

Hic primo ponuntur quinque semibreves pro uno perfecto tempore ; postea sequuntur due semibreves inequales pro eodem tempore. Inde longa imperfecta duorum imperfectorum temporum.

Item ibidem sex posuit ibi :

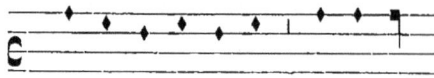

Resbaudist mon corage si que
Postea septem ibi :

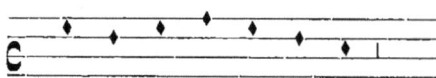

Li ai fait houmage pour

Unus autem alius perfecto tempore non modo quinque semibreves, sex et septem posuit, sed etiam octo et quandoque novem, ut patebit in triplo qui sic incipit :

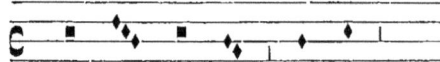

Mout ont chanté d'amours.

Et ibidem in duobus locis novem ponuntur pro uno tempore ; octo vero in solo uno loco ponuntur ibi scilicet :

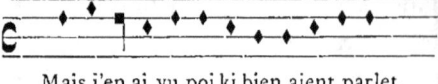

Mais j'en ai vu poi ki bien aient parlet.

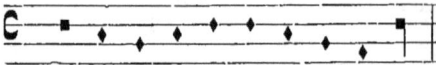

Que du tout m'en départe en veul avoir.

— SPECULUM MUSICÆ, lib. VII, cap. 17.

Ce qu'il y a de plus curieux, c'est que les fragments de Pierre de La Croix donnés comme exemples par Jean de Muris, ont fait découvrir les morceaux auxquels ils apartiennent. On les trouvera sous les n^{os} x-10 et xi-11.

Jean de Muris déclare en outre avoir entendu exécuter à Paris un triplum de la composition de Francon où étaient employées plus de trois semibrèves pour une brève. Ce qui ferait remonter cette pratique au moins jusque vers la fin du xiie siècle.

On peut affirmer en tout cas que l'usage de cette subdivision de la brève existait en Angleterre à la fin du xiie siècle ou au commencement du xiiie; car Walter Odington, qui a écrit son traité de musique vers cette époque, donne à cet égard les renseignements les plus précis. « De même, dit-il, qu'on divise la longue en brèves, la brève en semibrèves, de même je divise la semibrève en trois parties que j'appelle « menues », tout en leur conservant la forme de la semibrève, pour ne pas sembler être en désaccord avec les autres musiciens. Mais lorsque la brève divisée en deux semibrèves suit une brève divisée en trois parties, ou vice-versâ, je note la division ainsi : (voir la note au bas de la page); mais lorsqu'une brève en quatre parties, en cinq ou en un plus grand nombre, cela se reconnaît non plus par le signe de division susdit, mais par un petit cercle, qui est un signe de division analogue. » Ce qu'il y a de plus important, c'est qu'il indique la valeur de ces sortes de semibrèves. Quand il y en avait quatre, les deux premières valaient deux semibrèves mineures, et les deux dernières s'exécutaient comme des minimes; et ainsi de suite des autres ¹.

---

¹ Sicut ergo longa in breves, brevis in semibreves dividitur, ita semibrevem primo divido in tres partes, quas minutas voco, figuram retinens semibrevis, ne ab aliis musicis videar discrepare. Verum cùm brevis divisa in duas semibreves sequitur divisam in tres partes vel e contrario in tres partes et duas, divisionem pono sic :

Cum vero in quatuor vel quinque aut ulterius divisa fuerit, non dicta divisione, sed tali parvulo circulo cognoscitur, qui similiter signum divisionis est, sic :

Suntque due de quatuor prioribus semibreves minores; due vero posteriores minute sunt, quasi minime seu velocissime et sic de aliis. — SCRIPTORUM etc., t. i, p. 236.

— 130 —

Voici ce qu'enseigne Pierre de La Croix : il admet l'emploi de plus de trois semibrèves pour une brève ; mais, pour éviter toute confusion, il veut qu'on place un point après deux semibrèves, après trois, quatre, cinq, six ou sept, selon que l'on veut que l'un de ces nombres représente une brève [1].

A l'appui de la même doctrine, Robert de Handlo cite un passage qu'il attribue à Jean de Garlande, d'où il résulte qu'on pouvait employer jusqu'à neuf semi-brèves pour une brève [2].

Un passage du traité, que nous avons publié dans notre « Histoire de l'Harmonie au moyen âge », page 276, parle de la manière de distinguer l'emploi du nombre de semibrèves pour une brève, nombre qui pouvait s'élever jusqu'à sept, suivant l'auteur de ce traité.

Ainsi, ce mode de subdivision multiple de la brève en semibrèves se trouve parfaitement constaté par la théorie et par la pratique ; il remonte au moins à la fin du XIIIe siècle. (J.. XIII.)

Il était de nature à répandre de la variété dans les compositions harmoniques. Jean de Muris le vante beaucoup et le considère comme supérieur à la nouvelle notation qui était en usage de son temps, et qui prenait surtout son caractère dans l'invention ou l'introduction de la minime, attribuée à Philippe de Vitry.

---

[1] In sembrevibus est evidens nostra intentio : ponimus, ut prius dictum est, inter duas et duas punctum, et tunc erunt inequales ; hoc est prima erit minor, et secunda major ; vel inter tres et tres, et tunc erunt equales ; hoc est omnes erunt minores ; vel inter duas et tres et tunc erunt due inequales, et tres equales ; vel inter tres et duas, et tunc tres equales et due inequales.—Scriptorum etc., t. 1, p. 388.—Quatuor semibreves divise sive conjuncte brevem valent unam, vel inter breves et semibreves vel obliquas posite : si inter semibreves divisas semibreves quatuor divise inveniantur, et punctus post eas sequatur, tunc unius brevis valorem habebunt. Etiam est dicendum si quinque, vel sex vel septem inveniantur, cum punctu eas sequente, ut patet in hoc moteto :

Aucun ont trouvé chant par usage, etc.

— Scriptorum etc., t. 1, p. 389.

[2] Pro valore brevis sumuntur tres semibreves vel quatuor, vel quinque, vel sex, vel octo, vel novem, ad quas pertinet unius brevis proportio. — Ibid., t. 1, p. 389.

CHAPITRE X.

COUP D'ŒIL GÉNÉRAL SUR LES COMPOSITIONS HARMONIQUES RELIGIEUSES ET SÉCULIÈRES.

SOMMAIRE. — COMPOSITIONS HARMONIQUES RELIGIEUSES. — Le déchant est né dans les grandes écoles ecclésiastiques. — Témoignage de Jérôme de Moravie. — Il y avait diverses sortes de déchants ecclésiastiques. — Leur caractère. — Les motets religieux avec paroles différentes étaient chantés dans l'église. — COMPOSITIONS HARMONIQUES SÉCULIÈRES. — Elles étaient plus variées que les compositions religieuses.— Leur véritable caractère harmonique consistait à faire entendre simultanément plusieurs mélodies.— On n'aperçoit pas de différence entre les compositions religieuses et séculières. — Absence de sentiment religieux. — Les artistes étaient préoccupés par la nouveauté des effets harmoniques.— Enthousiasme qu'excitaient les compositions à plusieurs parties. — Résultat historique. — La musique harmonique était répandue dans toute l'Europe au XIIe siècle. — Elle était en usage à la cour de Rome. — Où et comment s'exécutaient les compositions séculières.— Ce qu'on connaît des compositions et des compositeurs des XIIe et XIIIe siècles permet d'asseoir une opinion sur la situation de l'art à cette époque.

Dans l'exposé que nous venons de faire de ce qui constituait la musique harmonique aux XIIe et XIIIe siècles, nous avons cherché à faire ressortir la véritable situation de l'art, en prenant pour base les documents authentiques et les monuments originaux. Grâce à la découverte du manuscrit de Montpellier et de quelques traités inédits, nous avons pu pénétrer dans l'origine même de la musique harmonique, la suivre dans ses premiers développements, étudier les procédés de l'art et les divers genres de compositions, en examiner la contexture mélodique et harmonique, tonale et rhythmique, toutes choses sur lesquelles on n'avait jusqu'à présent que des notions obscures ou incomplètes, et sur lesquelles on en était souvent réduit aux conjectures. Avant de clore cette première partie, nous allons jeter un coup d'œil général sur les compositions harmoniques religieuses et séculières de cette époque.

COMPOSITIONS HARMONIQUES RELIGIEUSES.

Dès que la musique harmonique se manifeste, elle apparaît dans l'église. N'oublions pas que nous ne parlons pas ici de la diaphonie, qui ne semble pas avoir été en usage ailleurs que dans l'église, mais du déchant dont la définition a été donnée plus haut.

On peut dire, sinon avec pleine certitude, puisque les documents authentiques à cet égard font défaut, du moins avec la plus grande probabilité, que le déchant, comme la diaphonie, est né dans les grandes écoles ecclésiastiques du centre et du nord de la France. C'est dans les cathédrales de Paris, d'Amiens, de Cambrai, de Tournai, c'est-à-dire dans les vastes foyers intellectuels de cette époque, que l'art harmonique a reçu ses premières impulsions. Ce qu'il y a de certain, c'est que dès le XIIe siècle l'enseignement musical comprenait le déchant, et spécialement le déchant appliqué au chant religieux. Le témoignage de Jean de Moravie est formel à ce sujet : « Le chant ecclésiastique, dit-il, peut être considéré soit en lui-même, c'est-à-dire sans déchant, comme lorsqu'il est exécuté par un, deux ou plusieurs chanteurs ou par un chœur entier ; soit par rapport à son application au déchant » [1].

Il y avait diverses sortes de déchants ecclésiastiques, mais les didacticiens ne définissent pas clairement en quoi ils consistaient. Nous allons tâcher de suppléer à cette lacune. On comptait d'abord deux sortes d'« organum », l'organum pur et l'organum ordinaire, dont nous avons fait connaître le caractère plus haut au chapitre III, et dont on trouvera des spécimens dans la troisième partie, n°s 1, 2 et 3. Dans l'une et l'autre de ces compositions, toutes les parties chantaient les mêmes paroles.

Il y avait ensuite des compositions où l'on prenait pour paroles un texte liturgique, et d'autres où les parties chantaient des paroles non liturgiques. Il faut classer dans la première catégorie les pièces que nous avons publiées dans notre « Histoire de l'harmonie au moyen âge », sous les n°s 32, 33, 34 et 35, d'après le manuscrit 813 de la Bibliothèque impériale, ancien fonds St-Victor. Il faut ranger dans la seconde plusieurs compositions du même manuscrit, et notamment celles qui, dans notre « Histoire de l'harmonie au moyen âge », portent les n°s 29, 31 et 36.

On trouve ensuite, dans le manuscrit de Montpellier, deux sortes de

---

[1] Quoniam autem sic cantus, ut jam diximus, firmus sive planus, precipue ecclesiasticus cantus potest considerari dupliciter : primo scilicet in quantum per se, id est, sine discantu, ab uno, duobus aut a pluribus, vel etiam a toto choro canitur ; secundo in quantum discantui subjicitur. — SCRIPTORUM etc., t. I. p. 89.

déchants ecclésiastiques qui rentrent entièrement dans la classe des motets dont nous avons parlé au chapitre III, et dont le principal caractère consiste en ce que les parties chantaient des paroles différentes.

Dans l'un de ces déchants, chaque partie chante des paroles latines religieuses différentes, comme dans les nos 5, 6, 7, 8, 12, 13, 14, 17 et 18 de la troisième partie; dans l'autre, tandis qu'une des voix chantait des paroles religieuses, une autre faisait entendre des paroles séculières ; voyez comme exemples les nos 4, 7 et 9.

On a peine à croire qu'un semblable alliage de paroles ait pu être chanté dans l'église. Aussi n'a-t-on pas cessé de montrer la plus grande répugnance à admettre l'existence de cette pratique. Nous-même partagions cette manière de voir, quand un fait positif est venu détruire toute illusion qui pouvait subsister à cet égard. Ce fait est la présence d'un pareil mélange dans l'« Ite missa est » d'une messe du XIIIe siècle, ayant appartenu à la cathédrale de Tournai [1]. En publiant la traduction en notation moderne de ce curieux monument archéologique, nous disions ceci : « On trouve dans ce morceau la preuve d'un fait dont l'existence avait excité du doute jusqu'à présent. Il avait paru fort incertain que les motets entremêlés de paroles mondaines fussent usités dans l'église, et l'on se refusait surtout à admettre qu'on chantât à la fois les paroles mondaines et latines de ces sortes de pièces. Cette répugnance, nous la partagions; mais elle doit céder devant le fait qui se produit ici. C'est là une de ces singularités qu'on aurait de la peine à expliquer, si, de notre temps, on n'était journellement témoin d'anomalies de même genre, qui sont évidemment moins excusables qu'au XIIIe siècle, où l'on pouvait se trouver entraîné par l'attrait de la nouveauté de la musique à plusieurs voix ».

Il y avait ensuite des motets religieux où toutes les parties chantaient des paroles françaises. On en trouve un dans le manuscrit de Montpellier; nous le donnons dans la troisième partie, sous le no XXVI-26.

Dans les pièces où toutes les parties chantent les mêmes paroles, la partie servant de base harmonique est une mélodie qui paraît être de l'invention du compositeur.

---

[1] MESSE DU XIIIe SIÈCLE, traduite en notation moderne, et précédée d'une introduction; 1861, in-4º. Extrait des BULLETINS de la Société historique de Tournai, t. VIII, 1862.

Enfin, les morceaux où les parties chantent des paroles différentes sont d'une facture entièrement semblable à celle des motets ; on peut les appeler « motets religieux ». Ces motets se chantaient-ils dans les offices de l'église? On ne saurait l'affirmer, mais on peut le supposer avec beaucoup de vraisemblance. Le contraire ne paraîtrait probable que s'il était établi que ces sortes de compositions n'étaient pas admises dans le lieu saint. Or, en présence de la preuve donnée plus haut qu'ils l'étaient, il ne saurait plus exister de doute sur leur emploi. Il est à croire toutefois qu'il était fait exception à l'égard de certains motets avec paroles françaises et latines, tels qu'il s'en présente dans le manuscrit de Montpellier.

La composition religieuse la plus importante de cette époque était celle qui avait pour texte la messe. Depuis lors jusqu'à nos jours, une messe a toujours été considérée comme une œuvre. On ne connaît pas de messe en style harmonique appartenant au xiie siècle. Le « Sanctus » et le « Benedictus » du manuscrit 813 de la Bibliothèque impériale de Paris, que nous avons reproduits dans notre « Histoire de l'harmonie au moyen âge [1], semblent indiquer que cette sorte de composition harmonique était usitée dès le commencement du xiiie siècle.

La plus ancienne messe complète que l'on connaisse est celle de la cathédrale de Tournai, que nous avons publiée d'après un manuscrit qui appartient aujourd'hui à M. le vicaire-général Voisin, de cette ville, et dont nous avons parlé à la page précédente.

COMPOSITIONS HARMONIQUES SÉCULIÈRES.

Les compositions séculières étaient plus variées que les compositions religieuses sous le nom de « rondeau, cantinelle, conduit et motet » ; ils offraient un champ plus grand à l'imagination des artistes. Le motet surtout, qui était la composition favorite du temps, puisait une grande variété dans la diversité des paroles. Le caractère principal du motet consistait en ce que chaque partie avait une mélodie distincte. Le talent du compositeur consistait à faire marcher ensemble ces diverses mélodies sur une base fixe et déterminée, le ténor, dont le rhythme accentué servait d'appui [2]. Quand on examine bien ces sortes de compositions, on reste

---

[1] Fac-simile, planche xxix, n°s 1 et 2. — [2] Voir page 128, note 1.
Traduction, n°s 32 et 33.

convaincu que les artistes n'avaient guère en vue de produire un ensemble harmonique par une succession et un enchaînement d'accords mis en relation les uns avec les autres ; que le but qu'ils voulaient atteindre était de faire entendre plusieurs mélodies à la fois, sans examiner le rapport harmonique qui pouvait résulter de cet ensemble. Ce n'était pas par les combinaisons harmoniques que les artistes pouvaient montrer leur talent, on en a vu les raisons plus haut, mais en imaginant des mélodies aptes à s'accommoder aux exigences harmoniques.

En examinant le caractère musical des œuvres de cette époque, on ne remarque aucune différence sensible entre les compositions religieuses et les compositions séculières. Les artistes ne semblent pas avoir senti la distinction qu'il convient d'établir dans le style de ces deux genres. Quant au sentiment religieux, ils ne paraissent guère en avoir eu conscience. Ils étaient entièrement absorbés par la nouveauté des effets harmoniques et par les difficultés qu'ils rencontraient dans l'agencement de plusieurs mélodies simultanées, but principal qu'ils s'efforçaient d'atteindre. Il serait inutile d'y rechercher des intentions artistiques ou poétiques; leurs auteurs ne semblent pas y avoir songé.

Il faut faire à cet égard une grande distinction entre les compositions harmoniques et les compositions mélodiques. Tandis que celles-ci étaient le fruit de nobles inspirations, puisées dans le sentiment religieux le plus pur et le plus élevé, les autres n'étaient que le résultat de combinaisons où l'inspiration poétique, si elle a existé dans l'esprit des artistes, n'apparaît pas pour nous. Il faut donc les considérer seulement au point de vue historique et archéologique, et les étudier comme les premiers essais d'un art tout nouveau dont les bases véritables n'étaient pas encore fixées. Quelque rudimentaires pourtant que soient ces essais, quelque barbares que soient pour nos oreilles ces mélanges, quelquefois incohérents, de sons et d'intervalles simultanés, qu'on n'oublie pas qu'on était dans l'enfance de l'art et qu'ils excitaient l'enthousiasme des musiciens et du public de cette époque. Il est heureux qu'il en ait été ainsi, puisqu'ils ont été le point de départ de nouveaux efforts, de nouveaux tâtonnements qui peu à peu ont conduit l'art harmonique à trouver ses véritables bases, et à devenir ainsi la source de ces effets puissants, immenses, presque prodigieux, auxquels donnent naissance les combinaisons infinies de voix et d'instruments mis simultanément en vibration.

Dès son origine, la musique harmonique se répand dans toute l'Europe. On la voit en pleine vogue en Angleterre, en Espagne, en France et en Italie. Mais c'est surtout à la cour de Rome[1] et dans l'église de Notre-Dame de Paris qu'elle paraît avoir été le plus florissante[2].

La musique harmonique religieuse s'exécutait dans l'église, on l'a vu plus haut. Là les maîtrises offraient aux compositeurs de grandes ressources. Les chantres, les enfants de chœur y recevaient une instruction musicale qui les rendait aptes à interpréter convenablement les œuvres des maîtres de chapelle et des artistes dont les compositions paraissaient dignes d'un accueil favorable.

Jusqu'ici les plus anciens renseignements sur l'introduction de la musique harmonique dans la chapelle papale ne remontaient pas au delà du xive siècle. Toutes les recherches qu'a pu faire le célèbre Baini dans les archives, dans les bibliothèques, dans les manuscrits, ne lui ont fait découvrir aucun document, soit sur les compositeurs, soit sur les compositions de musique mesurée, antérieur à la fin du xive siècle[3].

---

[1] Sciendum secundum Curiam Romanam et Francigenos et omnes musicales cantores quod tenor, qui discantum tenet, integre et solide pronunciari debet in mensura ne supra discantantes dissonantiæ incurrant. — Museum Brit. Add. Msc. n° 4909.

[2] Les renseignements suivants, tirés du nécrologe de Paris, démontrent combien, dès le commencement du xiiie siècle, la musique harmonique était goûtée à Notre-Dame de Paris :

13 juillet 1208. — Singulis vero clericis qui in missa responsum vel alleluia in organo triplo vel quadruplo decantabant, singulis sex denarios. — Guerard, Cartulaire de Notre-Dame de Paris, t. iv, p. 107 et 108.

7 janvier 1217. — Obiit Hugo Clemens decanus et sacerdos.... Procuravit etiam salubriter et devote alibratur in ecclesia nostra in qua singuli clerici chori nostri qui eisdam matutinis intererunt, tres denarios percipiant, et quilibet clericorum, qui admissam responsorium vel alleluia in organo triplo seu quadruplo decantabat sex denarios habebit. — Ibid., p. 5.

7 juillet 1230. — Et capitulum tenetur in eodem feste unicuique canonicorum et majori altari servientium distribuere duodecim denarios Parisiensium qui matutinis intererunt, et unicuique clerico de choro qui misse intererit duos denarios, et quatuor clericis qui organizabunt alleluia cuilibet sex denarios. — Ibid., p. 105.

[3] Prima di progredire nel corso della storia mi couvien proporre un quesito, che nasce dal fin qui detto. Se tanto scrissero a didattici di Francone in poi, ossia del cadere del secolo xi fino al principio del xiv sopra la musica armonica figurata, quali poi si furono i compositori? Quali li loro produzioni? Piu : in un arte cosi comune, cosi gradita, cosi deliziosa non possono esser mancati coltivatori di talento, d'ingegno, di genio elevato, i quali si sian distinti dalla turba di mediocri compositori. I nomen per-

D'après le passage de l'anonyme du Musée britannique que nous venons de citer, il faut faire remonter au moins au xiiie siècle l'époque où la musique harmonique était cultivée à la chapelle papale. Les fragments d'une Messe que nous avons publiés dans notre « Histoire de l'harmonie au moyen âge[1] », la Messe à trois parties de la cathédrale de Tournai[2], les pièces liturgiques que l'on trouve dans les manuscrits 812 et 813 de la Bibliothèque impériale, ceux du manuscrit de Montpellier, les livres d'Organum, de Conduits, d'Hokets et d'autres déchants qui étaient en usage dans la cathédrale de Paris[3], ne permettent pas de croire que les maîtres de la chapelle papale aient ignoré cette situation de l'art, et soient restés en arrière de tous les autres pays de l'Europe. Il faut donc admettre que dès le xiie siècle on exécutait à Rome la musique harmonique.

Quant aux œuvres séculières, où et comment les exécutait-on? Cette question paraît d'une résolution plus difficile. Existait-il alors, comme aujourd'hui, des lieux publics où l'on faisait entendre cette sorte de musique? Etaient-ce les déchanteurs, étaient-ce les trouvères qui organisaient ces sortes de concerts? Tout cela est encore pour le moment à l'état de lettre morte.

En attendant que de nouvelles découvertes viennent porter la lumière sur ces points obscurs, un grand pas est fait pour l'étude historique de cette période. Les lacunes que déplorait Baini se trouvent comblées. On connaît aujourd'hui un assez grand nombre de compositions et de compositeurs des xiie et xiiie siècles pour permettre d'asseoir, sur la situation de l'art à cette époque, une opinion basée sur des faits et des documents.

---

tanto almen di costoro ove son registrati ? Ove si conservano li squisiti loro opere, li piu famigerate loro componzioni? A cosi giusto respondo candidamente per la verita, che a fronte d'immense diligenze da me usate, archivii osservati, memorie svolte, bibliotheche consultate, manoscritti e codici discussi, non ho trovato nomi non notizie di compositori, non composizioni di musica armonica misurata anteriori alla metà del secolo xiv. — MEMORIE storico-CRITICHE della vita e delle opere di G. P. DE PALESTRINA, t. II, p. 393.

[1] FAC-SIMILE, pl. xxxix, n°s 1 et 2. — TRADUCTION, p. xxx et xxxi.

[2] Voir ci-dessus, p. 133, note 1.

[3] SCRIPTORUM etc., t. I, p. 360.

DEUXIÈME PARTIE

MUSICIENS HARMONISTES

L'ART HARMONIQUE
AUX XIIe ET XIIIe SIÈCLES

DEUXIÈME PARTIE

MUSICIENS HARMONISTES

CHAPITRE Ier
DÉCHANTEURS.

Sommaire — Les déchanteurs différaient des trouvères et des théoriciens en ce qu'ils étaient à la fois compositeurs, chanteurs et organistes. — Rôle secondaire que leur fait tenir M. Fétis. — Dès le xiie siècle toutes les contrées de l'Europe avaient des déchanteurs habiles. — Déchanteurs de Notre-Dame de Paris. — Déchanteurs picards, bourguignons, anglais, italiens, espagnols, allemands et belges.

Dans la première partie, nous avons examiné l'état de l'art d'après les ouvrages didactiques et surtout d'après les compositions du manuscrit de Montpellier, qui, à cet égard, nous a fourni des renseignements pratiques que les monuments seuls peuvent donner; dans celle-ci nous allons rechercher quels sont les artistes qui ont pris part à ces développements. Certes, l'étude des beaux-arts, l'histoire de ses transformations excitent toujours un grand intérêt; mais cet intérêt est autrement vif, quand on connaît les personnages qui ont concouru à ce progrès, ou qui leur ont donné une impulsion plus ou moins grande par leur génie ou leurs inventions.

Nous classons les artistes de cette époque en trois catégories : dans la première nous rangeons les déchanteurs; dans la deuxième, les didacticiens; dans la troisième, les trouvères harmonistes.

On verra ici pour la première fois les noms et les compositions de certains déchanteurs.

Quant aux didacticiens on ne connaissait de leurs compositions que des fragments insignifiants donnés comme exemple dans leurs traités; le manuscrit de Montpellier nous offre des œuvres complètes de ces artistes.

Nous démontrerons ensuite que, contrairement aux opinions reçues, beaucoup de trouvères étaient harmonistes, et que leurs compositions, dont nous reproduisons quelques-unes, ont exercé une certaine influence sur l'art.

Cette partie de notre ouvrage, nous n'hésitons pas à le dire, est tout à fait neuve et présente un intérêt particulier. Elle fera ressortir davantage encore tout le regret que peut inspirer cette circonstance que toutes les compositions du manuscrit de Montpellier sont anonymes. Espérons que quelque découverte ultérieure viendra un jour combler les lacunes qui existent encore, et permettra d'assigner, aux nombreuses compositions restées anonymes, les noms des auteurs que nous ne sommes pas parvenus à dévoiler.

Quoi qu'il en soit et quelque restreint que soit le nombre des artistes dont nous avons pu constater les noms et les œuvres, cette constatation est un des faits les plus importants pour l'histoire de l'art à cette époque.

Ainsi que nous venons de le dire, il existait aux XIIe et XIIIe siècles, une classe de musiciens harmonistes qui avaient le nom de déchanteurs. Ces artistes se distinguaient des trouvères en ce qu'ils ne composaient pas les paroles qu'ils mettaient en musique, et en ce que leur profession principale était l'art musical, tandis que les trouvères étaient avant tout poètes. Ils différaient aussi des didacticiens en ce qu'ils ne semblent pas avoir écrit sur leur art.

Les déchanteurs étaient compositeurs, chanteurs et organistes. C'est parmi eux que se recrutaient les maîtres de chapelle et les organistes. Il y avait des déchanteurs qui remplissaient ces deux fonctions à la fois.

M. Fétis a prononcé le nom de déchanteur; selon lui, le talent de ces artistes se serait borné à harmoniser, c'est-à-dire à mettre en parties harmoniques les mélodies des trouvères; mais il ne cite à l'appui de cette assertion, aucune preuve; il ne produit aucune composition de ce genre, ni aucun nom d'auteur[1].

Rien ne permet de croire que les déchanteurs aient subi un rôle aussi

---

[1] BIOGRAPHIE UNIV. DES MUSICIENS, 1re édition.—Résumé philos. de la musique, p. CLXXXVII.

secondaire. Les compositions connues de ces artistes démontrent au contraire qu'ils étaient très-versés dans leur art, et qu'ils étaient non moins bons mélodistes que bons harmonistes.

Ce que l'on sait de plus précis sur les déchanteurs est rapporté par l'anonyme du Musée britannique (Ms. B.). D'après les renseignements fournis par cet auteur, on voit qu'ils étaient à la fois compositeurs, chanteurs et organistes [1].

Dès le xiie siècle, la musique harmonique était en vogue dans l'Europe entière. En France, en Angleterre, en Italie, en Espagne, elle était cultivée avec enthousiasme. Toutes les contrées possédaient des maîtres en renom.

D'après Jérôme de Moravie, la doctrine vulgaire était appelée ainsi parce qu'elle était en usage chez toutes les nations [2].

Notre-Dame de Paris avait dans son sein des compositeurs dont la renommée ne s'est pas éteinte avec leur existence. Le plus ancien connu était Léon ou Léonin, appelé « Organista optimus ». Il était auteur d'un livre d'orgue sur le Graduel et l'Antiphonaire. Ce livre d'orgue était un ouvrage d'accompagnement harmonique. Les paroles dont se sert à cet égard l'anonyme du Musée britannique (Ms. B), ne peuvent laisser de doute. Elles prouvent, en outre, que Léonin était à la fois déchanteur et organiste. Après lui vint Pérotin, appelé le Grand, « Perotinus magnus ». Il était aussi à la fois déchanteur et organiste, meilleur déchanteur, mais moins habile organiste que Léonin [3]. Pérotin est auteur d'un grand nombre de compositions dont quelques-unes, citées comme des modèles, sont parvenues jusqu'à nous. Nous en parlerons au chapitre suivant.

Les livres de Pérotin restèrent en usage à Notre-Dame de Paris jusqu'au temps de Robert de Sabillon, maître de chapelle de la même église, dont la méthode d'enseignement était plus courte et plus facile. Il était en outre renommé pour son talent de déchanteur [4].

---

[1] Scriptorum etc., t. I, p. 342.

[2] Ibid., t. I, p. 97.

[3] Et nota quod magister Leoninus, secundum quod dicebatur, fuit optimus organista qui fecit magnum librum organi de Gradali et Antiphonario pro servitio divino multiplicando. Et fuit in usu usque ad tempus Perotini magni qui abreviavit eumdem et fecit clausulas sive puncta plurima meliora; quoniam optimus discantor erat et melior quam Leoninus erat; sed hoc non dicendum de subtilitate organi.— Scriptorum etc., t. I, p. 342.

[4] Liber vel libri magistri Perotini erant in uso usque ad tempus magistri Roberti de

Vinrent ensuite maître Pierre, surnommé « Optimus notator », probablement Pierre de La Croix, dont nous parlerons plus loin; maître Jean, appelé « Primarius », à cause des fonctions de premier chantre qu'il tenait, sans doute à Notre-Dame; et plusieurs autres [1].

A ces noms, il faut ajouter les suivants : Thomas de St-Julien, de Paris, un des plus anciens déchanteurs, et dont les compositions étaient fort estimées, quoique notées d'après la méthode ancienne; Simon de Sacalia, et Théobald le Gallois dont les œuvres jouissaient d'une juste vogue [2].

Mais ce n'était pas seulement Paris qui produisait des maîtres dignes de renom; la province aussi fournissait son contingent à ce développement progressif de l'art. La Picardie était représentée par deux de ses enfants : Jean le Fauconier, appelé aussi « Probus de Picardia », et Pierre de La Croix, d'Amiens.

Le nom de Jean de Bourgogne, cité parmi les meilleurs déchanteurs de l'époque, semble indiquer son pays d'origine.

Nul doute que les maîtrises de Laon, de Cambrai et de Tournai n'aient produit des artistes dont les noms étaient dignes de figurer à côté de ceux que nous venons de citer. Des manuscrits provenant de ces cathédrales ne laissent pas de doute à ce sujet.

L'art harmonique n'était pas moins cultivé en Angleterre qu'en France. Ce pays possédait alors d'excellents chanteurs, au nombre desquels se faisaient remarquer Jean Makeblite, de Winchester, maître Jean, fils de Dieu, et surtout Blakesmit, attaché à la cour de Henri II [3]. L'anonyme

---

Sabilone, et in coro beate Virginis majoris ecclesie Parisiensis et a suo tempore usque in hodiernum diem, simili modo.— Ibid., p. 342.
— Abreviatio erat facta per signa materialia a tempore Perotini magni et parum ante, et brevius docebat, et adhuc brevius magistri Roberti de Sabilone, quamvis spatiose docebat; sed nimis deliciose fecit melos canendo apparere. — Ibid., p 344.

[1] Prout Petrus, notator optimus, et Johannes, dictus primarius, cum quibusdam aliis in majore parte usque in tempus magistri Franconis primi, et alterius magistri Franconis de Colonia, qui inceperunt in suis libris aliter pro parte notare. — Ibid., p. 342.

[2] Post ipsos et tempore suo fuit quidam Johannes supradictus et continuavit modo omnium supradictorum usque ad tempus Franconis cum quibusdam aliis magistris sicut : magister Theobaldus Gallicus et magister Simon de Sacalia cum quodam magistro de Burgundia ac etiam quodam Probo de Picardia, cujus nomen erat Johannes le Fauconer.— SCRIPTORUM etc., t. I, p. 344.

[3] Boni cantores erant in Anglia, et valde deliciose canebant, sicuti magister Johannes filius Dei, sicuti Makeblite apud Wyncestriam, et Blakesmit in curia domini regis Henrici ultimi. — SCRIPTORUM etc., t. I, p. 344.

du Musée britannique (Ms. B) parle encore d'autres artistes anglais qui n'étaient pas moins recommandables par leur mérite; mais il ne donne pas leurs noms. D'après le traité de Walter Odington, écrit à la fin du xiie siècle ou au commencement du xiiie, d'après le canon à six parties que nous publions plus loin, sous le n° xx-20, on peut dire que l'art d'écrire l'harmonie était alors, en Angleterre, fort avancé pour l'époque.

L'Italie et l'Espagne ont eu aussi leur part dans cette œuvre d'élaboration et de développement. L'anonyme du Ms. B cite la Lombardie comme possédant alors des déchanteurs dont la méthode de notation différait en quelques points de celle des déchanteurs français[1].

L'Espagne et principalement la ville de Pampelune avaient des déchanteurs dont les compositions avaient franchi les Pyrénées, malgré l'imperfection de leur notation écrite dans la manière primitive[2]. Le même auteur fait connaître que la composition « In seculum », qui se trouve dans le manuscrit de Montpellier, a pour auteur un artiste espagnol[3].

Faut-il croire que l'Allemagne et la Belgique soient restées inactives dans ce mouvement? Cela n'est pas probable. Bien que l'auteur qui nous a servi de guide jusqu'ici dans nos renseignements, ne dise rien de ces contrées, ce n'est pas une raison de croire que ce silence doive être considéré comme un signe de stérilité.

Le nom de Francon de Cologne pour l'Allemagne, la Messe du xiiie siècle de la cathédrale de Tournai, les traités anonymes de l'abbaye de St-Laurent de Liége[4], démontrent qu'en Allemagne et en Belgique, on n'est pas resté étranger au développement de la musique harmonique.

De ce qui précède, il faut conclure que la musique harmonique était représentée dans toute l'Europe par des maîtres habiles. Il est à regretter que les noms de tous ces artistes, avec l'indication de leurs œuvres, ne nous soient pas parvenus.

---

[1] Et iste modus valde utitur inter puros organistas, et inter Lumbardos organisantes. — Ibid., p. 358.

[2] Sed solo intellectu procedebant semper cum proprietate et perfectione operatoris in eisdem, velut in libris Hispanorum et Pompilonensium. — Ibid., p. 345.

[3] Velut quidam Parisienses fecerunt et adhuc faciunt de « In seculum », le Hoket Gallice, quod quidam HISPANIIS fecerat. — Ibid., p. 350.

[4] Nous en avons publié un dans le tome Ier du SCRIPTORUM etc., t. 1, p. 296 ; nous donnerons l'autre dans le tome II.

CHAPITRE II.

COMPOSITIONS DES DÉCHANTEURS.

Sommaire. — Pérotin surnommé le Grand était auteur d'organum purs, de triples, quadruples. — Anonyme espagnol auteur d'un quadruple avec hoquets. — Anonyme Reading, auteur d'un canon à six parties.

Dans le précédent chapitre, nous avons mentionné un certain nombre d déchanteurs dont les noms, restés inconnus, ont été révélés par l'anonym du Ms. B; dans celui-ci, nous parlerons de leurs compositions. C'e malheureusement à cette occasion surtout que l'on a le plus à déplore la lacune que nous avons déjà signalée, et dont l'étendue est plus sensib ici qu'ailleurs; nous voulons parler de l'absence, dans le manuscrit d Montpellier, des noms des auteurs des compositions qu'il renferme.

A en juger d'après ce que l'on connaît, on peut affirmer avec la plu apparente certitude que ce précieux volume contient, dans tous les genre une série d'œuvres des compositeurs les plus anciens et les plus renomme de l'Europe.

Au moyen des renseignements fournis par l'anonyme du Musée britar nique (Ms. B), nous avons pu découvrir un certain nombre de déchar teurs. Quels services n'aurait-il pas rendus, s'il avait indiqué d'une manièr quelconque leurs compositions, ou du moins les principales pièces dont i étaient auteurs. Il est presque certain qu'on en aurait retrouvé plusieur dans le manuscrit de Montpellier. Toutefois, ce qu'il n'a pas fait pour tous il l'a fait du moins pour Pérotin, le plus célèbre de l'époque. Grâce à se indications, nous avons trouvé, dans ce riche trésor, plusieurs compo sitions de cet artiste. Nous allons en parler.

PÉROTIN, SURNOMMÉ LE GRAND.

De tous les déchanteurs du XIIe siècle dont les noms sont parvenus jusqu' nous, le plus célèbre fut maître Pérotin. L'auteur du traité anonyme d Ms. B ne tarit pas en éloges sur le mérite de cet artiste. C'est lui qui nou apprend qu'on le surnommait le Grand, « Perotinus magnus », à cause d l'excellence de ses compositions[1]; et en cela il est d'accord avec Jean de Garlande[2].

Pérotin était auteur de quadruples, de triples[3], de conduits[4], d'organum purs[5]. On les chantait dans la cathédrale de Notre-Dame de Paris dont Pérotin était maître de chapelle. C'est encore l'anonyme du Ms. B. qui nous le dit; mais il fait mieux que de se contenter de ces énonciations, ainsi qu'on vient de le voir dans les notes placées au bas de la page; il mentionne un certain nombre des compositions qui ont contribué à la célébrité de leur auteur. Il signale deux quadruples : « Viderunt » et « Sederunt »; quatre triples : « Alleluia », « Posui adjutorium », « Nativitas » et « Beata viscera »; quatre conduits : « Salvatoris hodie », « Dum sigillum », « Summi patres » et « Justicia ».

Le manuscrit de Montpellier conserve le quadruple « Viderunt »; les triples « Alleluia », « Posui adjutorum », « Nativitas » et « Beata viscera ».

Ces compositions offrent un grand intérêt historique à cause de l'époque à laquelle ils appartiennent et à cause du lieu où plusieurs d'entre elles étaient exécutées. Nous allons les examiner.

ALLELUIA. — POSUI ADJUTORIUM. — Nous réunissons ces deux pièces, parce que les auteurs qui en parlent semblent n'en faire qu'une, et parce que ce sont deux organum purs. Nous avons expliqué plus haut (page 51) la nature et le caractère de cette composition harmonique. Ces deux pièces étaient considérées comme importantes et jouissaient d'une grande autorité auprès des didacticiens. L'anonyme du Ms. B.[6] et Jean de Garlande[7]

---

[1] Ipse vero magister Perotinus fecit quadrupla optima, sicut : « Viderunt, Sederunt », cum abundantia colorum armonice artis. Insuper et tripla plurima nobilissima, sicut Alleluia, Adjutorium, Nativitas. — SCRIPTORUM etc., t. I, p. 342.

[2] Sed proprietas predicta vix tenetur in aliquibus, quod patet in quadruplicibus magistri Perrotini per totum in principio magni voluminis. Que quadrupla optima reperiuntur et proportionata, et in colore conservata, ut manifeste ibidem patet. — Ibid., p. 116.

[3] Voir la note 1.

[4] Fecit etiam triplices conductus, ut : « Salvatoris hodie »; et duplices conductus sicut : « Dum sigillum, Summi patris »; et simplices conductus cum pluribus aliis, sicut : « Beata viscera ; Justicia », etc. — Ibid., p. 342.

[5] Quandoque dicitur alio modo, ut in organo triplo, quamvis improprie, ut in « Posui adjutorium », etc. — Ibid., p. 354.

[6] SCRIPTORUM etc., t. I, p. 342, 347, 350, 354, 361.

[7] Ibid., p. 101, 180.

les citent fréquemment comme modèles et exemples. On les trouvera dans la troisième partie de cet ouvrage, sous les nos I-1 et II-2.

Ces compositions, qui faisaient partie du répertoire de Notre-Dame de Paris, étaient réservées pour les grandes cérémonies, et on a vu plus haut (page 136, note 2), par des extraits du nécrologe de Notre-Dame, qu'elles étaient l'objet de fondations particulières.

BEATA VISCERA. — Cette pièce est classée, par l'anonyme du Ms. B, sous la catégorie des conduits simples [1]. Elle se présente, dans le manuscrit de Montpellier, sous la forme d'un motet à trois voix dont les parties chantent, savoir :

La 1re. . . . L'estat du monde.
La 2e . . . Beata viscera.
La 3e . . . Beata viscera.

On remarque dans cette pièce la particularité dont nous avons parlé plus haut, page 112, à savoir que les deux parties supérieures ont des cadences rhythmiques tout à fait différentes. (Voir troisième partie, nos 5, 6, 8 et 12.)

VIDERUNT. — Ainsi qu'on vient de le voir, l'anonyme du Ms. B, et Jean de Garlande vantent surtout les quadruples de Pérotin. Celui qui commence par le mot « Viderunt » est un de ceux qui ont eu le plus de vogue. On le trouve parmi les dix-huit quadruples du manuscrit de Montpellier. Ce morceau a pour partie fondamentale la mélodie « Viderunt omnes » du graduel de la troisième messe de Noël. Les autres parties commencent aussi par le mot « Viderunt », mais elles continuent ensuite par des paroles séculières qui sont à peu près les mêmes pour les trois ; les voici :

1re partie
{ Viderunt.
Par pou li cuer ne me parti,
Quant à la belle pris congie.

2e —
{ Viderunt.
Por peu li cuers ne me parti
Qu'ele me fit douner congie.

[1] Voir ci-dessus, page 147, note 4.

3ᵉ — { Viderunt.
Por peu ne sui de partis
De cele dont n'aurai congie.

4ᵉ — Viderunt omnes.

Sous le rapport musical, ce morceau est dans le style du temps ; il renferme par conséquent un assez grand nombre de successions de quintes. On voit pourtant que l'auteur a fait des efforts pour en paralyser le mauvais effet par l'emploi du mouvement contraire. Ce quadruple est reproduit dans la troisième partie, sous le n° XLII-42.

Il est fort regrettable que les titres des autres compositions de Pérotin ne nous soient pas parvenus, car il est probable qu'on en aurait retrouvé plus d'une dans la riche collection du manuscrit de Montpellier.

ANONYME ESPAGNOL.

Nous avons fait voir plus haut que la musique harmonique était cultivée en Espagne et que les compositions de ce pays avaient de la réputation. Nous n'avons trouvé malheureusement le nom d'aucun artiste espagnol de cette époque ; nous pouvons toutefois mettre sous les yeux de nos lecteurs un quadruple appartenant à un compositeur de cette nation. L'anonyme du Musée britannique (Ms. B.) signale le hoquet « In seculum » comme étant l'œuvre d'un artiste espagnol [1].

Le manuscrit de Montpellier contient cette composition une fois en forme de triple et deux fois en forme de quadruple. Le triple est en tête du cinquième fascicule, page 111 du manuscrit. Les deux quadruples forment les nᵒˢ 2 et 3 du même manuscrit.

La musique est la même dans les trois pièces. Dans les quadruples, la quatrième partie porte des paroles séculières. Il n'y a entre ces deux derniers d'autre différence qu'en ceci, que l'un est noté par longues et brèves, tandis que l'autre l'est par brèves et semibrèves.

On voit dans ces morceaux des irrégularités de notation que signale l'auteur du Ms. B, et qui en rendent la traduction parfois difficile. Nous croyons avoir triomphé des difficultés qu'ils présentent ; on pourra s'en rendre compte en comparant notre traduction avec la notation originale. Voir troisième partie, n° XLV-45.

[1] Voir ci-dessus, page 149, note 3.

ANONYME DE READING.

Il existe au « British Museum », dans le fonds Harléien, un manuscrit du plus grand intérêt pour l'histoire de l'harmonie. Ce manuscrit, que Hawkins et Burney ont cru être du xve siècle, a été écrit au xiiie, ainsi que l'a démontré M. William Chappell, le savant auteur des « Chants populaires d'Angleterre ». Il résulte, en effet, des investigations de cet estimable archéologue, que le manuscrit a été écrit par John Fornsete, moine de l'abbaye de Reading en Norfolk, au commencement du xiiie siècle [1]. La dernière date de son écriture, qui est 1226, est très-importante à cause du canon à six parties qu'il contient et dont nous avons parlé dans le chapitre iv de la première partie, à propos de ce genre de composition. Pour apprécier le caractère même de la composition harmonique appelée canon à cette époque primitive, nous engageons le lecteur à se reporter à ce que nous en avons dit page 72, et à la pièce elle-même dont on trouvera, dans la troisième partie, la notation originale sous le n° xx, et la traduction sous le n° 20.

Ce canon porte deux lignes de paroles; la première est une chanson pastorale en anglo-saxon; la seconde est une sorte de séquence latine.

Les paroles anglo-saxonnes, qui sont le texte original de la composition, démontrent, selon nous, qu'elle a pour auteur un déchanteur anglais. Les voici :

TRADUCTION ORIGINALE.	TRADUCTION ANGLAISE.
Sumer is icumen in,	Summer is come in,
Lhude sing Cuccu,	Loud sing Cuckoo !
Groweth sed, and bloweth med	Groweth seed, and bloweth mead
And springth the wde nu	And spring'th the wood now
Sing Cuccu !	Sing Cuckoo.
Awe bleteth after lomb	Ewe bleateth after lamb,
Lhouth after calve cu ;	Loweth after calf (the) cow.
Bulluc sterteth, bucke verteth	Bullock starteth, buck verteth
Murie sing Cuccu,	Merry sing Cuckoo ;
Cuccu, Cuccu.	Cuckoo ! Cuckoo !
Wel singes thu Cuccu	Wel sing'st thou Cuckoo
Ne swik thu naver cu.	Nor cease thou never now.

[1] Voir plus haut, p. 72.

Les paroles latines, semblent indiquer que la pièce était exécutée dans l'église. Au point de vue musical, on peut considérer cette composition comme une des plus remarquables de cette époque. La mélodie en est gracieuse et facile, le rhythme simple et régulier. L'harmonie est pleine et contient peu de successions de quintes. M. William Chappell a prouvé qu'avec peu de modifications [1], on peut faire de cette pièce une charmante composition qui ne saurait être répudiée par aucune oreille moderne. La mesure de six-huit qu'il a donnée à sa transcription s'adapte parfaitement au rhythme de la pièce et à son mouvement temporaire. Elle doit être rangée parmi celles qui, d'après ce que nous avons dit plus haut, page 119, se mesuraient par dipodies, en raison de leur caractère rhythmique et mélodique.

Le même manuscrit contient en outre :

1º Une sorte de trilogie à une voix entre Samson, Dalila et un autre personnage; elle commence par ces mots : « Samson, dux fortissime ».

2º Cinq antiennes ou proses en l'honneur de la Ste-Vierge, pour une voix, commençant par ces paroles : « Regina clementiæ »; « Maria credidit »; « Felix sanctorum chorus »; Æterni numinis mater et filia »; Ante thronum regentis omnia ».

3º Un triple sur ces paroles : « Ave gloriosa virginum regia ».

4º Un quadruple dont la notation est disposée ainsi : trois parties sont écrites en partition sur treize, quatorze et quinze lignes, avec une double ligne de paroles; la quatrième est placée en face. Deux voix sont notées avec la clef d'ut, et les deux autres avec la clef de fa. La notation est la même que celle du canon « Sumer is icumen in ». La première ligne de paroles porte le texte suivant :

> Ave gloriosa mater, salvatoris;
> Ave speciosa virgo, flos pudoris.
> Ave lux jocosa, thalamus splendoris;
> Ave preciosa salus peccatoris.
> Ave vitis via, casta, munda, pia
> Dulcis, mitis, pia, felix creatura.
> Parens modo miro, nova paritura
> Virum sine viro, contra legis jura, etc.

---

[1] POPULAR MUSIK OF THE TSIME, t. I, p. 24.

La seconde ligne est une sorte de paraphrase française de la pièce latine. En voici les premiers vers :

> Duce créature, virgine Marie,
> Chaste, nette et pure, et sanz vilenie.
> Par vus est la dure mort a ceus finie,
> Ki humeine figure ont la dreite vie.
> Vus estes la rose d'espine murie
> Par ki est desclose la porte de vie, etc.

Les paroles françaises sont écrites sous les paroles latines.

Cette pièce se trouve dans le manuscrit de Montpellier avec les différences que nous allons signaler. D'abord, elle n'y est qu'à trois parties; ensuite, elle y a la forme de motet avec paroles différentes à chaque partie. Par les raisons que nous exposerons au chapitre IV, elle a, suivant nous, pour auteur Francon de Cologne. Nous la donnons dans la troisième partie, sous le n° XVII-17.

Ce sont là les seules compositions de déchanteurs que nous ayons pu découvrir. Quelque restreint qu'en soit le nombre, leur importance n'échappera à personne, en songeant que c'est ici qu'on voit pour la première fois des productions appartenant à une classe de musiciens harmonistes dont on ne connaissait jusqu'à présent ni les noms ni les œuvres.

CHAPITRE III.

LES DIDACTICIENS CONSIDÉRÉS COMME COMPOSITEURS.

Sommaire. — Les didacticiens citent pour exemples, dans leurs traités, des fragments de compositions qu'on trouve en entier dans le manuscrit de Montpellier. — Exemples du traité de déchant vulgaire, des traités de Francon de Paris, de Francon de Cologne, d'Aristote et de plusieurs anonymes. — Faits d'où résultent que les didacticiens étaient compositeurs.

A côté des déchanteurs dont les œuvres variées et multiples ont fait progresser l'art, se plaçait une autre classe de musiciens harmonistes qui, par leurs écrits, ont rendu à la science des services importants; ce sont les théoriciens et didacticiens. Ces maîtres aussi ont contribué au développement de l'harmonie. Les théoriciens et les didacticiens des XIIe et XIIIe siècles citent pour exemples, dans leurs traités, des fragments de compositions sur lesquelles on ne possédait jusqu'à présent aucun renseignement. On ignorait si ces fragments appartenaient à des compositions harmoniques, et si celles-ci étaient à deux, trois ou quatre parties. On regrettait vivement de ne pas les connaître dans leur intégrité. Le manuscrit de Montpellier vient diminuer ce regret, en comblant en partie la lacune que nous venons de signaler. On y trouve, en effet, des compositions de l'auteur du traité du déchant vulgaire, qui remonte au moins au milieu du XIIe siècle, de Francon de Paris, de Francon de Cologne, de Pierre de La Croix, du nommé Aristote et de plusieurs anonymes. On peut juger de l'importance de cette découverte en songeant que jusque-là on ne possédait d'autres éléments d'appréciation de l'art harmonique que les maigres fragments donnés pour exemples dans leurs traités. Nous allons mentionner ces compositions, en indiquant à droite le nombre de parties dont se compose chaque pièce dans le manuscrit de Montpellier, et la page du volume.

TRAITÉ DE DÉCHANT VULGAIRE [1].

Ms. de M.
1º Virgo decus castitatis . . . . à trois parties — fº 97.
2º O maria maris stella . . . . . id. fº 89.

---
[1] Scriptorum etc., t. I, p. 94.

3º In omni fratre tuo. . . . . . à trois parties—f° 67.
4º Gaude chorus omnium . . . . id. f° 72.
5º O natio nephandi generis. . . . id. f° 88.

Jérôme de Moravie ne reproduit pas la notation musicale de ces exemples; mais d'autres didacticiens postérieurs la donnent et fournissent ainsi une garantie de leur identité avec les mêmes pièces contenues dans le manuscrit de Montpellier.

TRAITÉ DE PIERRE DE LA CROIX[1].

1º Au renouveler du joli tans . . . à trois parties—f° 270.
2º Jou qui li ai fait houmage[2]. . . id. f° 273.

TRAITÉ D'ARISTOTE[3].

1º Vilains lievés sus . . . . . . à trois parties—f° 361.
2º Veni sancte spiritus . . . . . id. f° 93.
3º Mariæ præconio devotio . . . id. f° 319.
4º Demenant grant joie . . . . . id. f° 112.

A la fin du traité d'Aristote contenu dans le manuscrit de la Bibliothèque impériale de Paris, sous le n° 11266, olim 1136, on trouve sept motets à trois voix dont cinq sont reproduits dans le manuscrit de Montpellier; ce sont les suivants :

1º { Salve virgo nobilis. . . . . . } f° 320.
{ Verbum caro factum . . . . }
{ Veritatem . . . . }

2º { Quant voi la fleurete . . . . } f° 55 [4].
{ Je suis joliete . . . . . . }
{ Aptatur . . . . }

---

[1] Bibliothèque impériale de Paris, Ms. 812, du fonds St-Victor. — HISTOIRE DE L'HARMONIE AU MOYEN AGE, p. 274. — On verra plus loin, page 164, les motifs qui font attribuer ce traité à Pierre de La Croix.

[2] Cette phrase est prise dans la deuxième voix du motet n° XI-11 de la troisième partie du présent ouvrage.

[3] SCRIPTORUM etc., t. 1, p. 251.

[4] Dans le manuscrit de Montpellier, ce motet est à quatre parties. La quatrième chante ces paroles : « Joliment en douce désirée ».

3° { Amor vincens omnia . . . . . } Ms. de M.
   { Mariæ præconio devotio . . . } f° 319.
   { Aptatur . . . . }

4° { L'autrier m'esbanoie . . . . }
   { Demenant grant joie . . . . } f° 111.
   { Manere . . . . }

5° { Si j'ai servi longuement . . . }
   { Trop longuement m'a failli . . } f° 128.
   { Pro patribus . . . . }

Tout porte à croire que ces compositions sont de l'auteur du traité.

TRAITÉ DE FRANCON DE PARIS [1].

                                                               Ms de M.

1° O Maria maris stella . . . . . à trois parties— f° 89.
2° Diex ou porrai-je . . . . . .   id.   f° 324.
3° Chief bienséant . . . . . .   id.   f° 280.
4° En grant dolour . . . . . .   id.   f° 309.

A côté de ce traité, qui est écrit en marge du manuscrit, se trouve deux motets à trois voix et trente-huit à deux parties. De ces quarante compositions, le manuscrit de Montpellier en reproduit onze, et elles y sont toutes à trois ou à quatre parties; ce sont les suivantes :

                                                               Ms. de M.

1° Dieus je ne puis la nuit dormir . . à quatre parties— f° 45.
2° Trop m'a amors assailli . . . . à trois parties— f° 253.
3° Ne sai où confort prendrai . . .   id.   f° 121.
4° Je m'estoie mis en voie . . . .   id.   f° 265.
5° Pourcoi m'avés-vous doné mari .   id.   f° 265.
6° J'ai trové qui m'amera . . . .   id.   f° 369.
7° Merchi de qui j'atendoi . . . .   id.   f° 238.
8° Dames sont en grant esmoi . . .   id.   f° 139.
9° En tel lieu . . . .   id.   f° 140.
10° Que pour moi reconforter . . .   id.   f° 122.
11° Bele sans orguel . . . . . .   id.   f° 133.

---

[1] Bibliothèque impériale de Paris, Ms. 813 du fonds de St-Victor. — HISTOIRE DE L'HARMONIE AU MOYEN AGE, p. 262.

[2] SCRIPTORUM etc., t. I, p. 117.

On ne saurait affirmer que toutes ces compositions soient de Francon de Paris; mais il est probable que quelques-unes lui appartiennent.

Le manuscrit de Montpellier est d'un secours fort utile pour ces pièces, car la notation du manuscrit 813 est défectueuse en plusieurs endroits, et d'une traduction souvent difficile. Nous avons publié les n°s 1 et 8 dans notre « Histoire de l'harmonie au moyen âge [1] ». Nous reproduisons le n° 1 dans la troisième partie du présent ouvrage, d'après le manuscrit de Montpellier, parce que cette pièce y est en forme de quadruple, et qu'elle y est transposée à une quinte plus bas que dans le manuscrit 813. On remarquera en outre quelques autres différences qu'il n'est pas important de faire ressortir ici.

TRAITÉ DE FRANCON DE COLOGNE [2].

Ms. de M.

1° Eximie pater . . . . à trois parties—f° 99.
2° Ave virgo regia. . . . . . . id. f° 89.
3° Maria virgo davidica. . . . . id. f° 88.
4° O Maria maris stella . . . . . id. f° 89.
5° Povre secors ai encore recovré .
6° Respondi que nul avoit [3]. . . . } id. f° 71.

Ces six exemples se trouvent dans le traité de Francon reproduit par Jérôme de Moravie [4], et dans le texte donné par le copiste de St-Dié [5]. Gerbert ne donne que les n°s 3, 5 et 6. Le nombre des exemples de l'édition de l'abbé de St-Blaise n'est que de six. Le texte de Jérôme de Moravie et celui du manuscrit de St-Dié en ont vingt-un.

TRAITÉ ANONYME DE PARIS [6].

1° O quam sancta. . . . . à trois parties—f° 64.
2° Bone compaignie . . . . à quatre parties— f° 52.

---

[1] Fac-simile, pl. XXVII, n°s 2 et 3.— Traduction, p. XXVI, n°s 27 et 28.
[2] Scriptorum etc., t. I, p. 117.
[3] La deuxième partie de ce motet a pour paroles : « Gaude chorus, etc. », qui forme le quatrième exemple du « traité de déchant vulgaire ». Voir page précédente.
[4] Scriptorum etc., t. I, p. 120 et 127.
[5] Ibid., p. 120, note 1; 127, note 2ª.
[6] Ibid., t. I, p. 378.

TRAITÉ ANONYME DE SAINT-DIÉ[1].

1º Gaude chorus omnium[2]. . . . à trois parties—fº 172.
2º En grant dolour[3] . . . . . .   id.   fº 309.

AUTRE TRAITÉ ANONYME DE SAINT-DIÉ[4].

1º O Maria maris stella[5]. . . . . à trois parties—fº 89.
2º Virginale decus. . . . . . .   id.   fº 379.

Tous ces traités contiennent en outre pour exemples des fragments de ténors ou thèmes dont nous avons parlé plus haut (page 109). Jean de Garlande seul donne quelques-uns de ces thèmes en entier, en indiquant les ligatures qui leur étaient applicables, selon tel ou tel mode.

Ces compositions à plusieurs parties doivent-elles être attribuées aux auteurs des traités qui en donnent des fragments à titre d'exemples? Cette question est difficile à résoudre d'une manière absolue.

En faveur de l'affirmative, on peut dire d'abord que des maîtres comme Jean de Garlande, Aristote, les deux Francon, Walter Odington et autres étaient assez instruits dans leur art pour qu'on les suppose avec fondement capables d'avoir produit des compositions de ce genre. A la science théorique et didactique, ils unissaient assurément les connaissances pratiques du compositeur. Cette raison est déjà suffisante pour permettre de se prononcer en ce sens; mais à ces présomptions nous pouvons ajouter des preuves.

D'abord, Jean de Muris dit avoir entendu exécuter à Paris un motet à trois parties de la composition de Francon[6].

Le même Jean de Muris cite ensuite deux motets de Pierre de La Croix[7], auteur d'un traité sur le plain-chant[8] et d'un autre sur la musique mesurée[9]. Nul doute donc que certains didacticiens aient été en même temps compositeurs.

Pour la négative, on fera peut-être remarquer que quelques exemples

---

[1] Scriptorum etc., t.I, p. 303.
[2] Voir plus haut, p. 154.
[3] Voir plus haut, p. 155.
[4] Scriptorum etc., t. 1, p. 319.
[5] Voir plus haut, p. 155.
[6] Speculum musicæ, lib. vii, cap. 17.
[7] Ibid. — Ibid.
[8] Scriptorum etc., t. 1, p. 282.
[9] Voir plus loin, p. 164.

sont donnés à la fois par divers auteurs appartenant à des époques différentes, ce qui tendrait à faire croire que ces auteurs prenaient leurs exemples dans les productions contemporaines des compositeurs en renom. Il est parfaitement admissible, et il doit être admis, selon nous, que les didacticiens puisaient des exemples dans les œuvres de tous les compositeurs, déchanteurs ou trouvères; mais cela ne prouve pas qu'ils n'ont pas choisi pour exemples des fragments de leurs propres compositions. Il est même difficile qu'il en ait été autrement, par exemple lorsqu'ils proposaient l'admission de certaines règles inconnues jusqu'alors, ce qui est arrivé notamment à Francon de Paris, à Francon de Cologne et à Pierre de La Croix; dans ce cas, ils devaient nécessairement prendre leurs exemples dans leurs propres œuvres ou créer des fragments pour les cas prévus. Il ne peut donc y avoir de doute sur ce point : les didacticiens de cette époque étaient compositeurs.

Il serait sans doute difficile de déterminer d'une manière tout à fait rigoureuse ceux des exemples qui ne leur appartiennent pas; mais qu'ils soient l'œuvre des auteurs qui les ont mentionnés dans leurs traités, ou d'autres artistes, la découverte de ces compositions est un fait important pour l'histoire de l'art. C'est en raison de cette importance que nous en avons reproduit le plus grand nombre dans la troisième partie de cet ouvrage. Il en sera parlé d'une manière plus spéciale au chapitre suivant.

En terminant celui-ci, nous pouvons dire des didacticiens ce que nous avons dit des déchanteurs : c'est pour la première fois que se présente l'occasion d'examiner des compositions entières appartenant à ces artistes. Le vœu si ardemment exprime par Baini[1] se trouve aujourd'hui réalisé. On a devant soi des compositions non-seulement de Francon et de ses contemporains, mais encore de plusieurs de ses devanciers, qui, les premiers, ont ouvert la voie à l'harmonie moderne, en constituant la musique harmonique, telle que nous l'avons définie au chapitre premier de la première partie.

---

[1] Voir plus haut, p. 136, note 3.

CHAPITRE IV.

COMPOSITIONS DES DIDACTICIENS.

Sommaire. — Compositions de l'auteur du « traité de déchant vulgaire »; — de Jean de Garlande; — de Pierre de La Croix; — du nommé Aristote; — de Francon de Paris; — de Francon de Cologne; — de Walter Odington; — de Pierre Picard; — de Jean de Bourgogne; — d'un anonyme de Paris; — de deux anonymes de St-Dié.

Après avoir démontré que les didacticiens étaient compositeurs, nous allons examiner les compositions qui, selon la plus grande probabilité, doivent leur être attribuées. Ici encore il est regrettable que le manuscrit de Montpellier ne fasse pas connaître les noms des auteurs des compositions qu'il renferme. Ces indications, si elles avaient été faites, auraient levé toute incertitude sur les attributions que nous allons donner, et auraient vraisemblablement permis d'augmenter de beaucoup les désignations de pièces qui appartiennent aux didacticiens. Elles auraient en outre aidé à percer le voile de plusieurs anonymes dont les ouvrages théoriques et didactiques accusent un mérite réel au point de vue des connaissances tant pratiques que théoriques. Espérons que quelque découverte ultérieure viendra combler cette lacune. En attendant, félicitons-nous des renseignements déjà très-importants que nous fournissent le manuscrit de Montpellier et certains traités publiés dans notre « Scriptorum ». N'oublions pas que ce sont ces monuments et ces documents qui viennent jeter un jour tout nouveau sur la période primitive et jusqu'à présent si obscure, de l'art harmonique. C'est grâce surtout au manuscrit de Montpellier qu'on peut étudier aujourd'hui les compositions des maîtres eux-mêmes qui ont posé les règles de l'art. Inutile donc d'insister sur leur importance historique.

L'AUTEUR DU TRAITÉ DE DÉCHANT VULGAIRE.

Au temps où Jérôme de Moravie écrivait son traité, c'est-à-dire au commencement du XIIIe siècle, la doctrine de déchant à laquelle il donne le nom de doctrine vulgaire « vulgaris positio », était considérée comme la plus ancienne connue. Le savant Dominicain nous apprend qu'on l'appelait vulgaire parce qu'elle était en usage chez toutes les nations. On a vu que dès le XIIe siècle la musique harmonique était cultivée, non-seulement en France, mais aussi en Angleterre, en Espagne et en Italie. Plus haut, page 40, nous avons déduit les motifs qui démontrent que la méthode du déchant vulgaire a été en usage au temps de Léonin et de Pérotin.

Le traité de déchant vulgaire contient l'indication de six compositions harmoniques dont cinq sont conservées dans le manuscrit de Montpellier, savoir : trois avec paroles religieuses latines, et deux où la première partie chante des paroles mondaines françaises, tandis que la seconde fait entendre des paroles latines religieuses. En voici les premiers mots :

1° { Conditio naturæ deficit.
     O natio nephandi generis.
     . . . .

2° { O Maria virgo davidica.
     O Maria maris stella.
     Veritatem.

3° { Res nova mirabilis.
     Virgo decus castitatis.
     Alleluia.

4° { Mout fu grief li départir.
     In omni fratre tuo.
     In sæculum.

5° { Povre secors ai encore recovré.
     Gaude chorus.
     Angelus.

Ces cinq compositions, que nous reproduisons en notation originale dans la troisième partie de cet ouvrage, sous les n[os] V, VI, VII, VIII et IX, et en notation moderne sous les n°s 5, 6, 7, 8 et 9, offrent un grand intérêt. Elles doivent être classées parmi les plus anciennes qui aient été découvertes; elles appartiennent sans nul doute à l'époque où vécut le célèbre Pérotin, c'est-à-dire au XIIe siècle. Elles sont de beaucoup antérieures à Francon de Cologne, puisqu'entre l'auteur du déchant vulgaire et le maître de Cologne se place encore Jean de Garlande, ainsi que nous l'avons établi ci-dessus, page 40.

On trouve d'ailleurs, dans la notation des pièces elles-mêmes, telles qu'elles sont rapportées dans le manuscrit de Montpellier, des preuves de leur antériorité à Francon. Pour en fournir un exemple, nous ferons remarquer que, dans la doctrine franconienne, deux notes ligaturées ainsi : ▮ , valaient, la première une brève, et la seconde une longue. Eh bien, dans les n°s VIII et IX, les deux notes de chaque groupe ont la même valeur ; elles représentent deux brèves.

Voilà pour l'époque où ces morceaux ont été écrits. Examinons maintenant leur structure harmonique.

Quatre, les n^{os} V-5, VI-6, VII-7 et IX-9, semblent avoir été composés d'après le procédé ayant pour base un ténor donné[1]. Les parties harmoniques y ont néanmoins des mélodies véritables dont le rythme est déterminé et dont les phrases symétriques sont convenablement découpées. On remarque même à cet égard une grande variété de rythme dont la musique moderne ne fournit guère d'exemple. Ainsi, dans le n° VI-6, pendant que le thème donné procède par groupes de deux mesures sur le rythme amphibraque, la deuxième partie fait entendre une mélodie phrasée par sept mesures, et la première chante une mélodie disposée par phrases de huit mesures. Ces rythmes divers, indépendants les uns des autres, faisaient diversion, et contribuaient à diminuer la monotonie qui devait résulter du petit nombre d'accords dont se servait l'harmonie. Nous avons déjà fait remarquer ailleurs[2] que le talent des compositeurs résidait moins dans la combinaison et l'enchaînement des accords, que dans la manière plus ou moins habile, plus ou moins heureuse de faire chanter ensemble plusieurs mélodies différentes.

Le n° VIII-8 était composé d'après le procédé qui consistait à ajuster harmoniquement une mélodie à un ténor[3]. Nous avons fait voir, en effet, que la mélodie sur ces paroles : « O Maria maris stella », est une mélodie spontanée[4].

Ces cinq compositions sont fort remarquables pour l'époque à laquelle elles appartiennent. Elles dénotent dans leur auteur une habileté véritable dans l'agencement des voix, dans l'indépendance mutuelle de leur marche et dans la variété des rythmes.

---

[1] Voir ci-dessus, 1re partie, chap. II, p. 44.
[2] Ibid., ch. VII, p. 112.
[3] Ibid., ch. II, p. 45.
[4] Ibid., ch. V, p. 86.

JEAN DE GARLANDE.

Jean de Garlande est un des théoriciens dont les écrits jettent le plus de lumière sur la musique des xiiᵉ et xiiiᵉ siècles. On est en droit de s'étonner que M. Fétis qui, à l'article « Jérôme de Moravie » de sa « Biographie universelle des musiciens, 1ʳᵉ édition, après avoir annoncé, t. v, p. 268, 1ʳᵉ col., que le « livre de Jérôme de Moravie est un de ceux qu'il a traduits et commentés », n'y accorde pourtant la moindre place ni à Jean de Garlande, dont le traité se trouve rapporté par Jérôme de Moravie, ni aux autres musiciens dont le nom y est rappelé.

Comment faire concorder ce silence avec le passage de M. Fétis que nous venons de citer? Nous laisserons au savant professur le soin d'en donner l'explication. Hâtons-nous de dire que cette omission n'existe plus dans la seconde édition de la « Biographie universelle des musiciens », qui a paru postérieurement à la publication de l'« Histoire de l'harmonie au moyen âge », où il est parlé pour la première fois de Jean de Garlande comme auteur d'un traité sur la musique; le tome iii contient un article sur Jean de Garlande. M. Fétis, sentant ici, comme toujours, le besoin de faire sentir sa supériorité y dit ceci : « Ce traité a
» été longtemps inconnu ; M. de Coussemaker dit que Jérôme de Moravie
» l'a inséré dans son ouvrage : c'est parler, ce me semble, d'une
» manière trop absolue; car Jérôme de Moravie était compilateur et non
» copiste. Il a dû retrancher du traité de Jean de Garlande et quelquefois
» y ajouter. Lui-même, d'ailleurs, nous en avertit; car il blâme parfois
» son auteur, par exemple, dans le vingt-sixième chapitre où, parlant
» du « Hoquet », il appelle *défectueuse la position* de l'exemple donné
» par Jean de Garlande. Immédiatement après, il nous informe qu'à
» ce que Jean a dit concernant la musique plane, il a ajouté ce qui
» regarde la longueur et la brièveté du son parmi nous [1]. »

Pour donner à apprécier le sens ou plutôt le contre-sens que M. Fétis donne au mot « positio », nous demandons la permission de copier seulement deux phrases de Jérôme de Moravie. D'abord celle-ci : « Nunc
» vero de cantu ecclesiastico, secundum scilicet quod discantui subjicitur,

---

[1] Biographie universelle des musiciens, 2ᵉ édit., t. iii, p. 409, c. 2.

» est dicendum nec non et de omnibus speciebus discantus de quo quidem
» sunt quinque *positiones* solemnes, una scilicet vulgaris, ceteræ vero
» speciales [1] «.

Ensuite cette autre : « Hæc est *prima positio;* qua quia quædam
» nationes utuntur communiter, et quia antiquior est omnibus, vulgarem
» esse diximus; sed quoniam defectuosa est, ideo *positionem* quæ Johannis
» de Garlandia est, subvehimus [2]. »

Peut-il être question là, nous le demandons, « de la position d'un exemple, comme le dit M. Fétis »? Personne, pensons-nous, ne sera de cet avis.

Les érudits ont aujourd'hui le traité de Jérôme de Moravie sous les yeux; ils pourront s'assurer si le traité de musique mesurée de Jean de Garlande, celui de Francon de Cologne et celui de Pierre Picard sont ou non rapportés intégralement par le savant Dominicain.

Nous avons démontré que l'auteur du traité inséré sous le nom de Jean de Garlande dans l'ouvrage de Jérôme de Moravie, a vécu au XIIe siècle, et que, de la comparaison de ce document avec des passages attribués à Jean de Garlande, et cités dans les traités de Robert de Handlo et de Jean Hanboys, il semble résulter une incompatibilité de doctrines, d'où nous avons conclu à l'existence de deux artistes du même nom ayant vécu à deux époques différentes. Pour ne pas répéter ce que nous avons dit à ce sujet, nous renvoyons nos lecteurs à la préface du Scriptorum etc., t. I, p. x, et à notre écrit intitulé : « Traités inédits sur la musique du moyen âge », p. 7.,

Un mot de Jean de Garlande comme compositeur. Les nombreux exemples que renferme son traité ne peut laisser de doute sur son mérite à cet égard. On trouve en effet, dans son traité, un assez grand nombre d'exemples plus étendus que ceux qu'on rencontre dans les traités des autres didacticiens, et indiquant une véritable habileté dans l'art d'écrire. Jean de Garlande ne semble pas, comme ses confrères, avoir puisé ses exemples dans des compositions existantes.

C'est Jean de Garlande, on se le rappelle, qui le premier parle d'une sorte de composition harmonique qu'il appelle « repetitio diverse vocis », et où se trouvent les éléments primitifs du contre-point double [3].

---

[1] Scriptorum etc., t. I, p. 94, c. 1.
[2] Ibid., t. I, p. 97, c. 1.
[3] Voir ci-dessus, première partie, chap. IV, p. 72.

PIERRE DE LA CROIX.

M. Fétis, qui mentionne ce musicien, pour la première fois, dans la deuxième édition de sa « Biographie universelle » (t. II, p. 395), ne semble en parler que d'après le catalogue des manuscrits du Musée britannique, où il est désigné comme auteur d'un traité des Tons du plain-chant. Si M. Fétis avait lu le « Speculum musicæ » de Jean de Muris, il aurait vu que Pierre de La Croix y est signalé comme un des compositeurs les plus remarquables de l'époque franconienne ; si M. Fétis avait examiné les traités entiers de Robert de Handlo et de Jean Hanboys, dont il prétend avoir fait des extraits, il aurait vu que Pierre de La Croix y est cité à diverses reprises [2] comme auteur d'un traité sur la musique mesurée. M. Fétis y aurait remarqué, en outre, le nom de quelques artistes qui n'étaient pas indignes de figurer dans son livre.

M. Fétis dit que Pierre de La Croix était ecclésiastique, mais il n'appuie cette assertion d'aucune preuve. Ce qu'on sait de plus certain, c'est que Pierre de La Croix était d'Amiens. Dans son traité sur les Tons [3] contenu dans le manuscrit du Musée britannique, n° 281 du fonds Harléien, il est appelé « Magister Petrus de Cruce ambianensis ».

Quant à la pensée d'identité qui pourrait exister entre Pierre de La Croix et Pierre Picard dont Jérôme de Moravie a publié le traité [4], elle doit disparaître devant ce fait, que le traité de Pierre Picard, d'après sa propre déclaration, n'est qu'un abrégé de celui de Francon de Cologne, tandis que le traité de Pierre de La Croix, suivant les extraits qu'en donnent Robert de Handlo et Jean Hanboys [5], est un ouvrage original contenant notamment sur la notation de la musique mesurée, des règles spécialement relatives aux semibrèves.

Le contexte de ces règles nous porte à croire que Pierre de La Croix est le même personnage que le maître de Notre-Dame de Paris que l'anonyme du Ms. B, désigne sous le nom de « Petrus optimus notator [6] », et comme auteur d'un traité sur cette matière ; dans ce cas, Pierre de La Croix

---

[1] Livre VII, chap. 17.—Voir ci-dessus, p. 128.
[2] SCRIPTORUM etc., t. I, p. 387—388—389—424.
[3] Ibid., p. 282.
[4] SCRIPTORUM etc., t. I, p. 136.
[5] Ibid., p. 387 — 388 — 389 — 424.
[6] Ibid., p. 342 — 344.

a dû vivre dans le xiie siècle, peu de temps après Pérotin, ainsi que nous l'avons établi plus haut, p. 40.

Quant au traité de Pierre de La Croix, nous croyons le reconnaître dans le traité anonyme que nous avons publié dans notre « Histoire de l'harmonie au moyen âge », sous le n° vi, des documents inédits. Ce qui nous le fait penser, c'est qu'indépendamment des raisons que nous avons exposées pour démontrer que ce traité a été écrit au xiie siècle, on y trouve des exemples tirés des compositions de Pierre de La Croix, à l'appui de la subdivision de la brève en plus de trois semibrèves, dont il passe pour avoir, le premier, fixé l'emploi et la notation. On dira peut-être que si ce traité était bien de Pierre de La Croix, on devrait y trouver les passages cités par Robert de Handlo et par Jean Hanboys. Ces passages n'y sont pas, à la vérité, textuellement, mais en substance; et les exemples sont, de part et d'autre, puisés dans des compositions de Pierre de La Croix. D'ailleurs, Pierre de La Croix a pu développer ailleurs sa doctrine. On sait, par Jean de Muris[1], que Francon adoptait cette subdivision; et cependant son traité n'en parle pas. N'en a-t-il pas pu être de même de Pierre de La Croix? Celui-ci voyant que sa manière de noter cette subdivision recevait l'approbation des artistes, en a peut-être consigné le développement ailleurs que dans le traité que nous possédons. Cela est probable.

Une autre objection se tire de ce que Jean de Muris[2] dit que Pierre de La Croix a suivi la méthode de Francon; et l'on en conclut qu'il est postérieur au maître de Cologne. Mais le célèbre chanoine de Paris se trompe, et son erreur provient de ce qu'il semble avoir ignoré que Pierre de La Croix est auteur d'un traité sur le chant mesuré, et de ce que Francon admettant cette subdivision, Pierre de La Croix l'aurait adoptée d'après le maître de Cologne. Mais Pierre de La Croix est, au contraire, considéré comme le premier qui a fixé les règles concernant la subdivision de la brève en plus de trois semibrèves. En effet, c'est bien à Pierre de La Croix que Robert de Handlo et Jean Hanboys attribuent cette réglementation, et non à Francon. Il est évident que si Francon en avait été le promoteur, c'est lui dont on aurait invoqué l'opinion et l'autorité. Notons, en outre, qu'il s'était passé plus d'un siècle et demi entre Pierre de La Croix et Jean de Muris; et puisque le célèbre chanoine ignorait que Pierre de La Croix

---

[1] SPECULUM MUSICÆ, liv. vii, chap. 17. [2] Ibid., liv. vii, ch. 17, et ci-dessus, p. 128.

avait écrit des traités sur son art, il a pu très bien ignorer aussi l'époque précise où il a vécu.

Quoi qu'il en soit, Pierre de La Croix était un des docteurs de la science musicale de son temps. Il était auteur d'un traité sur les Tons du plainchant, d'un autre sur la musique mesurée, et d'un grand nombre de compositions regardées comme les plus remarquables de l'époque.

Jean de Muris cite des fragments de deux de ses compositions[1]. Grâce à ces indications, nous les avons trouvées dans le manuscrit de Montpellier. Ce sont deux motets à trois parties; le premier commence par ces paroles :

{ S'amours eut point de poer.
{ Au renouveler du joli tans.
{ Ecce.

Le second commence ainsi :

{ Aucun ont trové chant.
{ Lonc tans me suis tenu.
{ Annun (sic).

Ces deux compositions ont eu de la célébrité; elles sont citées nonseulement par Jean de Muris, mais aussi par Robert de Handlo et Jean Hanboys. Dans toutes deux on trouve des passages où est employée la subdivision de la brève en plus de trois semibrèves. Nous les reproduisons dans la troisième partie, sous les n°s x-10 et xi-11.

Le style de Pierre de La Croix a une allure particulière qu'il emprunte principalement à sa manière de subdiviser la brève en semibrèves.

ARISTOTE.

Ce nom est considéré comme pseudonyme; toutes les recherches qu'on a pu faire pour découvrir le personnage auquel il s'applique sont restées infructueuses. Son traité sur la musique mesurée a été attribué à Bède le Vénérable par les premiers éditeurs des œuvres complètes du savant anglais; mais l'abbé Gerbert et d'autres ont reconnu l'impossibilité de cette attribution. Bottée de Toulmon, d'après deux passages du « Speculum

---

[1] Voir plus haut, p. 128, note 1.

musicæ » de Jean de Muris, a montré que ce traité a pour auteur un nommé Aristote[1]. Le texte et les exemples sont remplies d'incorrections dans l'édition des œuvres de Bède. En 1852, le premier, nous avons signalé à l'attention des érudits l'existence d'un manuscrit de la Bibliothèque impériale de Paris, contenant une copie de ce traité. Ce manuscrit, désigné alors sous le n° 1136 du supplément du fonds latin, porte aujourd'hui le le n° 11266 du même fonds. Si nous faisons cette remarque, c'est parce que l'identité de ce document avec celui qu'on a imprimé sous le nom de Bède n'avait été aperçue par aucun de ceux qui ont été à même d'examiner ce manuscrit. M. Fétis lui-même qui, pendant plusieurs années, a eu en sa possession l'original et une copie faite par Perne, n'a pas vu qu'il avait en mains le manuscrit de l'ouvrage attribué à Bède.

Dans la seconde édition de sa « Biographie universelle des musiciens », M. Fétis, pour la première fois, a consacré à ce musicien un article qui appelle de notre part quelques observations. Nous ne parlerons pas de la forme que M. le professeur Fétis a donnée aux critiques qu'il renferme; nous laisserons au lecteur impartial le soin de qualifier de pareils procédés de discussion; nous nous attacherons seulement à ce qui s'y trouve de sérieux.

Pour chercher à donner le change, M. le professeur Fétis suppose gratuitement que nous lui avons prêté l'absurdité de croire qu'il niait l'existence de la musique mesurée au temps de Bède le Vénérable. Mais le lecteur attentif ne se sera pas laissé prendre à un piége de ce genre. Personne n'a cru que nous ayions voulu accuser M. Fétis d'une énormité pareille. Ce n'est donc pas ce que nous avons voulu dire, c'est encore moins ce que nous avons dit. Ce que nous avons dit, c'est que, pour M. Fétis qui, à l'époque de la rédaction de l'article Bède dans la première édition de sa « Biographie universelle des musiciens », ignorait que le traité alors attribué à Bède eût pour auteur le nommé Aristote, il n'était pas impossible que Bède en fût l'auteur. Et en effet, le célèbre professeur n'y dit-il pas ceci : « Il n'est pas démontré cependant qu'il n'existait pas de notions de la musique mesurée chez les peuples du Nord, dès le VIIIe siècle ». Il est évident que ce passage, écrit à l'encontre de l'opinion de Burney et de Forkel, qui attribuent le traité en question à un auteur plus moderne que Bède, avait

---

[1] BULLETIN ARCHÉOLOGIQUE du Comité historique des arts et des monuments, t. III, p. 215.

pour but, de la part de M. Fétis, de faire croire qu'au viiie siècle il existait des notions de musique mesurée, sinon semblables, au moins analogues à celles qui sont enseignées dans ce traité, que partant il n'était pas impossible que cet ouvrage fût l'œuvre du docte anglais. A l'appui de cette opinion, M. Fétis ajoute : « remarquons en passant que, dans son « Histoire ecclésiastique », dont il y a plusieurs éditions, Bède fait mention d'une harmonie à deux parties, en consonnances, dont il y avait des exemples en Angleterre de son temps ». C'est en présence de ces paroles que nous avons écrit cette phrase : « Sans se prononcer positivement, M. Fétis semble considérer Bède le Vénérable comme pouvant être l'auteur de ce traité ».

La question dont il s'agissait était donc de savoir, non pas si la musique mesurée existait au temps de Bède, mais s'il y avait à l'époque où il vécut, une doctrine de notation, ou une méthode d'écrire et de noter la musique mesurée qui pût permettre de croire à la possibilité que Bède en fût l'auteur. Il suffit de lire l'article « Bède », dans la première édition[1] de la « Biographie universelle des musiciens », pour voir que M. Fétis y parle de la musique mesurée, non comme chant rhythmé dont l'existence dans tous les temps n'est niée par personne, mais comme art d'écrire ou de noter cette musique. C'est là, suivant nous, la portée du raisonnement de M. Fétis, à moins que ce ne soit une banalité.

M. Fétis proteste contre notre interprétation; nous lui en donnons volontiers acte, mais en laissant le lecteur juge entre lui et nous, et du fond et surtout de la forme de la protestation.

Le traité d'Aristote est un des plus remarquables que l'on connaisse pour la musique mesurée au xiiie siècle.

Nous renvoyons à l'ouvrage lui-même, publié dans le « Scriptorum etc. », t. i, p. 251, et à ce que nous en avons dit, tant dans la préface de cet ouvrage que dans notre écrit intitulé : « Traités inédits sur la musique du moyen âge ».

Il serait intéressant de pouvoir déterminer l'époque précise où cet auteur a vécu; mais cela n'est pas facile. Jean de Muris le cite comme autorité à l'égal de Francon. Jérôme de Moravie, qui a écrit son traité au commencement du xiiie siècle, n'en parle pas. Ce qui tendrait à faire croire qu'il est antérieur à Francon ou que du moins il vivait de son temps, c'est que

---

[1] L'article Bède est modifié dans la 2e édition.

sa doctrine est une de celles qui, en plusieurs points, est fortement critiquée par Francon. Il admet neuf modes au lieu de cinq adoptés par Francon; il emploie, pour noter le premier mode, les groupes de ligatures repoussés par Walter Odington [1].

Aristote était non-seulement un des théoriciens et didacticiens les plus savants de son époque, il était en outre compositeur remarquable pour son temps.

A la fin du manuscrit 11266 de la Bibliothèque impériale, on trouve sept motets à trois parties qui commencent par ces paroles :

1 { Salve Virgo nobilis, Maria.
Verbum caro factum et habitavit in nobis.
Veritatem.

2 { Quant voi la florete nestre en la prée.
Je suis joliete, doucete et plaisant.
Aptatur.

3 { Amor vincens omnia potentia.
Mariæ præconio devotio.
Aptatur.

4 { Lautrier m'esbanoie.
Demenant grant joie.
Manere.

5 { Si j'ai servi longuement.
Trop longuement m'a failli.
Pro patribus.

6 { Chorus innocentium.
In Bethleem Herodes.
In Bethleem.

7 { O Maria mater pia, spes fidelium.
Mellis stella maris, rosa primula.
Domino.

Cinq de ces motets, les nos 1, 2, 3, 4 et 5, sont reproduits dans le manus-

[1] Voir plus haut, p. 126.

crit de Montpellier; le n° 2 y a la forme d'un quadruple dont la quatrième partie commence ainsi : « Joliement en douce désirée. » Le même manuscrit contient en outre deux autres motets dont on ne trouve que des fragments donnés comme exemples dans le manuscrit 11266; ce sont les suivants :

8 { Veni virgo beatissima.
    Veni sancte spiritus.
    Neuma.

9 { L'autre jour chevaulchoie de lès un grand arbroie.
    Lautrier joiant et doi compaignon joli.
    Vilain lièvés sus.

On possède donc neuf compositions de cet artiste, savoir : cinq motets sur paroles latines religieuses et quatre sur paroles françaises; quelques-uns sont remarquables. Parmi les morceaux religieux, on peut citer surtout le n° 8; les deux parties supérieures sont de véritables mélodies bien phrasées et bien rhythmées; elles sont en outre dessinées en imitations; ce qui indique chez leur auteur une grande facilité et une habileté réelle dans l'art d'écrire. Les motets avec paroles françaises, n°s 2 et 5, ne sont pas moins remarquables.

Dans un travail intitulé : « Epoques caractéristiques de la musique d'église [1] », M. Fétis a donné la traduction du n° 5 en notation moderne [2]. Voici ce qu'il en dit : « Le chant des paroles : *Si j'ai servi longuement*, est une véritable mélodie, caractérisée comme le serait un chant de la musique moderne, et rhythmée périodiquement par des phrases de quatre mesures correspondantes, ou par des phrases de six également symétriques. Indépendamment de ce rhythme phraséologique, on en remarque un autre appelé rhythme de temps, et qui résulte des dispositions de longues et de brèves, par exemple de deux brèves placées entre deux longues; or, ce rhythme caractéristique passe alternativement dans les deux parties supérieures et donne à tout le morceau un mouvement cadencé, auparavant

---

[1] REVUE DE MUSIQUE RELIGIEUSE, t. III, p. 335.

[2] Nous nous voyons encore obligé de critiquer M. Fétis, au sujet de sa traduction de ce morceau. Il traduit constamment les groupes de deux semibrèves par deux notes égales : c'est de sa part une erreur que nous avons déjà signalée plus haut, p. 115.

inconnu. Enfin, un autre rhythme se fait remarquer dans le plain-chant « pro patribus » : le musicien a fait de ce chant une suite d'iambes et de trochées séparés par des repos réguliers; de tout cela résulte un ensemble complexe qui est déjà de l'art porté à un degré remarquable. »

Cette appréciation, à laquelle nous donnons notre pleine adhésion, peut s'appliquer en tout point au motet n° 2, en se rappelant, comme nous l'avons déjà dit, que ce dernier morceau, qui n'est qu'à trois parties dans le manuscrit 11266, est un quadruple dans le manuscrit de Montpellier. Il est même remarquable que la partie supérieure, qui paraît avoir été ajoutée en dernier lieu, soit précisément celle dont la mélodie est la plus facile, la plus gracieuse et la mieux caractérisée sous le rapport du rhythme et de la phraséologie.

A raison de l'importance des compositions d'Aristote, nous en avons reproduit cinq, savoir : quatre à trois parties et une à quatre. On les trouvera dans la troisième partie, sous les n°s XII-12, XIII-13, XIV-14, XV-15 et XLIV-44.

FRANCON DE PARIS.

L'anonyme du Ms. B. signale deux maîtres du nom de Francon. Il appelle l'un « Franco primus » et l'autre « Franco de Colonia ». Ce fait, qui se révèle ici pour la première fois, est d'un grand intérêt, ainsi qu'on le verra. La qualification de « primus » a été donnée évidemment pour distinguer ce Francon de son homonyme de Cologne; car, par une coïncidence singulière, non-seulement ces deux artistes portaient le même nom, mais ils se sont distingués tous deux et à peu près au même temps, par des améliorations dans la doctrine de la musique mesurée. L'anonyme du Ms. B, qui vivait à peu près à la même époque, les met tous les deux sur la même ligne de mérite [1].

Connaît-on la patrie de ce Franco primus? Connaît-on ses œuvres? A ces questions nous croyons pouvoir répondre affirmativement.

Dans quelques manuscrits anciens, le traité « Ars cantus mensurabilis » porte pour auteur, le nom de « Franco Parisiensis [2] ». L'abbé Gerbert le nomme ainsi d'après un manuscrit de la bibliothèque Ambrosienne de Milan [3]. Cela démontre qu'à l'époque où ces manuscrits ont été copiés,

---

[1] SCRIPTORUM etc., t. I, p. 342.
[2] FORKEL. Allgemeine geschichte der musik, t. II, p. 390.
[3] SCRIPTORES de musica, t. III, préface, p. I.

on se souvenait d'un Francon qui n'était pas Francon de Cologne.

On a négligé cette indication, parce qu'elle se rapportait à un traité qui est évidemment de Francon de Cologne. Mais maintenant, sachant qu'il en a existé un autre Francon tout à fait différent du maître de Cologne, il y a lieu d'avoir égard à cette qualification de « Parisiensis ». En effet, les copistes qui l'ont donnée à l'auteur de l'« Ars cantus mensurabilis », se sont trompés en confondant deux artistes portant le même nom; mais dans leur esprit, cette qualification s'appliquait à un personnage du nom de Francon. Ce personnage, selon nous, est « Franco primus »; et il faut regarder Paris comme le lieu de sa naissance

D'après le même anonyme Ms. B, « Franco primus », que nous nommerons dorénavant Francon de Paris, était auteur de compositions harmoniques et d'un traité sur la musique mesurée. Voyons d'abord quel peut être ce traité; nous rechercherons ensuite ses compositions.

Nous avons fait voir plus haut, p. 31, que le traité attribué par Robert de Handlo à Francon, n'est pas celui de Francon de Cologne, et que Robert de Handlo ne donne aucune attribution de lieu de naissance au Francon dont il commente les règles. Nous avons démontré en même temps que le traité commenté par lui est le même que le traité anonyme publié dans notre « Histoire de l'harmonie au moyen âge », sous le n° v des documents inédits. Le traité de Francon que Jean Hanboys prend pour sujet de son commentaire, est également celui que nous venons de signaler; l'abrégé de Jean Balloce, les deux anonymes du manuscrit de St-Dié [1], sont encore des résumés ou en grande partie des copies textuelles du même traité. Que faut-il en conclure ? Faut-il croire que Robert de Handlo, Jean Hanboys, Jean Balloce, se soient trompés au point d'attribuer à Francon, auteur renommé, un traité qui n'était pas de lui ? Ne vaut-il pas mieux au contraire admettre que ces auteurs ont pris, pour le commenter, un traité appartenant véritablement à Francon? et partant, ne faut-il pas conclure qu'on a là le traité de Francon de Paris? Nous pensons qu'il n'y a pas à hésiter. Cette dernière hypothèse est la vraie : les faits nous semblent tellement démonstratifs, qu'aucun doute sérieux ne saurait ébranler la conviction qu'ils imposent.

Ce traité qui, à l'époque de la rédaction de notre « Histoire de l'har-

---

[1] SCRIPTORUM etc., t. I, p. 292 — 303 — 319.

monie au moyen âge », a été envisagé par nous comme un document très important pour l'histoire de l'art, acquiert un nouveau degré d'intérêt. On sait en effet que c'est ce Francon qui le premier a introduit les améliorations connues sous le nom de doctrine Franconienne. On a là sa méthode qui, avec celle de son homonyme de Cologne, venu immédiatement après lui, si même il n'était son contemporain, a été adoptée bientôt par l'Europe entière. La comparaison du traité de Francon de Paris avec celui de Francon de Cologne, permet en outre d'apprécier la part prise par chacun d'eux dans cette réforme. A Francon de Paris revient toutefois l'honneur de l'initiative.

A juger par l'estime dont jouissait le traité de Francon de Paris du temps de Robert de Handlo et de Jean Hanboys, on peut sans témérité reporter sur lui une partie des éloges attribués à Francon par les écrivains du moyen âge, et exclusivement à Francon de Cologne par les auteurs modernes

On a vu plus haut que Francon de Paris était compositeur. Par la raison que nous avons déjà exposée, il y a lieu de croire que les exemples de son traité sont pris dans ses propres compositions. On apprendra avec intérêt que sur cinq des fragments cités par lui comme exemples, une composition entière est conservée dans le manuscrit de Montpellier. C'est celle qui débute par ces paroles : « Diex qui porroit ». On la trouvera dans la troisième partie, sous le n° XVI-16.

Cette composition est notée selon les principes enseignés par l'auteur.

FRANCON DE COLOGNE.

Francon de Cologne est le mensuraliste le plus célèbre du moyen âge. Les améliorations apportées par lui et par son homonyme Francon de Paris ont fait époque. Après la discussion à laquelle nous nous sommes livré ci-dessus, page 17 et suivantes, et en présence des documents que nous avons produits, on peut considérer que Francon de Cologne a vécu à la fin du XIIe siècle. Quant à son mérite comme théoricien et didacticien, la célébrité dont il a joui témoigne combien il a été apprécié. On présumait, et on était en droit de présumer, que ce savant didacticien, ce docteur, comme l'appelle Jean de Muris, ne s'était pas contenté à dicter des règles et d'en enseigner l'application; on pensait que les exemples rapportés dans ses traités étaient des fragments de ses compositions. Cela était très vraisemblable; toutefois, ce n'étaient guère que des conjectures. Aujourd'hui, nous pouvons affirmer que Francon était compositeur. On en a la preuve dans une mention du « Speculum musicæ » de Jean de Muris, qui paraît avoir échappé à l'attention de tous ceux qui ont examiné cet ouvrage. Voici ce qu'on y lit livre VII, chapitre 17 : « Item videtur mihi Parisius audivisse triplum a magistro Franchone ut dicebatur compositum in quo plures semibreves quam tres pro uno perfecto ponebantur tempore ».

Ainsi, Francon de Cologne, car c'est bien de ce maître que parle Jean de Muris qui ne semble pas avoir connu l'autre, était compositeur, et ses compositions s'exécutaient encore à Paris au XIVe siècle, ce qui démontre leur valeur artistique.

On peut supposer avec fondement que Francon est auteur de plusieurs des compositions dont les fragments sont donnés comme exemples dans son traité. On peut le faire avec d'autant plus de raison qu'à l'appui des règles nouvelles qu'il proposait, il ne pouvait trouver de meilleurs exemples que dans ses propres œuvres.

Parmi les trente exemples que renferme le traité de Francon, on en trouve quatre dans le manuscrit de Montpellier. Ils sont à trois parties; en voici les premières paroles :

1° { Psallat chorus.
     Eximie pater et egregie.
     Aptatur.

2° { Ave virgo regia, mater clementiæ
     Ave gloriosa mater.
     Domino.

3° { O Maria virgo davidica.
     O Maria maris stella.
     Veritatem.

4° { Povre secors ai encore recovré.
     Gaude chorus omnium.
     Angelus.

Les deux derniers appartiennent à l'auteur du traité de déchant vulgaire. Nous en avons parlé plus haut, p. 160.

Quant aux deux premiers, nous les considérons comme sortis de la plume de Francon de Cologne. On les trouvera dans la troisième partie, sous les nos XVII-17 et XVIII-18.

WALTER ODINGTON.

Walter Odington a vécu à la fin du XIIe siècle et au commencement du XIIIe. Nous avons fait voir que son traité a été écrit antérieurement à 1226[1]. Cet ouvrage est un des plus importants de cette époque pour l'étude du plain-chant et de la musique mesurée.

Walter Odington doit être rangé parmi les compositeurs. Les exemples qu'il donne aux rubriques « Organum, Rondeau, Conduit, Copule, Motet et Hoquet », démontrent son savoir dans l'art d'écrire. A défaut de pièces plus étendues qui puissent lui être attribuées, nous allons reproduire quelques-uns de ces exemples.

Le plus important est celui qu'il produit comme modèle de Rondeau. Nous l'avons donné plus haut, page 81.

Voici l'exemple qu'il donne à la rubrique « Conduit » :

TRADUCTION.

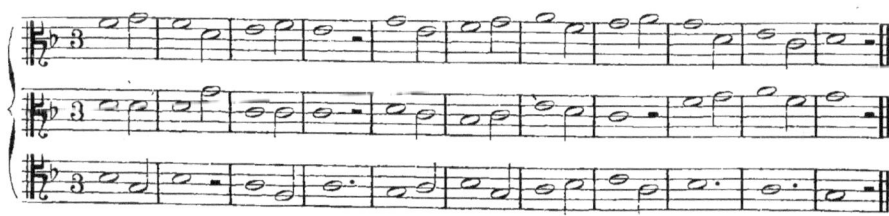

---

[1] SCRIPTORUM etc., t. I, préface, p. XIV, et TRAITÉS INÉDITS SUR LA MUSIQUE DU MOYEN AGE, p. 13.

On remarquera avec quelle facilité et quelle habileté l'auteur fait mouvoir les trois parties. On n'y voit qu'une seule succession de deux quintes.

Nous donnons aussi le motet « Agmina fidelium » tout incomplet qu'il soit. Cette pièce a joui d'une certaine vogue. La voici :

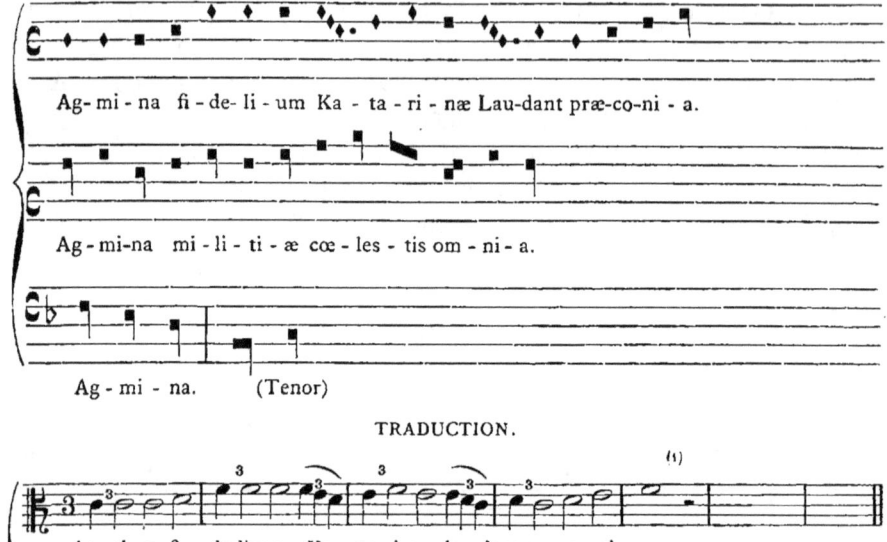

TRADUCTION.

Ces fragments sont suffisants pour montrer que Walter Odington n'était pas moins bon compositeur que savant théoricien et didacticien.

PIERRE PICARD.

Pierre Picard est avec Pierre de La Croix et Jean le Fauconnier, le troisième artiste de cette époque auxquels la Picardie a donné le jour.

---

[1] Il y a ici une lacune dans cette partie.

Le traité de Pierre Picard, ainsi qu'il le dit lui-même, n'est qu'un abrégé de celui de Francon de Cologne. Il cite néanmoins pour exemples d'autres fragments que ceux proposés par ce maître. Faut-il en conclure que tous ou quelques-uns de ces exemples appartiennent à des compositions dont Pierre Picard serait l'auteur. Il serait difficile de l'affirmer, d'autant plus que les deux seuls exemples qu'on trouve dans le manuscrit de Montpellier sont tirés de compositions qui ne sont pas de Pierre Picard; ce sont celles qui commencent par ces paroles : « Ja n'aimerai » et « Gaude chorus ».

La première :

{ Ja n'aimerai.
{ In sæculum.
{ In sæculum.

est du maître espagnol dont nous avons parlé plus haut, page 149.

La seconde :

{ Povre secors
{ Gaude chorus.
{ Angelus.

est un triple qui appartient à l'auteur du traité de déchant vulgaire. Aucun des exemples du traité de Pierre Picard ne porte de traces de notation dans le manuscrit de Jérôme de Moravie.

JEAN DE BOURGOGNE.

Jérôme de Moravie mentionne Jean de Bourgogne comme auteur de ce qu'il appelle un « arbre musical », qui était sans doute une sorte de tableau synoptique. L'anonyme du Ms. B. parle aussi d'un maître de Bourgogne « magistro de Burgundia » comme un des plus célèbres du XIIe siècle. Il est probable que ces deux indications se rapportent au même personnage. On ne connaît pas de composition de Jean de Bourgogne.

ANONYME DE BRUXELLES.

On sait que ce traité, qui est actuellement à la bibliothèque royale de Bruxelles[1], vient de l'ancienne abbaye de St-Laurent de Liége. Cet ouvrage et un autre provenant du même monastère, aujourd'hui en dépôt dans la bibliothèque de l'Université de Louvain[2], prouvent que la musique

---

[1] SCRIPTORUM etc., t. I, p. XVIII-296.   [2] M. le chevalier Van Elewyck a eu

harmonique a été cultivée de bonne heure dans cette partie de la Belgique. Ni l'auteur du traité de la bibliothèque de Louvain, qui a dû vivre à la fin du xie siècle ou au commencement du xiie, ni celui du traité de Bruxelles, qui est du xiiie, ne parlent de Francon de Cologne, le mensuraliste, qui, suivant quelques écrivains, serait l'écolâtre de Liége que mentionne Sigebert de Gembloux. Ce silence ne servira certainement pas à corroborer cette opinion dont nous avons apprécié la valeur; voir ci-dessus, page 20 et suiv.

L'anonyme de Bruxelles cite dans son traité un motet commençant par ces mots : « Non pepercit Deus nato proprio »; nous ne l'avons découvert nulle part.

ANONYME DU MUSÉE BRITANNIQUE.

Cet auteur, qui nous fournit tant et de si précieux renseignements [1] sur l'art et les artistes de son temps et de la période qui l'a précédé, ne laisse apercevoir aucune trace de composition qui lui soit attribuable. Il était pourtant trop versé dans les connaissances de son art pour laisser supposer qu'il ne se soit pas livré à la composition. Néanmoins, en l'absence de toute indication, nous en sommes réduit aux conjectures. On y trouve bien la mention d'un déchant commençant par ces paroles : « Je cuidai mes maus céler », mais on ne saurait affirmer qu'il soit de l'auteur du traité. Cette pièce se trouve parmi les motets à deux parties, rapportés dans le manuscrit 184, supplément français, de la Bibliothèque impériale de Paris.

ANONYME DE PARIS.

Nous avons publié dans notre « Scriptorum, etc. t. i », page 378, sous le titre : « De musica libellus », d'après le manuscrit latin 6286 de la Bibliothèque impériale de Paris, un petit traité anonyme dont la composition semble remonter au temps où a été écrit le traité de déchant vulgaire [2]. Suivant l'auteur, en principe, toutes les longues, valaient deux brèves ; elles n'avaient la valeur de trois brèves que dans des cas déterminés; on l'appelait alors « ultra mensuram ». Cette doctrine concorde avec le passage du traité de Walter Odington où il est dit que chez les premiers déchanteurs

eu l'obligeance de nous indiquer l'existence de ce précieux document dans la bibliothèque de l'Université catholique de Louvain. Qu'il en reçoive nos remerciements ainsi que M. l'abbé Reusens, conservateur de ce dépôt, qui a bien voulu nous envoyer en communication le manuscrit. Nous en avons pris une copie qui figurera dans le tome ii du Scriptorum etc.

[1] Scriptorum etc., t. i, p. 327.
[2] Ibid., p. 378.

la longue ne valait que deux brèves[1]. Le reste du traité indique aussi une doctrine moins avancée que celle de Francon, à laquelle il n'est pas fait la moindre allusion.

L'auteur nous apprend que les motets prenaient toujours le nom du mode dans lequel était le ténor. Ainsi lorsque le motet (ce mot est pris ici dans le sens de déchant ou seconde partie, voir plus haut, p. 59) est du premier mode, tandis que le ténor est du cinquième, la composition entière est dite être du cinquième mode[2].

Il cite pour exemple de cette espèce deux motets commençant par ces paroles : « Bone compaignie » et « O quam sancta ».

Ces deux motets sont conservés dans le manuscrit de Montpellier; le premier est un quadruple dont voici les premières paroles :

Fos 51 vo et 52.
- Ce que je tieng pour déduit.
- Certes mout est bone vie.
- Bone compaignie.
- Manere.

La seconde y est en forme de triples. Les trois parties commencent par ces mots :

Fos 63 vo et 64.
- El mois d'avril quiter vais.
- O quam sancta.
- Et gaudebit.

Nous reproduisons le quadruple dans la troisième partie, sous le n° XLIII-43. Cette pièce est une des plus remarquables de ce temps.

ANONYME DE SAINT-DIÉ.

Les deux traités anonymes de St-Dié contiennent pour exemples quelques fragments de compositions harmoniques dont quatre se trouvent entières dans le manuscrit de Montpellier; ce sont les suivantes : 1° « Gaude chorus »; 2° « En grant dolour »; 3° « O Maria maris stella »; 4° « Virginale decus ».

Le premier et le troisième sont de l'auteur du traité de déchant vulgaire. Le deuxième est de Francon de Paris. Le quatrième n'est cité dans aucun ouvrage. Il est probable qu'il est de l'auteur du traité.

---

[1] SCRIPTORUM etc. t. I, p. 235.   [2] Ibid., p. 379.

CHAPITRE V.

TROUVÈRES HARMONISTES.

Sommaire. — Suivant M. Fétis, les trouvères étaient seulement mélodistes. — Le manuscrit de Montpellier fournit la preuve qu'ils étaient aussi harmonistes. — D'après M. Th. Nisard, les mélodies des trouvères seraient toutes le résultat d'une création harmonique. — Erreur de ce système. — Les trouvères étaient harmonistes et mélodistes.

Les trouvères étaient à la fois poètes et musiciens. Depuis longtemps cela est hors de doute. Les nombreux manuscrits où se trouvent transcrites leurs œuvres contiennent les mélodies notées. Dans les premiers temps, les trouvères chantaient eux-mêmes leurs compositions, en s'accompagnant de la harpe, de la vièle ou de quelque autre instrument. Plus tard, ils abandonnèrent ce soin aux jongleurs et aux ménestrels pour se livrer exclusivement à la composition de la poésie et de la musique.

Ici se présente la question de savoir si les trouvères étaient simplement mélodistes, c'est-à-dire compositeurs de cantilènes, ou s'ils étaient en même temps harmonistes, c'est-à-dire auteurs de compositions à plusieurs parties. C'est là un point historique qui offre un véritable intérêt, car de sa solution affirmative résulterait nécessairement la preuve de la part qu'auraient prise les trouvères dans les développements de l'harmonie et du contrepoint aux XIIe et XIIIe siècles.

M. Fétis est d'avis que les trouvères étaient simplement mélodistes. Selon lui, les déchanteurs formaient une classe de musiciens à part, dont le talent consistait à harmoniser, c'est-à-dire à mettre en parties harmoniques les mélodies des trouvères [1]. Il ne fait exception que pour Adam de La Hale dont le manuscrit de La Vallière, de la Bibliothèque impériale, contient des

---

[1] « La composition de la mélodie, dit M. Fétis, paraît indépendante de l'harmonie. Elle se manifeste par des chants populaires en langue vulgaire ou latine, ou par des chants d'hymnes, de répons, d'antiennes sur des paroles latines. Les chansons à voix seule, en vieux français, commencent à se répandre. C'est un trait caractéristique de cette époque que la composition de la musique divisée en deux parties distinctes, savoir : l'invention du chant, qui paraît avoir été toujours dévolue au poète, et l'harmonisation de la mélodie, qui se faisait après coup par un musicien. On verra plus loin quelles furent les conséquences de cette division

rondeaux et des motets à trois parties[1]. Une opinion aussi tranchée sur une question importante aurait mérité d'être étayée de quelque preuve ; le savant professeur n'en donne aucune. Nous qui, en notre qualité d'archéologue, ne nous contentons pas d'une affirmation même émanant d'une voix aussi autorisée, avons voulu rechercher les documents qui pouvaient motiver cette opinion ; car nous n'apercevons pas de motifs sérieux pour placer dans une situation exceptionnelle Adam de La Hale, dont l'éducation artistique ne paraît pas avoir été différente de celle de ses confrères. Il est évident que M. Fétis n'a fait cette exception qu'en présence d'un fait positif, celui de l'existence des rondeaux et des motets dans le manuscrit de La Vallière. Comme M. Fétis, nous sommes convaincu que ces compositions harmoniques sont bien d'Adam de La Hale, et nous ne croyons pas qu'il faille s'arrêter au doute émis par le savant Kiesewetter, doute fondé sur ce que le manuscrit de La Vallière, le seul qui contienne les rondeaux et les motets attribués à Adam de La Hale, n'est pas contemporain du poète artésien, et que les autres compositions du même trouvère ne sont pas accompagnées d'harmonie. Tous les didacticiens des XIIe et XIIIe siècles sont d'accord pour ranger les rondeaux et les motets parmi les compositions harmoniques. Il faut donc, si les rondeaux et les motets du manuscrit de La Vallière sont d'Adam de La Hale, ce qui n'est pas contesté, il faut tenir pour certain qu'Adam de La Hale en a composé la musique, et par conséquent qu'il était harmoniste. Mais ce n'est pas comme exception que nous le rangeons dans cette catégorie ; à cet égard, nous ne pouvons partager l'opinion de M. Fétis, qui, nous le répétons, ne donne aucune raison probante. Les trouvères, nous ne disons pas

---

introduite dans l'art d'écrire la musique. Il est singulier qu'une chose de cette importance n'ait été remarquée par aucun historien de la musique. » — BIOGRAPHIE UNIV. DES MUSICIENS, 1re édit. — RÉSUMÉ PHILOSOPHIQUE DE LA MUSIQUE, p. CLXXXV et CLXXXVI. — Plus loin il ajoute : « L'invention du chant des vers continue à être dans les attributions des poètes, à qui l'on donne, à cause de cela, le nom de *trouvères*, tandis que celui de *déchanteur* est toujours donné aux musiciens harmonisateurs. » Ibid. p. CLXXXVII.

[1] « Tous les trouvères, dit encore M. Fétis, sont poètes et compositeurs de musique. Aucun jusqu'en 1250 ne paraît avoir harmonisé ses chansons, etc. » — Ibid., p. CXCII et CXCIII. — « Parmi les trouvères, un seul paraît avoir réuni aux qualités du poète et de compositeur de mélodies, celle de déchanteur ou d'harmoniseur de ces mélodies : ce poète musicien est Adam de La Hale, surnommé le Bossu d'Arras, qui brille depuis 1260 jusqu'à 1280. » — Ibid., p. CLXXXIX.

tous, mais un grand nombre, étaient harmonistes; le manuscrit de Montpellier démontre ce fait de la manière la plus nette et la plus précise. On y voit non-seulement que les trouvères composaient des motets ou duos, des triples ou trios et des quadruples ou quatuors, mais qu'ils faisaient des vers spécialement destinés à être mis en musique à plusieurs parties. Le texte de ces pièces est trop remarquable, sous ce rapport, pour que nous ne le mettions pas tout de suite sous les yeux du lecteur. En voici d'abord deux où il est question de « motet » et de « déchant » :

Fo 85.   Fol acoustumance
         Me fet que ge chant;
         Car nus ne m'avance,
         Ne par assoutillance,
         Ne par chant.
         Mes en remembrance
         Ai fet *un nouvel déchant*
         Que duel et pesance
         Doivent avoir moult grant......

—

Fo 122. Que por moi reconforter,
          Que por ce qu'en ne m'oublit,
          Voil faire *un motet* petit
          Qu'amors ne mi veut doner
            Jour ne repit......

Dans les trois pièces suivantes on voit clairement que les auteurs des paroles sont des trouvères et que ce sont eux-mêmes qui ont composé la musique harmonique qui y est adaptée :

Fo 179. Quant se départ la verdure des chans,
         Et d'yver neist par mesure frois tans,
         Cest *treble* fis accorder a ij chans
         Que primes fis malgré les mesdisans,
         Qui ont mouti que je les aportai
         De mon païs, ce est drois de Tornoi.
         Diex! il ont menti, bien le sai,
         Pour ce qu'il ont ausage que chant
         Sache trover concordant.....

—

Le nom de Gilon Ferrant qu'on trouve dans la pièce suivante, exclut tout doute :

Fo 158.
De jolis cuer doit venir
De faire un *treble* plesant ;
Pour ce voel je maintenir
De signeur *Gilon Ferrant*
Ce *treble* pour esioir.
Mais chanter à cuer joiant
Ne peut cil qui n'a amie.
Pour ce ne puis, ne ne doit envoisie
Fere chançon se je né cuer joli.....

Fo 156.
Amours en qui jai fiance
De merci trover par contenance
Me fet ce *treble accorder*.
Car cele au vis cler
Que samblance fait tant aloer,
Me doune ades remembrance
De joie et baudor mener.....

Ce sont encore évidemment des trouvères qui sont auteurs des deux pièces qui suivent ; le texte est à cet égard aussi affirmatif que possible :

Fo 45.
Cest *quadruble* sans reison,
N'ai pas fait en tel seison,
Qu'oisel chanter n'ose.
Quar se je repose
De fere chançon,
S'amor qui arose
Mon cuer environ
Ne perdra grant souprison.....

Fo 49.
Le premier jour de mai
Acordai
Cest *quadruble* renvoisie ;
Car en ces tant
Sunt amant
Cointe et lie.....

Voici maintenant un fragment d'un autre quadruple du manuscrit de Montpellier qui témoigne que les trouvères faisaient des «conduits» et qu'ils en composaient la musique :

Fo 29. V.   Amors vaint tot fors cuer de felon,
            Ce voit-on bien par raison,
            Mainte bele *chançon*,
            Maint biau dit,
            Et maint *conduit*,
            Par son déduit,
            Est mis en *son*.
            Amors fet *chanter* seri
            Au damoiselle poli.....

Ces textes ne peuvent donc laisser le moindre doute; les trouvères étaient harmonistes; ils composaient des déchants, des motets, des triples, des quadruples, des conduits, des rondeaux, en un mot tous les genres connus à cette époque.

Dans la pièce suivante, on a la preuve qu'ils notaient eux-mêmes leur musique :

Fo 184.   El mois de mai
            Que flourissent rosier et glai,
            En ce tens pascor
            Plains de joie et de baudour,
            Plains d'un lai,
            Ving chevauchant
            Et pensant et *notant*
            Un sounet novel d'amors.
                Doce joncte,
                    Blondete,
                    Sadete,
                Truis toute seulete
                    Sans pastor.
            Fresteil avoit et *tabour.*
            Quant li plesoit,
                Si chantoit,
                Et *notoit*,
            El fresteil un novel lai.
            Avant ving, si la saluai
                Par grant doucor.
            Lès li m'assis sos l'ombre d'un aubourc.
            Mains jointes lui ai requise s'amour.
            Soulers peins à flor, cotele et pelicon, corroie,
                Afiche, bourse de soie,
                Chapel de mai,
                Bèle vos donrai.

Se pour moi laissiés vostre pastor.
  En criant : Hai ! hai !
  Respont : non ferai ;
N'ai cure de fausse amor.
Ja pour soulleirs pains à flor,
  Robechon ne guerpirai
  Ainz l'aim et l'amerai.

Ainsi tombe cette assertion, dénuée d'ailleurs de toute preuve, à savoir que les trouvères n'étaient que des mélodistes, et que les pièces à plusieurs parties de leur temps ont pour auteurs des déchanteurs de profession.

Voilà un fait important qui est de nature à jeter un nouveau jour sur l'histoire musicale de cette époque. Aux trouvères, en effet, appartient non-seulement l'honneur d'avoir cultivé l'art musical au point de vue mélodique, mais aussi celui de l'avoir fait progresser par l'invention et la mise en pratique de procédés harmoniques dont on avait attribué jusqu'à présent l'invention à une époque plus rapprochée de nous.

Mais en face de l'opinion de M. Fétis, s'en pose une autre diamétralement opposée. M. Théodore Nisard soutient que les trouvères étaient tellement harmonistes que leurs mélodies mêmes appartenaient à des compositions à plusieurs voix.

Pour bien comprendre cette théorie, citons les paroles mêmes de l'auteur : « Nous autres, modernes, dit-il, nous trouvons, dans les chansons des trouvères du moyen âge une naïveté qui nous enchante, et nous les regardons comme des mélodies écloses librement sur les lèvres de nos vieux compositeurs. Et pourtant il n'en est rien : les recueils de soi-disant mélodies originales des trouvères ne sont que des collections de parties séparées appartenant à des compositions à plusieurs voix, et bâties avec un admirable génie sur une petite phrase de plain-chant, sur quelques notes d'une antienne, d'un répons ou d'un neume alléluiatique. Ainsi, par exemple, cette fraîche et grâcieuse cantilène du XIe ou du XIIe siècle :

n'est autre chose qu'une mélodie créée harmoniquement sur un fragment de plain-chant fort connu (qui toujours le même se répète jusqu'à la fin du morceau), pendant qu'une troisième voix exécute un autre chant non moins beau, sur ces paroles : *Flos de spina rumpitur*. Il en est de même de tout ce que l'on regardait jusqu'à présent comme des produits mélodiques du moyen âge, indépendants de l'harmonie. A cette époque, je le répète, rien n'était, en musique, indépendant de la science qui présidait à la formation et à l'enchaînement des accords. L'harmonie était la base et le régulateur de l'art; nul ne songeait à se soustraire à la domination de ce critérium musical, ni le compositeur grégorien, ni le symphoniste, ni le diaphoniste, ni le trouvère en déchant, ni le modeste organisateur, ni même le génie mélodiste qui inventait le *conductus*; ce dernier, il est vrai, ajoutait une, deux, trois ou quatre parties à un thème de chant que son imagination avait conçu, mais ce privilége devait être racheté par des conditions indispensables ; ce thème devait être mélodiquement aussi beau que possible (qui vult facere conductum, primo cantum invenire debet pulchriorem quam potest[1]), et, sous ce rapport, l'artiste rentrait dans la classe des compositeurs de plainchant, et faisait lui-même son canevas harmonique au lieu de le prendre dans l'antiphonaire et le graduel[2]. »

Nous rapportons ce passage en entier, parce que la théorie qui s'y trouve exposée est si extraordinaire, elle forme un paradoxe historique si exorbitant, qu'il faut presque le relire à plusieurs reprises pour s'assurer qu'on a bien lu.

Eh quoi ! il n'y aurait pas eu au moyen âge de mélodies spontanées ! les mélodies des trouvères, les mélodies de plain-chant elles-mêmes ne seraient point des inspirations libres ! elles ne seraient que le résultat d'une base harmonique, d'un thème donné, d'une véritable basse contrainte ! Une telle proposition est-elle sérieuse, est-elle soutenable surtout ? Faut-il de grands efforts en tous cas pour en faire justice? Nous ne le pensons pas. Est-il admissible, en effet, que les artistes du moyen âge, compositeurs de musique profane ou religieuse, aient pu jamais consentir à se dépouiller de ce qui constitue l'artiste proprement dit, le génie, l'inspiration poétique,

---

[1] Franconis Ars cantus mensurabilis, cap. xi, apud Gerberti Scriptores, t. III, p. 13.— Note de Mr T. N.

[2] Etudes sur la restauration du chant grégorien au XIXe siècle, p. 160, et Revue musicale ancienne et moderne, p. 604.

pour subordonner cette noble prérogative à des formules de convention, propres seulement à glacer l'imagination, à enchaîner l'essor du génie? Est-il admissible un instant que les belles et majestueuses mélodies de la liturgie catholique, que les gracieuses et naïves cantilènes des trouvères ne soient que le résultat de froides combinaisons harmoniques? Personne ne le croira. La raison comme l'instinct du bon sens s'y refuse.

Sur quoi pourtant se fonde ce système? Uniquement sur le raisonnement suivant : Francon de Cologne, dit-on, enseigne que tous les déchants, le « conductus » seul excepté, ont pour base un thème donné (cantus prius factus) sur lequel sont créées les autres parties harmoniques. Le manuscrit de Montpellier contient divers motets ayant pour parties séparées des mélodies considérées comme des mélodies spontanées, notamment deux où l'on remarque l'air : « Robin m'aime » et celui : « Quant repaire la verdor ». Or, ajoute-t-on, comme, d'après la doctrine de Francon, les parties placées au-dessus d'un thème donné sont le produit harmonique de cette basse contrainte, l'air « Robin m'aime », celui « Quant repaire la verdor », et autres, ont été créés de cette manière par les trouvères; donc ces mélodies ne sont pas des inspirations libres; partant, toutes les prétendues mélodies originales des trouvères ne sont que des parties séparées appartenant à des compositions à plusieurs voix.

Voilà la base de tout ce système. Examinons-en le degré de solidité. Citons d'abord le texte même de Francon : « Et nota, dit-il, quod in his omnibus (cantilenis, rondellis, motetis) est idem modus operandi excepto in conductis, quia omnibus aliis primo accipitur cantus aliquis prius factus qui tenor dicitur eo quod discantum tenet, et ab ipso ortum habet [1] ». « Dans tous ces déchants (les cantilènes, les rondeaux, les motets), la manière d'opérer est la même, excepté dans les conduits; dans tous les autres, on prend un chant donné qu'on appelle « ténor », parce qu'il soutient le déchant et qu'il en est la base. »

Cette règle a-t-elle le sens exclusif qu'on veut lui donner? Conduit-elle nécessairement à la conclusion absolue qu'on veut en tirer? Nous allons faire voir qu'il n'en est pas ainsi. D'abord cette règle ne saurait s'appliquer ni aux cantilènes, ni aux rondeaux [2]. En effet, la seule différence

---

[1] GERBERTI SCRIPTORES ECCLESIASTICI DE MUSICA SACRA POTISSIMUM, etc., t. III, p. 13.— SCRIPTORUM etc., t. I, p. 130.

[2] Suivant Jean de Muris, (SPECULUM MUSICÆ, lib. VII,) les Cantilènes et les Rondeaux étaient une seule et même chose.

entre les cantilènes et les rondeaux consistait en ce que les cantilènes étaient des compositions religieuses, et les rondeaux des compositions mondaines. Qu'on examine les rondeaux d'Adam de La Hale, les seuls connus de cette époque, et l'on verra qu'ils n'ont nullement un thème donné, tel du moins que l'entend l'auteur que nous réfutons. Qu'on examine les dix-sept premières pièces du manuscrit de Montpellier, les morceaux à trois voix du manuscrit 813 [1] et les fragments de Messe du manuscrit 812 [2], et il sera facile de se convaincre que tous ces morceaux ne sont nullement créés sur un thème donné, sur une basse contrainte. Restent donc les motets seuls auxquels s'appliquerait la règle de Francon. Ici encore elle n'a pas le caractère absolu que lui prête le même écrivain.

Si l'on ne possédait que les termes fort laconiques et moins impératifs qu'indicatifs de Francon, il faudrait examiner si, dans la pratique, on s'est toujours conformé d'une manière absolue à une règle aussi restrictive, et il ne serait pas difficile de démontrer qu'il est loin d'en avoir été ainsi. Ce qui permettrait déjà de croire que Francon n'a émis qu'un principe général, laissant à la pratique le soin d'en diriger, modifier ou étendre au besoin l'application.

Mais ce que n'a pas dit Francon, un de ses plus habiles commentateurs, Jean de Muris, l'énonce d'une manière formelle. Après avoir proclamé le principe posé par Francon, en ces termes : « Non tenor de discantu sumitur, sed e converso », il ajoute immédiatement : « Possunt autem voces discantus ad voces comparari tenoris cum quibus debent concordare, et tunc talis cantus discantus dicetur [3] ». « Les notes d'un déchant peuvent être proportionnées aux notes d'un ténor, pourvu qu'elles s'accordent entre elles ; alors un tel chant est appelé déchant. » Ainsi, on admet ici l'existence préalable d'un déchant ou plutôt d'un chant propre à s'harmoniser, ou, comme dit le texte, à « concorder » avec un « ténor ». Ce qui vient parfaitement expliquer la composition des motets, ayant pour parties séparées un ou plusieurs airs déjà connus.

En effet, un compositeur qui voulait faire un motet dans lequel il désirait

---

[1] HISTOIRE DE L'HARMONIE AU MOYEN AGE, FAC-SIMILE, pl. XXVII, n° 4, et TRADUCTION, p. XXVII, n° 29.

[2] Ibid., FAC-SIMILE pl. XXIX n°s 1 et 2 et TRADUCTION p. XXX n°s 32 et 33.

[3] SPECULUM MUSICÆ, lib. VII, cap. 3.— A. DE LA FAGE, ESSAIS DE DIPHTEROGRAPHIE MUSICALE, p. 349.

voir figurer comme partie principale, par exemple, un air comme : « Robin m'aime », ou : « Quant repaire la verdor », choisissait parmi les ténors usités, celui dont les notes fondamentales lui paraissaient harmoniquement se prêter le mieux à sa mélodie; cet arrangement opéré, il inventait une troisième partie, quelquefois une quatrième, qu'il disposait selon les règles ordinaires. Il trouvait toujours d'autant plus facilement un thème s'adaptant à sa mélodie, que d'abord le répertoire usité était fort nombreux[1], et qu'en outre on avait la faculté de modifier la valeur des notes de ce thème-ténor, de façon à lui donner la forme mélodique et rhythmique la plus arbitraire. Ce fait est démontré de la manière la plus évidente au chapitre VII de la première partie, que nous consacrons à l'examen de cette question.

D'ailleurs, qu'on le remarque bien, Francon ne dit pas que le thème ou le ténor dût être nécessairement un fragment de plain-chant, comme le prétend l'auteur dont nous combattons le système; ce thème pouvait être pris et était souvent pris parmi les chants mondains. Sur les cent huit thèmes qui se trouvent dans le manuscrit de Montpellier, plus de trente sont des fragments de chants populaires français, ce qui prouve que les compositeurs étaient libres de choisir le thème ou ténor parmi ces mélodies. La liberté des artistes était telle à cet égard, que le même manuscrit contient un motet à trois parties, qui a pour ténor neuf mélodies populaires placées à la suite les unes des autres. Nous reproduisons ce curieux motet dans la troisième partie, sous le n° XXXVI-36. Cela n'est nullement en opposition avec la doctrine de Francon.

La partie intermédiaire prise pour base du tissu harmonique, offre-t-elle d'ailleurs quelque chose d'anormal et qui fût en dehors des règles de l'harmonie? Il nous paraît difficile de le soutenir en présence de traités de cette époque où est enseigné l'art d'écrire une seconde partie au-dessous du thème en même temps qu'au-dessus. Nous renvoyons à cet égard le lecteur au chapitre II, page 45, de la première partie, où la même question a été traitée à un autre point de vue.

Ainsi, comme on le voit, il n'est nullement besoin d'avoir recours à un système d'explication qui ne serait rien moins que la négation de toute

---

[1] Le manuscrit de Montpellier en compte cent huit.

spontanéité, de toute inspiration artistique dans l'invention des mélodies des trouvères. Il suffit d'interpréter sainement les textes, d'interroger les auteurs eux-mêmes, en examinant et en analysant leurs compositions, pour être convaincu que ce qui, au premier abord, semble singulier, bizarre ou obscur, finit par s'expliquer et devenir clair et naturel.

En résumé, dans cette question, comme dans beaucoup d'autres de ce genre, la vérité n'est pas dans les opinions absolues; elle se trouve entre les extrêmes. Ainsi les trouvères n'étaient pas exclusivement mélodistes, comme le soutient M. Fétis. Nous avons prouvé par des documents formels que d'autres trouvères qu'Adam de La Hale étaient harmonistes; au chapitre suivant, on pourra examiner leur degré d'habileté dans l'art d'écrire à plusieurs parties. Les trouvères étaient encore moins exclusivement harmonistes, malgré les prétentions de M. Théodore Nisard. L'examen de son opinion a démontré qu'ils n'ont jamais abdiqué cette noble prérogative de spontanéité dans la création de leurs mélodies. Nous admettons volontiers que toutes les mélodies n'ont pas le même caractère. Ainsi, il y a une différence assez grande, par exemple, entre les mélodies du « Jeu de Robin et de Marion » d'Adam de La Hale, et celles de ses chansons et de ses jeux partis; entre les mélodies du « Renart noviel » et les mélodies de certains autres trouvères de la même époque. Les unes ont un caractère très-populaire, tandis que les autres présentent quelque chose de plus grave, de plus contraint; mais cela ne prouve pas que ces dernières mêmes soient le résultat d'une création harmonique. Il faut donc écarter le système absolu de M. Nisard aussi bien que celui de M. Fétis, et dire que les trouvères étaient à la fois harmonistes et mélodistes.

CHAPITRE VI.

COMPOSITIONS DES TROUVÈRES HARMONISTES.

SOMMAIRE. — Plusieurs compositions du manuscrit de Montpellier ont pour auteurs d'une manière certaine les trouvères suivants : Adam de La Hale ; Gilon Ferrant, Moniot d'Arras ; Moniot de Paris ; le Prince de Morée ; Thomas Herriers ; un anonyme de Cambrai ; des anonymes d'Artois. — D'autres avec moins de certitude, mais très-vraisemblablement appartiennent à Andrieu de Douai ; Gillebert de Berneville ; Jacques de Cambrai ; Jocelin de Bruges ; Jacques de Cysoing ; Audrefroi le Bâtard ; Jean Frémiau ; Baude de La Kakerie ; Blondeau de Nesles ; Colart le Boutellier ; Gautier d'Argies ; Gautier de Soignies ; Guillaume le Vinier ; Jean Bodel ; Jean de Neufville ; Jean Erart ; Jean le Cuvelier ; Martin Béguin.— Quelques trouvères ont composé des poésies latines.—Adam de La Bassée ;—Jongleurs.— Ils semblent aussi avoir composé de la musique harmonique.— Pièces qui peuvent leur être attribuées.— CONCLUSION.

Pour les trouvères, comme pour les déchanteurs et les didacticiens, on a à déplorer l'absence des noms d'auteurs dans le manuscrit de Montpellier. Nous avons fait de nombreuses et de minutieuses recherches pour découvrir les compositions qui pouvaient être attribuées aux trouvères. Si nos investigations n'ont pas eu un résultat aussi fructueux que nous l'eussions désiré, nous sommes néanmoins parvenu à découvrir les noms de quelques auteurs, et l'examen des textes du manuscrit de Montpellier démontre surtout qu'un grand nombre de compositions appartiennent aux contrées du nord de la France, qui ont produit les trouvères les plus célèbres. Pour s'en convaincre, on n'a qu'à jeter les yeux sur les vers suivants où l'on voit figurer Arras, Blangy, Cambrai, Cantimpré, Clari, Douai et Tournai etc. :

Fo 84 vo   A *Cambrai* avint l'autrier
    Que *Sohiers li Cuveliers*,
    Par son angin et son art,
    Se mella de grant barat.
    A *Cantimpré* s'en alla.....

Fo 49 vo   Par un matin me levai,
    Por déduire et por moi alégier.
    De les *Blangi* m'en alai,
    Si trovai séant en un vergier....

F° 179 v° Quant se départ la verdure des chans,
Et d'hyver neist par nature frois tans,
Cest *treble* fis accorder à ij chans,
Que primes fis malgré mesdisans,
Qui ont mouti que je les aportai
De mon païs, ce est drois de *Tornoi*....

F° 361 v° Lautrier joiant et joli doi compaignon,
S'en apelon l'un *Terri*[1], l'autre *Simon*[2],
S'en aloient vers *Clari*, venant d'*Orliens*....

F° 241 v° Une amour sui sospris
Dont jamais ne garirai;
Ne pour quant voir si ferai
Bone espéranee gi ai.
Car à amer me suis pris
A un cuer loial et vrai,
Qui m'aprent et m'a apris
A estre amouros et gai.
Si k'entre *Arras* et *Douay*
Ceste chancon chanterai....

Ces textes sont clairs; langage, noms de lieux et de personnes indiquent suffisamment qu'ils appartiennent à des trouvères de l'Artois, du Cambrésis, de la Picardie et du Tournaisis. Mais des faits plus précis démontrent que plusieurs compositions du manuscrit de Montpellier ont pour auteurs Adam de La Hale, Gilon Ferrant, Moniot d'Arras, Moniot de Paris, le Prince de Morée, Thomas Heriers ou Eriers. D'autres, avec moins de certitude, mais avec la plus grande vraisemblance, peuvent être attribuées à d'autres trouvères dont il sera parlé plus loin. Enfin quelques pièces anonymes dont le langage et d'autres particularités ne peuvent laisser de doute sur le pays d'origine de leurs auteurs, viennent encore grossir la liste des trouvères ayant pratiqué l'harmonie.

On peut donc conclure d'une manière certaine que les trouvères avaient dans leurs rangs des harmonistes qui ont concouru au travail de transformation qui s'est opérée entre la diaphonie et le déchant régulier dont les

---

[1] Tierry de Soissons.   [2] Simon d'Autie.

principes fondamentaux, encore en vigueur aujourd'hui, ont été nettement posés par Philippe de Vitry.

La plupart des œuvres des trouvères accusent une instruction solide, qu'ils puisaient dans les grandes écoles du pays où, sous le nom de « Trivium » et de « Quadrivium », s'enseignaient les sciences, les lettres et les arts. Ce qui leur est surtout personnel, c'est l'individualité et l'originalité qu'ils ont imprimées à leurs compositions ce sont les formules nouvelles qu'ils y ont employées; c'est le cachet particulier qu'ils y ont imprimé; la féconde et ingénieuse variété qu'ils ont su trouver pour masquer la monotonie et la pauvreté des accords alors en usage.

Voici les noms des trouvères dont il existe des compositions dans le manuscrit de Montpellier.

ADAM DE LA HALE.

Parmi les nombreux manuscrits qui contiennent les œuvres du célèbre trouvère artésien, un seul, celui de La Vallière, de la Bibliothèque Impériale de Paris, nous a transmis ses compositions musicales à plusieurs voix [1]. Elles comprennent seize rondeaux et cinq motets.

Le manuscrit de Montpellier contient deux rondeaux et trois motets d'Adam de La Hale avec des différences que nous avons signalées dans un travail particulier sur cet auteur et que nous croyons utile de reproduire ici.

L'un des deux rondeaux commence par ces paroles : « Fi maris de vostre amour [2] ». Dans le manuscrit de Montpellier, il est en forme de motet avec texte différent pour chaque partie. La première chante : « Dame bele avenant » ; la deuxième : « Fi maris de vostre amours »; et la troisième : « Nus n'iert ja jolis s'il n'aime ». Ce dernier texte n'est pas complet; sa mélodie sert de thème et se répète par fragments. Dans le manuscrit de La Vallière, le morceau n'est pas en entier; après les six premières mesures, la même mélodie recommence. Les trois voix y chantent les mêmes paroles; et ces paroles diffèrent dans les deux manuscrits.

---

[1] En 1840, nous avons découvert, sur les gardes d'un manuscrit de la bibliothèque de Cambrai, quatre des rondeaux d'Adam de La Hale dont la correction du texte et de la notation musicale font vivement regretter la perte du manuscrit dont ils faisaient partie. — Notice sur les collections musicales de la bibliothèque de Cambrai.— Histoire de l'harmonie au moyen age ; Fac-simile, pl. xxxi.

[2] Le commencement de cette chanson est reproduit par Jacquemars Gielée dans son Renart noviel.

Le manuscrit de La Vallière ne donne que la mélodie des deux premiers vers.

On sait tout l'intérêt qui se rattache aux compositions d'Adam de La Hale. On est donc heureux de trouver dans le manuscrit de Montpellier, en son entier, une pièce dont on ne connaissait jusqu'ici que des fragments. On la trouvera dans la troisième partie, sous le n° xxvii-27.

L'autre rondeau commence par ces paroles : « Adieu commant amouretes ». Le manuscrit de La Vallière n'en reproduit que les six premières mesures et les cinq dernières. Mais plus loin, le même manuscrit donne la même pièce en forme de motet à trois parties avec paroles différentes; la première chante : « Aucun se sont loé »; la deuxième : « Adieu commant amouretes »; la troisième, qui est le ténor, est un fragment de plain-chant sur ces mots : « Et super ». Ce motet est, à très peu de variantes près, le même que celui qui est transcrit dans le manuscrit de Montpellier, au f° 288.

Ce dernier manuscrit reproduit deux autres motets d'Adam de La Hale, que conserve le manuscrit de La Vallière. Ce sont ceux qui commencent ainsi :

F° 280. { Entre Adam et Haniket.
         Chief bien-séant.
         Aptatur.

F° 311. { De ma dame vient.
         Diex coument porroie.
         Omnes.

La musique présente peu de différences dans les deux manuscrits.

On trouve dans le manuscrit de Montpellier un autre motet d'Adam de La Hale, qui ne se rencontre pas dans le manuscrit de La Vallière. C'est celui dont une des parties fait entendre ce délicieux air populaire : « Robin m'aime, Robin m'a », dans le « Jeu de Robin et Marion », du même trouvère. La partie supérieure chante : « Mout me fu grief, etc., et le ténor : « Portare ». La mélodie et le texte de la chanson « Robin m'aime » diffèrent quelque peu de ceux que donne le manuscrit de La Vallière ; mais tout indique la facture d'Adam de La Hale. Nous en avons parlé ci-dessus, page 87. Cette pièce est reproduite dans la troisième partie, sous le n° xxviii-28.

Le manuscrit 184 du supplément français de la Bibliothèque impériale contient un certain nombre de motets à deux voix dont MM. Fr. Michel et Montmerqué ont reproduit le texte dans leur « Théâtre français au moyen âge », page 31, comme appartenant au cycle de Marion. Ces motets ont évidemment pour auteurs des trouvères artésiens, parmi lesquels Adam de La Hale nous semble avoir une forte part.

GILON FERRANT.

Un trouvère du nom de Ferrant est cité par M. Victor Leclerc [1] comme auteur d'une prière abécédaire en huitains de six syllabes sur deux rimes, en l'honneur de Notre-Dame.

Le manuscrit de Montpellier nous révèle un trouvère harmoniste qui est appelé « seigneur Gilon Ferrant ». Les auteurs de ces deux pièces sont-ils un même personnage? cela est probable, mais on n'en a pas la preuve. Rien non plus n'indique le pays de naissance de Gilon Ferrant, sinon son langage qui semble appartenir aux trouvères du nord de la France, ainsi qu'on peut en juger par le texte du motet qu'on trouvera à l'appendice I, n° XXIX et dans la troisième partie, sous le n° XXIX-29.

Quand on examine la musique de Gilon Ferrant au point de vue mélodique, on y remarque une certaine facilité; mais quand on l'observe au point de vue de l'harmonie, on voit que l'auteur la manie avec difficulté. Tandis que le texte de la deuxième partie nous fait connaître le nom de ce trouvère auteur de cette pièce, celui de la première indique clairement que les paroles ont été composées pour être mise en musique harmonique.

JEHAN DE LE FONTAINE.

On connaît trois trouvères Tournaisiens, Gautier, Jacques et Jehan de Le Fontaine. Ce dernier étant le seul des trois qui ait composé des poésies chantées, c'est à lui que nous attribuons le motet à trois parties du manuscrit de Montpellier, où l'auteur se déclare natif de Tournai dans les vers que nous avons rapportés ci-dessus, page 182.

Il en résulte évidemment que la ville de Tournai possédait alors des

---

[1] Histoire littéraire de la France, t. XXIII, p. 263.

musiciens renommés, habiles surtout dans l'art harmonique. Dans les relevés de comptes de dépenses des Rois de France, on trouve dans une « Ordonnance de l'ostel de Philippe IV dict Le Bel » datée de 1285, les noms de trois chantres à déchant, auxquels on donnait le titre de « clercs de la chapelle » : ces noms sont ceux de Thomas de Beis, Jehan de La Fontaine et Raoul de Maante.[1] Ce Jean de La Fontaine est-il le même personnage que le trouvère Tournaisien ? rien ne le prouve, mais on est disposé à le croire.

L'examen de ce motet, sans déceler en son auteur un très haut mérite, indique de l'aisance et de l'habileté dans l'agencement des parties harmoniques. On le trouvera dans la troisième partie, sous le n° xxx-30.

MONIOT (PIERRE) D'ARRAS.

Moniot dit lui-même, dans une de ses chansons, qu'il s'appelait Pierre ou Piéron. Il est auteur de plusieurs pièces auxquelles on reconnaît de la grâce et de la délicatesse. Quelques-unes sont des motets ayant pour refrains des fragments de chants populaires. Le manuscrit de Montpellier contient un motet à deux parties dont la première commence par ces paroles : « Li dous termines m'agrée », et qui a pour ténor « Balaam ». Ce motet se trouve aussi dans le manuscrit 184 du supplément français de la Bibliothèque impériale, mais il y est noté d'une manière peu exacte. Nous le reproduisons dans la troisième partie, sous le n° xxxi-31, d'après le manuscrit de Montpellier.

MONIOT DE PARIS.

Moniot de Paris excellait dans les pastourelles et les chansons à refrain nommées « vaduries [2] ». Le manuscrit de Montpellier nous transmet de cet artiste un motet à deux voix, que nous donnons dans la troisième partie, sous le n° xxxii-32.

Ce trouvère est plus habile musicien que son homonyme d'Arras. La mélodie de ce motet est facile, chantante et bien rhythmée.

---

[1] Revue musicale de M. Fétis, t. xii, p. 193.
[2] Histoire littéraire de la France, t. xxiii, p. 661.

LE PRINCE DE LA MORÉE.

Buchon a publié deux couplets d'une chanson attribuée au prince de la Morée, et exprime l'avis qu'ils appartiennent à Geoffroi de Ville-Hardoiun. M. Paulin Paris[1] les croit de Guillaume de Champitte, qui revint et mourut en France. Quoi qu'il en soit, un manuscrit de la Bibliothèque impériale indique à la table deux chansons du prince de la Morée ; mais elles n'y existent plus et on ne les a pas trouvées ailleurs. Le manuscrit de Montpellier, f° 201 v°, conserve un motet dont une partie chante ces mots : « Au nouviau tens que j'oi ces oisiaus » ; et une autre ceux-ci : « Bele plesanz don quidoit movoir mes chans ». Malheureusement les paroles sont écrites sous des portées musicales vides. On y voit néanmoins que c'était un motet à trois parties ; ce qui prouve que le Prince de la Morée était non-seulement poète, mais aussi musicien harmoniste.

THOMAS HERIERS.

Laborde[2] cite de ce trouvère une chanson commençant par ces mots : « Bien me sui aperçus ». Le manuscrit de Montpellier contient un motet à trois voix dont une chante les paroles que nous venons de rapporter, tandis que la deuxième chante : « Se valors vient d'estre amoureus ». Nous donnons cette pièce sous le n° xxxiii-33.

Le trouvère Thomas Hériers était donc harmoniste. La facture de ce motet indique une certaine aisance dans l'agencement des parties.

ANONYME DE CAMBRAI.

Hécart a publié à la fin de la troisième édition des « Servantois et sottes chansons couronnées à Valenciennes[3] », trois chansons que lui avait communiquées le D^r Le Glay, après les avoir signalées dans son « Catalogue des manuscrits de Cambrai »[4], au n° 386, auquel sert de garde le parchemin sur lequel elles sont écrites. M. Arthur Dinaux a inséré les deux premières, avec une traduction, dans ses « Trouvères cambrésiens », p. 34 ; il les considère comme ne formant qu'une pièce, à cause sans doute du refrain :

---

[1] Hist. littéraire de la France t. xxiii, p. 696.
[2] Essai sur la musique, t. ii, p. 324.
[3] Paris, 1834, gr. in-8°, p. 103.
[4] Cambrai, 1831, in-8°, p. 71.

> Ha Diez, ha!
> Hareu ki m'en garira,

qui semble s'appliquer aux deux pièces.

Nous croyons que c'est une erreur. La musique dénote deux pièces différentes. D'abord la mélodie n'est pas la même dans les deux. Ensuite la première est une simple chanson, tandis que la seconde est un motet ayant pour ténor la mélodie « Omnes ». Ce ténor s'harmonise très-bien avec le refrain : « Ha Diez, etc. » et avec la pièce : « Ce sont amouretes »; mais nullement avec la pièce : « Je n'en puis mais »; nous croyons même que ce refrain ne s'applique qu'à la seconde pièce, et qu'on le chantait au commencement et à la fin du morceau.

Notre opinion se trouve d'ailleurs corroborée par leur présence dans le manuscrit de Montpellier, où chacune d'elles forme une partie de deux motets différents à trois voix.

La première, commençant par ces mots « Je ne puis mais », forme la seconde partie du motet dont la première chante ces paroles : « J'ai mis toute ma pensée, etc. », et le ténor : « Puerorum ». (Ms. de Montp., f° 275.)

L'autre, commençant par ces mots : « Che sont amouretes qui me tiennent, etc. » (Ms. de Montp. f° 324 v°) et finissant par ce refrain :

> An Diez! an!
> Haro qui m'en garira.

est la seconde partie du motet dont la partie supérieure exécute : « Diex où porroie trover, etc. », et qui a pour ténor : « Omnes », le même qu'on retrouve sur la garde du manuscrit de Cambrai. Nous reproduisons ces deux motets dans la troisième partie, sous les n°s xxxiv-34 et xxxv-35.

Nous pensons avec A. Dinaux que ces pièces ont pour auteur quelque trouvère cambrésien, ou pour le moins un trouvère du nord de la France, ce qui confirme de plus en plus les preuves que nous avons données pour établir que les trouvères étaient harmonistes.

ANONYMES ARTÉSIENS.

Le manuscrit 184 du supplément français de la Bibliothèque impériale contient quatre-vingt-quinze motets, dont deux à quatre parties, huit à trois, et les autres à deux. Les deux motets à quatre parties dont le texte commence ainsi :

F⁰ˢ 49 v⁰ et 5o.
- Je ne puis plus durer.
- Par un matin me levant.
- Le premier jour de mai.
- Justus germanebit.

F⁰ˢ 26 v⁰ et 27.
- Plus bele que flour.
- Quant revient et feuille et flor.
- L'autrier joer m'en alai.
- Flos.

se trouvent parmi les dix-sept motets à quatre parties du manuscrit de Montpellier qui reproduit aussi les suivants :

1. Qui loiaument sert sa mie.
   Lætabimur.

2. Trop longuement m'a failli.
   Pro patribus.

3. Li dous termine m'agrée [1].
   Balaam.

4. Puisque bele dame m'aime.
   Flos filius ejus.

5. Bien me sui apercheu [2].
   Hic factus est.

6. Trop m'a amours assailli
   In sæculum.

7. Dames sunt en grant esmoi.
   Et super.

8. Jer matin me chevaulchoie.
   Portare.

9. J'ai trouvé ki m'amera.
   . . . .

[1] Ce motet est de Moniot d'Arras ; voir plus haut, p. 196.

[2] Ce motet est de Thomas Herriers; voir plus haut, p. 197.

Quatre de ces motets sont à trois parties dans le manuscrit de Montpellier; ce sont les n°s 2, 5, 7 et 9.

En examinant le texte de ces motets, les sujets qui y sont traités, le langage qui y est parlé, les lieux et les noms qu'on y cite, on reste convaincu que la plupart ont pour auteurs des trouvères artésiens.

Une pièce du même manuscrit contient un passage qui démontre combien les trouvères artésiens excellaient dans la composition des motets, en voici la première strophe :

> Arras est escole de tous biens entendre,
> Quant on veut d'Arras le plus caitif prendre,
> En autre païs se peut por boin vendre ;
> On voit les honors d'Arras si estendre :
> Je vi l'autre jor le ciel là sus fendre ;
> *Dex voloit d'Arras les motets aprendre,*
> Et per li dourelès, vadou, vada, vadourène.

L'idée singulière de faire intervenir Dieu pour apprendre les motets artésiens, ne peut s'expliquer que par la réputation dont ils jouissaient. Nul doute que la musique harmonique, qui était une partie essentielle du motet, ne fut comprise dans les éloges exprimés par l'auteur.

Dans les autres strophes il cite parmi les meilleurs compositeurs de motets, Robert de La Pière, Ghilebert (de Berneville,) Philippe Verdière, Roussiaus li Taillère, Bretiaus, Beugin et Baude (de la Kakerie).

Mais est-ce bien là toute la part qu'on doive réclamer en faveur des trouvères du Nord. Nous ne le croyons pas. Il est d'autres compositions du manuscrit de Montpellier auxquelles, suivant nous, on peut attribuer des noms de trouvères de l'Artois, du Cambrésis et de la Flandre, avec toute probabilité de ne pas se tromper, d'après l'analogie qui existe entre les poésies connues de ces artistes et des pièces anonymes de ce manuscrit.

Il nous semble que, le motet dont la première partie chante :

> L'autre jour par un matinet
> M'en aloie esbanoiant,
> Et trouvai sans son bergeret
> Pastoure plaisant....

et la seconde :

> Hier matinet
> Trouvai sans son bergeret

> Pastoure esgarée
> A li vois ou praiolet[1].....

peut être, sans trop d'efforts, attribué à Andrieu de Douai, auteur de la chanson qui commence ainsi :

> L'autrier quant chevaulchoie
> Tout droit d'ARRAS vers DOUAI,
> Une pastore trovoie
> Ainz plus belle n'acointai[2].....

Celui qui a fait la chanson :

> Les un pin verdoyant
> Trovai l'autrier chantant
> Pastore et son pastor[3]....

Ayant pour refrain :

> Cele disoit : « O, a éo »
> Et Robins disoit : Dorenlot.

peut avec toute vraisemblance être regardé comme l'auteur du motet à trois parties dont la première chante :

> Hé Marotele, allons au bois jouer,
> Je te ferai chapel de flor de glai....

et la seconde :

> En la prairie Robin et sa mie
> Font leur druerie
> Desoz un glai[4].

ainsi que de celui à trois parties, dont la première chante :

> Quant la froidor trait à fin,
> Qu'oisel du bois seri vont chantant.....

et la seconde :

> L'autrier chevaulchoie
> De les un vergier,

---

[1] Manuscrit de Montpellier, f° 284 v°.
[2] A. DINAUX, — TROUVÈRES DE LA FLANDRE, p. 81.
[3] Ibid., p. 190. — THÉATRE FRANÇAIS du moyen âge, p. 37.
[4] Manuscrit de Montpellier, f° 198 v°, 199.

> Truis gardant sa proie
> Pastorele au cuer fier [1].....

Gillebert de Berneville, à qui nous attribuons ces pièces, a fait des chansons d'un genre moins licencieux, dont on ne serait pas embarrassé de trouver les analogues dans le manuscrit de Montpellier.

M. Paulin Paris[2] cite de Jocelin de Bruges une chanson commençant ainsi :

> Quant j'o chanteir l'aluete
> Et ces menus osillons,
> Et je sens de violetes
> Odoreir tous ces buissons....

et une pastourelle dont voici les premiers vers :

> L'autrier, pastoure seoit
> Lonc un bausson,
> Aignels gardoit, si avoit
> Flajot, pipe et baston.
> En haut dit et si *notoit*
> Un *novel son*,
> En sa pipe refraignoit
> La voix de sa chanson.....

qui ont le plus grand rapport, la première, avec la pièce suivante du manuscrit de Montpellier :

> Quand florist la violete,
> La rose et la flor de glai;
> Que chante li papegai,
> Lors mi poignent amoretes
> Que me tienent gai.
> Mes pieça ne chantai;
> Or chanterai et ferai
> Chancon joliete
> Pour l'amor de m'amïete....

la seconde, avec celle qui est transcrite plus haut page 184.

---

[1] Manuscrit de Montpellier, f° 147 v° et 148.
[2] Histoire littéraire de la France, t. XXIII, p. 653 et 654.

A. Dinaux reproduit de Jacques de Cisoing, une chanson qui indique que ce trouvère était musicien.[1] Il en cite encore six autres qui sont évidemment sorties de la plume qui a écrit les suivantes :

  F° 168. Quant vois li dous tens venir,
       La flor en la pré, la rose espanir,
       Adonc chant, plour et sospir....

  F° 169. Li nouviau tans
       Et la flor qui apert en l'aunoi,
       Et li dos chans
       Des oisillons que j'oi....

  F° 190 v° Quant voi yver repairer
       Et la froidour,
       Qu'oisillon le renvoisier
       Tout sanz séjour....

F° 173 v°	F° 174
1. — Quant define la verdour	2. — Quant repaire la dolor
Que meurt la feuille et la flour,	Que pert la foille et la flour,
Et par pré et par boscage	Et par pré et par boscage
Font cil oisiel grant tristour,	Font li oisiel grant baudour.
Qui ni font point de séjour;	Mon cuer qu'est en grant tristor
Lors ne me vient en courage	Et me met en mon corage,
De servir en nul aage	Car j'ai mis tout mon aage
Bone amour,	En fine amor,
Pour sa baudour,	Sanz nul retor.
Ne nuit ne jour,	Et nuit et jor
Ne puis penser.	M'estuet pensier;
Diex qui m'a doné cors pensant	Car j'ai doné Diex! j'ai douné
Et cuer amer [2].	Cuer et cors pour bien amer.

      3. — FLOS FILIUS EJUS.

Nous rapportons cette dernière pièce en entier, parce que sa contexture prouve qu'elle a été faite pour servir de paroles à une composition harmo-

---

[1] TROUVÈRES DE LA FLANDRE, p. 254 et suiv. [2] Ces deux derniers vers sont incomplets.

nique. Le manuscrit de Montpellier en contient plusieurs autres qui offrent le même caractère.

Jacques de Cambrai est signalé comme auteur de chansons en l'honneur de la Sainte-Vierge, qui nous paraissent avoir un très-grand rapport avec des motets de même genre que nous reproduisons dans l'Appendice I.

Enfin, la comparaison des textes et leur analogie permettent encore d'attribuer avec beaucoup de vraisemblance un certain nombre de compositions harmoniques du manuscrit de Montpellier à Audrefroi le Bâtard, Baude de La Kakerie, Blondeau de Nesles, Colart le Boutellier, Gautier d'Argies, Gautier de Soignies, Guillaume le Vinier, Jean Bodel, Jean Frémiau, Jean de Neuville, Jean Erard, Jean le Cunelier, Martin le Béguin et Simon d'Authie, tous trouvères du Cambrésis, de la Flandre, de l'Artois et du Hainaut.

Il n'est pas douteux que des découvertes ultérieures viendront un jour dissiper l'incertitude qui existe encore sur les véritables auteurs d'un grand nombre de compositions du manuscrit de Montpellier. C'est dans cet espoir et pour faciliter les recherches qui peuvent y conduire, que nous publions plus loin la table des pièces que renferme ce précieux volume[1].

Jusqu'ici on ne connaissait les trouvères que comme auteurs de poésies françaises. Quelques-uns paraissent avoir aussi cultivé la poésie latine.

Il existe au Musée britannique un manuscrit indiqué : « Egerton Ms. 274 » dont l'écriture est de la fin du xiiie siècle. Ce volume est intitulé : « Dicta Philippi (de Greve), quondam Cancellarii Parisiensis ». Il contient des hymnes et d'autres poésies morales et satyriques accompagnées de musique. Elles ne semblent pas avoir été connues des auteurs de l'« Histoire littéraire de la France », qui ont rédigé l'article du « Chancelier parisien », dans le tome xviii, p..184. Philippe de Grève était-il musicien ? Est-il l'auteur de la musique adaptée aux pièces qui lui sont attribuées dans ce volume ? Il serait difficile de se prononcer à cet égard en l'absence d'autres renseignements.

Mais indépendamment des œuvres de Philippe de Grève, on trouve dans le même manuscrit des poésies avec musique portant les noms de « Colard le Boutellier, messire Raouls, Jehan de Neufville, messire Gasses

---

[1] Voir APPENDICE II et III.

Brulez, Li castelain de Couchy, désigné aussi sous le nom de Reignaut castelain de Couchy ». A l'exception de deux, toutes les pièces de ce manuscrit, au nombre de soixante-une, n'y sont qu'à une partie ; mais tout porte à croire qu'elles appartiennent, sinon toutes, du moins un grand nombre, à des compositions harmoniques. Cela est d'abord certain à l'égard des cinq suivantes : 1° « Laqueus conteritur [1] », 2° « Veni sancte spiritus », 3° « In Salvatoris nomine », 4° « In veritate comperi », 5° « Stella maris », 6° « Agmina militie » (de sancta Katerina). Le n° 1 est un organum à deux parties ; les n°s 2 et 5 sont des motets à trois parties ; ils sont tous trois dans le manuscrit de Montpellier. Les n°s 3 et 4 appartiennent à un autre triple du même manuscrit. Le n° 6 est un triple qu'on trouve cité comme exemple dans le traité de Walter Odington, et qui, selon nous, doit être attribué à ce didacticien [2].

A cette époque, les idées musicales étaient principalement tournées vers l'harmonie, ou plutôt vers la musique simultanée telle que nous l'avons définie au chapitre VI de la première partie. On est donc porté à croire qu'un certain nombre des pièces latines du manuscrit anglais appartiennent à des compositions harmoniques. A notre avis, il faut ranger dans cette catégorie la pièce de Colard le Boutellier « Benedic domine », celle de messire Raoul [3] « Que sunt hi », et celle du châtelain de Coucy « Martinus abrahe sinu » [4].

ADAM DE LA BASSÉE.

Après avoir parlé des trouvères harmonistes restés anonymes, nous allons dire un mot d'un personnage qui ne semble pas avoir été trouvère, mais dont l'ouvrage paraît le rapprocher plutôt de cette classe d'artistes que des deux autres.

---

[1] D'après l'anonyme du Ms. B, cette composition faisait partie des grands livres d'orgue ou d'organum dont nous avons parlé ci-dessus, page 68. — Voir SCRIPTORUM etc., t. I, p. 334.

[2] Voir ci-dessus, p. 176 ; et SCRIPTORUM etc., t. I, p. 248.

[3] Trois trouvères du XIIIe siècle ont porté ce nom : Raoul de Beauvais, Raoul de Ferrières et Raoul de Soissons. Il n'est pas facile de déterminer duquel des trois il s'agit ici.

[4] Le même manuscrit attribue à Jean de Neufville 1° la chanson « Desoremais est » qui n'est mentionnée dans aucun autre recueil, 2° à Gasse Brulez, la chanson « de bone amor » et 3° au châtelain de Coucy « La douche vois ».

Adam de La Bassée, ainsi appelé de la petite ville de ce nom, située dans l'arrondissement de Lille, était chanoine de la collégiale de St-Pierre de cette dernière ville. Il vécut au XIIIe siècle et mourut le 25 février 1286. Ce fait a été mis en lumière par M. l'abbé Carnel, dans sa notice intitulée : « Chants liturgiques d'Adam de la Bassée.[1] »

Adam de La Bassée est auteur d'une sorte de poème ayant pour titre : « Ludus super anticlaudianum ». Ce n'est pas, comme le titre pourrait le faire croire, un jeu dramatique; c'est tout simplement une imitation en vers hexamètres de l'« Anticlaudianum » d'Alain de Lille. Cette composition à la fois mystique, philosophique et morale, est entremêlée d'hymnes et de séquences, accompagnées de musique. Quelques-unes des mélodies sont empruntées à des chansons de trouvères, alors en vogue; les autres ne portent aucune indication d'origine.

M. l'abbé Carnel émet l'opinion, appuyée de raisons fort plausibles, qu'Adam de La Bassée était musicien et qu'il a composé la musique d'une partie au moins des chants insérés dans son ouvrage. Nous partageons cet avis, et nous n'hésitons pas à attribuer au docte chanoine le déchant à deux parties, que nous avons reproduit dans notre « Histoire de l'harmonie au moyen âge[2] », d'après le manuscrit reposant à la bibliothèque de Lille.

JONGLEURS.

Parmi les compositions harmoniques du manuscrit de Montpellier, qui paraissent avoir une origine ménestrelle, il faut ranger les quatre suivantes dont le texte à cet égard ne paraît pas laisser subsister le moindre doute; ce sont celles qui commencent par ces paroles :

[1]
F° 277.
{ Entre Copin et Bourgois,
Il me cuidoie.
Bele Isabelos.

[2]
F° 334.
{ Entre Jehan et Philippet.
Nus hom ne peut desiervir.
Chose Tassin.

---

[1] Messager des sciences historiques. Gand, 1858.

[2] Fac-simile, pl. XXVI, n° 2. — Traduction, p. XXIV, n° 24.

F° 369.
3
{ On parle de batre,
Paris soir et matin.
Frese nouvele.

F° 385.
4
{ A maistre Jehan Lardier.
Pour la plus jolie.
Alleluia.

Les noms qu'on trouve dans ces pièces semblent se rapporter à des jongleurs. Avons-nous là de la musique de cette classe d'artistes dont on n'a pas encore bien défini le véritable caractère, auxquels les uns ont donné un mérite supérieur à la réalité, auxquels les autres ont attribué une infériorité trop grande? on est disposé à le croire. Les jongleurs, en effet, étaient musiciens; ils improvisaient ou composaient les mélodies dont ils ornaient les vers qu'ils chantèrent; leur chant était accompagné de la viele, de la harpe ou de quelque autre instrument: tout cela est certain. Quelques-uns d'entre eux n'auraient-ils pas été versés dans l'art harmonique, ou du moins sans y être véritablement instruits, n'ont-ils pas pu se livrer à la composition? Cette supposition ne paraîtra pas tout à fait invraisemblable en présence du passage suivant que nous extrayons d'un traité anonyme précédemment cité. Voici ce passage : « Sunt itaque nonnulli cantores in aliquibus mundi partibus qui musicæ naturam pervertunt, facientes de acumine fondum et è contra pronunciando triplum in tenoris voce et e contra, et hoc tam in motetis quam in discantu; isti non sunt cantores musicales, sed cantores ministrales, qui non arte, sed usu canunt [1] ».

Ce n'est là toutefois qu'une opinion conjecturale qui aurait besoin de preuves pour acquérir la certitude d'un fait historique.

En attendant, nous reproduisons ces pièces dans la troisième partie, sous les n°s xxxviii-38, xxxix-39, xl-40 et xli-41.

Du reste, qu'elles soient l'œuvre de jongleurs ou de trouvères, elles doivent être rangées parmi les plus curieuses de celles que contient le manuscrit de Montpellier.

En résumé, après avoir établi dans le chapitre précédent que les trouvères

[1] Anonyme du Musée britannique, Addit. Mss. n° 4909.

étaient harmonistes, nous venons de démontrer dans celui-ci que, parmi les compositions du Manuscrit de Montpellier, quelques-unes, d'une manière positive, d'autres avec moins de certitude, mais avec la plus grande probabilité, appartiennent à des trouvères. C'est donc avec raison que nous revendiquons à leur profit un grand nombre de pièces harmoniques du célèbre recueil.

CONCLUSION.

Nous avons avancé, dans la préface, que notre livre est un ouvrage de première main, c'est-à-dire un ouvrage basé sur l'investigation des sources originales. Si on veut bien examiner ce que l'on connaissait de l'état de la musique harmonique aux XIIe et XIIIe siècles, et en faire la comparaison avec les résultats auxquels nous ont conduit nos patientes recherches, on sera convaincu, pensons-nous, que les faits révélés ici pour la première fois, les thèses appuyées par des preuves puisées dans les monuments et les documents les plus anciens, ont pour conséquence de mettre à découvert une face presqu'entièrement inconnue de l'art à cette époque. Ils viennent répandre, sans contredit, sur son histoire une lumière nouvelle, propre à faire apprécier sa part d'influence dans l'élaboration de l'harmonie qui est devenue la base de la musique moderne. C'est là, pour nous, la plus douce récompense de nos longs et laborieux efforts.

APPENDICE

I

TEXTES SEULS

DES COMPOSITIONS HARMONIQUES DE LA TROISIÈME PARTIE.

L'importance capitale du manuscrit de Montpellier réside évidemment dans la partie musicale. On a là en effet trois cent quarante compositions harmoniques dont la plupart sont uniques pour l'étude de l'histoire de cette branche de l'art. Mais ce recueil offre également un grand intérêt au point de vue de la littérature, de la langue et des mœurs aux XIIe et XIIIe siècles. On y trouve environ six cents pièces latines et françaises, presque toutes inédites.

Dans l'impossibilité où nous sommes de les publier toutes, nous avons donné la préférence à celles dont la musique est reproduite dans la troisième partie. On y trouvera d'ailleurs des spécimens de presque chaque genre que le manuscrit renferme.

POÉSIES LATINES.

Depuis quelques années l'attention des liturgistes et des archéologues chrétiens s'est portée sur les hymnes et les séquences du moyen âge. Mone[1] et Daniel[2] en Allemagne, Neale[3] en Angleterre, MM. Edelestand

---

[1] HYMNI LATINI medii ævi. 1853 — 1855.
[2] THESAURUS HYMNOLOGICUS. 1841.
[3] MEDIEVAL HYMS and sequences. London 1851.

du Méril [1], Félix Clément [2] et Léon Gautier [3] en France, les ont recueillis et étudiés. L'accueil favorable qu'ont reçu ces publications témoignent de l'intérêt qu'inspire cette littérature longtemps dédaignée. Le recueil qui en comprend le plus grand nombre est celui du savant Mone. Les chants à la Vierge y occupent le tome II tout entier. On en compte quatre cent vingt, que l'infatigable érudit a tirés des manuscrits des dépôts d'Allemagne, de Belgique, de France et d'Italie.

Cette collection est pourtant loin d'être complète, car le manuscrit de Montpellier seul en contient quatre-vingt-quatre, dont dix seulement sont publiés par Mone et deux par Daniel; les autres sont inédits.

On en trouvera dix-sept parmi les poésies données plus loin.

Les autres pièces latines du manuscrit de Montpellier comprennent des proses en l'honneur de St-Nicolas, de St-André, de St-Martin et des trois Mages. Nous donnons un triple en l'honneur de St-Nicolas, sous le n° XVIII-18.

Toutes, ainsi qu'on pourra le voir par la table du manuscrit de Montpellier, qui est publiée plus loin, font partie de compositions harmoniques où chaque voix chante des paroles différentes. Il en est où toutes les voix font entendre des paroles latines, et d'autres où une voix chante des paroles mondaines françaises, tandis que les autres chantent des paroles religieuses latines. Nous avons expliqué d'une façon satisfaisante, pensons-nous, le genre de composition où les diverses parties chantent des paroles différentes, toutes latines, ou toutes françaises; mais il n'est pas aussi facile de se rendre compte de cette bizarrerie consistant à faire entendre dans une même composition des paroles latines religieuses et des paroles françaises mondaines, quelquefois trop mondaines.

Le troisième fascicule [4] du manuscrit de Montpellier se compose entièrement de motets à trois voix dont une chante des paroles françaises et l'autre des paroles latines. Le quatrième ne compte que des motets religieux avec paroles latines. C'est dans ces derniers surtout que se remarquent plusieurs mélodies spontanées dont nous avons déterminé le caractère plus haut, au chapitre v de la première partie.

Les proses ont pour origine des paroles mises sur les neumes de l'*alleluia*,

---

[1] POÉSIES POPULAIRES latines, Paris, 1843 et 1847.

[2] CARMINA e poetis christianis excerpta.

[3] ŒUVRES POÉTIQUES d'Adam de St-Victor. Paris, 1858.

[4] Voir plus haut, p. 9.

qui se chantaient auparavant sans paroles sur la dernière syllabe du mot *alleluia*. A Notker, moine de St-Gal au IXe siècle, revient l'honneur d'avoir eu l'idée de lier les paroles à ces sortes de neumes appelées *Jubili*, et qui n'étaient primitivement que de pures mélodies. Ces proses, qu'on appela aussi séquences, parce qu'elles suivaient l'alleluia, se répandirent avec une grande rapidité dans toutes les contrées de l'Europe. La forme imprimée par Notker y subsista pendant près de trois siècles, du IXe au XIIe; mais on ne se contenta pas, comme on le pense bien, d'ajouter simplement des paroles aux mélodies alléluiatiques; on composa des séquences auxquelles on adapta une musique spéciale. Ces mélodies, comme les mélodies primitives, étaient généralement simples et faciles à retenir; de là leur popularité, qui augmenta d'ailleurs au fur et à mesure que les paroles et la musique acquirent un rhythme plus déterminé, ce qui eut lieu au XIIe siècle. Les proses prirent alors un autre caractère. On vit apparaître la strophe à vers réguliers où la rime et l'accent avaient remplacé la quantité. De cette forme nouvelle, qu'on varia bientôt de mille façons, naquit une poésie nouvelle aussi, poésie large, harmonieuse et parfaitement disposée pour s'allier intimement à la musique[1]. Les proses du manuscrit de Montpellier ont ce caractère; quelques-unes datent du commencement du XIIe siècle, les autres sont du XIIIe. Quelques-unes aussi ont des mélodies offrant le caractère spontané et populaire dont nous avons parlé ci-dessus, première partie, chapitre V. Il est curieux d'étudier de quelle manière les musiciens harmonistes traitèrent ces sortes de petits poèmes fort en vogue, puisqu'on en trouve une quantité considérable répandue dans les anciens manuscrits de toutes les contrées de l'Europe.

La reproduction de ces pièces, contenues dans les manuscrits de Montpellier, serait d'un vif intérêt pour la littérature liturgique aussi bien que pour l'histoire de la musique. Nous eussions certes désiré y donner satisfaction en les publiant toutes, mais notre désir à cet égard a dû céder devant des considérations dont nous avons déjà parlé. Nous avons été obligé de nous borner à publier les pièces de cette catégorie reprises sous les n°s IV à IX, XII, XIII, XIV, XVIII, XXV et XXXVII.

---

[1] Nous engageons le lecteur à consulter l'excellent travail sur les proses que M. Léon Gautier a inséré dans son édition des ŒUVRES POÉTIQUES D'ADAM DE ST-VICTOR; Paris, 1858, t. I, p. CXXV et suiv.

POÉSIES FRANÇAISES.

Toutes les poésies françaises contenues dans le manuscrit de Montpellier se rapportent au genre léger, consistant en strophes ou couplets, et ayant nom pastourelles, motets, chansons, rondeaux et conduits. On en compte au-delà de quatre cent cinquante. Comme toutes les pièces y sont anonymes, et qu'il en est peu qui se trouvent dans les recueils connus, elles viennent augmenter dans une proportion assez considérable le nombre de ces petits poèmes souvent intéressants au point de vue de la langue et des mœurs.

A la suite de ses savantes recherches sur les trouvères chansonniers[1], M. Paulin Paris constate l'existence de plus de six cents pièces qui appartiennent à la catégorie des anonymes; la liste qu'il en donne dans ses « Manuscrits français de la Bibliothèque du roi », t. VI, p. 48-64, n'en contient aucune de la collection du manuscrit de Montpellier; à peine trouve-t-on dans ce dernier recueil quelques-unes appartenant à des trouvères connus dont nous avons parlé aux chapitres V et VI de la deuxième partie. Le manuscrit de Montpellier vient donc enrichir d'une manière assez notable cette littérature à laquelle prirent part non-seulement les trouvères de profession, mais aussi les grands seigneurs, les chevaliers, et les rois eux-mêmes qui se piquaient d'allier le « gai savoir » à la bravoure[2].

Nous avons fait voir que toutes les compositions du manuscrit de Montpellier sont antérieures au XIVe siècle et que plusieurs remontent au commencement du XIIe siècle ou à la fin du XIe. Nous avons montré aussi, en plusieurs endroits de cet ouvrage, que toutes les poésies de ce recueil appartiennent à la langue du Nord, et que la plupart des pièces ont pour auteurs des trouvères de l'Artois, de la Flandre et du Hainaut. Pour ne pas répéter ce que nous avons dit à ce sujet, nous renvoyons aux chapitres V et VI de la deuxième partie. Les noms de lieux et de personnes, certaines expressions, ne laissent aucun doute à cet égard.

La plupart des pièces du manuscrit de Monpellier sont des motets et des chansons qui ont pour sujet des lieux communs de galanterie. Sous

---

[1] HISTOIRE LITTÉRAIRE de la France, t, XXIII, p. 807.

[2] Ibid. Passim, p. 512 à 807.

ce rapport, elles n'offrent pas toujours un grand intérêt; mais quelques-unes comme les n°s x, xvi, xix et xxxvii, rachètent par la forme ce que le fond peut laisser à désirer.

Nous demandons la permission de citer encore comme exemple la pièce suivante :

Dos rossignols jolis, or m'entendés (f° 68 v°)
Qui sor tos oisiaus estes li plus renomés ;
En qui florist toute jolivetés,
De fins amans amés et desirrés.
A vous me plaig, ne le vos puis celer;
Car je ne puis por cele durer
Qui a mon cuer sans giler,
Et sans fausser.
Chief blondet com ors et reluisant,
Très bien pleisant ;
Front bien compassé ;
Plain et bienséant,
Eus vair et riant ;
Simples, bien assis,
Amourous à devis,
Fait por cuer d'amant embler.
Nés alonguet,
Droit, très bien fait,
Ce m'est avis ;
Sorcis a traitis ;
Menton a voutis ;
Boche vermelete, et dous ris.
Dens drus et petits,
Blans et compassement mis ;
Come rose par dessus lis
Est la face et son cler vis ;
Car a très bien fait et par devis.
Cuer amorous gais, jolis et gentis.
Diex! sa très grant beauté,
Sa grant bonté,
Si m'a conquis
A vos, douce amie, bele me rent pris.

Pour faire voir la popularité dont jouissait à cette époque le sujet des amours de Robin et de Marion, qu'Adam de La Hale a pris pour thème de sa célèbre pastorale intitulée : « le Jeu de Robin et Marion », M. Francisque Michel[1] a publié neuf motets et vingt-sept pastorales roulant sur ce thème. Le manuscrit de Montpellier contient sur le même sujet une douzaine de pièces autres que celles qui sont rapportées par M. Francisque Michel, ce qui prouve combien il était en vogue. Il l'a été tellement que le souvenir n'en est pas effacé dans l'Artois. On y chante encore la douce mélodie « Robin m'aime », et il y existe un dicton populaire qui rappelle une ronde ou une sorte de ballet final du « Jeu de Robin et Marion ». Voici ce dicton :

> Ch'est sans fin,
> Ch'est comm' l'dans' Robin [2].

On y lit ensuite des pièces d'un genre plus sérieux. Sous le n° IV, on en verra une contre l'orgueil, l'envie, l'hypocrisie et l'ambition. La suivante appartient à la même classe :

> Ne sais que je die, (f° 235)
> Tant voi vilainie,
> Et orgueil et félonie
> Monter en haut pris.
> Toute courtoisie
> S'en est si fouie,
> Qu'en tout ce siècle n'a mie
> De bons dis.
> Car ypocrisie,
> Et avarice sa mie
> Les ont si seurpris;
> Ceux qui plus ont pris
> Joie et compaignie,
> Tienent à folie,
> Mes en derrière font pis.

En voici une où trois dames se plaignent de la jalousie de leurs maris en termes que ceux-ci ont dû trouver un peu vifs :

1 — Si com aloi jouer l'autrier, (f° 199 v°)
Trois dames trovai ;
L'une s'esmut de cuer gai
A chanter :

2 — Deduisant com fins amourous, (f° 200)
M'en aloie tout pensant,
Trois dames trovai pallant
Et disant que trop sunt ennuieus ;

---

[1] Théatre français du moyen age, p. 31.
[2] Tailliar, Bulletin de la Commission historique du département du Nord, t. VIII, p. 424.

Diex! je ni os aler à mon ami ;
Coment aurai merci !
Puis a dit tout sans délai :
Fines amouretes ai trovées
Bien seront gaitées.
Puis a dit de cuer joious :
Pleust à Dieu que chascune de nous
Tenist la peiau de son mari jalous,
Et mes dous amis fust avec moi !
Tous li cuers me rit de joie,
Quant le voi ;
Du tout à lui m'octroi.

Lor mari est gaitant.
L'une dit en sospirant :
Duel ai trop grant,
Quant si au desos
Nos vont nos maris menant.
Or voisent bien espiant;
Nous les ferons cous,
A leurs cous nous irons jouant.
Diex les face mourir toz à no vivant !
S'emproi à genous!
Pleust à Diu que chacune de nous
Tenist la piau de son mari jalous !

Ainsi que nous l'avons déjà dit, le sacré et le profane se touchent souvent et s'allient parfois dans le manuscrit de Montpellier. Les n°s IV, VII, IX, XXXVII, sont des pièces de ce genre.

Au double salut à la Vierge qu'on trouvera sous le n° XXVI, nous allons ajouter les suivants :

La bele estoile de mer (f° 24 v°)
Qui amer
Doit l'en[1] sans fausser,
Vuel servir et henorer,
De cuer souspirer[2].
Vierge pucele en qui je croi,
Reine del mont, aidiés-moi ;
Priés vostre fil, le Roi,
Qu'il me deigne[3] conforter
Et geter de paine.
Nus ne doit joie mener
Se bien ne voz aime.

Cette pièce forme la deuxième partie du troisième quadruple du manuscrit de Montpellier. Elle y est répétée en forme de triple au f° 397. Nous donnons les variantes en note.

La première voix du quatrième quadruple chante les paroles suivantes :

Plus bele que flor (f° 26 v°)
Est, ce m'est avis,
Cele à qui m'ator.
Tant com soie vis,

---

[1] Doit-on. — [2] Réclamer. — [3] Veuille.

> N'aura de m'amor,
> Joie ne délis,
> Autre mes la flor
> Qu'est de Paradis.
> Mère est au Signor
> Que si voz amis
> Et nos a retor,
> Veut avoir tot dis.

Nous demandons la permission de citer encore la pièce suivante, à laquelle on ne saurait refuser de la grâce et de l'élégance :

> Virge pucele henorée,   206 v⁰
> Virge munde et pure,
> Par voz est reconfortée
> Humaine nature ;
> Par voz est enluminée
> Toute créature ;
> Virge pucele Marie,
> Flor de lis, rose florie,
> En mai flour de glai,
> Flor espanie,
> Pucele en qui j'ai
> Espérance et bone foi,
> Otroiés-moi vostre aie,
> Mère, au puissant roi.

Parmi les pièces que nous publions plus loin, nous signalerons comme méritant une attention particulière les nᵒˢ xxxix, xl et xli. Nous avons dit plus haut qu'elles semblent appartenir à des jongleurs ; notre opinion se fonde principalement sur le contenu même de ces pièces où il est question de jeux et d'ébattements, qui rentrent parfaitement dans le rôle des jongleurs. Il n'est pas probable que les trouvères se soient jamais employés à des bouffonneries de cette nature, ni qu'ils les aient décrites en citant les noms de ces sortes de bateleurs. Ces pièces appartiennent évidemment à des jongleurs, et on a là les noms de quelques-uns des plus célèbres.

En terminant ces lignes préliminaires, nous croyons devoir faire remarquer que les poésies que nous avons données précédemment, comme celles qui viennent ci-après sont reproduites exactement telles qu'elles sont dans le manuscrit, sans aucun changement dans leur orthographe. Là où on rencontrerait quelque différence entre les textes qui accompagnent la musique et les textes seuls, c'est à ces derniers qu'il faut donner la préférence ; ce sont ceux-là que nous avons révisés avec une attention particulière, laissant aux érudits qui s'occupent spécialement de la littérature de cette époque, le soin de résoudre les petits problèmes que peuvent offrir certains passages du manuscrit.

I

Alleluia.   (fo 16 vo)

II

Posui adjutorium super potentem, et exaltavi electum.   (fo 17 vo)

III

Deus in adjutorium   (fo 1)
Intende laborantium.
Ad doloris remedium
Festina in auxilium.

Ut chorus noster psallere
Possit et laudes dicere,
Tibi, christe, rex glorie;
Gloria tibi, Domine!

In te, Christe, credentium
Misercaris omnium,
Qui es Deus in sæcula
Sæculorum in gloria.

Amen, amen, alleluia !
Amen, amen, alleluia !
Amen, amen, alleluia !
Amen, amen, alleluia !

IV

1 — L'estat du monde et la vie   (fo 81 vo)
    Va empirant chascun jour;
    Car, plein d'orgueil et d'envie,
    Sunt cil qui semblent meillor.
    Par déhors ont religious atour ;
    Et par dedans sunt plein d'ypocrisie,
    De fausseté, de dolour.
    Penant se vont d'avoir non de mestrie
    Pour tost monter en henor.
    Ja ne lairai que ne die,
    Li Jacobin et li frère Menor
    Sunt tout itel li pluisor.

2 — Beata viscera   (fo 82)
    Mariæ virginis,
    Tam salutifera
    Tantique nominis,

    Quæ portaverunt proprium
    Æterni patris filium.

    Quæ sumendo carnis exilium
    Mundi nephas abstersit impium;

    Nobis prando præmium
    Iter ad gaudium.

3 — BEATA VISCERA.

V

1 — Conditio naturæ defuit (fº 87 vº)
In filio quem virgo genuit.

Contagio sola nam caruit
Quam vicio nemo defloruit.

Et ideo partu non doluit,
Hæc actio patrem non habuit.

Hæc proprio dono promeruit,
Ludibriique non succubuit.

Hæc ratio mundi desipuit,
Hæc quæstio scrutari renuit.
Solicio filio
Dei sic placuit;
Devotio dubio
Finem proposuit.
Redemptio sanctis
Plus Adæ profuit,
Commissio
Quam Evæ nocuit.

2 — O natio nephandi generis! (fº 88)
Cur gratiæ donis abuteris,
Multiplici reatu laberis?
Dum litteram legis amplecteris,
Et litteræ medelam deseris.

Gens perfida cæcata deperis;
Sed Moysen consideraveris,
Nec faciem videre poteris.
Si mistice non intelexeris,
In facie commuta falleris.

Considera
Misera,
Quare damnaberis,
Quod litteram
Properam
Interpretaveris.
Convertere
Propere;
Nam si converteris,
Per gratiam
Veniam
Culpæ mereberis.

3 — . . . . . .

VI

1 — Res nova mirabilis, (fº 96 vº)
Virgo semper amabilis,
Virgo venerabilis,
Omnibus comes utilis.

Virgo decus virginum,
Cœleste lumen luminum,
Ave salus gentium,
Firmaque spes fidelium.

Virgo cæli regia,
Refecta plena gratia
Deitatis pluvia.
Virgo super omnia,
Jam dele nostra vicia;
Et præcepta venia
Perducat nos ad gaudia.

2 — Virgo decus castitatis, (fº 97)
Virgo regia;
Virgo mater pietatis,
Viri nescia.

Virgo templum trinitatis
Cœli regia.

Virgo pura pravitatis
Dele vicia.

Nos emundans a peccatis
Per suffragia.

Per te nobis pene datis
Detur venia.

Ne damnemur pro peccatis
In miseria.

Sed fruamur cum beatis
Celi gloria.

3 — ALLELUIA.

VII

1 — Mout me fu gries li départir (f⁰ 66 v⁰)
De mamiette la bele au cors gent.
Quant sa grant biauté remir,
Por li sovent et nuit et jor sospir.
Si tres doz ris me fet frémir ;
Et si œil vair riant languir,
Et sa bele boche ensement.
Ele est docete, simplete et pleisant,
Sa vermellete bochete riant,
Son chief blont luisant,
Très bien avenant ;
Sourcis voutis
Et traitis ;
Dens drus, petis,
Bien assis.
Languir me fais son dous ris,
Sa bouche et son cler vis,
En grant dolor m'a la bele mis.
Blanchete com flor de lis,
De celi qui est si pris
Por vostre amor,
Qui n'a repoz ne nuit ne jor;
Aiez merci,
Que je voz empri ;
Faites de moi vostre loial ami.
Por vos morrai,
Se n'avez pitié de moi.
Ostés-moi
De la prison
Dont garison
Avoir ne porrai ;
Se de vos aucun secors n'ai.
Je vos servirai
Tot les jors que je vivrai,
Et ja nul jor
Ne m'en départirai.
Dame de valor,
Vermelle com rose en mai,
Toz jors serai
Vostre doz amis vrai ;
Et se de voz me covient partir,
Par voz me covendra languir.
Quant je vos lerai,

2 — In omni fratre tuo (f⁰ 67)
Non habeas fiduciam,
Quoniam
Livor est in pluribus,
Dolum acuentibus ;
Ut novaculum
Servient ad osculum ;
Et sub verbis dulcibus
Tuis ponent gressibus
Offendiculum.
Linguæ solvent jaculum
Odii sermonibus.
Nullo modo credas te talibus,
Quia mors est in linguæ manibus.
Vestiti sunt enim duplicibus
Pace foris et intus fraudibus.
In occultis adstant divitibus
Ut noceant nugis fallacibus.
A fructibus,
Et non a vestibus
Caym tribus
Notæ sint hominibus.
A quibus, ut caveas,
Tibi Joseph habeas,
Ne doleas in speculum
Judæ fallax osculum.
Remum, Romulum
Per quos patet omnibus
Lucidius
Nullum esse gravius
Periculum,
Quam in falsis fratribus
Per sæculum.

Quant me partirai
De voz, amie,
Mon cuer sanz fauser,
Dire porrai
Tout mon cuer voz remaint
O moi ne l'emport mie.

3 — IN SÆCULUM.

VIII

1 — O Maria, virgo davidica, (f° 88 v°)
    Virginum flos, vitæ spes unica ;
    Via veniæ,
    Lux gratiæ,
    Mater clementiæ,
    Sola jubes in arce cœlica.
    Obediunt tibi militiæ ;
    Sola sedes in throno gloriæ
    Gratia plena,
    Fulgens deica.
    Stellæ stupent de tua facie ;
    Sol, luna, de tua potentia.
    Quæ luminaria
    In meridie
    Tua facie
    Vincis omnia.
    Prece pia mitiga filium ;
    Miro modo cujus es filia ;
    Ne judicemur in contrarium,
    Sed det æterna vitæ præmia.

2 — O Maria maris stella, (f° 89)
    Plena gratiæ ;
    Mater simul et puella,
    Vas munditiæ.
    Templum nostri redemptoris
    Sol justitiæ.
    Porta cœli, spes reorum
    Thronus gloriæ.
    Sublevatrix miserorum,
    Vena veniæ.
    Audi servos
    Te rogantes,
    Mater gratiæ,
    Ut peccata
    Sint ablata
    Per te hodie,
    Qui te puro
    Laudant corde
    In veritate.

3 — VERITATEM.

IX

1 — Povre secors ai encore recovré (f° 71 v°)
    A ma dame qui je avoie servi
    A sa volenté.
    N'autre reison trovée
    N'a de moi grever,
    Fors que veut estre amie
    A tel qui li puist doner.
    Las ! si m'a refusé,
    Mes sen li est point de pitié.
    Tot mon désir eusse achievé.

2 — Gaude chorus omnium fidelium (f° 72)
    Rosa flagrans lilium convallium
    Fert et offert filium ;
    Appesentat proprium
    Tantum offertorium.
    Virgo mater hodie,
    Novum regem gloriæ,
    Deportans in græmium,
    Quem Symeon manibus
    In ulmis felicibus

En sospirant li dis
Que je morroie por li amer.
Ele respondi
Que ne leroit le riche aler
Por plus vaillant, ne por plus sené.
Lors començai à penser,
Mes ne li dis pas por li aïrer.
Dame se j'estoie li maus d'amer,
Je vos ocirroie voir.
Car dame qui riens veut valoir,
Dire devroit, et Diex
A jor de mon ae
Ja mauvais m'amour n'aura ja jubet.

Accipiens,
Benedixit inquiens :
Nunc dimittis, domine, servum tuum,
In pace nunc et in perpetuum.

3 — Angelus.

X

1 — S'amours eust point de poer, (f⁰ 270)
Je m'en deusse bien apercevoir,
Qui l'ai servie tout mon vivant
De cuer loiaument.
Mes je croi k'aidier ne poet a nului, ne valoir;
Pour moi le puis-je bien provu et savoir
Vraiment.
En son service m'a fait lonc tans doloir
Et vivre en si grief tourment,
Que je ne sai mie comant
Nus amant
Puist vivre en gregneur ;
Et si l'ai souffert boinement,
Car par bien soufrir
Cuidai joir.
Pour ce ai enduré si longuement ;
Mes or voi bien que ne mi vaut noient.
Qu'en puis-je donc se d'amer me repent,
Quant amours de mon service
Tel guerredon me rent,
Que plus ai amé et désiré,
Plus l'ai comparé chierement.
Si m'acort bien à ce k'en dit bounement
Que li hons qui mauvais seigneur sert,
Mauvais loier atent.
Ne set qui fait qu'à amer en prent,
Car nus ne porroit penser,
Si veut amer sans guiler,

2 — Au renouveler du joli tans (f⁰ 270)
M'estuet commencier chançon ;
Car bone amours, de cui servir je suis
[désirrans,
M'en a douné ochoison.
Par uns jeus dous et rians,
M'a seurpris si que ne puis penser s'à cele
[non,
A cui j'ai fait de moi don.
Tant est avenans,
Seur toutes autres bèle et plaisans,
Et de si bon renon.
Car sanz traison
L'aim et amerai tant com je ière vivant;
En atendant le douz guerredon,
K'amours rent à finz amans
Qui à son voloir sunt obéissans
Sans mesprison.

L'ennui qui li apent.
Ne je ne dout mie
Que ja ait amie
Cil qui en bien amer entent ;
Que plus est vrais amis,
Tant li fera on pis,
Ja pour prier merci
N'avra alègement.
Assez puet dolouser,
Plaindre et plourer et souspirer ;
Il n'iert jà autrement.
Car de s'amour douner
A houme qu'il aint
N'a fame nul talent ;
Mes à celui qui point ne la desert,
L'otroie à la fois tout entièrement.

3 — Ecce.

XI

1 — Aucun ont trové chant par usage ; (f° 273)
Mes à moi en doune ochoison.
Amours qui resbaudist mon courage,
Si que m'estuet faire chançon.
Car amer me fait dame bèle et sage
Et de bon renon.
Et je qui li ai fait houmage,
Pour lui servir tout mon aage,
De loial cuer sans penser trahison,
Chanterai, car de li tient un si douz héritage
Que joie n'ai se de ce non.
C'est la pensée que mon douz mal m'a
[souage
Et fait espérer garison.
Ne por quant seur moi peut clamer hausage
Amours et moi tout mon vivant
Tenir en sa prison.
Ne ja pour ce ne penserai,
Vers li mesprison,
Tant set soutilment assaillir,
K'encontre li défendre ne s'en puet on.
Force de corps, ne plenté de lignage,
Ne vaut un bouton.
Et si li plaist de raençon,
Rendre, à son gré sui prieg ;

2 — Lonc tans me suis tenu de chanter (f° 273)
Mes or ai raison de joie mener.
Car boune amour me fait désirer,
La miex ensegnie k'on puist en tout le mont
[trouver.
A li ne doit on nule autre comparer.
Et quant j'aim dame si proisie,
Que grand déduit ai du penser,
Je puis bien prouver
Que mout a savoureuse vie,
Quoique nus die
En bien amer.

Et l'en fais gage mon cuer,
Que je met du tout en abandon.
Si proi merci car autre avantage
N'ai-je ne pour moi nule autre raison.

3 — ANNUN (sic).

XII.

1 — Amor vincens omnia (fo 319 vo)
Potentia,
Vincit yma fortissima,
Et vincit demonia,
Virgo pia,
Ut patet in curia
Sanctissima;
Dum repellit tristia
Per gaudia
Fit hoc per contraria
Misteria.
Quia mater filia,
Ferens spiritalia.
Ergo, Sancta Maria,
Nobis dona præmia,
Per tua suffragia,
Et pro nobis Christum ora
Gloriosa.

2 — Mariæ præconio devotio (fo 319 vo)
Omnium fidelium,
In Christo sperantium
Serviat cum gaudio.
Cujus in obsequio
Supernorum civium
Lætatur collegio.
O quam felix regio,
In qua vox lætantium
Fervens desiderio
Laudat sine tædio
Filium,
Qui est humilium
Dulcis amor.

3 — APTATUR.

XIII

1 — Salve virgo nobilis, (fo 320 vo)
Maria,
Virgo venerabilis
Et pia,
Quæ genuisti regem omnium;
Salve virgo, sola spes fidelium;
Salve virgo regia,
Salve virgo virginum,
Salus hominum,
Lux luminum;
O spes unica, filium filia
Mitiga Virgo plena gratia.

2 — Verbum caro factum est (fo 321)
Et habitabit in nobis;
Cujus gloriam vidimus
Quasi unigeniti
A patre plenum gratiæ et veritatis,
Ergo nostra concio
Supremo laudes demus domino.

3 — VERBUM.

XIV

1 — Veni virgo beatissima ; (f° 92 v°)
Veni mater honestissima ;
Esto nobis semper proxima,
Dei genetrix pia ô Maria;
Nos clarifica,
Nos purifica,
Ora filium tuum
Pro nobis, Domina,
Ut cuncta fidelium
Terat peccamina.
Conferens superna gaudia
Per te, cœli regina.

2 — Veni sancte spiritus, (f° 93)
Veni lux gratiæ ;
Veni, reple cœlitus
Tuæ familiæ,
Pectora radicitus
Pater potentiæ;
Et extirpa penitus
Labem nequitiæ.
Da nobis divinitus,
Pater, sic vivere ;
Ut te Deum colere,
Et te patrem diligere
Possimus semper sincere
Et superna gaudia possidere.

3 — Neuma.

XV

1 — L'autrier m'esbatoie, (f° 111 v°)
Et tous seus pensoie
A mon gré,
S'en ai mieuz trové
Fesant mout grant joie.
Encontrai Robin les un pré
Où Marot avoit chanté :
J'ai une amourète à mon gré
Qui me tient jolive.
Regrete son bergerot
Qui moult li agrée
Et cointe et mignot;
Ainsi Robin sovent regretot.
Grant folie est, je t'en tieng pour sot.
A ce mot,
Quant ta mie as déguerpie Marot.
Quant oie ot,
La cheurie si chantoit :
J'irai toute la valée avec Marot.

2 — Demenant grant joie, (f° 112)
L'autrier m'en aloie
Lès un pré,
Au dous tans d'esté.
N'encore n'avoie
Nul home encontré.
Si ert il ajorné;
Et je chevaulchoie
Palefroi sejorné.
S'ai trové
Un bergerot
Cointe et mignot.
S'a chanté :
Hé! Emmelot,
Je t'ai tant amée,
Qom m'en tient pour sot.
Bergerie mout bèle menot ;
Mes sa mie souvent regretot ,
Tant qu'il ot
Encontré la cheurie Marot.
Par la prée encontrée le renotoit
Girai toute la valée avec Marot.

— Manere.

XVI

1 — Diex qui porroit, (f⁰ 309 v⁰)
    Quant il vodroit,
    Sanz mal penser,
    A sa mie jouer
    Et déporter ;
    Et souvent parler,
    Pour raconter
    Entreus les maus qu'ils ont pour bien amer.
    Bien porroit,
    Et devroit
    Grant joie mener ;
    Mes mesdisans desseurer
    M'en font, qui me feront oublier.
    Diex ! les puist touz agraventerer;
    Maint duel amer
    Endurer et souspirer
    M'ont fait pour leur gengler.
    Ne nus ne m'en puet reconforter,
    Fors la sadete,
    Blanchete,
    A vis cler.

2 — En grand dolour, (f⁰ 309 v⁰)
    En grant paour,
    En grant tristour,
    Et nuit et jour,
    Sui pour l'amour
    A la mellour,
    Et pour la flour,
    Ce m'est avis.
    De toutes celes du païs
    Dont je parti,
    Quant la guerpi
    Matet esbahi.
    Ahy ! Mesdisans m'ont trahi,
    Qui m'ont fait maint grant ennui.
    Par eus de li eslongies sui ;
    Mes de vrais cuer li pri par amours
    Que de mes dolours
    Me face par tans secours ;
    Bien sache que tous jours
    Son ami serai,
    Tant com je vivrai.

3 — APTATUR. (f⁰ 309)

XVII

1 — Ave virgo regia, (f⁰ 89 v⁰)
    Mater clementiæ ;
    Virgo plena gratia,
    Regina gloriæ ;
    Genetrix egregia
    Prolis eximiæ,
    Que sedes in gloria
    Cœlestis patriæ
    Regis cœli regiæ.
    Mater et filia,
    Castrum pudicitiæ ;
    Stellaque previa,
    In throno justitiæ,
    Resides obvia
    Agnima militiæ

2 — Ave gloriosa, (f⁰ 90)
    Mater salvatoris ;
    Ave speciosa,
    Virgo flos pudoris ;
    Ave lux jocosa,
    Thalamus splendoris ;
    Ave præciosa,
    Salus peccatoris.

    Ave vitæ via
    Casta, munda, pura ;
    Dulcis, mitis, pia,
    Felix creatura ;
    Parens modo miro
    Nova genitura,

Cœlestis omnia.
Occurrunt letitiæ
Tibique propria
Cantica symphonia
Tam multipharia.
Tu tantæ potentiæ,
Tantæ victoriæ,
Formæ tam egregiæ,
Mater ecclesiæ.
Lux munditiæ,
Genetrixque pia,
Obediunt tibi cœlestia.
Cœli luminaria
Stupefiunt de tua specie;
Sol et luna cunctaque
Polorum sidera,
Virgo regens supera,
Te laudant angeli super ethera.
Ave cleri tutum præsidium;
Pauperisque verum subsidium.
Tu es lima malitiæ;
Tu genetrix gratiæ;
Peccatoris mite refugium;
Egrotantium
Solabile solatium;
Nobis assis post obitum;
Post ipsius sæculi
Vitæ vilis transitum;
Per gratiam, non per meritum,
Nos ducas ad patrem et filium.

Virum sine viro
Contra carnis jura.
Virgo virginum,
Expers criminum,
Decus luminum,
Cœli Domina;
Salus gentium,
Spes fidelium,
Lumen cordium
Nos illumina.

Nosque filio
Tuo tam pio,
Tam propicio
Reconcilia;
Et ad gaudia
Nos perhennia
Duc prece pia,
Virgo Maria.

3 — Domino.   (f° 90)

XVIII

1 — Psallat chorus in novo carmine,   (f° 98 v°)
   Organico cum modulamine,
   Magne pater, in tuo nomine;
   Custodi nos sub tuo tegmine,
   Domine
   Nicholae, tuo præcamine,
   Angelica cum multitudine
   Nos colloca sanctorum agmine,
   Quod nobis aptatur.

2 — Eximie pater et egregie,   (f° 99)
   Rector pie, doctor egregie,
   Roga Jesum, filium Mariæ,
   Pro famulis hujus ecclesiæ,
   Hac die,
   Nicholae, nos doce hodie
   Rectam viam cœlestis patriæ,
   Ut fruamur æterna requie
   Quæ nobis aptatur.

3 — Aptatur.   (f° 99)

XIX

1 — S'on me regarde, (f° 375)
S'on me regarde,
Dites-le moi.
Trop sui gaillarde,
Bien l'aperchoi.
Ne puis laissier
Que mon regard
Ne s'esparde;
Car ces mesgarde
Dont mout me tarde
Qu'il m'ait o soi,
Qu'il a, en foi
De m'amour, plain otroi.
Mais tel ci voi
Qui est, je croi,
Feu d'enfer,
Larde jalous de moi.
Mais pour li d'amer
Ne recroi,
Car, par ma foi,
Pour nient m'esgarde,
Bien pert sa garde,
J'arai rechoi.

2 — Prenés-i garde,
S'on me regarde,
Trop sui gaillarde,
Dites-le moi,
Pour Dieu vous proi.
Car ces mesgarde
Dont mout me tarde
Qu'il m'ait o soi,
Bien l'aperchoi.
Et tel chi voi
Qui est, je croi,
Feu d'enfer,
Larde jalous de moi.
Mais pour li d'amer
Ne recroi.
Pour nient m'esgarde,
Bien pert sa garde,
J'arai rechoi,
Et de mon ami le dosnoi.
Faire le doi,
Ne serai plus couarde.

3 — HÉ MI ENFANT. (f° 375)

XX

TEXTE ORIGINAL.	TRADUCTION ANGLAISE.

Sumer is icumen in,
   Lhude sing, Cuccu!
Groweth sed, and bloweth med
   And springth the wde nu
     Sing, Cuccu!
Awe bleteth after lomb
   Lhouth after calve cu;
Bulluc sterteth, bucke verteth
   Murie sing Cuccu,
     Cuccu, Cuccu.
Wel singes thu Cuccu
Ne swik thu nover cu.

Summer is come in,
   Loud sing, Cuckoo!
Groweth seed, and bloweth mead
   And spring'th the wood now
     Sing, Cuckoo!
Ewe bleateth ofter lamb,
   Loweth after colf (the) cow.
Bullock starteth, buk verteth
   Merry sing, Cuckoo;
     Cuckoo, Cuckoo!
Well sing'st thou Cuckoo
Nor cease thou never now [1].

---

[1] WILLIAM CHAPPELL, F. S. A. — POPULAR MUSIC OF THE OLDEN TIME etc. Londres, 2 vol. gr. in-8, p. 24.

XXI

1 et 2 — Alle psallite cum luia. (f⁰ 392)   Deo toto
   Alle concrepando,   Psallite cum luia.
   Psallite cum luia.   Alleluia.
   Alle corde voto

     3 — Alleluia.   (f⁰ 392)

XXII

1 et 2 — Huic ut placuit, tres magi (f⁰ 392 v⁰) Ipsum mirifice regem dicentia,
   Mistica virtute triplici   Deum et hominem mira potentia.
   Portabant munera,

     3 — . . . . .   (f⁰ 392 v⁰)

XXIII

1 et 2 — Balam, inquit vaticinans, (f⁰ 393 v⁰) Rutilans
   Jam de Jacob nova micans,   Exibit stella.
   Orbi lumen inchoans,

     3 — Balaam.   (f⁰ 393)

XXIV

1 — Or ne sai-je que devenir,   (f⁰ 294)   2 — Puisque d'amer sui désirans,   (f⁰ 294)
 De mes amours ne puis joir.   Et amours de dame attendans,
 Et si les sert bonement   Je doi bien estre obéissans,
 De cuer et de cors entièrement,   Sages, courtois et bien celans.
 Nonques n'en sui recréans,   Se d'amours voel joir
 Mes toudis obéissans.   Com fins amans;
 A ma dame d'ounour   Quar amours ne veut mie,
 Pour qui chant   Tant ait ele segnourie,
 Et chanterai tous les jours   Par tout le mont espanie,
 Que je vivrai,   Soi metre aval le veut.
 Ne ja ne m'en partirai.   Tiex li pramet sa foi;
 S'en dirai :   Qui puis li meut,
 Ai! ai! ai!   Nus ne si doit
 Au cuer sent les maus que j'ai!   Metre, s'il ne la sert ;
 Bien sai qu'en morrai. Hai !   C'est savoureuse vie
 Se bien prochain secours n'ai;   Et garenne garnie ;
 Et se ma dame ottroier   Tiex i chace qui riens ni prent.
 Ne me veut por deproier
 Secours, merci attendrai.

     3 — . . . . .   (f⁰ 294)

XXV

1 et 2 — Salve virgo virginum, (f° 346)
Salve sancte parens,
Salve lumen luminum,
Salve labe carens ;

Nostrorum sis criminum,
Nebulas exarens.
Amen.

3 — Omnes. (f° 346)

XXVI

1 — Hé! mère Diu, regardez m'en pitié; (f°196 v°)
Qui voz servanz gardés d'anemistié.
Théophilus par toi de son péchié fut quite,
Tant m'a tenu l'anemi souz son pic.
Et par barat sovent engignié
M'amistie m'a lié.
En li me truis sovent trébuchié,
Por ce sui corrucié.
Hélas! Coment porrai mes estre lié,
Quant asségié me sent tant en péchié.
Se deslié mon cuer mehaignié
N'est par vostre grace asralié.

2 — La virge Marie, (f° 197)
Loial est amie,
Qui a li s'alie,
Si com je croi,
Troblez n'en doit estre, ne en esmai.
An Diez! an doux Diex! que ferai !
Trop l'ai messervie, grant dueil en ai.
A li racorder coment me porrai ?
A genouz vers li me retornerai ;
Merci crierai,
Qu'èle ait pitié de moi.
Son serf devendrai,
Tantost sanz délai,
Au miex que porrai.
Ave Maria docement li dirai ,
Mon cuer li donrai,
Jamais ne li refaudrai.

3 — Aptatur. (f° 197)

XXVII

(f° 300 v°)
1 — Dame bèle et avenant et de biau port.
Arrivé sui à mal port.
Je muir à grant tort,
Se je n'ai de vous confort,
Sans nul resort,
Sui mis à la mort.

2 — Fi mari de vostre amour, (f° 300 v°)
Car j'ai ami,
Tel qu'il afiert à mi ;
Qui me sert et nuit et jour,
Sanz séjour,
De cuer mignot et joli.
Vilains vous demorirés,
Et je m'en vois à li.

3 — . . . . . (f° 300)

XXVIII

1 — Mout me fu grief li départir (f° 292)
De m'amiète la jolie au cler vis ;

2 — Robin m'aime, (f° 292)
Robin m'a.

Qui est blanche et vermellete,
Come rose par dessus lis,
Ce m'est avis.
Son très douz ris,
Me fait frémir ;
Et si œll vair riant languir.
Ha Diex! com mar la lessai !
Blanchete come flour de lis,
Quant vous verrai !
Dame de valour,
Vermelle come rose en mai,
Pour vous sui en grant dolour.

Robin m'a demandée,
Si m'aura.

Robin m'achata corroie,
Et aumonniere de soie,
Pourquoi donc ne l'ameroie,
A leur i va.

Robin m'aime,
Robin m'a.
Robin m'a demandée,
Si m'aura.

3 — Portare.   (f⁰ 292)

XXIX

1 — De joli cuer doit venir   (f⁰ 158)
De faire un treble plesant,
Por ce voel je maintenir
De signeur Gilon Ferrant
Ce treble pour esjoir.
Mes chanter à cuer joiant
Ne peut cil qui n'a amie.
Pour ce ne puis, ne ne doi envoisie,
Fère chançon, se je n'ai cuer joli,
Se la bèle ne me tient à ami ;
Qui mes cuers aime et la désire tant ;
Que maintenant
Le covient de moi partir.
Nonques mes si vrai amant
Ne vi faillir.
A amors que si m'aqueure
Diex ! Nonques mes n'amai-je tant
Com je fais ore.

2 — Je me quidai bien tenir   (f⁰ 159)
De chanter dorenavant.
Mes amor qui son plésir
Fet de moi sanz contremant,
Ne mi lait avoir loisir
De penser à riens vivant,
Fors qu'à ma très douce amie.
Pour c'est bien drois que je chante et si die,
Et je, sen li, ne puis trouver merci.
Si chant au mainz por ce que ja failli,
Et se c'est pour maitire de chant,
Mes ne por quant
Trop j'ai mis mon guenchir.
Je començai en cressant à moi traïr.
Si ne fais fors crestre encore.
Diex! Nonques mes n'aimai-je tant
Com je faz ore.

3 — Et Gaudebit.   (f⁰ 158 v⁰)

XXX

(f⁰ 179 v⁰)
1 — Quant se départ la verdure des chans,
Et d'yver neist par nature frois tans,
Cest treble fis accorder à ij chans,
Que primes fis, malgré les mesdisans,
Qui ont mouti
Que je les aportai de mon païs,

2 — Onques ne sot amer à gas   (f⁰ 180)
Celui qui si haut et bas
A servir ne faignent pas,
Quant sa contenance,
Son sens, sa puissance,
Vois remirant par compas.

Ce est drois de Tornoi.
Diex ! il ont menti, bien le sai,
Pour ce qu'il ont ausage que chant
Sache trover concordant.
Si s'en vont il ce quit esmerveillant,
Petit en sai ne por quant
Ains m'escondis sans faintise
Qu'à tort ne soit blasmés,
Ne encopés
De controver vantise.

Soutif decevance.
Sans autre acointance,
M'a mis en ses las,
Dont issir ne quit-je pas.
Que je, sanz doutance,
I truis tant joie et solaz,
Quonques rentrans plus n'eut pas,
Nenquore ne m'en repent je pas.

3 — Docebit. (f° 179 v°)

XXXI

1 — Lonc tans ai mon cuer assis (f° 252 v°)
En bien amer.
Nonques vers amours ne fis
Riens à blaumer.
Ains me sui mout entremis
De lui loer.
Or ne puis mes endurer
Si m'a conquis.

De sa joie m'a si pris
Ni puis durer.
Par mi sunt si pleur et si ris
Tout truis amer.
Quant le quit meillor trover,
Lors me fet pis.
Diex ! quant je me doi la nuit reposer,
Resveillent moi li doz mal d'amer.

2 — In sæculum. (f° 252 v°)

XXXII

1 — Li dos termines m'agrée (f° 249 v°)
Du mois d'avril en pascour.
Qu'adonc m'octroia s'amor.
Le plus bele qui soit née,
Et qui plus a de valour,
S'en sui en plus grant bodour,

Qu'a nul jour ne sui mes appareillie.
Loiauté j'ai trovée,
Si l'emport plus grant honour.
Cuers vai faire séjour
En la très douce contrée
Où cèle maint qui j'aour.

2 — Balaam. (f° 249 v°)

XXXIII

(f° 200 v°)
1 — Se valors vient d'estre amourous et gay,
A toz jours, se diu plaist, la maintenrrai ;
Se je sai.
C'est bien drois qu'envoisies soie,
Quant cele s'amor m'otroie,
Que primes amai,
Ne ja ne m'en partirai.

(f° 201)
2 — Bien me sui aperceu que de vivre en joie
M'est grans biens venus.
Mes je me sui trop teus;
Ce poise moi d'aler où ma dame voie,
Car je doi joir
Se par li ne esjoir.
Diex ! tant m'est tart que je la voie ;

Por mal, ne por dolour,　　　　　　　Tant en ai grant fain.
Mes de cuer vrai,　　　　　　　　　Trop me poise quant ne la voi
A mes premiers amours　　　　　　Cèle qui j'aim.
Me rendrai.

3 — . . . . .

XXXIV

(f° 275 v°)　　　　　　　　　　　　　　　　　　(f° 275 v°)

1 — J'ai mis toute ma pensée lonc tans　　2 — Je n'en puis mais, se je ne chant souvent;
En amour loiaument servir.　　　　　　Car en mon cuer n'a se tristece non.
Encore vuel je bien obéir,　　　　　　Amours m'a fait nuit et jour si griement,
A son comant,　　　　　　　　　　　Que né espoir, confort ne garison.
Ne pour quant　　　　　　　　　　　En sa prison m'a tenu longuement
Je n'en puis joir.　　　　　　　　　　Cele que j'aim ; et point ne se répent
Tant me fait de mal souffrir,　　　　　De moi grèver tout adès sans raison.
Cele que j'aim,　　　　　　　　　　　Dex ! ele ne puet trouver autre ochoison,
Que je ne sai que puisse devenir.　　　Fors que trop l'aim; ci ai mal guerridon
Trembler et frémir　　　　　　　　　Qu'ele mi rent; or sai-je vraiment
Me fait et la coulour pâlir.　　　　　　Que ja n'aurai, puisque j'aim loiaument,
Souvent plour et souspir ;　　　　　　De s'amour don.
Et si ne puis de li amer repentir.
Las tant la désir que bien croi
Qu'en la fin pour
S'amour
Me convendra morir,
S'aucun confort n'ai de li.
Car trop cruellement
M'a fait lonc tans languir,
Hé ! dame au cler vis, secourés moi,
Vo loial ami,
S'il vous vient à plésir ;
Car du mal que je sent et ai senti,
Nus fors vous ne m'en puet garir.
Si vous pri merci,
Car un seul biau semblant,
Se de vous le veoie venir,
M'aroit conforté
Et espoir douné
De joie reeouvrer
Ou je criem faillir.
Car se pitiés ou amours
N'en veut pour moi ouvrer,
Je ni puis avenir.

3 — Puerorum. (f° 275 v°)

XXXV

1 — Diex! où porrai je rouver merci, (f° 324 v°)
Quant n'os dire mon penser à celi,
Qui par sa bonté,
A mon cuer ravi,
Et emprisonné.
Hélas! si mar la vi,
Quant je n'ai pensée fors kali.
Quant je remir sa bouchete
Et la coulour de son cler vis;
Et sa polie gorgete,
Qui plus est blanchete,
Que n'est flor de lis;
Lors suis d'amer si pris
Et si sourpris,
Que par mes yex sui trahis;
Ce m'est avis.
Vous qui la irés,
Pour diu dites li,
Douce desirée,
Au cuer joli;
Car aiés pité
De vostre ami.

2 — Che sunt amouretes qui me tienent si. (f° 325)
Que ne pens à riens vivant,
Fors qu'à la bele au cler vis.
Aymi!
Sa blanche gorgete plaisant,
Son menton votis,
Sa saffre bouche riant,
Qui tous jours dit par samblant,
Baisiés, baisiés moi, amis, tousdis.
Son nés bien fait, à devis,
Et si vair oel frémiant,
Larron dembler cuer d'amant;
Et si brun sourcill plaisant,
Son plain front, son chief luisant;
M'ont navré
D'un dart si anamouré,
Que bien croi qu'il m'occira.
Diex, an, an!
Diex, an!
Haro! qui m'en garira!

3 — OMNES. (f° 324 v°)

XXXVI

1 — Qui amours veut maintenir (f° 314)
Et servir,
Loiaument sans fausser,
Bien se doit sus toutes riens garder
De vilenie,
Qui tant fait à blasmer.
Et si ne doit autrui empirer,
Ne mauvais non alever;
Mes de courtoisie
Et d'ounour tout adès doit parler;
Et les mesdisans envieus fuir et eschiver;
Qui tout ades
Sunt en agait
Pour les fins amans grever.
Diex! les puist tous agraventer,

2 — Li dous penser qui me vient de celi (f° 314)
Que j'aim de cuer,
Car toujours l'ai servie
Sans guiler.
Et bons espoirs que j'ai d'avoir merci,
Fait ma grant joie doubler,
Et mon fin cuer resbaudir et chanter.
S'en sui plus jolis;
Quar nus ne porroit penser
La grant biauté pour qui
Je sui si pris
Et espris.
Tant est plaisant et de bele façon,
Cele à qui sui amis.
Plaine est de bonté,

30

Car je ne les porroie amer.
Mes qui bone vie,
Et jolie,
Vodroit du tout mener,
En bon amor meist son penser
Et tout son désir,
Sans james son cuer oster,
Adonc si porroit certainement
Prouver,
Com li maus plaist à endurer.
Car quant on pense souvent
A dous viaire cler,
Toute dolour estuet oublier.
Et pour déporter
Fait bon tousdiz
Sa grant valour remembrer,
Qu'on doit bien servir et hounourer,
Celui qui pooir a de tous maus alégier,
Et guerredouner.

De valour et de pris,
De courtoisie et de grant renon.
S'en est mon cuer si souspris,
Que je ne puis plus durer,
Se n'ai prochain secours.
Douce dame par amhours,
A mains jointes vous cri
Merci,
Que m'alégiés ma grant dolour;
Ou se ce non, il me convient morir
Sans retour.
Quar pour griete, ne por torment souffrir,
Ne m'enquier de partir
A nul jour.
Et se j'ai la vostre amour,
Mis m'aves en grant bodour.

3 — Cis à qui je sui amie, (f° 314)
 Est cointe et gai.
 Por s'amour serai jolie,
 Tant comme je vivrai.

Vous me le défendés l'amer,
Mes par Dieu je l'amerai.

Diex que ferai du mal d'amer
Qui ne me lessent durer.

Hé amouretes m'occirés vous donc !

Ele m'a navré, la bele,
Ele m'a navré
D'un chapiau de violete
Qu'elle m'a douné.

Diex se j'ai le cuer joli,
Ce me font amourete.

Se voirs, et vous l'aviés juré,
S'amerai je.

Diex, li dous Diex, que ferai
D'amouretes;
Car je ne puis en li merci trover.
Or du distraindre,
Et du metre en prison;
Je l'amerai,
Qui qu'en poist ne qui non.

XXXII

1 — Quant repaire la verdor (f° 78 v°)
Et la prime florete,
Que chante par grant baudor,
Au matin l'aloete.
Par un matin me levai
Sospris d'une amourete.
En un verger m'en entrai
Por cueillier violete.
Une pucele avenant,
Bele et plaisant,
Juenete.
Esgardai
En un requai
De lès une espinete,
Son ami gent
Seulete.
Et di chançonete :
Fines amouretes,
Diex que j'ai et que je sent,
Mi tien Jolivete.
Quant je vi la tousete,
Loig de gent et seulete,
A li m'en alai
Sans delai
En chantant.
Si la saluai,
Puis li ai dit itant :
Bele cuer et moi
Voz otroi
En présent.
Voz amis serai,
S'il voz pleist
Et agrée.
De fin cuer vous amerai,
Douce dame henorée.
Ele mi respont doucement :
Sire, oiés ma pensée :
Pour mon ami que j'aim tant,
Sui si matin levée :
Si n'amerai ja que lui,
Pour chose qui soit née.

2 — Flos de spina rumpitur ; (f° 79)
Spinat caret,
Flos et aret;
Sed non moritur,
Vitæ florem
Per amorem
Flos complectitur.
Cujus ex solatio
Sic reficitur.
In rigore proprio
Quod non patitur.
Virgo de Judea
Sursum tollitur.
Testea
Fit aurea ;
Corporea
Sanctitur ;
Laurea redimitur.
Mater beata
Glorificata
Per cuncta mundi climata
Circum
Consortium
Cœlestium
Laude resolvitur.
Oritur fidelibus
Dies jubilei ;
Dabitur amplexibus
Mariæ qui es Dei.
Non ero
De cætero
Jactatus a procella,
Ecce Maris stella,
Aurem pii
Filii
Precibus impregnat.
Quæ stellato
Solio
Cum filio
Regnat.

3 — REGNAT. (f° 78 v°)

XXVVIII

1 — On parole de batre et de vanner (f⁰ 368 v⁰)
Et de foir et de hanner,
Mais ces deduis trop me déplaisent ;
Car il n'est si bone vie que d'estre à aise,
De bon cler vin, et de chapons ;
Et d'estre avec bons compaignons
Lies et joians,
Chantans, truffans
Et amourous.
Et d'avoir, quant con a mestier
Pour solacier,
Beles dames à devis.
Et tout ce treuvon à Paris.

2 — A Paris, soir et matin, (f⁰ 368 v⁰)
Treuvon bon pain
Et bon cler vin,
Bone char et bon poisson ;
De toutes guises compaignons
Sens soucie ; grant baudour,
Biaus joiaus dames d'ounour.
Et si treuvon bien entre deus
De menre feur pour homes desiteus.

3 — Frèse nouvele, (f⁰ 368 v⁰)
Meure, France !
Meure ! meure ! France !

XXXIX

1 — Entre Copin et Bourgois, (f⁰ 277 v⁰)
Hanicot et Charlot et Pierron,
Sont à Paris demourant,
Mout loial compaignons.
De mauvaise vie mener
N'ont-il mie renon.
Et si ia tel qui a bele amie,
Dont je ne vuel pas ore dire le non,
Amours l'ont si pris,
Et si sourpris,
Et mis en lor prison,
Qu'eles li ont fait et font souvent
Perdre mainte leçon.
Il n'a en autre riens mise s'ententcion,
Fors en la bele Ysabelot,
A cui il a du tout son cuer fait don.
S'il la desirre à veoir, blasmer
Ne l'en doit on,
Car il ne peut penser s'a li non.

2 — Il me cuidoie tenir (f⁰ 277 v⁰)
Déormais de chanter.
Mes amours, à qui je sui,
Me fait cest chant trouver ;
Car de cele mi fait souvenir,
Pour qui m'estuet joie mener.
Diex ! tant plus la voi, plus la désir.
Ne ja remuer n'enquier mon cuer
De cest pensé, pour mal qui m'estue ce sentir
Car ades vuell faire son plaisir.

3 — BELE YSABELOS. (f⁰ 277 v⁰)

XL

1 — Entre Jehan et Philippet, (f⁰ 334 v⁰)
Bertaut et Estievenet,
En grant déduit sunt vienu et souvent.

2 — Nus hom ne puet désiervir (f⁰ 334 v⁰)
Les biens k'amours envoie a fins amans,
Qui le siervent en tous tans

Quant il sunt asamblé, de bien chanter
Ne se faignent noient,
Mais qu'il aient avant
Touchiet du boin vin cler et gent.
Et quant Estievenet fait le sot,
Il le fait si proprement ;
Car qui ne l'aroit oncques vu,
Il cuidroit qu'il le fust proprement.
Lors saut Biertaut qui fait le hors du sens.
Si a grant esbatement
De quatre enfans ;
Qui ne sont pas à refuser entre la gent.

Sans trecherie.
Diex ! que grande signerie,
Qui tant est douce et plaisans ;
Par coi je suis mult engrans
De siervir sanz vilenie,
Se Dieu plaist j'arai amie.

3 — Chose Tassin.   (f° 334 v°)

XLI

1 — A maistre Jehan Lardier,   (f° 385 v°)
Tibaut et Climent,
Le joli Hanicote, que j'ai chier,
Marc Dargent,
Et Copin
Aussi et Martin
De Bernard pré,
Franque et Huet le burier,
Maître Petit Lalose,
Pierre Lengles
Et tous les autres compaignons bons,
Dont je ne sai noumer les nons,
Ne les surnons.
Je, justice, vous salue,
Car amour trop me treslue
Qui me tient en no pays
Et qui fait ore Paris.
Diex ! i tiegne compaignie,
Car il n'est si bone vie.

2 — Pour la plus jolie
Qui soit en ce mont.
Amours me maistrie,
Mes cuers me semont
Que je soie vrais et loiaus amis ;
Si come cis qui a mis
Son cuer eu bien servir amour
Pour la bele de gent atour
Qui me tient saisi.
Hé ! amouretes, vous m'avez trahi,
Se de moi n'aiés pitié ou merchi.

3 — Alleluia.   (f° 385 v°)

XLII

1 — Viderunt.   (f° 40 v°)
Par pou le cuer ne me parti,
Quant a la bele pris congié.

2 — Viderunt.   (f° 40 v°)
Por peu li cuers ne me parti,
Qu'ele me fit douner congié.

3 — Viderunt.   (f° 41)
Por peu ne sui departis
De cele dont n'aurai congié.

4 — Viderunt omnes.   (f° 41)

XLIII

1 — Ce que je tieng pour déduit, cet ma dolors ; (f° 51 v°)
Car ce qui plus me destraint, cet bone
                       [amors
Ou je m'ai doné tous jors sans repentir.
Si que ne m'enquier partir.
Ne mon cuer de li movoir ;
A mon gré me fait doloir.
S'en doi miex mes maus souffrir,
Et plus doucement sentir
En bon espoir,
Et pour miex valoir.
Car nus ne puet sans amie
Savoir sens, ne courtoisie,
Ne grant joie avoir.
Je... cuer mie removoir.
Par toz sainz qu'en ore et prie,
Mout a amours grant pooir ;
Que si me destraint et lie,
Qu'à li ramanoir,
M'estuet et main et soir.

2 — Certes mout est bone vie, (f° 51 v°)
D'estre en bone compaignie,
Vraie et esprovée,
Car plus tot trovée
Est orendroit tricherie,
Trahisons et mauvesetés,
Que valors, ne loiautés,
Sens, ne courtoisie.
Détractions et faussetés
Est si essaucie,
Par ypocrisie,
Que sosmise en est équités,
Et la fois abaissie.
Diex ! tant est grant folie
De mener tel boidie.
Cil, par qui fois et vérités
Devroit estre enseignie,
Ont les cuers si aveuglés
D'estre en signorie,
Que trop pou reluist leur bontés.
Car il sunt trop enclin
Au monde d'asséz.
A peines voit-on devin
Qui ni soit adounez.

3 — Bone compaignie, (f° 52)
Quant elle est bien privée,
Maint jeu, mainte druerie
Fait faire à celée.
Mes quant chascun tient sa mie,
Cointe et bien parée,
Lors a par droit bone vie
Chascun d'aus trovée.
Li mengiers est atornés,
Et la table aprestée,
De bons vins y a asséz
Par qui joie est menée.
Après mengier
Font les dés venir
En la samblée,
Sour la table lée.
Et si ai sovent trové
Maint cler, la chape ostée,
Qui n'ont cure que la soit logique desputée.
Li hostes est par de les qui dit : Bevés.
Et quant vins faut, si criés :
Ci nous faut un tour de vin ;
Diex car le nos donez.

4 — MANERE. (f 52)

XLIV

1 — Joliement en douce désirée (fo 55 vo)
    Qui tant m'a souspris.
    J'aim la blondete,
    Doucete,
    De pris
    Come celi où j'ai mis ma pensée.
    Hé! s'en chanterai doucement pour s'amistié
    Acoler et baisier,
    M'a cousté et coustera.
    Ja vilain part ni avra :
    Nostra sunt solemnia ;
    Car trop biau déduit i a.
    Cest trop douce vie,
    Queque nus en die,
    De baisier, d'acoler,
    De rire et de jouer
    A sa douce amie.
    Trop fait aproisier,
    Qui l'a sans dangier ;
    Mais l'amor dévée
    Ait courte durée.
    Mal ait amors ou pitié
    Et doucor n'et trovée.

2 — Quant voi la florete (fo 55 vo)
    Naistre en la prée ;
    Et j'oi l'aloete
    A la matinée,
    Qui saut et halete,
    Forment m'agrée.
    S'en dirai chançonete
    Amouretes,
    Amouretes m'ont navré.
    En non dé,
    Li cuers mi halete,
    En jolivete,
    S'ai trové
    Amouretes à mon gré.
    Jolivement,
    Cointement,
    Soutiument,
    M'ont le cuer emblé
    Et enamouré
    Tant doucement.
    Pour noient
    Maintieg ceste abeie ;
    Trop use ma vie
    En grief tourmens.
    Je ne vivrai mie
    Longuement.

3 — Je suis joliete, (fo 56)
    Sadete, plaisans,
    Joine pucelete
    N'ai pas quinze ans.
    Point moi malete
    Selon le tans,
    Si deusse aprendre
    D'amors et entendre
    Les samblans
    Déduisans.
    Mes je sui mis en prison ;
    De Diu ait maleicon
    Qui mi mist.
    Mal et vilenie
    Et péchié fist
    De tel pucelete
    Rendre en abiete.
    Trop i méfist par ma foi,
    En religion vif a grant anoi.
    Diex ! car trop sui jonete,
    Je sens les doz maus de soz ma ceinturete.
    Honnis soit de Diu qui me fist nonete !

4 — APTATUR. (fo 56)

XLV

1 — Ja n'amerai (fo 1 vo)
    Autre que cele que j'ai
    De fin cuer amée.
    Je li ai m'amour dounée
    Ne ja ne m'enquier partir de li,
    Pour noif, ne pour gelée.
    Diez! que li dirai
    La bele qui a mon cuer et m'amour.
    Pour li sui en grant dolour ;
    Ni ai repos ne nuit ne jour.
    Quant je remir sa bouchete,
    Sa frechete
    Coulour,
    Ses atours ;
    N'est pas vilains,
    Mes plains
    Est de doucour,
    De courtoisie et d'ounour.
    Hé! douce amie,
    Trop main dure vie
    En plours toujours
    Pour vous sui ;
    Alégiés-moi mes grans dolours.

2 — In sæculum. (fo 2).
3 — In sæculum. (fo 2)
4 — In sæculum. (fo 2)

XLVI

1 — C'est quadruble sans reison (fo 45 vo)
    N'ai pas fait en tel seison
    Qu'oisel chanter n'ose.
    Car se je repose
    De faire chançon,
    S'amor qui arose
    Mon cuer environ,
    Ne perdra grant souprison.
    Si ai esté lonc tens en sa prison,
    Et en atent guerredon.
    Biau sui de sens,
    Quant si bele dame m'aime,
    Je ne demande plus.

2 — Vos ni dormirés jamais (fo 45 vo)
    Vilains très chétis et las.
    Vostre acointance
    M'est trop agrevance,
    Trop avés de pleit.
    N'aim pas vos semblance,
    Si n'en puis-je mes.
    Las! quant je sui en vos las,
    Et je gisoie entre vos bras,
    Dolans ni faites al.
    Tenés vous en pais,
    Fi! quar trop vous trovai mavès
    Au premier solas.

3 — Biaus cuers renvoisies et douz (fo 46)
    Tuit me déduit sunt en voz.
    Or ne m'est-il riens d'autrui dangier,
    Quant je dè tot angiers
    Aim la plus senée
    Qui miez pleist à toz.
    Douce désirée,
    Sans fiel et sans gas,
    Pleine de solas,
    Biauté très bien lée,
    Taillie a compas.
    Hé! doz Diex! quant dormirai-je ovec vous
    Entre voz dous bras.

4 — Fiat. (fo 46)

XLVII

1 — Le premier jor de mai (f⁰ 49 v⁰)
Acordai,
Cest quadruble renvoisie.
Car en cest tans
Sunt amant,
Cointe et lie ;
Mes je me truis d'amors disconseillie,
Nonques confort ni trovai.
Ne ja pour ce n'en partirai,
Quar j'encontrai
Celui dont dolour ai.
S'ele n'a de moi merci,
Ja n'aurai mes nul jour mon cuer joli.
Por ce li pri
Et salu par cest romans tant ia
Que sa lui pleiz a ami
Qu'aucun confort aie prochain de li.

2 — Par un matin me levai (f⁰ 49 v⁰)
Por déduire et por moi alégier
De les Blangi m'en alai,
Si trovai séant en un vergier.
Tose chantant de cuer gai et désier.
Chapel de mai fesoit et d'églentier.
Je l'esgardai,
Près de li m'acointai,
Si la saluai,
Et li dis bonement :
Bele au cors gent,
De moi voz fas présent ;
A voz me rent,
Et mon cors vos octroi ;
Fesons que doi
D'un trop bel esbanoi.
Tenés par foi
Jamès ne voz faudrai
Foi que vous doi,
Très jeu vous ferai.
Ains amerai
Que j'aim de cuer vrai.

3 — Je ne puis plus durer sans voz, (f⁰ 5o)
Fins cuers savoreus et douz,
Se n'avés merci de moi.
Pour voz sui en grant effroi,
Et esté longuement.
A mains jointes humblement
Merci vous proi,
Je vous serf, si com je doi,
Loiaument, en bone foi.
Si que, quant je ne vous voi,
Je me muir tous,
Com fins loiaus amourous ;
Et sans moi
Coment durés vous.

4 — MANERE. (f⁰ 5o)

XLVIII

1 — Diex ! Mout me fait sovent frémir, (f⁰ 44 v⁰)
Quant la voi.

3 — Diex ! je ni puis la nuit dormir, (f⁰ 45)
Qu'ades oi

En esmai.
M'a mis mout en veille.
Por ma mie mout sospir
Sovent, car ele est bele à merveille,
Comme rose est vermeille.

2 — Diex! je sui ja près de joir. (fo 45)
Or, ni voi
Qui de moi
Guérir s'apareille.
De ce que j'aim, sans mentir,
Sans partir,
Mes quant plus me traveille,
Plus l'aim, c'est grant merveille.

Ne sai quoi,
Qu'amours me conseille ;
Que si me fet tressaillir
Et frémir ;
Si que, quant je sommeille,
Li maus d'amer m'esveille.

4 — ET VIDEBIT. (fo 45)

XLIX

1 — Chançonnete va t'en tost, (fo 39 vo)
Au roussignol en cel bois,
Di qu'il me voist saluer
La douce blonde au vis cler,
Et que je l'aim sans fausser,
Mais certes ne l'os nommer.

2 — Ainc voir d'amors ne joi (fo 39 vo)
Si l'ai longuement servi.
Nonques confort ne trovai ;
Mes quant à li plera ,
Ce que servi l'ai
Me sera meri.

3 — A la cheminée, (fo 40)
El froit mois de genvier,
Voil la char salée,
Les chapons gras mangier ;
Dame bien parée,
Chanter et renvoisier,
C'est ce qui m'agrée.
Bon vin à remuer,
Cler feu sans fumée,
Les dés et le tablier
Sans tencier.

4 — Par verité (fo 40 v)
Vueil esprover
Que vin François
Passent Roinnas (sic)
Et touz vins Aucerrois.

L

1 — Trois serors, sor rive mer, (fo 40 vo)
Chantent cler.
L'aisnée dist a :
On doit bien bele dame amer,
Et s'amours garder
Cil qui l'a.

2 — Trois serors, sor rive mer, (fo 40 vo)

3 — Trois serors, sor rive mer, (fo 41)
Chantent cler.
La jonete
Fu brunete
De brun ami,
S'a hati :
Je sui brune,

Chantent cler.
La moiene a apelé
Robin son ami :
Prise m'avés el bois ramé,
Reportés mi.

J'avrai brun ami
Ausi.

4 — IN SÆCULUM.   (f⁰ 41)

LI

1 — Plus bele que flor   (f⁰ 26 v⁰)
Est, ce m'est avis,
Cele à qui m'ator.
Tant con soie vis,
N'aura de m'amor
Joie ni délis,
Autre mes flor
Qu'est de paradis.
Mère est au signor,
Qui si voz amis
Et nos a retor
Veut avoir tot dis.

2 — Quant revient et feulle et flor,   (f⁰ 27)
Contre la saison d'esté,
Diex ! adonc me sovient d'amors
Qui toz jors
M'a cortois et doz esté.
Mult aim ses secors ;
Car sa volenté
M'alège de mes dolors.
Mult me vient bien, et henors
Désire à son gré.

3 — L'autrier joer m'en alai,   (f⁰ 27)
Par un destor,
En un vergier m'en entrai
Por queillir flor.
Dame plésant y trovai,
Cointe d'atour, cuer ot gai.
Si chantoit en grant esmoi :
Amors ai, qu'en ferai ?
·C'est la fin,
La fin,
Queque nus die, j'amerai.

4 — FLOS.   (f⁰ 27)

II

TABLE

DES COMPOSITIONS CONTENUES DANS LE MANUSCRIT DE MONTPELLIER.

Ne pouvant éditer tout le manuscrit de Montpellier, nous avons pensé qu'il était utile de reproduire la table des compositions qu'il renferme pour avoir un aperçu de l'ensemble de cette vaste collection, et faciliter les recherches qu'on pourrait faire sur les auteurs de ces pièces. En tête du manuscrit se trouve une table, mais elle s'arrête au folio 330, et on n'y trouve pas les ténors. Nous remplissons ces deux lacunes.

Fol.		Fol.	
1	Deus in adjutorium.	22	Gloria patri.
2	Ja n'amerai autre.	23	Qui la vaudroit.
3	In seculum.		Qui d'amours velt.
	In seculum.	24	Qui longuement porroit.
	In seculum.		Nostrum.
4	Benedicamus.	24	Celui de qui je.
5	Portare.		La bele estoile.
5	Virgo.	25	La bele en qui je.
			Johanne.
6	Sponsus amat.	26	Plus bele que flor.
7	Gloria patri.		Quant revient et feulle.
9	Alleluia.	27	L'autrier joer m'en alai.
10	Nativitas.		Flos.
14	Sancte germane.	27	Par un matinet.
16	Gloria patri.		Hé ! Sire que vos vantés.
16	Alleluia.	28	Le berchier si grant.
17	Posui.		Ejus.
20	Abjecto.	29	Dame qui j'aim.
			Amors vainc tot.
21	Rigato lacrimis.	30	Au tans d'esté.
			Et gaudeblt.

Fol.		Fol.	
36	Adiu comant.	55	Joliement en douce.
	Por moi déduire		Quant voi la florete.
37	E non diu queque nus.	56	Je suis joliete sadete.
	Omnes.		Aptatur.
39	Chançonnete va t'en tost.	57	Mors a primi patris.
	Ainc voir d'amors.		Mors que stimulo.
40	A la cheminée el froit.	58	Mors morsu.
	Par verité vueil esprover.		Mors morsu.
40	Viderunt.	63	El mois d'avril.
	Viderunt.	64	Quam sancta.
41	Viderunt.		Et gaudebit.
	Viderunt.	66	Mout me fu griès.
40	Trois serors.	67	In omni fratre tuo.
	Trois serors.		In seculum.
41	Trois serors.	68	Dos rossignols jolis.
	. . . . .	69	Virgo gloriosa.
41	Li dos maus m'ocit.		Letabitur.
	Trop ai lonc tans.	71	Povre secors ai.
42	La loiauté m'a nuisi.	72	Gaude chorus.
	In seculum.		Angelus.
44	Diex mout me fet.	72	Par une matinée.
	Diex ! Je suis ja près de joir.	73	Melli stella maris.
45	Diex ! Je ni puis la nuit.		Domine.
	Et videbit.	74	Au doz mois de mai.
45	C'est quadruble.	75	Crux forma penitentie.
	Vos ni dormirés.		Sustinere.
46	Biaus cuers renvoisies.	75	Quant florist la violete.
	Fiat.	76	Non orphanum te deseram.
46	Qui voudroit.		Et gaudebit.
	Déboinièrement.	77	Quant voi lerbe reverdir.
47	Quant naist la flour.		Salve virgo virginum.
	Tanquam.		. . . . . .
49	Le premier jor de mai.	78	Quant repaire la verdor.
	Par un matin me leva.	80	Flos de spina rumpitur.
50	Je ne puis plus durer.		Regnat.
	Justus.	80	Quant voi revenir d'esté.
51	Ce que je tieng pour.	81	Virgo virginum.
	Certes mout est bone.		Hec dies.
52	Bone compaignie.	81	L'estat du monde.
	Manere.	82	Beata viscera marie.
			Beata viscera.

Fol.		Fol.	
83	O natio que vitiis.	100	Ex semine rosa.
84	Custodi nos domine.	101	Ex semine Abrahe.
	Custodi nos domine.		Ex semine.
84	A Cambrai avint.	101	Radix venie vena.
85	Fole acoustumance.	102	Ave Maria, fons letitie.
	Soier.		Immolatus.
87	Conditio nature defuit.	102	Post partum virgo.
88	O natio nephandi generis.	102	Ave regina glorie.
	. . . .		Veritatem.
88	Maria virgo davitica.	102	Si vere vis adherere.
89	Maria maris stella.	103	Si vere vis adherere.
	Veritatem.		In seculum.
89	Ave virgo regia.	103	Mater dei plena gratia.
90	Ave gloriosa mater.	104	Mater virgo pia.
	Domino.		Ejus.
92	Veni virgo beatissima.	104	Nobili precinitur.
93	Veni sante spiritus.	105	Flos de virga nascitur.
	Neuma.		Ejus.
93	Ave beatissima.	105	Super te Jerusalem.
94	Ave Maria gratia plena.	106	Sed fulsit virginitas.
	Johanne.		Ave Maria.
93	Salve virgo rubens.	105	Ave parens.
94	Ave lux luminum.	106	Ad gre matris obsequia.
	Neuma.		Ave Maria.
94	In salvatoris nomine.	107	In odorem flagrans.
95	In veritate comperi.	108	In odoris miro.
	Veritatem.		In odorem.
97	Res nova mirabilis.	108	Benigna celi regina.
98	Virgo decus castitatis.	109	Beata est Maria.
	Alleluia.		Veritatem.
98	Fons misericordie.	109	Salve mater.
99	In celesti curia.	110	Salve regina.
	Pro patribus.		Flos filius.
98	Psallat chorus.	111	In seculum.
99	Eximie pater.	111	L'autrier m'esbatoie.
	Aptatur.	112	Demenant grant joie.
			Manere.
99	In mari miserie.	112	Hé! Marotèle, allons.
100	Gemma pudicitie.	113	En la prairie Robins.
	Manere.		Aptatur.

Fol.			
114	Amoureusement me tient.	127	Se j'ai servi longuement.
115	Hé! Amours morrai.	128	Trop longuement m'a failli.
	Omnes.		Pro patribus.
115	Que ferai, biaus sire.	128	Dame de valor regart.
116	Ne puet faillir.	129	Dame vostre doz regart.
	Descendentibus.		Manere.
116	Cele m'a tolu la vie.	129	Ja de boine amor.
117	Lonc tens a que ne vi ma mie.	130	Je sai tant amors.
	Et sperabit.		Portare.
117	Quant voi l'aloete.	130	Hé! Diex de si haut.
118	Diex! Je ne m'en partirai.	131	Mau batus longuement.
	Hodie.		Cumque.
118	Je m'en vois, ma douce.	132	A ce qu'on dit.
119	Tiex a mout le cuer.	133	Bele sans orgueil.
	Omnes.		Et.
120	Ja pour mal que puisse.	132	Bele aélis par matin.
121	Hé! Desloiaus mesdisant.	133	Haro, haro, je la voi.
	Portare.		Flos filius ejus.
121	Ne sai ou confort.	134	Encontre le tans.
122	Que por moi recorfforter.	135	Quant feullent aubepin.
	Et sperabit.		In odorem.
122	Sovent me fait souspirer.	136	Li maus amaurous.
123	En grant effroi sui.	137	Diex! Porquoi la regardai.
	Mulierum.		Portare.
123	Amors ne mi rendra.	137	Renvoisiement irai.
124	Ades mi tient amors.	138	D'amours sunt en grant.
	Kyrie eleison.		Et super.
124	Trop sovent me dueil.	137	Vilene gent.
125	Brunete à qui j'ai.	139	Honte et dolor.
	In seculum.		Hec dies.
124	Por vos amie criem.	138	Qui bien aime.
125	Et quant je remir.	140	Cuer qui dort.
	Amoris.		Omnes.
125	Diex de chanter.	140	Oncques ne se parti.
126	Chant d'oisiaus.	141	En tel lieu s'est entremis.
	In seculum.		Virgo.
126	Lonc tans ai mise.	141	Diex! Je ni os aler.
127	Au comencement d'esté.	142	Amors qui ma prist.
	Hec dies.		Et super.

Fol.		Fol.	
142	Lies et joli sui.	157	Tant me fait à vos penser.
143	Je n'ai joie ne nule.	158	Tout li cuers me rit.
	In seculum.		Omnes.
143	Ami las vivrai.	158	De joli cuer doit venir.
144	Doucement me tient.	159	Je me quidai bien.
	Omnes.		Et gaudebit.
145	En non Diu.	160	Grant solas me fait.
146	Quant voi la rose.	161	Pleust Diu qu'ele seust.
	Ejus in oriente.		Neuma.
146	Riens ne peut ma grant folie.	162	L'autrier trouvai une plésant.
147	Riens ne puet plus doumagier.	163	L'autrier les une espine.
	Aperis.		. . . . . .
147	Quant la froidor trait,	163	Au douz tans que chantent.
148	Lautrier chevauchoie.	164	Biaus dous amis.
	Nostrum.		M. . . . .
148	Hé! Très douce amourètes.	165	En son service amorous.
149	D'amors esloignies.	166	Tant est plésant.
	. . . . . .		. . . . . .
148	Joliete et biauté.	167	En mai quant rose.
149	Vetus vaticinium.	168	Quant voi le dou tans.
	. . . . . .		Latus.
151	Onques n'ama loiaument.	167	Las por qua cointai,
152	Mout m'abelist l'amours.	168	Donés sui sans repentir.
	Flos filius ejus.		Ejus.
152	Nonne sans amours.	168	Li noviaus tens et la flor.
153	Moine qui a cuer joli.	169	Onques ne sui repentanz.
	Et super.		. . . . . .
153	Amours mi font souffrir.	170	Desconfortés ai esté.
154	En mai quant rose.	171	Amors qui tant ma grèvé.
	Flos filius ejus.		Et super.
154	Pour escouter le chant.	171	Je ne puis ne si voeil.
155	L'autrier joer m'en alai.	172	Amors me tienent jolis.
	Seculorum amen.		Veritatem.
155	Navrés sui au cuer.	172	Onques ne se repenti.
156	Navrés sui près du cuer.	173	En tel liu s'est entremis.
	Veritatem.		Virgo.
156	Amours en qui j'ai.	173	Quant define la verdour.
157	Art d'amours ne decevance.	174	Quant repaire la dolcor.
	Et gaudebit.		Flos filius ejus.

Fol.		Fol.	
174	J'ai si bien mon cuer.	191	Douce dame par amour.
175	Aucun m'ont par leur envie.	192	Quant voi lerbe reverdir.
	Angelus.		Cumque.
176	Joie et solas ne mi vaut.	192	Nus ne set les biens.
177	Jonete sui, brune et clere.	193	Ja Diex ne me doinst.
	Ejus.		Portare.
177	Mout sovent m'ont.	193	Pucelete bele et avenant.
178	Mout ai esté en dolour.	194	Je lang des hui qui amiete.
	Mulierum.		Domino.
179	Quant se départ la verdure.	194	Que ferai biau Diex.
180	Onques ne soi amer.	195	Ne puet faillir à hounor.
	Docebit.		Descendentibus.
180	Trop fu li regart amer.	195	Par un matinet l'autrier.
181	J'ai si mal, ni puis durer.	196	Le bergier si grant en vie.
	In seculum.		Ejus.
181	A une ajornée.	196	Hé! Mère Diu regardez.
182	Doce dame en qui.	197	La virge Marie loial.
	In seculum.		Aptatur.
182	La biauté ma dame.	198	Hé! Marotèle; alons.
183	On doit fin amor anourer.	199	En la prairie Robin.
	In seculum.		Aptatur.
183	Quant florist la violete.	199	Si com aloie jouer.
184	El mois de mai que.	200	Déduisant com fins.
	Et gaudebit.		Portare.
185	Bien me doi desconforter.	200	Se valors vient d'estre.
186	Cum li plus désespérés.	201	Bien me sui aperceu.
	In corde.		. . . . . .
187	Ja n'amerai autre.	201	Au noviau tans.
188	Sire Diex li doz maus.	202	Bele plésanz don.
	In seculum.		. . . . . .
188	J'ai les biens d'amours.	203	Quant vois le doz tans.
189	Que ferai biau sire Diex.	204	En mai quant rose.
	In seculum.		. . . . . .
189	Encontre le mois d'avril.	204	Mout me feit crueus.
190	Amours tant vos ai servi.	205	Hé! Diex tant sui.
	Neuma.		. . . . . .
190	Quant voi yver.	205	Zo frigandes.
191	Au dous tant pleisant.	206	C'est a Paskes en avril.
	Hodie perlustravit.		. . . . . .

Fol.		Fol.	
206	Virge pucele henorée.	216	Amors qui m'a sospris.
207	De cuer gai chanterai.	217	Quant ces amors.
	. . . . . .		. . . . . .
206	J'ai doné tout mon cuer.	217	Blanchete come fleur.
207	Au cuer ai le mal.	218	Quant je pens à ma douce.
	Veritatem.		Valore.
207	Je sui jonete et jolie.	218	Li jalous par tout sunt.
208	Hé! Diex n'ai pas mari.	219	Tuit cil qui sunt.
	Veritatem.		Veritatem.
209	Diex! Je ni porrai durer.	218	Mout est fous qui.
210	Se je voz pert.	219	Morrai-je en attendant.
	Manere.		Omnes.
209	Mal d'amors prenés.	219	Mesdisant par leur envie.
210	Dame je me clamerai.	220	Biau cors qui a tot.
	Domino.		Veritatem.
210	Emi, emi, Marotele.	220	Dame je ne pens.
211	Emi, emi, Marotele.	221	Soufert a en espérance.
	Portare.		Ejus.
211	Mon fin cuer n'est pas.	221	D'amer ne me faig je pas.
212	Flor ne verdor.	222	Oncques d'amer ne sui las.
	Ejus.		Aperis.
212	Ci mi tient li maus.	223	Nus hom ne porroit savoir.
213	Haro! Je ne puis durer.	224	Cil s'entremet de folie.
	Omnes.		. . . . . .
212	Se gries m'est au cors.	224	La jolivete ma dame.
213	A qui dirai les max.	225	Douce amiete au cuer gai.
	In seculum.		. . . . . .
213	Qu'ai je forfait.	225	Ma loiauté m'a nuisi.
214	Bons amis, je vos.	226	A la bele Yzabelet.
	In seculum.		. . . . . .
214	Flor de lis rose.	227	Virgo pia candens.
215	Je ne puis amie.	228	Lis ne glai ne rosier.
	Douce dame que j'aim tant.		Amat.
214	Il n'a en toi sens ne valor.	231	La bele m'ocit Diex qui.
215	Robin li mauvès ovrier.		In seculum.
	Omnes.	231	D'amors nuit et jour.
215	E non Diu queque.		Hodie.
216	E non Diu queque.	232	A tort sui d'amours blasmée.
	In seculum.		Latus.

Fol.		Fol.	
233	Bien doit avoir joie. In seculum.	242	Ma loial pensée tient. In seculum.
233	Tant grate chieure. Tanquam.	242	Quant je parti de ma mie. Tuo.
234	En non diu. Diex. Ferens.	243	En une chambre cointe. Et gaudebit.
234	Hui main au doz mois. Pondera.	243	Quant plus mes fins cuers. . . . . . .
235	Ne sai que je die. Mulierum.	244	Hier main jouer m'en alai. Latus.
235	Je chant qui plourer. Latus.	244	Quant florissent li buisson. Domino.
235	Face de moi son plaisir. Omnes.	245	L'autrier par un main. Domino.
236	Douce dame sans pitié. Sustine.	245	La pire roe du char. . . . . . .
237	A la clarté qui tout enlumina. Et illuminare.	246	Ne m'a pas oublié cele. In seculum.
237	Du tans pascor meinent. Domine.	246	Nus ne se doit repentir. Audi filia.
238	Fines amouretes je voz cri. Fiat.	247	Qui loiaument sert. Letabitur.
239	Merri de qui j'atendoie. Fiat.	247	En mai quant neist la rousée. Domine.
239	Li cler vis à devis. Domino.	248	Traveillie du mau d'amer. Et confitebor.
239	Li pluseur se plaignent. Go.	249	Amis vostre demorée. Pro patribus.
239	Avés douce debonaire. Omnes.	249	Li dous termines m'agrée. Balaam.
240	Biaus douz amis. Domine.	250	M'ocirrés voz dous frans Audi filia.
241	J'ai trové qui me veut amer. In seculum.	250	Qui d'amours se plaint. Lux magna.
241	D'une amour sui sospris. Angelus.	251	Grevé m'ont li mal d'amer. Johanne.

Fol.		Fol.	
251	Envie à mout grant vertu. In veritate.	261	Ja ne me souvendra. Ejus.
252	Lonc tens ai mon cuer assis. In seculum.	261	Ne m'oubliez mie bèle. Domino.
253	La plus bele riens vivant	262	Mout sui fous quant. Inquirentes.
253	Trop m'a amours asailli. In seculum.	262	La voir me fait en folie. Manere.
254	Quant froidure trait à fin. Domino.	263	Pensis chief enclin . . . . . .
254	Cil qui priseroit amour. Domine	263	Mout soloie chanter. Latus.
255	Quant yver la bise ameine. In seculum.	264	Quant voi la fleur. . . . . . .
255	Biaus cuers désirrés. Audi filia.	265	Je m'estoie mis en voie. Docebit.
256	Sans orgueil et sans envie. Johanne.	265	Pour quoi m'avés voz. Docebit.
256	Bien cuidai avoir. Fiat.	266	Chanter m'estuet sans delai. Docebit.
257	Hé ha! Que ferai bele. Pro patribus.	266	A cele où j'ai mon cuer mis. Amore.
257	Je gart le bois que nus. Et confitebor.	267	Hier main toz seu chevauchoie. Domine.
258	S'amours souspris m'a. Ejus.	267	Ja pour longue demourée. Dies.
258	Li maus amorous me tient. In seculum.	268	Endurez, endurez. Alleluia.
259	Puisque bele dame. Flos filius ejus.	268	Cil bruns ne me meine. Il seculum.
259	Tout ades mi troverés. In seculum.	268	Onc voir par amours. . . . . . .
260	Hier matin chevauchoie. Portare.	269	D'une fausse ypocrisie. Lux magna.
260	J'ai un cuer qui me semont Docebit.	269	Hé! Monnier pourrai je. . . . . . .

Fol.		Fol.	
270	S'amours eust point. Au renouveler du joli. Ecce.	293	Virgo pia candens. Lis, ne glay, ne rosier. Amat.
273	Aucun ont trouvé chant. Lonc tans me sui tenu. Annun....	294	Or ne sai-je que devenir, Puisque d'amer sui. . . . . . .
275	J'ai mis toute ma pensée. Je n'en puis mais. Puerorum.	296	Salve virgo virginum. Est-il donc einsi. Aptatur.
277	Entre Copin et Bourgois. Il me cuidoie tenir. Bele Ysabelos.	297	En mai quant rosier. L'autre jour par un matin. Hé ! Resveille-toi.
279	Plus joliement conques. Quant li douz tans. Portare.	299	Amours dont je sui espris. L'autrier au dous mois. Chose tassin.
280	Entre Adan et Haniket. Chief bienséant. Aptatur.	300	Dame bele et avenant. Fi mari de vostre amour. Nus niert ja jolis, s'il n'aime
282	Par un matinet l'autrier. Les un Bosket vi Robechon. Portare.	301	Très joliement me voell. Imperatrix supernorum. Cis à cui je sui amie.
283	Au cuer ai un mal. Ja ne m'en repentirai. Jolietement, etc.	304	Quant vient en mai. Ne sai que je die Johanne.
284	L'autre jour par un matin. Hier matinet trouvai. Ite missa est.	306	Jamjam nubes. Jam novum sydus. Solem.
286	Bien me doi sor toutes. Je n'ai queque nus. Kirie fons.	308	Coument se poet. Se je chante mains. Qui prendroit à son cuer, etc.
288	Aucun se sont loé. Adieu quemant amouretes. Et super.	309	Diex qui porroit. En grant dolour. Aptatur.
290	Aucuns vont souvent. Amor qui cor vulnerat. Kyrie eleison.	311	De ma dame vient le griès. Diex ! Coument porroie. Omnes.
292	Mout me fu grief. Robin m'aime, Robin m'a. Portare.	314	Qui amis veut maintenir. Li dous penser qui me vient. Cis à cui je sui amie.

Fol.		Fol.	
318	Dame de valour. Hé Diex! Quant je remir. Amoris.	336	Entre Jehan et Philippet. Nus hom ne puet déiervir. Chose tassin.
319	Anima mea liquefacta est. Descendi in ortum. Alma.	338	Toutes voies m'a amours. Trop ai de griete. Je la truis trop aspretent, ete.
319	Amor vincens omnia. Marie preconio. Aptatur.	339	Boine amours mi fait. Uns maus savereus. Portare.
320	Salve virgo nobilis. Verbum caro factum. Verbum.	339	Quant che vient en mai. Mout ai esté longement. Chose loyset.
321	Ave regina celorum. Alma redemptoris. Alma.	341	Lonc tans ai attendu. Tant ai souffert. Surrexit.
322	Studentes conjugio. De se debent bigami. Kyrie eleison.	344	Pour chou que j'aim. Li jolis tans que je voi. Kyrie eleison.
323	Ave virgo virginum. Christe tibi, conqueror. Alma.	346	Salve virgo virginum. Salve sancte parens. Omnes.
324	Diex! où porrai-je trouver. Che sont amouretes. Omnes.	347	Laqueus conteritur. Laqueus. . . . . . .
326	Amours qui si me maistrie. Solem justitie. Solem.	348	Theoteca virgo geratica. Las pour qoi les longe. Qoi prandroit, etc.
328	Nouvele amours m'a saisi. Haute amor m'a assalli. Hé! Dame jolie mon cuer, etc.	350	Deus in adjutorium.
		350	Alma virgo virginum. Benedicta es maria. . . . . . .
330	Bien met amours. Dame, alegiés ma grevance. A Paris.	351	Mout ai longuement. Li dous maus d'amer. Portare.
331	De chanter me vient talent. Bien doi boine amor. Chose tassin.	352	O presul eximie. O virtutis speculum. Sacerdotum.
333	Donné ma dame ai. Adies sont ces sades. Kyrie celum.	353	Diex coment porrai O regina glorie. Nobis concedas, o benigna.

Fol.		Fol.	
355	Audi mater generosa. Imperatrix potentis. Neuma.	371	De mes amours. L'autrier m'estuet. De fors compaignie.
355	Par une matinée. O dementie fons. D'un joli dart.	372	Marie assumptio. Hujus chori suscipe. Tenor.
357	In sompnis mira. Amours me commande. In sompnis.	373	Li savours de mon désir. Li grant désirs. Non veul mari.
357	Se je ne chante ce fait. Bien doi amer mon ami. Et sperabit.	374	Quant se départ li jolis. Hé cuer joli trop m'avés. In seculum.
359	Au tans nouvel. Chele m'a tollu. J'ai fait tout nouveletement.	375	S'on me regarde. Prenés i garde. Hé mi enfant.
361	L'autre jour me chevauchoie. L'autrier joiant et joli. Vilain liève sus o.	376	Benedicta Marie. Beata virginis. Benedicta.
362	Diex! Comment puet li. Vo vair oel m'ont. Ténor.	377	Per omnia secula Per omnia secula. Per omnia secula.
364	Porta preminentie. Porta penitentie. Portas.	378	Amor potest conqueri. Ad amorem sequitur. Tenor.
364	Se je suis lies et chantans. Jolietement de cuer. Omnes.	379	Ave mundi gaudium. Ave salus hominium. Aptatur.
366	Aucun qui ne sevent. Jure tuis laudibus. Maria.	379	Virginale decus. Descendi in ortum. Ama.
367	Tout solas et toute joie. Bone amour. Ne me blasmés mie.	381	Descendendo dominus. Ascendendo dominus. Domino.
368	On parole de batre. A Paris soir et matin. Frese nouvèle, meure France.	382	Je cuidoie bien m'etre. Se j'ai folement amé. Solem.
369	En mai quant rosier. J'ai trouvé qui m'amera. Fiat.	383	Amours m'a pris. Bien me maine. Riens de vous vaut.

Fol		Fol	
385	A maistre Jehan Lardier. Pour la plus jolie. Alleluia.	392	Balam inquit. Balam inquit. Balaam.
386	Cis a petit de bien. Pluseur dient. Portare.	393	Huic ut placuit. Huic ut placuit. . . . . . .
388	Puis qu'en amer. Quant li joli tans. In seculum.	394	Qui d'amours n'a riens. Tant me plaist amour. Virga yesse.
389	Dame que je n'os noumer. Amis dont est engenrée. Lonc tans a que ne vi ma mie.	395	Virginis eximie. Nostra salus. Cernere.
390	Amours qui si me maistrie. Solem justitie. Solem.	396	O castitatis lilium. Assumpta in gloria. Kyrie eleyson.
395	Alle psallite cum luya. Alle psallite cum luya. Alleluia.	397	La bèle estoile. La bèle en qui. Johanne.

III

LISTE

PAR ORDRE ALPHABÉTIQUE

DES PIÈCES CONTENUES DANS LE MANUSCRIT
DE MONTPELLIER

A la table qui précède et qui donne la nomenclature des compositions harmoniques dans l'ordre qu'elles occupent dans le manuscrit de Montpellier, nous allons ajouter la liste des textes par ordre alphabétique, en la divisant en quatre catégories, comprenant les pièces latines, les pièces françaises, les thèmes ou ténors latins, les thèmes ou ténors français. Cette liste, ainsi disposée, facilitera les recherches, en permettant de trouver immédiatement chaque pièce, et la place qu'elle occupe dans le manuscrit. C'est à l'aide de cette liste, comparée à celles de Laborde[1] et de M. Paulin Paris[2], que nous avons découvert le nom de quelques trouvères harmonistes.

En consultant la pagination de chaque pièce, et en se reportant à la table précédente, il est facile de voir à quelle sorte de composition appartient le morceau.

PIÈCES LATINES

A

Abjecto.	20	Anima mea liquefacta est.	319
Ad amorem sequitur.	378 v°	Ascendendo Dominus.	381
Ad gratæ matris obsequia.	106	Assumpta in gloria.	396 v°
Alle psallite cum luya.	395	Audi mater generosa.	355
Alleluia.	9-16	Ave beatissima.	93 v°
Alma redemptoris.	321 v°	Ave gloriosa mater.	90
Alma virgo virginum.	350 v°	Ave lux luminum.	94
Amor potest conqueri.	378 v°	Ave Maria fons lætitiæ.	102
Amor vincens omnia.	319 v°	Ave Maria gratia plena.	94

[1] ESSAI SUR LA MUSIQUE, t. III.   [2] MANUSCRITS FRANÇOIS, t. VI.

Ave mundi gaudium.	379	Ave regina gloriæ.	103
Ave parens.	104 v⁰	Ave virgo regia.	89 v⁰
Ave regina cœlorum.	321 v⁰	Ave virgo virginum.	323

B

Balaam inquit.	391 v⁰	Benedicamus.	4 v⁰
Beata est Maria.	109	Benedicta es Maria	350 v⁰
Beata virginis.	376 v⁰	Benedicta Maria.	376 v⁰
Beata viscera mariæ.	82	Benigna cœli.	108 v⁰

C

Christe tibi.	323	Crux forma pœnitentiæ.	75
Conditio naturæ defuit.	87 v⁰	Custodi nos domine.	84

D

Descendendo Dominus.	381	De se debent bigami.	322 v⁰
Descendi in ortum.	319	Deus in adjutorium.	1
Descendi in ortum.	379 v⁰	Deus in adjutorium.	350

E

Eximie pater.	99	Ex semine rosa.	100 v⁰
Ex semine Abrahæ.	101		

F

Flos de spina rumpitur.	79	Fons misericordiæ.	98 v⁰
Flos de virga nascitur.	105		

G

Gaude chorus.	72	Gloria patri.	16
Gemma pudicitiæ.	100	Gloria patri.	22
Gloria patri.	7 v⁰		

H

Huic ut placuit.	393 v⁰	Hujus chori suscipe.	372

I

Imperatrix potentis.	355	In omni fratre tuo.	67
Imperatrix supernorum.	301 v⁰	In salvatoris nomine.	94 v⁰
In cœlesti curia.	99	In sæculum.	3
In mari miseriæ.	99 v⁰	In sæculum.	111
In odorem flagrans.	107 v⁰	Insomnis mira.	357
In odoris miro.	108	In veritate comperi.	95

J

Jamjam nubes.	306 v⁰	Jam novum sydus.	306 v⁰

L

Laqueus conteritur.	347	Ligato lacrimis.	21

M

Maria maris stella.	89	Mater virgo pia.	104
Maria virgo davitica.	88 v⁰	Melli stella maris.	73
Mariæ assumptio.	372	Mors a primi patris.	57 v⁰
Mariæ præconio.	319 v⁰	Mors morsu.	58
Mater dei plena gratia.	103 v⁰	Mors quæ stimulo.	57 v⁰

N

Nativitas.	10	Non orphanum te deseram.	67
Nobili præcinitur.	104 v⁰	Nostra salus.	395 v⁰

O

O quam sancta.	64	O regina gloriæ.	353 v⁰
O castitatis lilium.	396 v⁰	O virgo pia candens.	227 v⁰
O natio nephandi generis.	88	O virgo pia candens.	293 v⁰
O natio quæ vitiis.	83 v⁰	O virtutis speculum.	352 v⁰
O præsul eximie.	352 v⁰		

P

Per omnia sæcula.	377 v⁰	Porta pœnitentiæ.	364
Portare.	5	Posui adjutorium.	17 v⁰
Porta præminentiæ.	364	Psallat chorus.	98 v⁰

R

Radix veniæ vena.	101 v⁰	Res nova mirabilis.	97 v⁰

S

Salve mater.	109 v⁰	Sed fulsit virginitas.	106
Salve regina	110	Si vere vis adhærere.	102 v⁰
Salve sancte parens.	346	Si vere vis adhærere.	103
Salve virgo nobilis.	320 v⁰	Solem justitiæ parens.	326
Salve virgo virginum.	78	Solem justitiæ.	326
Salve virgo virginum.	295 v⁰	Sponsus amat.	6 v⁰
Salve virgo virginum.	346	Super te Jerusalem.	105
Sancte Germane.	14.	Studentes conjugio.	322 v⁰

T

Theoteca virgo geratica. 348

V

Veni virgo beatissima. . . .	92 v°	Virginis eximiæ. . . . . . . 395 v°
Veni sante spiritus.	93	Virgo. . . . . 5 v°
Verbum caro factum. . . .	320 v°	Virgo decus castitatis 98
Vetus vaticinium.	149	Virgo gloriosa. 69
Viderunt.	40-41	Virgo virginum. 81
Virginale decus.	379 v°	

PIÈCES FRANÇAISES

A

A Cambrai avint	84 v°	Amours mi font souffrir . . .	153 v°
A ce qu'on dit	132 v°	Amours qui si me maistrie. . .	326
A cele où j'ai mon cuer mis . .	266 v°	Amours qui si me maistrie. . .	390
Ades mi tient amors. . . .	124	Amours tant vos ai servi. . .	190
Adies sont ces sades. . . .	333	A Paris soir et matin. . . .	386 v°
Adiu comant.	36 v°	A qui dirai les max.	213
Ainc voir d'amors.	39 v°	Art d'amours ne decevance. . .	157
A la bele Yzabelet.	226	A tort sui d'amours blasmée. . .	232 v°
A la cheminée el froit. . . .	40	Au cuer ai le mal.	207
A la clarté qui tout enlumina. .	237	Au cuer ai un mal.	283 v°
A maistre Jehan Lardier. . .	385 v°	Aucun ont trouvé chant. . .	273
Ami las vivrai.	143 v°	Aucun m'ont par leur envie. . .	175
Amis dont est engenrée. . .	389	Aucun qui ne sevent.	366
Amis vostre demorée. . . .	249	Aucun se sont loé.	288
Amors me tienent jolis. . . .	172	Aucuns vont souvent. . . .	290
Amors ne mi rendra. . . .	123 v°	Au dous tant pleisant. . . .	191
Amors qui ma prist. . . .	142	Au douz tans que chantent . .	163 v°
Amors qui m'a sospris. . . .	216 v°	Au doz mois de mai. . . .	74 v°
Amors qui tant m'a grèvé. . .	171	A une ajornée.	181 v°
Amors vainc tot.	299 v°	Au noviau tans.	201 v°
Amoureusement me tient. . .	114 v°	Au renouveler du joli. . . .	270
Amours dont je sui espris. . .	299 v°	Au tans d'esté.	30
Amours en qui j'ai.	156 v°	Au tans nouvel.	359 v°
Amours m'a pris.	383 v°	Avés douce débonaire. . . .	239 v°
Amours me commande. . . .	357	

B

Bele Aélis par matin.	132
Bele plésanz don.	202
Bele sans orgueil.	133
Biau cors qui a tot.	220
Biaus cuers désirrés.	255 v⁰
Biaus cuers renvoisies.	46
Biaus dous amis m'avez vos.	164
Biaus douz amis; or ne vouz.	240
Bien cuidai avoir.	256 v⁰
Bien doi amer mon ami.	330
Bien doi boine amor.	331 v⁰
Bien doit avoir joie.	233
Bien met amours.	330
Bien me doi desconforter.	185 v⁰
Bien me doi sor toutes.	286
Bien me maine.	383 v⁰
Bien me sui aperceu.	201
Blanchete come fleur.	217 v⁰
Boine amours mi fait.	339
Bone amour.	367 v⁰
Bone compaignie.	52
Bons amis, je vos.	214
Brunete à qui j'ai.	125

C

Ce que je tieng pour.	51
Cele m'a tolu la vie.	116 v⁰
Celui de qui je.	24 v⁰
Certes mout est bone.	51 v⁰
C'est à Paskes en avril.	206
Cest quadruble.	45 v⁰
Chançonnete va t'en tost.	39 v⁰
Chant d'oisiaus.	126
Chanter m'estuet sans delai.	266
Chele m'a tollu.	359 v⁰
Che sont amouretes.	324 v⁰
Chief bienséant.	280 v⁰
Cil bruns ne me meine.	268
Cil qui priseroit amour.	254 v⁰
Ci mi tient li maus.	212 v⁰
Cil s'entremet de folie.	224
Cis a petit de bien.	386 v⁰
Coument se poet.	308
Cuer qui dort.	140
Cum li plus désespérés.	186

D

Dame, alegiés ma grevance.	330
Dame bele et avenant.	300 v⁰
Dame de valour.	318
Dame de valor regart.	128
Dame je me clamerai.	210
Dame je ne pens.	220
Dame que je n'os noumer.	389
Dame qui j'aim.	29 v⁰
Dame vostre doz regart.	129
D'amer ne me faig je pas.	221 v⁰
D'amors esloignies.	149
D'amors nuit et jour.	231 v⁰
D'amours sunt en grant.	138
Déboinièrement.	46 v⁰
De chanter me vient talent.	331 v⁰
De cuer gai chanterai.	207
De joli cuer doit venir.	158 v⁰
De ma dame vient le griès.	311
De mes amours.	371
Déduisant com fins.	200
Demenant grant joie.	112
Desconfortés ai esté.	170 v⁰
Diex! Comment puet li.	362
Diex coment porrai.	353 v⁰
Diex! Coument porroie.	353 v⁰
Diex! De chanter.	125 v⁰
Diex! Je ne m'en partirai.	118
Diex! Je ni os aler.	141 v⁰
Diex! Je ni porrai durer.	209 v⁰
Diex! Je ni puis la nuit.	45
Diex! Je suis ja près de joir.	44 v⁰
Diex! Mout me fet.	44 v⁰
Diex! où porrai-je trouver.	324 v⁰
Diex! Porquoi la regardai.	137

Diex qui porroit.	309 v°	Doucement me tient.	144
Doce dame en qui.	182	Douné ma dame ai.	333
Dos rossignols jolis.	68 v°	Du tans pascor meinent.	237 v°
Douce amieté au cuer gai.	225	D'une amour sui sospris.	241
Douce dame par amour.	191 v°	D'une fausse ypocrisie.	269
Douce dame sans pitié.	236 v°		

E

E non diu queque nus die, je ne.	37	En mai quant rose est florie.	167 v°
E non Diu queque nus die, trop.	215	En mai quant rose est flourie.	204
E non Diu queque, nus die, l'amor.	216	En mai quant rosier sont flouri.	297
El mois d'avril.	63 v°	En mai quant rosier florist.	369 v°
El mois de mai que.	184	En la prairie Robin.	199
Emi, emi, Marotele sage.	210	En non diu Diex.	234
Emi, emi, Marotele, n'ocies pas.	211 v°	En son service amorous.	165 v°
Encontre le mois d'avril.	189 v°	En tel lieu s'est entremis.	141
Encontre le tans.	134 v°	En une chambre cointe.	243
Endurez, endurez.	268	Entre Adan et Haniket.	280
En grant dolour.	309 v°	Entre Copin et Bourgois.	277 v°
En grant effroi sui.	123	Entre Jehan et Philippet.	336
En la prairie Robins.	113	Envie a mout grant vertu.	251 v°
En mai quant neist la rousée.	247 v°	Est-il donc einsi.	295 v°
En mai quant rose est florie.	154	Et quant je remir.	125

F

Face de moi son plaisir.	235	Fole acoustumance.	85
Fi mari de vostre amour.	300 v°	Flor de lis rose.	214 v°
Fines amouretes je voz cri.	238	Flor ne verdor.	212

G

Grant solas me fait.	160 v°	Grevé m'ont li mal d'amer.	251

H

Hé! Amours morrai.	115	Hé! Monnier pourrai je.	269 v°
Hé! Cuer joli trop m'avés.	374	Hé! Sire que vos vantés.	27 v°
Hé! Desloiaus mesdisant.	121	Hé! Très douce amourètes.	148 v°
Hé! Diex de si haut.	130	Haro, haro! Je la voi.	133
Hé Diex! n'ai pas mari.	208	Haro! Je ne puis durer.	213
Hé Diex! Quant je remir.	125	Hui main au doz mois.	234 v°
Hé! Diex tant sui.	205	Hier matin chevauchoie.	260
Hé, ha! Que ferai bele.	257	Hier main jouer m'en alai.	244
Hé! Marotèle, alons.	198 v°	Hier main toz seu chevauchoie.	267
Hé! Marotèle, allons.	112 v°	Hier matinet trouvai.	284 v°
Hé! Mère Diu regardez.	196 v°	Honte et dolor.	139

I

Il me cuidoie tenir.	277 v°	Il n'a en toi sens ne valor.	214 r°

J

Ja de boine amor.	129 v°	Je gart le bois que nus.	257
Ja Diex ne me doinst.	193	Je me quidai bien tenir.	159
Ja n'amerai autre.	2 v°	Je m'en vois, ma douce.	118 v°
Ja n'amerai autre.	187 v°	Je m'estoie mis en voie.	265
Ja ne m'en repentirai.	283 v°	Je n'ai joie ne nule.	143
Ja ne me souvendra.	261	Je n'ai queque nus.	286
Ja pour longue demourée.	267	Je ne puis amie.	215
Ja pour mal que puisse.	120 v°	Je ne puis ne si voeil.	171 v°
J'ai doné tout mon cuer.	206 v°	Je ne puis plus durer.	50
J'ai les biens d'amours.	188 v°	Je n'en puis mais.	275 v°
J'ai mis toute ma pensée.	275 v°	Je lang des hui qui amiete.	194
J'ai si bien mon cuer.	174 v°	Je suis joliete sadete.	56
J'ai si mal, ni puis durer.	181	Je sui jonete et jolie.	207 v°
J'ai trouvé qui m'amera.	369 v°	Joie et solas ne mi vaut.	176
J'ai trové qui me veut amer.	241	Joliement en douce.	55 v°
J'ai un cuer qui me semont.	260	Joliete et biauté.	148
Je chant qui plourer.	235	Jolietement de cuer.	364 v°
Je cuidoie bien m'etre.	382	Jonete sui, brune et clere.	177

L

La bele en qui.	397	Lautrier chevauchoie.	148
La bele en qui.	25	L'autrier joer m'en alai par un destor.	27
La bele estoile.	24	L'autrier joer m'en alai en un verger.	155
La bele estoile.	397	L'autrier joiant et joli.	361 v°
La bele m'ocit Diex qui.	231	L'autrier les une espine.	163
La biauté ma dame.	182 v°	L'autrier m'esbatoie.	111 v°
La jolivete ma dame.	224	L'autrier m'estuet.	371
La loiauté m'a nuisi.	42	L'autrier par un main.	245
La pire roe du char.	245 v°	L'autrier trouvai une plésant.	162 v°
La plus bele riens vivant.	253	Le berchier si grant envie.	28
La virge Marie loial.	197	Le bergier si grant envie.	196
La voir me fait en folie.	226	Le premier jor de mai.	49 v°
Lies et joli sui.	142 v°	L'estat du monde.	81 v°
Las por qua cointai.	167 v°	Les un bosket vi Robechon.	282
Las pour qoi les longe.	348	Li cler vis à devis.	239
L'autre jour me chevauchoie.	361 v°	Li dos maus m'ocit.	41 v°
L'autre jour par un matin m'en alai.	284 v°	Li dous penser qui me vient.	314
L'autre jour par un matin chevauchoie	297	Li dous termines m'agrée.	249 v°
L'autrier au dous mois.	298 v°	Li grant désirs.	373

Li jalous par tout sunt.	218 v⁰	Lis ne glai ne rosier.	228
Li jolis tans que je voi.	344	Lis ne glay, ne rosier.	293
Li maus amourous.	136 v⁰	Lonc tans ai attendu.	341 v⁰
Li maus amorous me tient.	258 v⁰	Lonc tans ai mise.	126 v⁰
Li noviaus tens et la flor.	168 v⁰	Lonc tans me sui tenu.	273
Li pluseur se plaignent.	239	Lonc tens ai mon cuer assis.	252
Li savours de mon désir.	373	Lonc tens a que ne vi ma mie.	117

M

Ma loial pensée tient.	242	Mout ai esté longement.	339
Ma loiauté m'a nuisi.	225 v⁰	Mout ai longuement.	351 v⁰
Mau batus longuement.	131	Mout est fous qui.	218
Mal d'amors prenés.	209 v⁰	Mout m'abelist l'amours.	152
Merci de qui j'atendoie.	238 v⁰	Mout me feit crueus.	204 v⁰
Mesdisant par leur envie.	219 v⁰	Mout me fu grief.	292
M'ocirrés voz dous frans.	250	Mout me fu griès.	66 v⁰
Moine qui a cuer joli.	153	Mout soloie chanter.	263 v⁰
Mon fin cuer n'est pas.	211	Mout sovent m'ont.	177
Morrai-je en attendant.	219	Mout sui fous quant.	262
Mout ai esté en dolour.	178		

N

Navrés sui au cuer.	155 v⁰	Ne sai que je die.	235
Navrés sui près du cuer.	156	Nonne sans amours.	152 v⁰
Ne m'a pas oublié cele.	246	Nouvele amours m'a saisi.	328
Ne m'oubliez mie bele.	261 v⁰	Nus hom ne porroit savoir.	223 v⁰
Ne puet faillir.	116	Nus hom ne puet désiervir.	336 v⁰
Ne puet faillir à hounor.	195	Nus ne se doit repentir.	246 v⁰
Ne sai ou confort.	121 v⁰	Nus ne set les biens.	192 v⁰

O

Onc voir par amours.	268 v⁰	Onques n'ama loiaument.	151 v⁰
Oncques d'amer ne sui las.	222	Onques ne se repenti.	172 v⁰
Oncques ne se parti.	140 v⁰	Onques ne soi amer.	180
On doit fin amor anourer.	183	Onques ne sui repentanz.	169
On parole de batre.	368 v⁰	Or ne sai-je que devenir.	294

P

Par un matin me leva.	49 v⁰	Par verité vueil esprover.	40
Par un matinet.	27 v⁰	Pensis chief enclin.	263 v⁰
Par un matinet l'autrier oi chanter.	195 v⁰	Pleust Diu qu'ele seust.	161
Par un matinet l'autrier m'aloie.	282	Plus bele que flor.	26 v⁰
Par une matinée.	72 v⁰	Plus joliement conques.	279
Par une matinée.	355 v⁰	Pluseur dient.	586 v⁰

Por moi déduire.	36 v°	Povre secors ai.	71 v°
Por vos amie criem.	124 v°	Prenés i garde.	375
Pour chou que j'aim.	344	Pucelete bele et avenant.	193
Pour escouter le chant.	154 v°	Puisque bele dame.	259
Pour la plus jolie.	385 v°	Puisque d'amer sui.	294
Pour quoi m'avés voz.	265 v°	Puis qu'en amer.	388

Q

Qu'ai je forfait.	213 v°	Quant voi l'aloete.	117 v°
Quant ces amors.	217	Quant voi la fleur.	264 v°
Quant che vient en mai.	339 v°	Quant voi la florete.	55 v°
Quant define la verdour.	173 v°	Quant voi la rose.	146
Quant feullent aubepin.	135	Quant voi lerbe reverdir.	77 v°
Quant florist la violete.	75 v°	Quant voi lerbe reverdir.	192
Quant florist la violete.	183 v°	Quant voi revenir d'esté.	80 v°
Quant florissent li buisson.	244 v°	Quant voi yver.	190 v°
Quant froidure trait à fin.	254	Quant yver la bise ameine.	255
Quant je parti de ma mie.	242 v°	Que ferai, biau sire Diex.	194 v°
Quant je pens à ma douce.	218	Que ferai, biaus sire Diex.	115 v°
Quant la froidor trait.	147 v°	Que ferai, biau sire Diex, li regart.	189
Quant li joli tans.	388	Que por moi reconforter.	122
Quant naist la flour.	47	Qui amis veut maintenir.	314
Quant plus mes fins cuers.	243 v°	Qui bien aime.	139 v°
Quant repaire la dolcor.	174 v°	Qui d'amours n'a riens.	394 v°
Quant repaire la verdor.	78 v°	Qui d'amours se plaint.	250 v°
Quant revient et feulle.	26 v°	Qui d'amours velt.	23 v°
Quant se départ la verdure.	179 v°	Qui la vaudroit.	23
Quant se départ li jolis.	374	Qui loiaument sert.	247
Quant vient en mai.	304 v°	Qui longuement porroit.	24
Quant voi le dou tans.	168	Qui voudroit.	46 v°
Quant vois le doz tans.	203 v°		

R

Renvoisiement irai.	137 v°	Robin li mauvès ovrier.	215
Riens ne peut ma grant folie.	146 v°	Robin m'aime, Robin m'a.	292
Riens ne puet plus doumagier.	147		

S

S'amours eust point.	270	Se je chante mains.	308 v°
S'amours souspris m'a.	258	Se je chante ce fait.	357 v°
Sans orgueil et sans envie.	256	Se je suis liés et chantans.	364 v°
Se gries m'est au cors.	212 v°	Se je voz pert.	210
Se j'ai folement amé.	382	Se valors vient d'estre.	200 v°
Se j'ai servi longuement.	127 v°	Si com aloie jouer.	199 v°

Siré Diex li doz maus.	188	Souffert a en espérance.	221
S'on me regarde.	375 v°	Sovent me fait souspirer.	122 v°

T

Tant ai souffert.	341 v°	Trop longuement m'a failli.	128
Tant est plésant.	166 v°	Trop m'a amours asailli.	253 v°
Tant grate chieure.	233 v°	Trop sovent me dueil.	124 v°
Tant me fait à vos penser.	157 v°	Tout ades mi troverés.	259 v°
Tant me plaist amour.	394 v°	Tout li cuers me rit.	158
Tiex a mout le cuer.	119	Tout solas et toute joie.	367 v°
Traveillie du mau d'amer.	248	Toutes voies m'a amours.	338
Très joliement me voell.	301 v°	Trois serors.	40 v°, 41
Trop ai lonc tans.	41 v°	Tuit cil qui sunt.	219
Trop fu li regart amer.	180 v°		

U

Uns maus savereus. 339

V

Vilene gent.	138 v°	Vo. vair oel m'ont.	362
Virge pucele henorée.	206 v°	Vos ni dormirés.	45 v°

Z

Zo frigandes. 205

TÉNORS LATINS

A

Alleluia, 97 — 268 — 385 v° — 392.
Alma, 319 — 322 — 380.
Amat, 228 — 293.
Amore, 267.
Amoris, 125 — 318.
Angelus, 72 — 175 — 241 v°.
Annun (sic), 273.
Aperis, 146 v° — 222.
Aptatur, 56 — 99 — 113 — 197 — 198 v° — 280 v° — 295 v° — 309 v° — 319 v° — 379.
Audi filia, 247 — 250 — 255.
Ave Maria, 106.

B

Balaam, 249 v° — 392 v°.
Beata viscera, 82.
Benedicta, 376 v°.

C

Cernere, 395 v°.
Cumque, 131 — 192.
Custodi nos Domine, 84.

D

Descendentibus, 115 v° — 195.
Dies, 167 v°.
Docebit, 260 — 265 v° — 266.

Domine, 73 — 237 v⁰ — 240 — 247 v⁰ — 267.
Domino, 90 — 194 — 210 — 239 — 244 v⁰ — 254 — 261 v⁰ — 381.

E

Ecce, 270.
Ejus, 28 — 104 — 105 — 168 — 177 — 196 — 211 v⁰ — 221 — 258 — 260 v⁰.
Ejus in oriente, 145 v⁰.
Et confitebor, 248 — 257 v⁰.
Et gaudebit, 30 — 64 — 75 v⁰ — 157 — 158 v⁰ — 184 — 243..
Et illuminare, 237.
Ex semine, 100 v⁰.
Et sperabit, 116 v⁰ — 121 v⁰ — 358.
Et super, 138 — 141 v⁰ — 152 v⁰. — 288.
Et videbit, 45.

F

Ferens, 234.
Fiat, 46 — 238 — 238 v⁰ — 256 v⁰ — 370.
Flos, 27.
Flos filius, 109 v⁰ — 133 — 151 v⁰ — 153 v⁰ — 259.

H

Hæc dies, 81 — 127 — 138 v⁰.
Hodie, 118 — 232.
Hodie perlustravit, 191.

I

Immolatus, 101 v⁰.
In corde, 186.
In odorem, 107 v⁰ — 136 v⁰.
Inquiremus, 262
In sæculum, 42 — 67 — 103 — 111 — 124 v⁰ — 126 — 143 — 181 — 181 v⁰ — 182 v⁰ — 187 v⁰ — 213 — 214 — 215 — 231 — 233 — 241 — 242 — 246 — 251 — 252 v⁰ — 253 v⁰ — 255 — 258 v⁰ — 259 v⁰ — 268 — 374 — 388.
In veritate, 251 v⁰.
Ite missa est, 284 v⁰.

J

Johanne, 25 — 93 v⁰ — 251 — 256 — 305 — 397.

K

Kyrie cœlum, 335.

Kyrie eleison, 123 v⁰ — 290 v⁰ — 322 v⁰ — 344.
Kyrie fons, 286.

L

Laqueus, 347.
Latus, 167 v⁰ — 232 v⁰.
Lætabitur, 247.
Lux magna, 250 v⁰ — 269 v⁰.

M

Manere, 52 — 100 — 111 v⁰ — 129 — 209 v⁰ — 262 v⁰.
Maria, 366.
Mors morsu, 58.
Mulierum, 122 v⁰ — 178 — 234 v⁰.

N

Nobis concedas, 353 v⁰.
Nostrum, 24 — 147 v⁰.

O

Omnes, 37 — 114 v⁰ — 119 — 139 v⁰ — 144 — 157 v⁰ — 212 v⁰ — 215 — 235 v⁰ — 239 v⁰ — 311 — 324 v⁰ — 346 — 364.

P

Per omnia sæcula, 337 v⁰.
Pondera, 234.
Portare, 120 v⁰ — 130 — 137 — 193 — 199 v⁰ — 210 v⁰ — 260 — 279 — 282 — 292 — 339 — 351 v⁰ — 386 v⁰.
Portas, 255.
Pro patribus, 98 v⁰ — 128 — 249 — 257.
Puerorum, 275 v⁰.

R

Regnat, 78 v⁰.

S

Sacerdotum, 352 v⁰.
Sæculorum amen, 154 v⁰.
Solem, 306 v⁰ — 326 — 382 — 390.
Surrexit, 341 v⁰.
Sustine, 236.
Sustinere, 74 v⁰.

T

Tanquum, 47 — 233 v°.
Tua, 242 v°.

V

Valore, 218.

Verbum, 320 v°.
Veritatem, 89 — 102 v° — 108 v° — 155 v° — 207 — 208 — 218 v° — 220.
Viderunt omnes, 41.
Virgo, 140 — 173.
Virgo Jesse, 394 v°.

TÉNORS FRANÇAIS

A

A Paris — 330.

B

Bele Ysabelos — 277 v°.

C

Chose Loyset — 339 v°.
Chose Tassin — 399 — 331 v° — 336 v°.
Cis à cui je sui amie — 301 v° — 314.

D

De fors compaignie — 371.
Douce dame que j'aim tant — 314 v°.

F

Frèse nouvèle, meure France — 368 v°.

H

Hé! Dame jolie, mon cuer — 328.
Hé! Resveille-toi — 397.
Hé! Mi enfant — 375 v°.

J

J'ai fait tout nouveletement — 359 v°.
Je la truis trop aspretent — 338.
Joliement — 283 v°.

L

Lonc tans a que ne vi ma mie — 389.

N

Ne me blasmés mie — 367.
Non veul mari — 373.
Nus niert ja jolis, s'il n'aime — 301.

P

Par vérité — 40.

Q

Qui prendroit à son cuer — 308 v° — 348.

R

Riens de vous vaut — 383 v°.

V

Vilain lième sus, — 361 v°.

IV

NOTES ET ÉCLAIRCISSEMENTS

SUR LES COMPOSITIONS HARMONIQUES DE LA TROISIÈME PARTIE.

Les cinquante et une compositions harmoniques qui forment la troisième partie de cet ouvrage sont autant de monuments d'archéologie musicale dont nous avons cherché à déterminer, dans le cours de notre travail, le caractère et l'importance. Pour ne pas interrompre notre récit ou les discussions auxquelles ces monuments servent de base, nous n'avons pas toujours pu entrer dans toutes les explications relatives à chaque pièce citée. Nous avons omis principalement ce qui tient à la paléographie, notre intention étant d'en dire ici quelques mots.

L'exposé complet et détaillé qui a été donné, dans notre « HISTOIRE DE L'HARMONIE AU MOYEN AGE » page 187 et suivantes, de la notation musicale aux XIIe et XIIIe siècles, nous dispense d'y revenir. Nous nous bornerons à rappeler les principes généraux, pour mieux apprécier les particularités dont nous allons parler.

Aux XIIe et XIIIe siècles, on comptait trois valeurs temporaires : la longue, la brève, la semibrève.

La longue valait trois temps : 1° quand elle était placée devant une autre longue; 2° devant trois brèves; 3° devant deux brèves non séparées par un point; 4° devant une pause. Elle était appelée alors longue parfaite.

La longue valait deux temps : 1° quand elle était précédée d'une brève isolée; 2° quand elle était précédée de deux brèves séparées par un point; 3° quand elle était suivie d'une brève isolée; 4° quand elle était suivie de deux brèves séparées par un point. Elle était alors nommée longue imparfaite.

Une brève unique précédée ou suivie d'une longue valait un temps.

Deux brèves précédées ou suivies d'une longue avaient une valeur inégale; la première valait un temps, la seconde valait deux temps, et celle-ci s'appelait *brevis altera*. Quand les deux brèves étaient séparées par un point, elles valaient chacune un temps; alors la première se rapportait à la longue précédente, la seconde à la longue suivante.

Trois brèves valaient une longue parfaite ou trois temps.

Quatre brèves se divisaient en trois et une; cinq en trois et deux; six, en trois et trois; lorsqu'il n'y avait aucun point de séparation.

La semibrève valait le tiers d'un temps ou d'une brève. Cette note ne marchait jamais seule; elle se groupait par deux ou par trois. Par deux, la première valait un tiers de temps, la seconde en valait deux; dans ce cas la première s'appelait semibrève mineure et la seconde semi-brève majeure; par trois, elles valaient chacune le tiers d'un temps.

Les ligatures ou notes liées jouaient un grand rôle dans la notation mesurée de cette époque. Nous en avons donné [1] deux tableaux complets au moyen desquels sont résolues à l'instant les difficultés que peuvent présenter les compositions notées suivant la doctrine franconienne ou suivant celle d'Aristote. Par rapport à la valeur temporaire, on appliquait aux notes ligaturées les mêmes règles qu'aux notes simples.

Tels sont, en résumé, les principes de la doctrine franconienne, qui fut adoptée généralement à partir de la fin du XIIe siècle. Mais cette doctrine qui était un véritable progrès, en ce qu'elle simplifia la méthode existante et qui était destinée à faire cesser en grande partie les incertitudes, rencontra néanmoins des résistances. Quelques maîtres continuèrent à noter leurs compositions d'après la pratique habituelle. Ce sont ces divergences qui appelleront principalement notre attention. On peut en tirer tout de suite cette conclusion, que, parmi les pièces ainsi notées, il en est qui sont antérieures aux Francon et d'autres qui leur sont contemporaines. Dans l'examen auquel nous allons nous livrer, nous aurons aussi à tenir compte de quelques erreurs commises par le copiste qui a transcrit le manuscrit de Montpellier, erreurs peu nombreuses d'ailleurs et qui paraissent souvent devoir être attribuées à la copie qui a servi de base à sa transcription. Car on voudra bien se rappeler (voir plus haut, page 9) les

---

[1] HISTOIRE DE L'HARMONIE AU MOYEN AGE, pages 198 et suivantes.

raisons qui nous font croire que le copiste du manuscrit de Montpellier, a, dans sa transcription, respecté le caractère de notation des copies originales qu'il avait sous les yeux.

La troisième partie de notre ouvrage qu'on pourrait appeler la partie archéologique, comprend deux sections: dans la première, les compositions harmoniques sont reproduites en notation originale; les numéros d'ordre et les pages y sont marquées en chiffre romains. La seconde contient les traductions en notation moderne; les numéros d'ordre et les pages y sont indiquées en chiffres arabes.

Pour bien apprécier le caractère des diverses compositions du manuscrit de Montpellier et pour pouvoir, en connaissance de cause, donner un choix de celles qui sont les plus propres à faire connaître le véritable état de l'art, il a fallu, on le comprend, les traduire préalablement toutes ou presque toutes en notation moderne, ce que nous avons fait. Ce travail long et minutieux, comme toute interprétation paléographique, a mis quelquefois, nous ne craignons pas de l'avouer, notre zèle à une rude épreuve. Toutefois, si ingrat et si pénible qu'il ait pu être, nous nous trouvons largement récompensé par le résultat, puisqu'il nous a conduit à la découverte de faits inconnus et destinés à enrichir l'histoire musicale.

Malgré les soins que nous ayons donnés à la correction des épreuves, il s'est glissé quelques fautes. Nous en indiquons les corrections à la fin de chaque numéro.

I

ALLELUIA

p. I. — p. 1. [1]

Les compositions alléluiatiques ont été fort en vogue pendant le moyen-âge. Les premiers harmonistes trouvèrent dans «l'Alleluia» notamment dans celui qui suit le répons graduel de la messe, une excellente occasion d'exercer leur talent. L'abbé Lebeuf cite une ordonnance d'Eudes de Sully, évêque de Paris, de l'an 1198, où il est dit que « le répons des premières vêpres et le « Benedicamus » pourront être chantés « in triplo, vel quadruplo vel organo » : à l'office de la nuit, le troisième et sixième répons « in organo vel in triplo

---

[1] Les chiffres romains indiquent la pagination de la 1re section comprenant les Compositions en notation originale, et les chiffres arabes celle de la 2e section comprenant les Traductions en notation moderne.

vel in quadruplo »; et qu'à la messe le Répons graduel et l'Alleluia seront chantés « in triplo vel quadruplo vel organo. [1] »

On trouve des « Alleluia » à deux et à trois parties dans les plus anciens manuscrits où sont conservées des compositions harmoniques. Le manuscrit 273 de la bibliothèque impériale de Paris, fonds N.-D. de Paris, en contient deux; le manuscrit 813, fonds St-Victor, du même dépôt, en compte sept. Le manuscrit de Montpellier reproduit deux « Alleluia, » en organum pur [2].

Nous avons dit ci-dessus p. 56, les motifs qui doivent faire attribuer au célèbre Pérotin « l'Alleluia » dont il est ici question. Nous en ajouterons un qui vient corroborer ce fait de la manière la plus formelle: l'anonyme du Ms. B., en parlant des modes irréguliers, dit que l'un de ces modes procède par une double longue, par une semibrève ou par une minime et une longue, comme dans le passage suivant, ajoute-t-il, de l'*Alleluia; Posui Adjutorium*, où, au lieu d'une copule, on trouve d'abord une double longue, puis *fa, mi* liés, *fa, ré* liés, *mi, ut, ré, la, sol, fa* avec plique, *ré, ut* avec plique, et la double longue liée avec *ut*; ce qui indique le premier mode irrégulier, parfaitement convenable à « l'organum pur [3]. » Or, dans l'*Alleluia* que nous donnons, ce passage se trouve précisément à la page 11, ligne deux, entre les deux barres du milieu. Ailleurs le même auteur mentionne cette pièce comme exemple où il est fait usage du trait ou point de division [4].

Un mot sur le ♮ placé à la clef. Le ♮ qui, dans la musique moderne, sert seulement à indiquer que la note, devant laquelle ce signe est placé, doit reprendre sa position naturelle, remplissait aussi la même fonction, quand il était mis devant une note précédemment altérée par un ♭ ou un ♯; mais il servait en même temps de signe indiquant que la note devait être élevée d'un demi-ton; il remplissait, dans ce cas, la même fonction que le ♯ dans la musique moderne.

Dans la traduction en notation moderne:

p. 8 — lig. 11 — mes. 6 — au lieu de [notation] lisez [notation]

Voir sur cette pièce, p. 58 — 71 — 148.

---

[1] Traité historique et pratique sur le chant ecclésiastique de Paris, 1741, p. 74.

[2] Pour la signification de ce mot voir ci-dessus, première partie, chapitre III.

[3] Scriptorum etc., t. 1, p. 361.

[4] Ibid. p. 347.

II

Posui adjutorium.
p. iii. — p. 3.

Cette composition est presque toujours citée en même temps que la précédente, comme si les deux n'étaient qu'une seule. Dans le manuscrit de Montpellier elles se suivent, mais elles y forment bien deux compositions distinctes. Le « Posui adjutorium » était un organum pur qui jouissait d'une grande célébrité. Jean de Garlande et l'anonyme du Ms. B. l'invoquent à l'occasion de la notation qui y est employé comme autorité pour distinguer les modes par les ligatures[1].

L'anonyme du Ms. B. dit formellement que le petit trait fréquemment usité dans ce morceau est non une pause, mais un silence qui n'a aucune valeur temporaire par lui même, qu'il en enlève seulement une part à la note précédente. Il ajoute plus loin que ce trait est placé aussi pour indiquer la division des syllabes[2]. Il semble résulter de ces explications que c'était un signe de respiration. L'emploi de ce petit trait paraît avoir été surtout utile pour indiquer à quelle longue se rapporte la brève placée entre deux longues.

En somme, cet organum pur et le précédent sont notés avec une grande netteté, une précision remarquable. — Voir sur cette composition, p. 58 — 107 — 148.

III

Deus in adjutorium.
p. vii. — p. 11.

Nous avons expliqué au chapitre III de la première partie, le caractère particulier de cette sorte de composition, dont on ne trouve que peu d'exemples. Dans celle-ci la notation est parfaitement régulière.

On trouve dans le manuscrit de Montpellier en tête du huitième fascicule, f° 350, un autre « Organum ordinaire, » aussi à trois voix et sur les mêmes paroles; mais la musique n'en est pas la même, et ce dernier n'a pour texte que la première strophe, la deuxième et la quatrième de l'autre

---

[1] Scriptorum etc. t. 1. p. 101 — 180 — 342.   [2] Ibid. p. 347 — 350.

IV

1. L'ESTAT DU MONDE. — 2. BEATA VISCERA. — 3. BEATA VISCERA.

p. VIII. — p. 12.

Ce triple est remarquable par la régularité de sa notation dans les deux parties supérieures. Il n'en est pas de même de la troisième; celle-ci est notée par groupes composés d'une longue, d'une brève et d'une longue ; cependant chaque groupe représente trois longues. Cette irrégularité se rencontre souvent dans le manuscrit de Montpellier. — Voir sur cette composition, p. 66 — 107 — 133.

V

1. CONDITIO NATURÆ. — 2. O NATIO NEPHANDI. — 3....

p. X. — p. 14.

Cette composition étant citée comme exemple par l'auteur du traité de « déchant vulgaire », on doit en conclure qu'elle remonte au moins au commencement du XIIe siècle, et qu'elle date peut-être de la fin du XIe. Elle paraît avoir eu une certaine célébrité, car on la trouve reproduite dans le « roman de Fauvel » contenu dans le manuscrit 146 du fonds français de la bibliothèque impériale de Paris ; ce poème date du commencement du XIVe siècle. Dans ce dernier manuscrit, comme dans celui de Montpellier, la composition est à trois parties, mais avec cette différence que la partie qui, dans le manuscrit de Montpellier, chante « Conditio naturæ » est remplacée, dans le roman de Fauvel, par une autre qui chante ces paroles « Carnaliciis luxuria. » M. Paulin Paris croit que l'auteur du poème n'est pas celui des motets[1]. Ce que nous venons de dire tend à confirmer cette opinion.

M. Fétis qui a publié[2] un « rondel » à trois parties de Johannot de Lescurel, dont les ballades et rondeaux sont à la suite du roman de Fauvel dans le manuscrit 146 (olim 6812), et qui parle en même temps et longuement du roman de Fauvel, ne semble néanmoins pas avoir vu que cet ouvrage contient vingt-quatre compositions à trois parties et neuf à deux parties. Il se contente de rapporter la mention suivante qui est écrite sur une des feuilles qui précèdent le roman de Fauvel :

« En ce volume sunt contenuz le premier et le second livre de Fauvel,

---

[1] MANUSCRITS FRANÇOIS, t. I.   [2] REVUE MUSICALE, t. XII.

et parmi ces deux livres sunt escripz et notez les moteiz, lais, proses, balades, rondeaux, respons, antenes et versés qui s'ensuivent : « Premièrement motez à trebles (dessus)[1] » et à tenures (ténors). Vient ici la liste des vingt trois motets « motez à tenures sanz trebles (dix motets). » M. Fétis s'exprime ainsi sans dire quoi que ce soit de ces compositions. Nous rapportons surtout ces paroles pour faire remarquer que le mot *treble* ne signifie pas *dessus*, mais *triple*; il est pris ici dans le sens de troisième voix, conformément à l'explication que nous avons donnée au chapitre II de la première partie du présent ouvrage. Ces mots: *motez à trebles et à tenures* et ceux-ci : *motez à tenures sanz trebles* viennent corroborer à cet égard notre opinion.

Nous parlerons des compositions du *Roman de Fauvel*, dans un travail que nous préparons sur l'Art harmonique au XIVe siècle. — Voir sur cette composition, p. 107 — 133 — 140 — 160 — 161.

VI

1. Res nova mirabilis. — 2. Virgo decus. — 3. Alleluia.

p. XII. — p. 17.

La notation de cette pièce est régulière dans les deux parties supérieures. Il n'en est pas de même de celle du ténor. S'il fallait traduire celui-ci rigoureusement, on devrait donner à la première note de chaque groupe la valeur d'une brève et à la seconde celle d'une longue imparfaite; mais l'harmonie aussi bien que le rhythme demandent une solution contraire. La première note doit être une longue imparfaite et la seconde une brève. On a ici un exemple de l'emploi alternatif du premier mode parfait représenté par l'amphimacre, et du troisième mode parfait du mode premier représenté par un distrochée et un amphimacre. Voir ci-dessus page 104. — Voir aussi sur cette composition, p. 107 — 133 — 148 — 160 — 161.

VII

1. Mout me fu griés. — 2. In omni fratre tuo. — 3. In sæculum.

p. XIV. — p. 19.

La seconde partie de ce triple contient un certain nombre de ligatures de deux notes comme celles-ci ▌ ▐ que le compositeur emploie pour repré-

---

[1] Les interprétations placées entre parenthèses sont de M. Fétis.

senter deux brèves, ce qui est contraire à la doctrine franconienne, et ce qui est blamé aussi par Walter Odington, d'après ce qu'on a vu plus haut, p. 120. — Voir sur cette composition, p. 107 — 133 — 160 — 161.

VIII

1. O MARIA VIRGO DAVIDICA. — 2. O MARIA MARIS STELLA. — 3. VERITATEM.

p. XVIII. — p. 22.

Dans la première partie de ce triple, (notation originale, p. XVIII, ligne 3,) sous la dernière syllabe du mot « glorie », et ligne 4 sous la dernière syllabe du mot « potentia » on trouve la formule suivante : qui demande une explication. Quand cette formule se rencontre au milieu d'une phrase, elle doit être traduite ainsi : conformément aux règles ordinaires; mais quand elle se trouve placée à la fin d'une phrase, la traduction doit se faire ainsi : sans cela il n'y aurait pas de repos. Quelquefois, mais plus rarement, la brève doit être traduite par une longue imparfaite. Ces formules sont exclues de la méthode franconienne. Pour en avoir la solution, il faut avoir recours aux indications d'Aristote qui toutefois ajoute à la première note de ces formules une queue à gauche; exemple :

Les groupes suivants , qu'on rencontre dans la seconde partie, sont mis pour deux brèves.

Dans le ténor toutes les notes doivent être traduites par des longues.

Dans la traduction en notation moderne :

p. 24 — lig. 10 — mes. 4 — au lieu de   lisez

Voir sur cette composition, p. 88 — 89 — 107 — 111 — 148 — 160.

IX

1. POVRE SECORS. — 2. GAUDE CHORUS. — 3. ANGELUS.

p. XX. — p. 25.

Dans la première partie, page XX, ligne 1 de la notation originale, sous ces mots : « à ma dame que je avoie servi » on aperçoit une suite de huit semibrèves où n'est pas observée la règle de Pierre de La Croix, règle fort

— 277 —

prisée par les auteurs du temps et qui consistait à indiquer la séparation de chaque groupe de semibrèves par un point. Cela était nécessaire ici pour empêcher l'application de la règle de Francon en vertu de laquelle huit semibrèves doivent être traduites par deux groupes de trois égales et un groupe de deux inégales.

Même remarque que précédemment pour les groupes de deux notes liées qui abondent dans la seconde partie.

Les groupes de trois notes de la troisième partie doivent être traduites par une longue, une brève, une longue et une pause, celle-ci valant une brève.

Dans la traduction en notation moderne :

Voir sur cette composition, p. 107 — 133 — 160 — 161.

X

1. S'AMOURS EUST. — 2. AU RENOUVELER. — 3. ECCE.

p. XXII. — p. 27.

Nous avons parlé plus haut (p. 127 et 128), de la subdivision de la brève en plus de trois semibrèves, pour l'indication de laquelle Pierre de La Croix avait adoptée une manière particulière de notation qui fut admise par ses contemporains et ses successeurs. Nous ne répéterons pas ce que nous avons dit à ce sujet, nous nous bornerons à y renvoyer le lecteur qui y trouvera les explications propres à se rendre compte de notre traduction.

Dans la traduction en notation moderne :

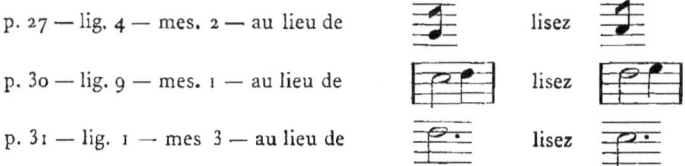

p. 31 — lig. 3 — mes. 1 — au lieu de [notation] lisez [notation]

Voir sur cette pièce, p. 166.

XI

1. Aucun ont trové chant — 2. Lonc tans me sui tenu. — 3. Annun (sic)

p. xxvi. — p. 31.

Cette composition est dans le style de la précédente et du même auteur.

Dans la traduction en notation moderne :

p. 34 — lig. 2 — mes. 3 — au lieu de [notation] lisez [notation]

p. 34 — lig. 8 — mes. 4 — ajoutez un ♯ à la note.

Voir aussi p. 166.

XII

1. Amor vincens omnia. — 2. Mariæ præconio. — 3. Aptatur.

p. xxix. — p. 35.

La notation originale de cette pièce est régulière. C'est une des rares du manuscrit de Montpellier où les ligatures de deux brèves ascendantes et descendantes soient notées suivant les principes de Francon.

Dans la traduction en notation moderne :

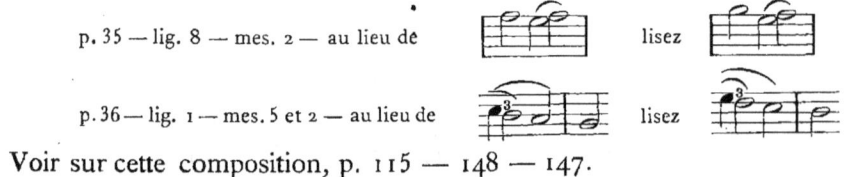

p. 35 — lig. 8 — mes. 2 — au lieu de [notation] lisez [notation]

p. 36 — lig. 1 — mes. 5 et 2 — au lieu de [notation] lisez [notation]

Voir sur cette composition, p. 115 — 148 — 147.

XIII

1. Salve virgo nobilis. — 2. Verbum caro factum. — 3. Perbum.

p. xxx. — p. 37.

La notation originale de cette pièce ne donne lieu à aucune observation.

Dans la traduction en notation moderne :

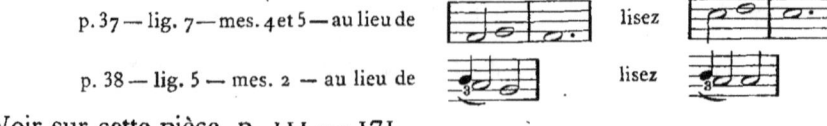

p. 37 — lig. 7 — mes. 4 et 5 — au lieu de [notation] lisez [notation]

p. 38 — lig. 5 — mes. 2 — au lieu de [notation] lisez [notation]

Voir sur cette pièce, p. 111 — 171.

XIV

1. Veni virgo beatissima. — 2. Veni sancte spiritus. — 3. Neuma.

p. xxxiii. — p. 39.

Excepté quelques groupes de deux notes comme ceux-ci : ♩♩ employés pour deux brèves, la notation est régulière dans les deux parties supérieures;

Mais les groupes de trois notes du ténor doivent être traduits par trois longues. — Voir sur cette composition, p. 89 — 90 — 133 — 171.

XV

1. L'autrier m'esbatoie. — 2. Demenant grand joie. — 3. Manere.

p. xxxiv. — p. 41.

Les deux parties supérieures contiennent plusieurs fois les formules suivantes : dont nous avons donné l'explication aux n°s VII et VIII.

Ici encore la notation du ténor est irrégulière; chaque groupe de trois notes représente le premier mode parfait du cinquième mode, c'est-à-dire un molosse suivi d'un silence.

Dans la traduction en notation moderne :

p. 41 — lig. 5 — mes. 5 — au lieu de   lisez

Même page, ligne 6, il faut changer la clef d'ut, première ligne, en clef d'ut, deuxième ligne, et remettre celle-ci à la mesure 8.

p. 43, lig. 4. il faut remplacer la clef d'ut première ligne par la clef d'ut deuxième ligne.

p. 43 — lig. 4 — dernière mesure — au lieu de   lisez

Voir sur cette composition, p. 88 — 90 — 107 — 171.

XVI

1. Diex qui pourroit. — 2. En grant dolour. — 3. Aptatur.

p. xxxvi. — p. 43.

De toutes les pièces du manuscrit de Montpellier, celle-ci est la seule qui soit notée dans le cinquième mode de la doctrine franconienne. Elle est très remarquable en ce que la seconde partie, qui doit avoir servi de thème principal, semble être une mélodie populaire à deux temps que le compositeur a réduit à la mesure ternaire. — Voir sur cette pièce, p. 87 — 88 — 107 — 173.

XVII

1. Ave virgo regia. — 2. Ave gloriosa mater. — 3. Domino.

p. xxxviii. — p. 46.

A l'exception de deux passages qui peuvent être le fait du copiste, les deux parties supérieures sont notées selon les règles de Francon. Dans cette pièce comme dans beaucoup d'autres, le ténor déroge aux principes du même auteur; la première note de chaque groupe porte le signe caractéristique de la brève, tandis qu'elle représente réellement une longue.

Le rhythme du ténor reproduit d'abord seize fois le premier mode parfait du mode cinquième, représenté par le molosse (p. 105); puis seize fois la formule du deuxième mode parfait du mode premier, représentant le trochée et l'amphimacre (p. 104). — Voir sur cette composition p. 89 — 107 — 133 — 152 — 175.

XVIII

1. Psallat chorus. — 2. Eximie pater. — 3. Aptatur.

p. xlii. — p. 50.

Les deux premières parties de cette composition sont du troisième mode. Le ténor doit être traduit par groupes de trois longues suivies d'une pause. — Voir sur cette pièce, p. 87 — 89 — 107 — 133 — 175.

XIX

1. S'on me regarde. — 2. Prenés y garde. — 3. Hé! mi enfant.

p. xliv. — p. 52.

Parmi les refrains populaires que Jacquemars Giélé a inséré dans son « Renart Noviel » se trouve le commencement de la deuxième partie de cette composition. Elle y débute ainsi :

NOTATION ORIGINALE.

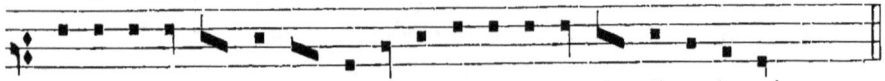

Pre-nés i gar-de, S'on nous re-gar-de, S'on nous re-gar-de, di-tes le moi.

— 281 —

TRADUCTION.

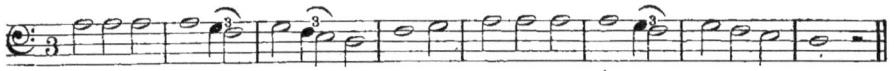

Pre-nés i gar-de, S'on nous re - gar-de, S'on nous re- gar-de, di-tes le moi.

A part sa transposition à une quinte plus bas, cette mélodie est à peu près la même que celle du manuscrit de Montpellier.

Sa présence dans le Renart noviel, un des plus en vogue à cette époque, prouve combien elle était alors populaire.

Notre traduction doit être rectifiée en deux endroits :

Le dernier mot de la même ligne est « couarde » au lieu de « conarde ». — Voir sur cette pièce, p. 72.

XX

Sumer is icumen in.

p. XLVI. — p. 54.

M. William Chappell, dans son ouvrage intitulé « Popular music of the olden time », a donné un fac similé de cette curieuse et importante composition; on y remarque que les brèves ont une similitude plus grande avec les semibrèves de cette époque qu'avec les brèves alors généralement en usage. Le seul passage où les semibrèves y sont employées est celui qu'on rencontre sur le mot *in* de « Sumer is icumen in. » Il est noté ainsi : ; Aristote en donne la signification[1]. Nous saisissons cette occasion pour signaler une faute d'impression dans la traduction en notation moderne. La première note de la page 55 doit être un *la* au lieu d'un *ut*. Dans la même page, ligne 11, mesure 7, le *si* doit être remplacé par un *sol*. — Voir sur cette composition, p. 72 — 99 — 450.

---

[1] Scriptorum etc., t. 1, p. 275. — Voir aussi Histoire de l'Harmonie au moyen âge, p. 199, tableau de la « Valeur des semibrèves conjointes. »

XXI

1. Alle psallite. — 2. Alle psallite. — 3. Alleluia.

p. xlvii. — p. 57.

Dans la traduction de cette pièce comme dans celle des autres, nous avons conservé les clefs de la notation originale; mais on doit se souvenir de ce qui a été dit au chapitre iv de la première partie. D'āprès les règles posées par Jean de Garlande, la première partie s'exécutait par un soprano, la seconde par une voix intermédiaire, comme un contralto ou un ténor, la troisième était chantée par une voix de basse. Il suffit d'ailleurs qu'une seule partie fut chantée par une voix de femme ou d'enfant pour que le renversement des intervalles s'opérât, pour qu'il y eût, par conséquent, contrepoint double.

Il s'est glissé deux erreurs dans la notation originale : page xlvii, ligne 2, après le *mi* sur la première syllabe de « concrepando », il faut mettre une clef d'ut; et dans la première ligne de la seconde partie, il faut supprimer la pause placée après la septième note. —Voir sur cette composition, p. 76 et suiv.

XXII

Balaam.

p. xlviii. — p. 58.

Cette composition comme la précédente doit être exécutée par un soprano, un ténor et une basse. Elle est notée régulièrement dans toutes ses parties. — Voir p. 76 et suiv.

XXIII

1. Huic placuit. — 2. Huic placuit. — 3. . . . .

p. xlix. — p. 60.

Cette composition doit être exécutée comme les deux précédentes. La notation en est très-régulière. — Voir aussi p. 76 et suiv.

XXIV

1. Or ne sai-je que devenir. — 2. Puisque d'amer sui. — 3. L....

p. li. — p. 63.

Contrairement à presque toutes les compositions de cette époque, celle-ci commence au temps faible de la mesure. Nous avons expliqué, au chapitre IV de la première partie, le caractère particulier de ce genre de composition qui s'appelait « Hoquet ».

Il y a dans le texte qui accompagne notre reproduction de la notation originale, plusieurs fautes typographiques pour la correction desquelles on doit recourir soit à la traduction en notation moderne, soit au texte seul de la page 228.— Voir sur cette pièce, p. 83.

XXV
1. Salve virgo. — 2. Salve sancta parens.— 3. Omnes.
p. xxv. — p. 65.

Cette pièce est la plus ancienne où il soit fait usage d'une tirade harmonique sur la syllabe *a* du mot « amen ». On y remarque aussi l'emploi de mots dont la première syllabe est coupée par un silence et se répète ensuite.

Les mesures six et sept de la traduction en notation moderne doivent être écrites ainsi :

A la page 67, ligne 3, le *sol* de la cinquième mesure doit être remplacé par un *la*. — Voir sur cette composition, p. 84 et 107

XXVI
1. Hé! mère Dieu. — 2. La vierge Marie. — 3. Aptatur.
p. liv. — p. 67.

La musique de cette pièce se trouve répétée trois fois dans le manuscrit de Montpellier; deux fois avec des paroles mondaines fort libres dans l'une des parties, et une fois avec les paroles religieuses que nous reproduisons. C'est sans doute à cause de la célébrité dont jouissait cette composition et pour permettre aux oreilles chastes de l'entendre, qu'on y a adapté un texte religieux? Il n'est pas vraisemblable que ce soit le contraire qui ait eu lieu. Il est à croire néanmoins que c'est la musique qui a fait la réputation de la pièce.

Quant à la notation originale, elle est régulière dans les deux parties supérieures. Celle du ténor au contraire, dont les formules rhythmiques marquent le premier mode parfait du mode cinquième, représentant le molosse antique suivi d'un silence, est irrégulière. — Voir sur cette pièce, p. 88 — 90 — 107 — 100.

XXVII

1. Dame bele. — 2. Fi mari. — 3. Nus niert ja joli.

p. LVI. — p. 70.

La mélodie de « Fi Mari » est parmi les airs populaires du « Renart noviel » de Jacquemars Giélé. Il est à croire que ce trouvère l'a empruntée à Adam de la Hale, ce qui prouve du reste sa popularité.

Dans la notation originale, la cinquième ligne de la deuxième partie doit être rétablie ainsi :

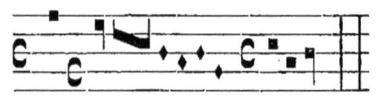

de - morirés et je m'en vois à li

Voir sur cette composition, p. 90 — 194.

XXVIII

1. Mout me fu grief. — 2. Robin m'aime. — 3. Portare.

p. LVI. — p. 71.

Bien que ce motet ne soit pas compris parmi ceux d'Adam de la Hale qui sont transcrits dans le manuscrit de la Vallière, il n'y a aucun motif de douter qu'il soit du célèbre trouvère artésien. — Voir ce qui en est dit p. 88 et 194.

XXIX

1. De jolis cuer. — 2. Je me cuidai bien. — 3. Et gaudebit.

p. LVIII. — p. 78.

Dans la notation originale, p. 58, lig. 2, sous la première syllabe du mot « esjoir » on trouve la ligature ▪ employée pour deux semibrèves.

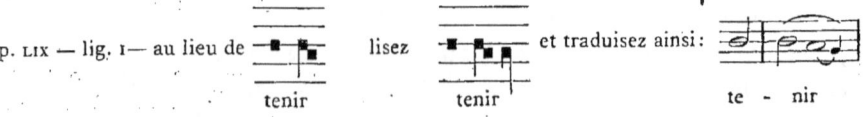

Voir sur cette composition, p. 195.

XXX

1. Quant se départ la verdure. — 2. Onques ne sot. — 3. Docebit.

p. xl. — p. 75.

Dans la notation originale, la deuxième partie de cette pièce contient plusieurs fautes de copie que nous avons laissées subsister dans notre reproduction; mais qu'il a fallu corriger dans la traduction. La comparaison de celle-ci avec la notation originale fera voir les passages défectueux. — Voir sur cette composition, p. 196.

XXXI

1. Lonc tens ai mon cuer assis. — 2. In sæculum.

p. lxii. — p. 77.

Comme presque tous les trouvères, Pierre Moniot se sert de la ligature suivante ▛ pour exprimer deux brèves. Il emploie aussi ces formules ▜ ▜, sur une seule syllabe terminant une cadence musicale; mais ici la dernière note, qui a la forme d'un plique, n'y est pas placée pour remplir cette fonction; elle ne sert en quelque sorte que de guidon pour indiquer aux chanteurs que la phrase suivante commence par une note plus basse ou plus élevée. — Voir sur cette pièce, p. 107 — 196.

XXXII

1. Li doz termines m'agrée. — 2. Balaam.

p. lxiii. — p. 78.

Cette composition appartient au premier mode. Le ténor se compose d'une série d'amphimacres, et chaque série est suivie d'un silence, ce qui constitue le premier mode parfait du mode premier, p. 104. — Voir aussi, p. 196.

XXXIII

1. Se valors vient. — 2. Bien me sui aperceu. — 3....

p. lxiv. — p. 79.

La notation originale de cette pièce est très défectueuse. Par négligence ou par tout autre motif, le notateur n'y suit aucune des règles franconiennes, notamment dans les notes finales des ligatures. Contrairement aussi à la même doctrine, les ligatures de deux semibrèves portent la queue en bas au lieu de l'avoir en haut.

Dans la traduction en notation moderne :

p. 79 — lig. 6 — mes. 4 — au lieu de [notation] lisez [notation]

Voir sur cette pièce, p. 107 — 197.

XXXIV

1. J'AI MIS TOUTE MA PENSÉE.— 2. JE N'EN PUIS MAIS.— 3. PUERORUM.

p. LXVI. — p. 81.

On a vu plus haut (p. 198) les motifs qui nous ont fait attribuer ce triple à un trouvère Cambraisien. La seconde partie « Je n'en puis mais » est à très peu de chose près notée dans le manuscrit de Cambrai comme dans celui de Montpellier.—Voir sur cette composition, p. 107.

XXXV

1. DIEX OU PORRAI JE. — 2. CHE SUNT AMOURETE. — 3. OMNES.

p LXIX. — p. 84.

Dans cette pièce, comme dans la précédente, la seconde partie est bien notée dans le manuscrit de Cambrai ; mais le ténor « omnes » y est tout-à-fait fautif.

Dans notre reproduction de la notation originale, p. LXIX, lig. 2, entre les mots *vivant* et *fors*, il doit y avoir une pause de longue imparfaite.—Voir sur cette composition, p. 198.

XXXVI

1. QUI D'AMOURS. — 2. LI DOUZ PENSER. — 3. CIS A CUI JE SUI AMIE.

p. LXXI. — p. 86.

Parmi les mélodies populaires qui servent de ténor à cette composition, celle avec ces paroles :

> Vous le mi défendés l'amer,
> Mes, par Dieu, je l'amerai.

se trouve dans le « Renart noviel » de Jacquemars Giélé. Elle sert en outre de ténor à un autre triple du manuscrit de Montpellier, f° 301 v°.

Dans la traduction, la clef de la partie de ténor doit être partout armée d'un bémol à la place de *si*. — Voir sur cette pièce, p. 189.

XXXVII

1. Quant repaire la verdor. — 2. Flos de spina. — 3. Regnat.

p. LXV. — p. 90.

La première partie et la deuxième sont notées régulièrement. Il n'en est pas de même de la troisième ; la première note de chaque groupe de deux doit être une double longue, et les deux premières notes de chaque groupe de trois doivent être traduites par deux longues.

Dans la traduction en notation moderne, p. 91, lig. 4, il faut remplacer la seconde note *si* par un *ut*, et la première syllabe du mot « seulete » doit être placée sous la dernière note de la première ligne. — Voir sur cette composition remarquable, p. 87 et 119.

XXXVIII

1. On parole de batre. — 2. Paris soir et matin. — 3. Frèse nouvele.

p. LXXVIII. — p. 93.

Cette composition que nous attribuons à quelque jongleur se trouve dans le dernier fascicule du manuscrit, l'un des plus régulièrement notés. Les trois petits traits qu'on remarque dans le ténor après la première pause signifie que la première phrase doit être répétée trois fois.— Voir sur cette pièce, p. 90 et 207.

XXXIX

1. Entre Copin et Bourgois. — 2. Il me cuidoie tenir. — 3. Bele Isabelos.

p. LXXIX. — p. 94.

Cette composition que nous assignons aussi à quelque jongleur est également bien notée dans le manuscrit. — Voir p. 90 — 107 — 207.

XL

1. — Entre Jehan et Philipet. — 2. Nus hom ne puet. — 3. Chose Tassin.

p. LXXXI. — p. 96.

Autre composition qui paraît avoir la même origine que les deux précédentes. —Voir p. 90 et 207.

XLI

1. A MAISTRE JEHAN LARDIER. — 2. POUR LA PLUS JOLIE. — 3. ALLELUIA.

p. LXXXII. — p. 98.

Cette composition est encore une de celles que nous croyons appartenir à quelque jongleur.—Voir p. 107 — 149 — 207.

XLII

VIDERUNT.

p. LXXXIV. — p. 100.

Ce quadruple, le plus ancien dont fassent mention les auteurs du temps, est du célèbre Pérotin (p. 146). La notation originale est inexacte en quelques endroits, ce que l'on reconnaîtra par la comparaison de notre traduction avec la notation originale. Dans notre reproduction, la pénultième note de la quatrième partie doit être une double longue. — Voir sur cette composition, p. 51 — 147 — 148.

XLIII

1. CE QUE JE TIENG. — 2. CERTES MOUT EST. — 3. BONE COMPAIGNIE. — 4. MANERE.

p. LXXXIV. — p. 101.

Ce quadruple, bien qu'un des plus anciens, est régulièrement noté. Il avait une certaine célébrité qui est due sans doute à la simplicité et au naturel de la mélodie de chaque partie. D'après l'explication donnée par l'anonyme de Paris[1], il n'est pas douteux que nous avons ici la pièce qu'il décrit.—Voir sur cette composition, p. 88 et 107.

XLIV

1. JOLIMENT. — 2. QUANT VOI LA FLORETE. — 3. JE SUI JOLIETE. — 4. APTATUR.

p. LXXXVIII. — p. 105.

Comme les autres compositions du nommé Aristote, celle-ci se fait remarquer par le naturel de ses mélodies, par la franchise de son rhythme

---

[1] SCRIPTORUM etc., t. 1, p. 379.

et par l'agencement des parties entre elles. La notation originale en est fort régulière. — Voir sur cette pièce, p. 88 — 107 — 171.

XLV

1. Je n'amerai. — 2. In sæculum. — 3. In sæculum. — 4. In sæculum.

p. xcii. — p. 109.

Cette curieuse composition qui, d'après les motifs donnés plus haut page 149, semble être l'œuvre d'un artiste espagnol, n'est pas d'une traduction facile, quoique la notation originale soit assez régulière. Nous n'avons trouvé qu'un passage défectueux, c'est celui de la première partie portant pour paroles « ni ai repos ». La note *ré* y est suivie d'un point qui n'a aucune raison d'y être. En effet on n'ajoute un point à une longue que pour qu'elle ait la valeur de trois temps, quand elle est suivie d'une brève ; or, la longue étant suivie ici d'une longue, elle a la valeur de trois temps par elle-même, le point est donc superflu. Cependant un signe quelconque était nécessaire pour compléter la phrase musicale. Nous avons pensé que le copiste aura mis par mégarde un point pour un silence. En signalant ci-dessus p. 149, que le manuscrit de Montpellier contient cette composition une fois en forme de triple, nous avons commis une erreur ; elle y est deux fois sous cette forme, une fois au f° 111 et une fois au f° 188. Ce dernier triple se compose de la première partie, de la troisième et de la quatrième du quadruple dont il s'agit ici. Il offre cette particularité que des paroles françaises ont été adaptées à la troisième partie du quadruple, devenue la deuxième de ce triple. — Voir aussi p. 107.

XLVI

1. Cest quadruple. — 2. Voz ni dormirés. — 3. Biaus cuers. — 4. Fiat.

p. xciv. — p. 112.

Le rhythme fondamental du ténor est celui que Walter Odington désigne sous le nom de premier mode du mode cinquième, et qui se rapporte au molosse suivi d'une pause. La notation n'est pas régulière dans la partie de ténor ; les groupes de trois notes doivent être traduits par trois longues. — Voir sur cette composition, p. 52.

XLVII

1. Le premier jor de mai. — 2. Par un matin. — 3. Je ne puis plus. — 4. Justus.

p. XCVI. — p. 115.

Dans cette pièce, comme dans un très grand nombre du manuscrit de Montpellier, on rencontre souvent les ligatures de deux notes comme celles-ci ▪▪ prises pour deux brèves. Les doubles longues qui se trouvent au commencement du ténor doivent être considérées comme des longues simples.

Dans la traduction en notation moderne :

p. 116 — lig. 12 — mes. 5 — au lieu de ⟨♩♩⟩ lisez ⟨♩♩⟩

Voir sur cette composition, p. 52.

XLVIII

1. Diex mout me fet. — 2. Diex je sui ja près. — 3. Diex je ne puis. — 4. Et videbit.

p. C. — p. 118.

Dans la traduction de ce quadruple, nous avons suivi rigoureusement la notation originale parce qu'elle est très-nettement écrite. Nous devons cependant faire remarquer que, selon nous, la première partie est fautive. A partir de ces mots « por ma mie », elle devrait être notée pour être traduite ainsi :

Por ma mi- e mout sos- - pir So - vent car ele est bèle à mer- veil- - le Com rose est ver - veil- - - le.

Plusieurs raisons nous font croire que telle a été la pensée de l'auteur. D'abord l'harmonie et l'intention marquée du compositeur de suivre pas à pas en quelque sorte et le dessin et le mouvement du ténor; ensuite l'intention non moins évidente de donner aux trois parties supérieures le même rhythme phraséologique, ce qui est plus remarquable dans cette pièce que dans aucune autre.

Dans la traduction:

p. 118 — lig. 4 — mes. 8 et 9 — au lieu de 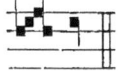 lisez

Voir sur cette composition, p. 52 — 107.

XLIX

1. Chançonete va t'en tost. — 2. Ainc voir d'amors. — 3. A la cheminée. — 4. Par vérité.

p. CII. — p. 119.

Ce quadruple est remarquable à divers égards; d'abord il a pour thème ou ténor une mélodie complète, ce qui est assez rare; ensuite la partie commençant par ces paroles : « *A la cheminée* » est une mélodie spontanée dont le rhythme distrochaïque bien déterminé donne à la composition entière le caractère rhythmique qu'on obtient par la mesure moderne, appelée mesure de 6/8.

Dans la notation originale les dernières notes de la première partie doivent être figurées ainsi:

Voir sur cette pièce, p. 52 — 87 — 88 — 90 — 107.

L

1. Trois serors. — 2. Trois serors. — 3. Trois serors. — 4. ......

p. CII. — p. 121.

Les paroles mêmes de ce quadruple démontrent qu'elles ont été faites exprès pour une composition à plusieurs parties. Elles viennent en même temps confirmer l'explication que nous avons donnée sur le caractère des motets, au chapitre III de la première partie.

Dans la notation originale, p. CII, il faut placer une clef d'ut, troisième ligne, devant la pénultième note de la deuxième partie. — Voir sur cette composition, p. 17 et 93.

LI

1. Plus bele. — 2 Quant revient. — 3. L'autrier joer. — 4. Flos.

p. civ.— p. 122.

La notation originale de cette pièce appelle deux observations : 1° l'avant dernière note de la première partie et de la deuxième doivent être traduites comme doubles longues ; 2° la première note de chaque formule mélodique du ténor doit être considérée comme longue.

Cette pièce est un exemple de composition à intervalles rapprochés, destinée à être exécutée par des voix égales.— Voir ce qui a été dit à cet égard, p. 76.

TROISIÈME PARTIE

MONUMENTS

I

COMPOSITIONS EN NOTATION ORIGINALE

I.

ALLELUIA.

Organum pur,

par Pérotin.

II

II.

POSUI IN ADJUTORIUM.

Organum pur,

par PÉROTIN.

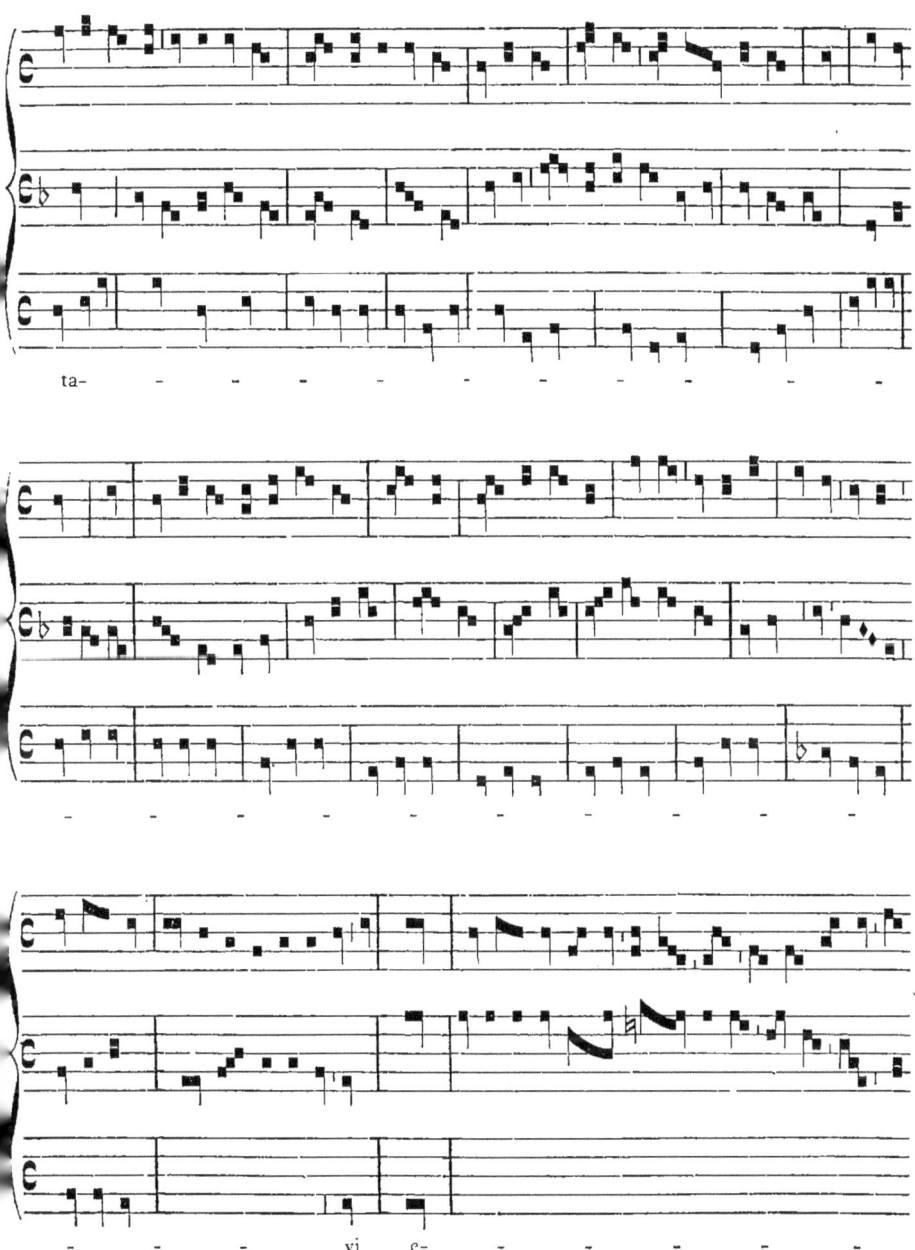

- - - - - - - -

- - - lec- - - - - - - -

- - - - - - - - tum. -

III
DEUS IN ADJUTORIUM.

Organum ordinaire.

Ut chorus noster psallere possit et laudes dicere tibi Christe rex glorie ; gloria tibi Domine.

In te Christe credentium miserearis omnium, qui es Deus in secula seculorum in gloria.

Amen, amen, alleluia. Amen, amen, alleluia. Amen, amen, alleluia. Amen, amen, alleluia.

IV

1. L'ESTAT DU MONDE. — 2. BEATA VISCERA. — 3. BEATA VISCERA.

Par Pérotin.

Ms. de M. F' 81 v°.

1. L'es-tat du mon-de et la vie va em-pi- rant chas-cun jour; car plein d'or-gueil et d'en-vie sunt cil qui sem-blent meil-lor. Par de-hors ont re-li-gi-ons a-tour, et par de-dans sunt plein d'y-po-cri-si-e, de faus-se-té, de do-lour. Pe-nant se vont d'a-voir non de mais-tri-e pour tost mon-ter en he-nor. Ja ne l'a-rai que ne di-e, li ja-co-bin et li frè-re me-nor sunt tout i-tel li plu-sor.

3. Beata viscera.

IV

1. L'ESTAT DU MONDE. — 2. BEATA VISCERA. — 3. BEATA VISCERA.

Par Pérotin.

V

1. Conditio nature. — 2. O NATIO NEPHANDI. — 3. . . . . .

par l'auteur du Déchant vulgaire.

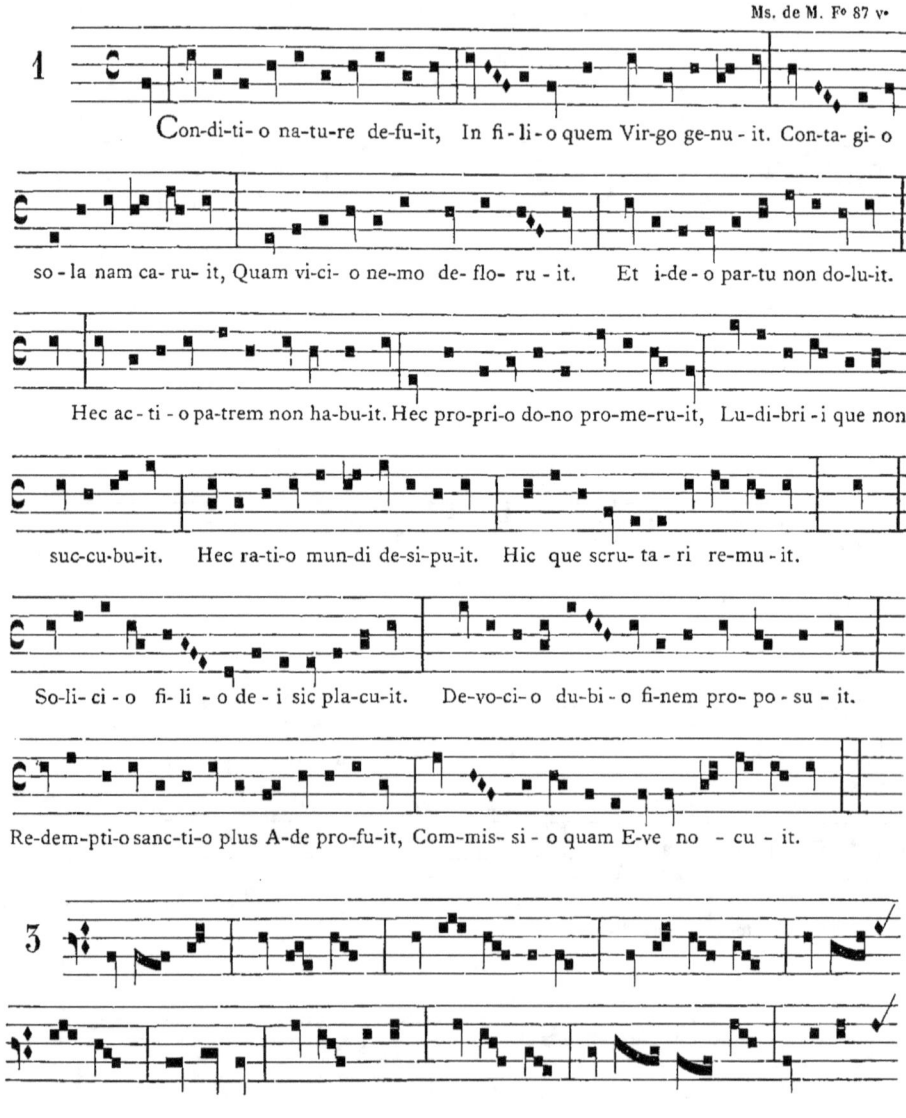

V

1. Conditio nature. — 2. O NATIO NEPHANDI. — 3. . . . . .

par l'auteur du Déchant vulgaire.

Ms. de M. F^c 88.

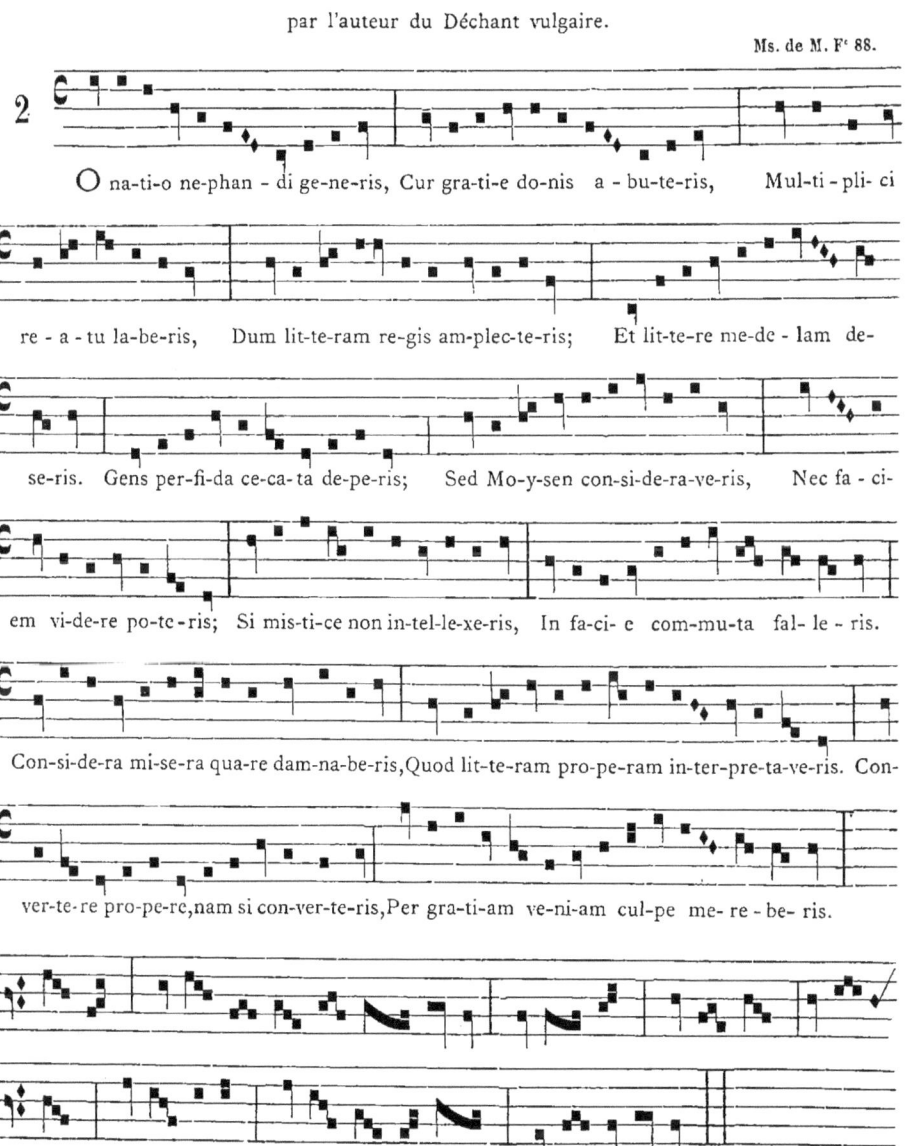

VI

1. Res nova mirabilis. — 2. VIRGO DECUS. — 3. Alleluia.

Par l'auteur du Déchant vulgaire.

1. Res no-va mi - ra - bi - lis Vir-go sem-per a - ma-bi-lis Vir-go ve-ne-ra-bi-lis Om-ni-bus co-mes u - ti - lis Vir-go de-cus vir-gi-num Ce-les-te lu-men lu-mi-num A - ve sa-lus gen-ti-um Fir-mat que spes fi-de-li-um Vir-go ce-li re - gi-a Re-fec-ta ple-na gra-ti - a Dei- ta -tis plu-vi-a vir-go su-per om-ni-a jam de - le nos-tra vi-ci - a et pre-cep-ta ve-a per-du-cat nos ad gau - di - a.

3. Alleluia.

XIII

VI

1. Res nova mirabilis. — 2. VIRGO DECUS. — 3. Alleluia.

Par l'auteur du Déchant vulgaire.

Vir-go de-cus cas-ti-ta-tis, Vir-go re-gi - a. Vir-go ma-ter pi-e-ta-tis vi-ri nes-ci - a. Vir-go tem-plum tri-ni-ta-tis, ce-li re-gi-a. Vir-go pu-ra pra-vi-ta-tis, de-le vi - ci - a. Nos e-mun-dans a pec-ca-tis per suf-fra-gi-a. Per te no-bis pe-ne da-tis de-tur ve-ni -a. Ne dam-ne-mur pro pec - ca-tis in mi-se-ri - a. Sed fru-a-mur cum be-a - tis ce- li glo - ri-a

VII

1. Mout mi fu griés. — 2. IN OMNI FRATRE TUO. — 3. In seculum.

Par l'auteur du Déchant vulgaire.

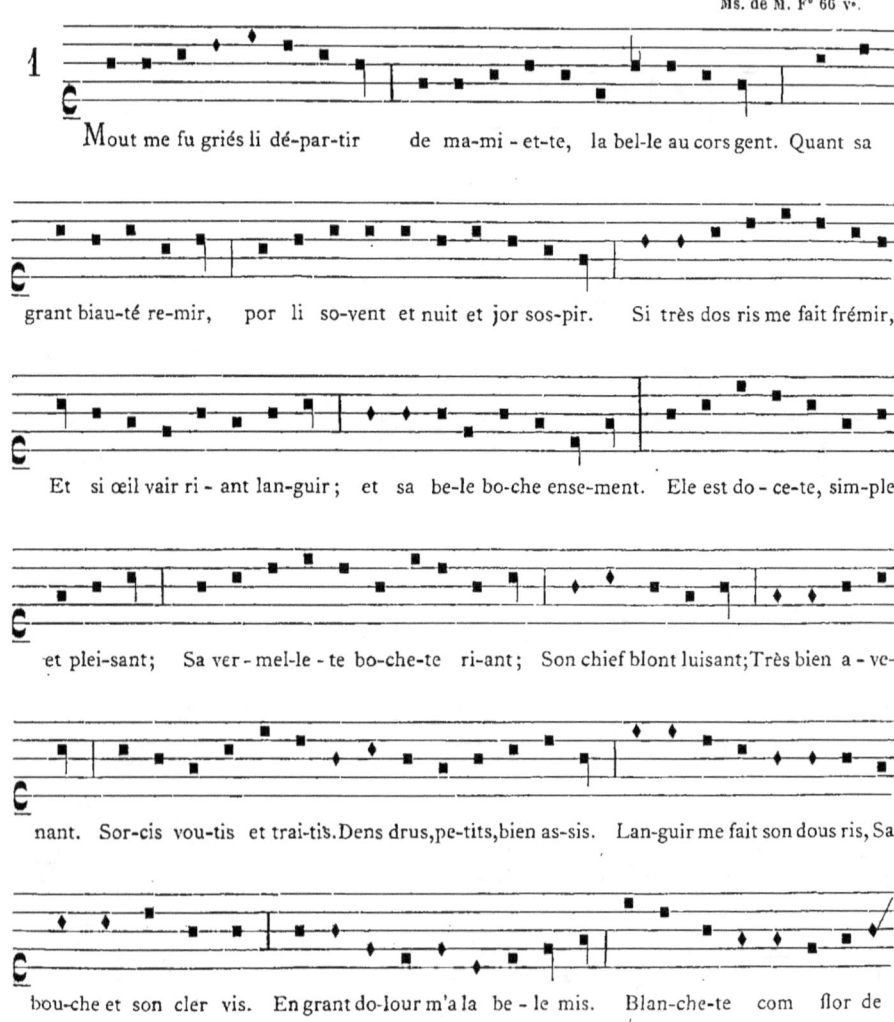

XV

VII

1. Mout mi fu griés. — 2. IN OMNI FRATRE TUO. — 3. In seculum.

Par l'auteur du Déchant vulgaire.

Ms. de M. F° 67.

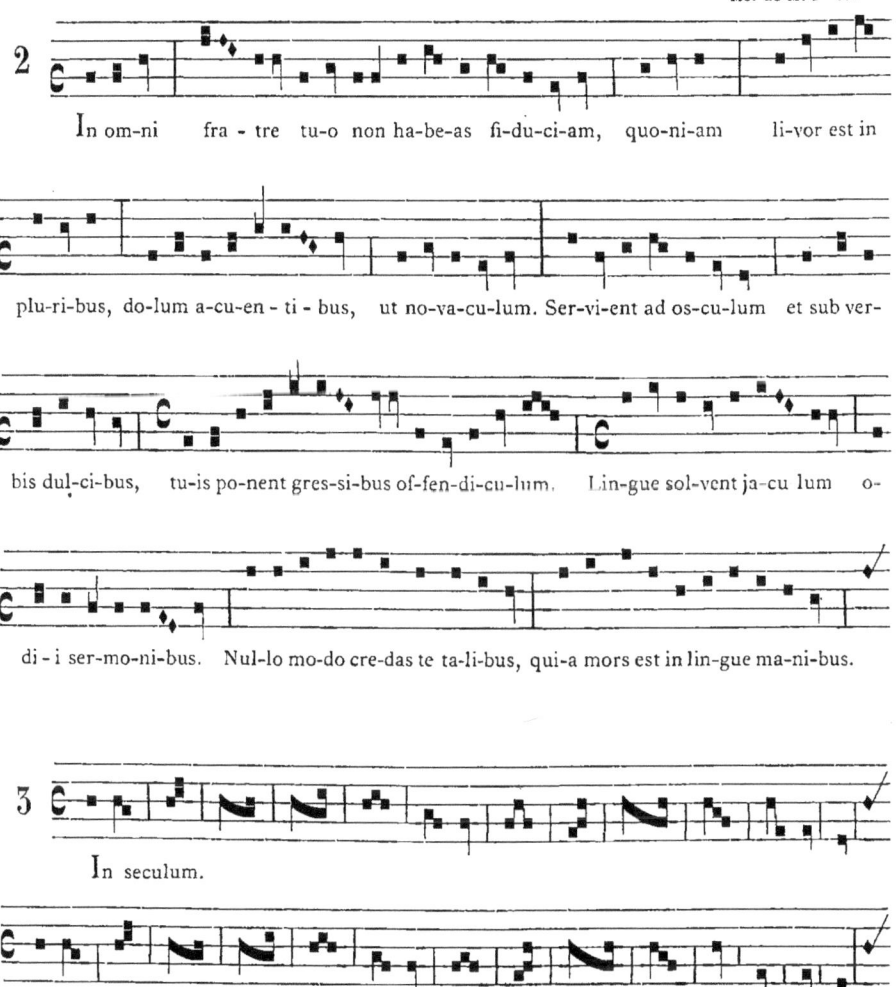

In om-ni fra - tre tu-o non ha-be-as fi-du-ci-am, quoni-am li-vor est in plu-ri-bus, do-lum a-cu-en - ti - bus, ut no-va-cu-lum. Ser-vi-ent ad os-cu-lum et sub ver-bis dul-ci-bus, tu-is po-nent gres-si-bus of-fen-di-cu-lum. Lin-gue sol-vent ja-cu lum o-di - i ser-mo-ni-bus. Nul-lo mo-do cre-das te ta-li-bus, qui-a mors est in lin-gue ma-ni-bus.

3

In seculum.

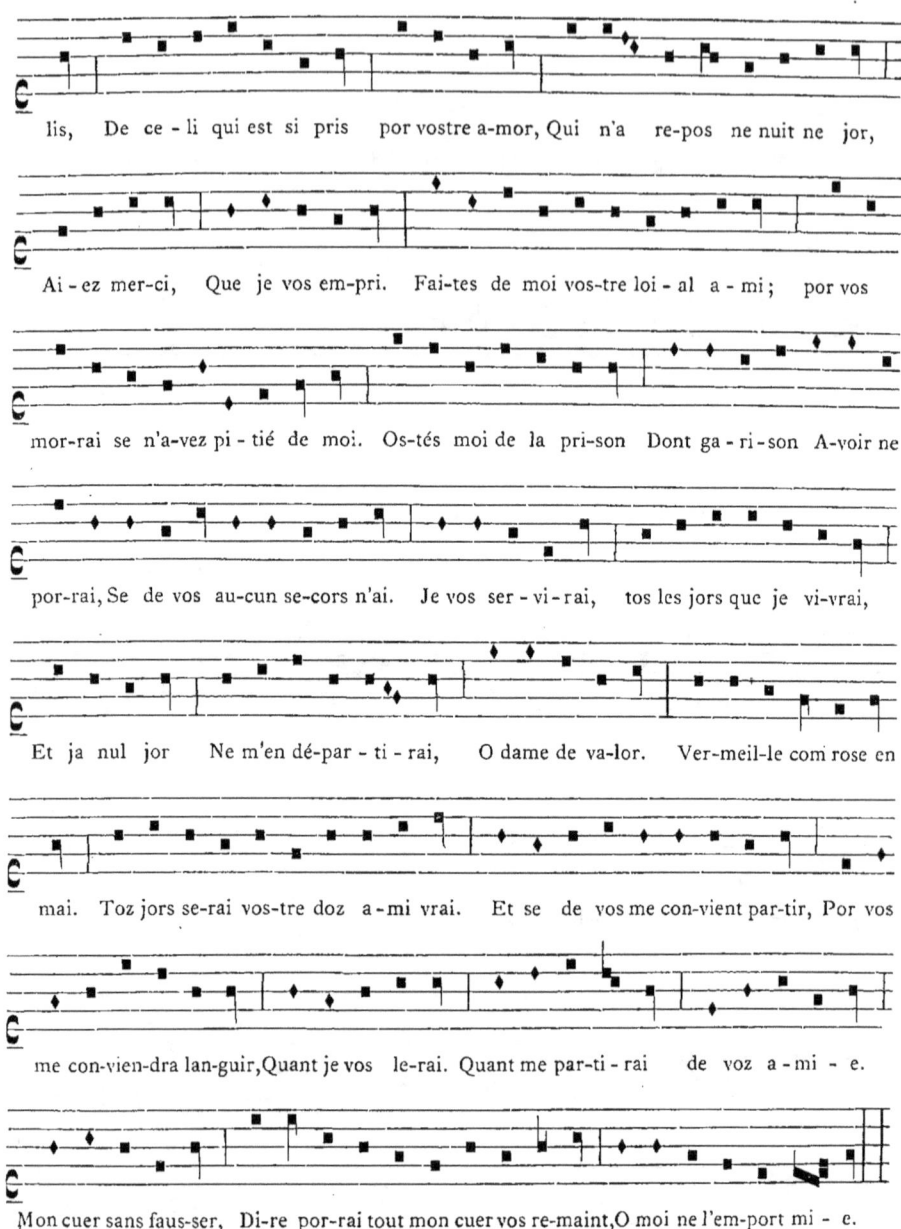

Ves-ti-ti sunt e-nim du-pli-ci-bus, pa-ce fo-ris et in-tus frau-di-bus. In oc-cul-tis as-tant di-vi-ti-bus, ut no-ce-ant nugis fal-la-ci-bus, A fruc-ti-bus et non a ves-ti-bus Ca-ym tri-bus no-te sint ho-mi-ni-bus, a qui-bus ut ca - ve - as ti-bi Jo-seph ha-be as ne do - le - as in spe-cu-lum Ju-de fal-lax os- cu -lum Re-mum Ro-mu-lum per quos pa-tet om-ni-bus lu-ci-di - us, nul-lum es-se gra - vi-us pe-ri-cu - lum, quam in fal-sis fra-tri-bus per se-cu-lum.

VIII

1. O MARIA DAVIDICA. — O MARIA MARIS STELLA. — VERITATEM.

Par l'auteur du Déchant vulgaire.

Ms. de M. F° 88 v°

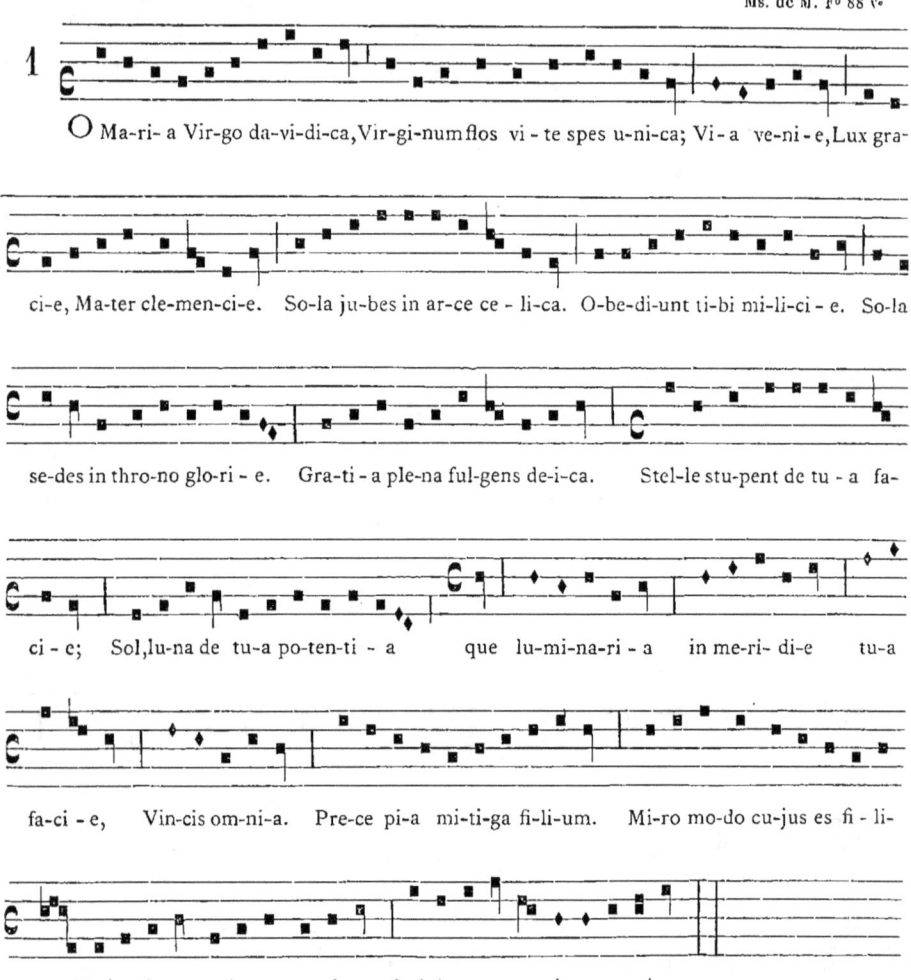

O Ma-ri- a Vir-go da-vi-di-ca, Vir-gi-num flos vi - te spes u-ni-ca; Vi- a ve-ni - e, Lux gra-ci-e, Ma-ter cle-men-ci-e. So-la ju-bes in ar-ce ce - li-ca. O-be-di-unt ti-bi mi-li-ci - e. So-la se-des in thro-no glo-ri - e. Gra-ti - a ple-na ful-gens de-i-ca. Stel-le stu-pent de tu - a fa-ci - e; Sol, lu-na de tu-a po-ten-ti - a que lu-mi-na-ri - a in me-ri- di-e tu-a fa-ci - e, Vin-cis om-ni-a. Pre-ce pi-a mi-ti-ga fi-li-um. Mi-ro mo-do cu-jus es fi - li-a Ne ju-di-ce-mur in con-tra-ri-um; Sed det e-ter-na vi-te pre-mi-a.

XIX

VIII

1. O Maria davidica. — 2. O MARIA MARIS STELLA. — Veritatem.

Par l'auteur du Déchant vulgaire.

Ms. de M. F° 89.

2. O Ma-ri-a ma-ris stel-la, ple-na gra-ti-e. Ma-ter si-mul et pu-el-la, vas mun-di-ti-cie. Tem-plum nos-trum re-demptoris, sol jus-ti-ci-e. Por-ta ce-li, spes re-o-rum, Thronus glorie. Su-ble-va-trix mi-se-ro-rum Ve-na ve-ni-e. Au-di ser-vos te rogantes Mater gra-ti-e. Ut pec-ca-ta sint ab-la-ta Per te ho-di-e. Qui te pu-ro lau-dant corde in veri-ta-te.

3. Veritatem.

XX

IX

1. Povre secors. — 2. GAUDE CHORUS OMNIUM. — 3. Angelus.

Par l'auteur du Déchant vulgaire.

Ms. de M. F° 71.

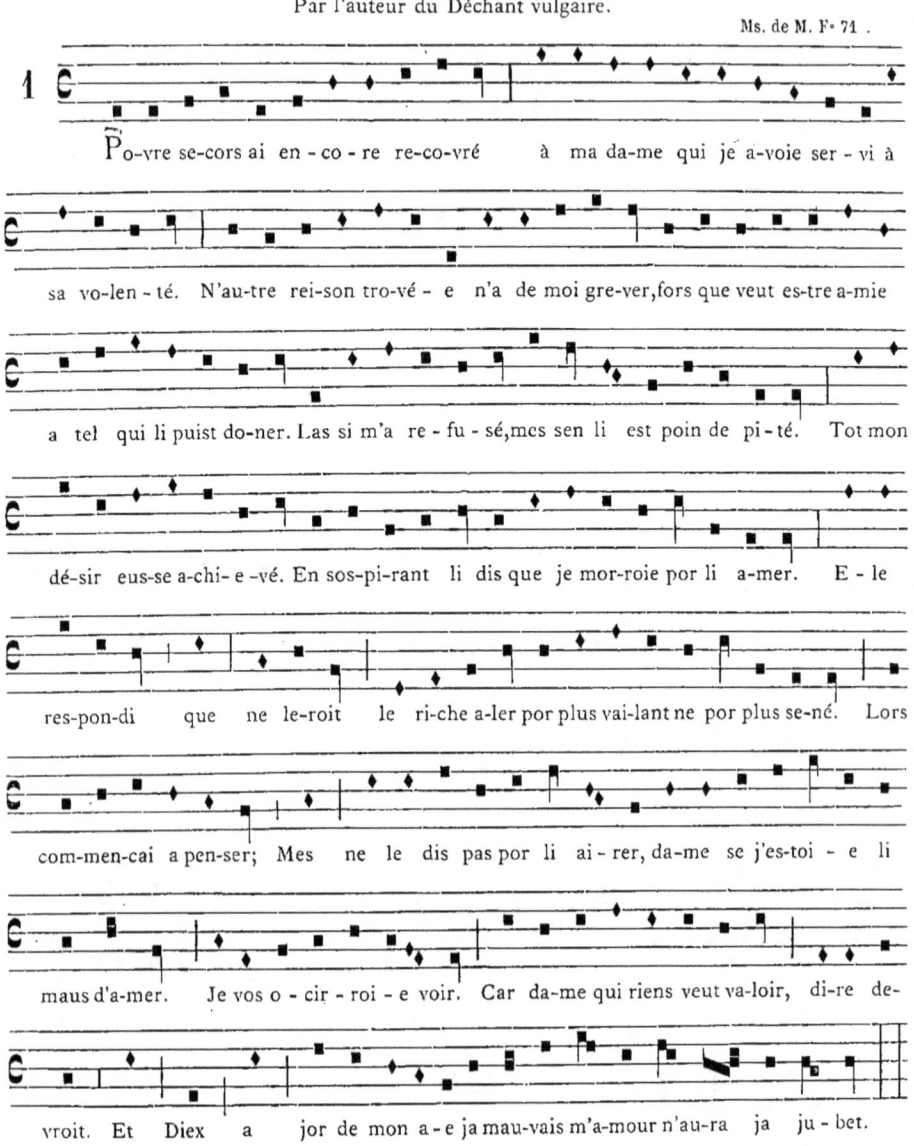

IX

1. Povre secors. — 2. GAUDE CHORUS OMNIUM. — 3. Angelus.

Par l'auteur du Déchant vulgaire.

Ms. de M. F⁵ 72.

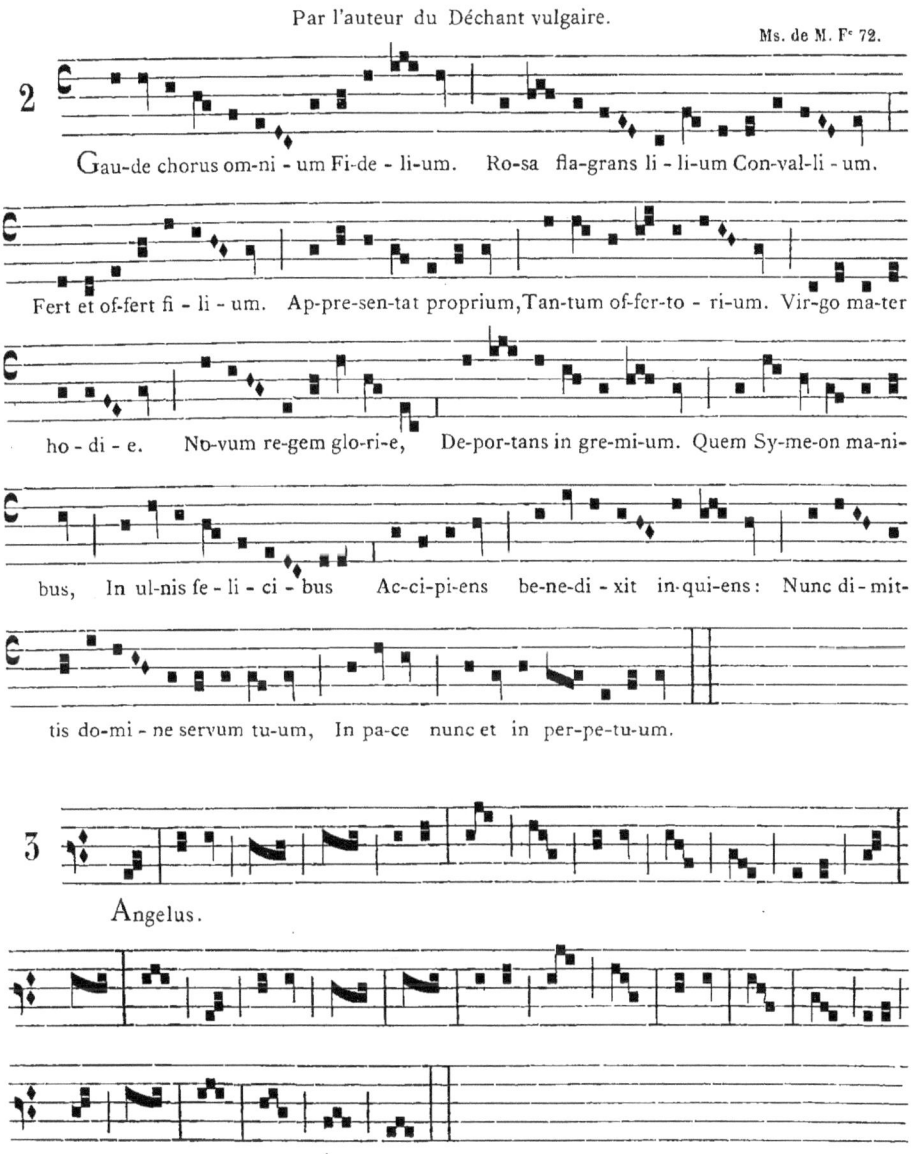

2 Gau-de chorus om-ni - um Fi-de - li-um. Ro-sa fla-grans li - li-um Con-val-li - um. Fert et of-fert fi - li - um. Ap-pre-sen-tat proprium, Tan-tum of-fer-to - ri-um. Vir-go ma-ter ho - di - e. No-vum re-gem glo-ri-e, De-por-tans in gre-mi-um. Quem Sy-me-on ma-ni-bus, In ul-nis fe - li - ci - bus Ac-ci-pi-ens be-ne-di - xit in-qui-ens: Nunc di - mit-tis do-mi - ne servum tu-um, In pa-ce nunc et in per-pe-tu-um.

3 Angelus.

X

1. S'amours eust. — 2. Au renouveler. — 3. Ecce.

Par Pierre de la Croix.

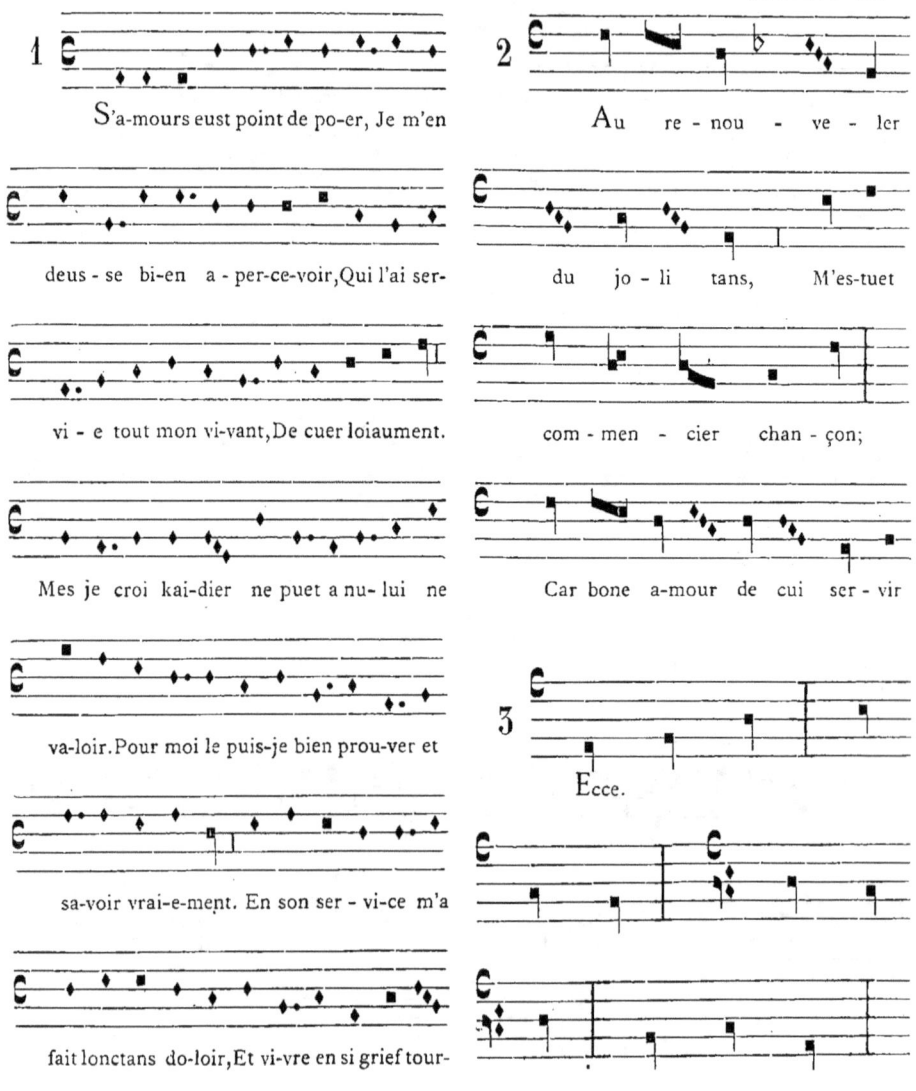

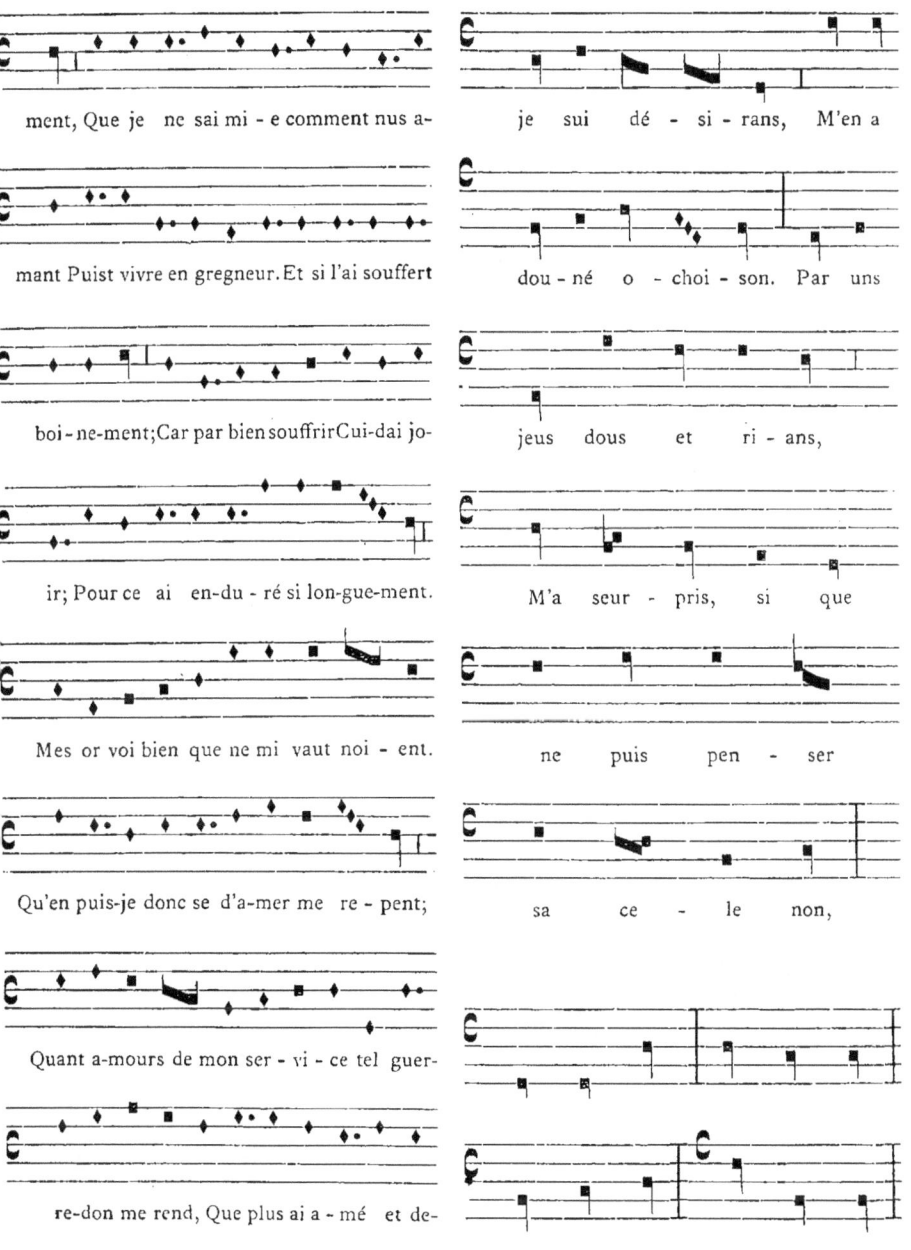

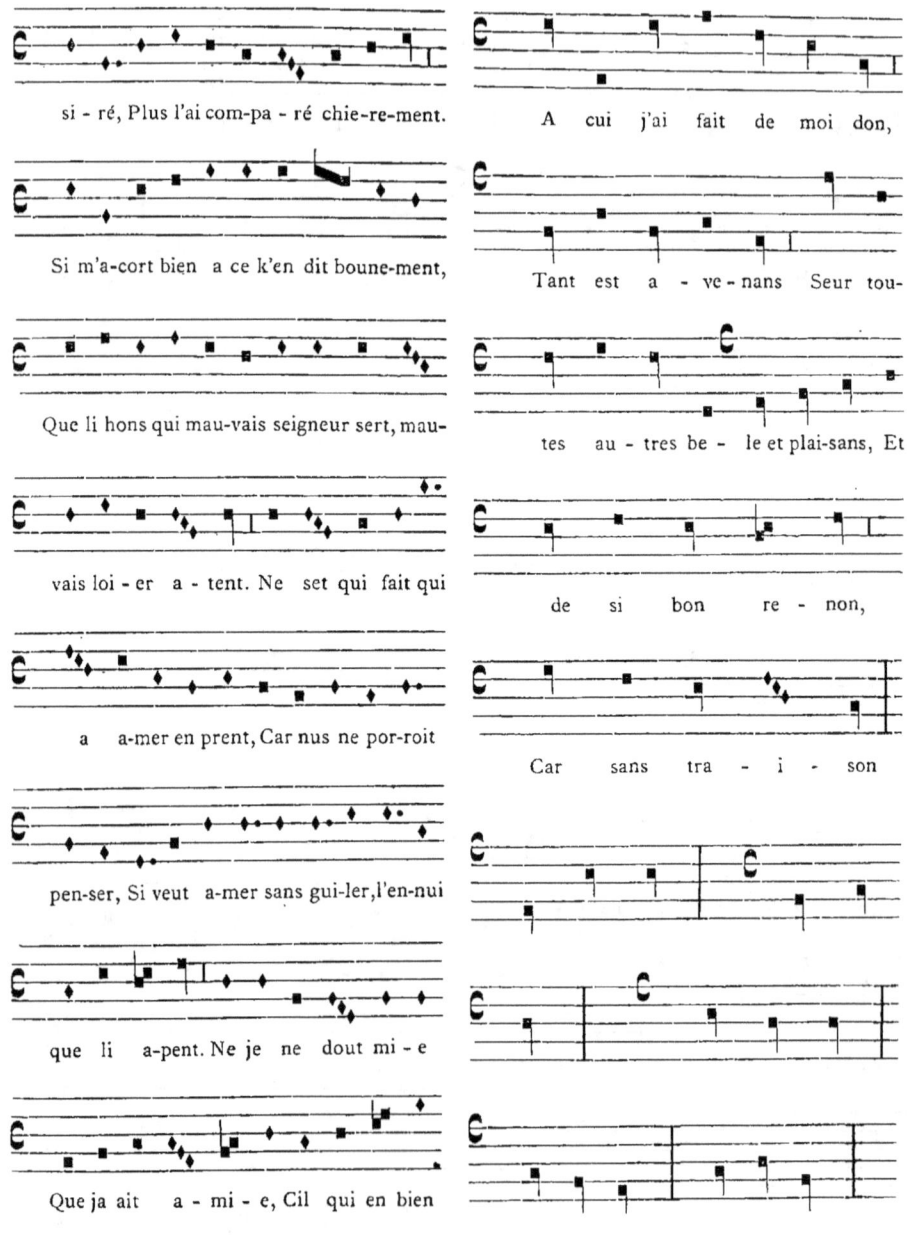

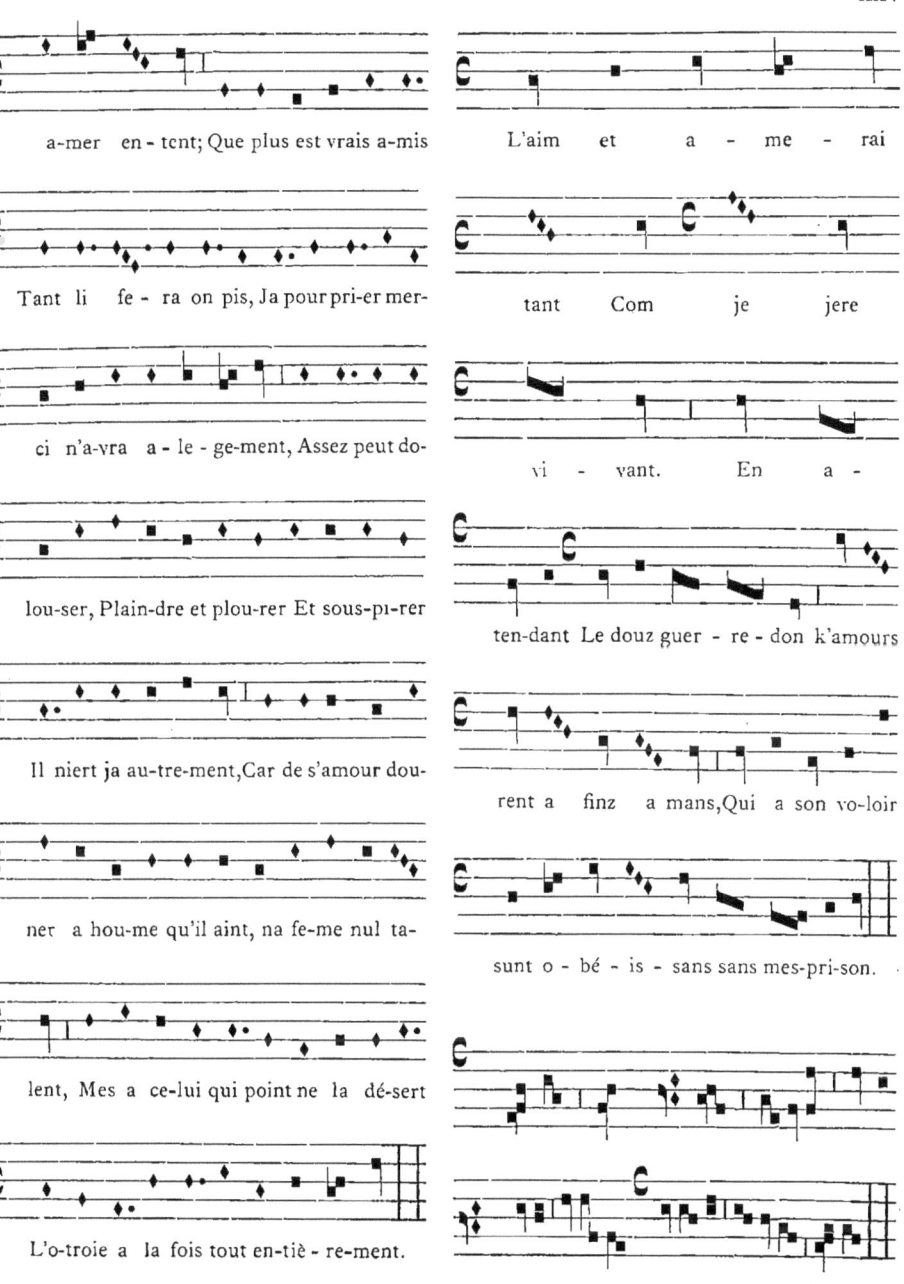

XI

1. Aucun ont trouvé. — 2. LONC TANS ME SUI TENU. — 3. Annunciavit.

Par Pierre de la Croix.

Ms. de M. F° 270.

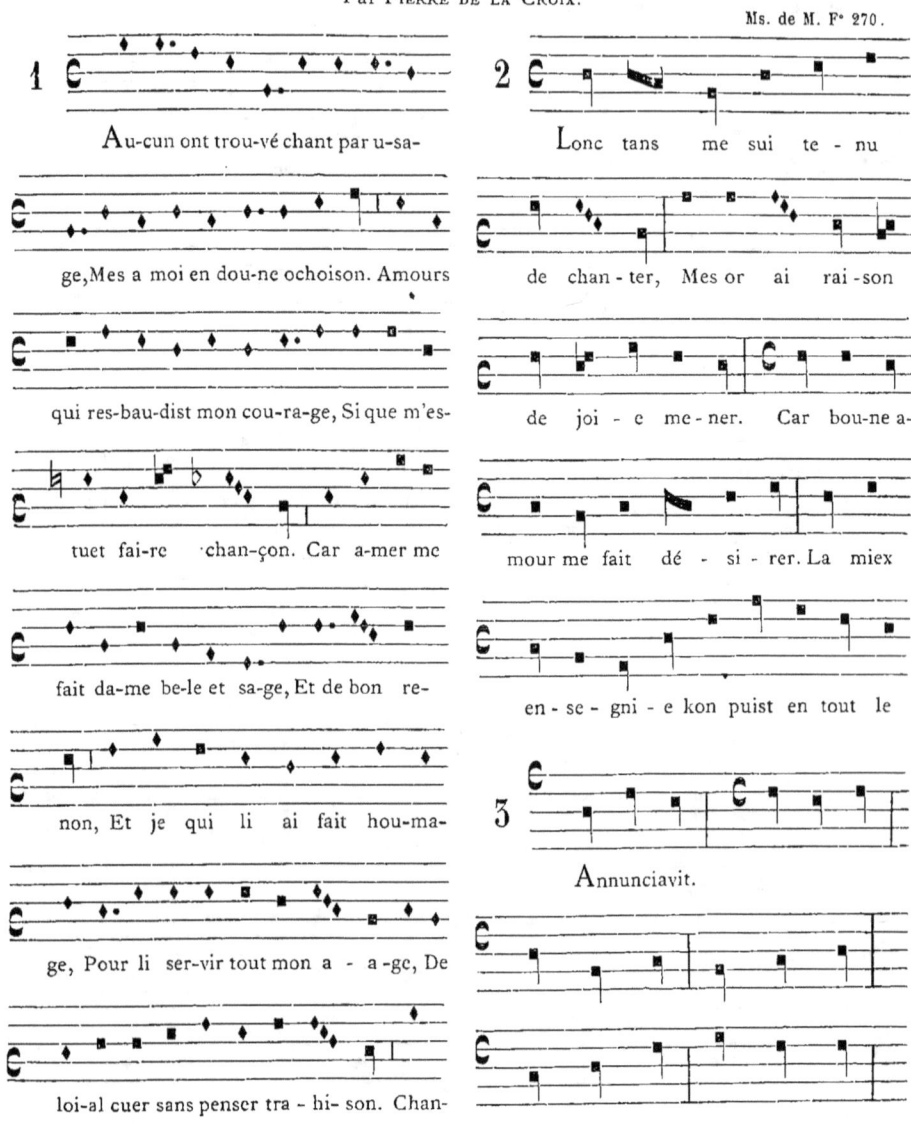

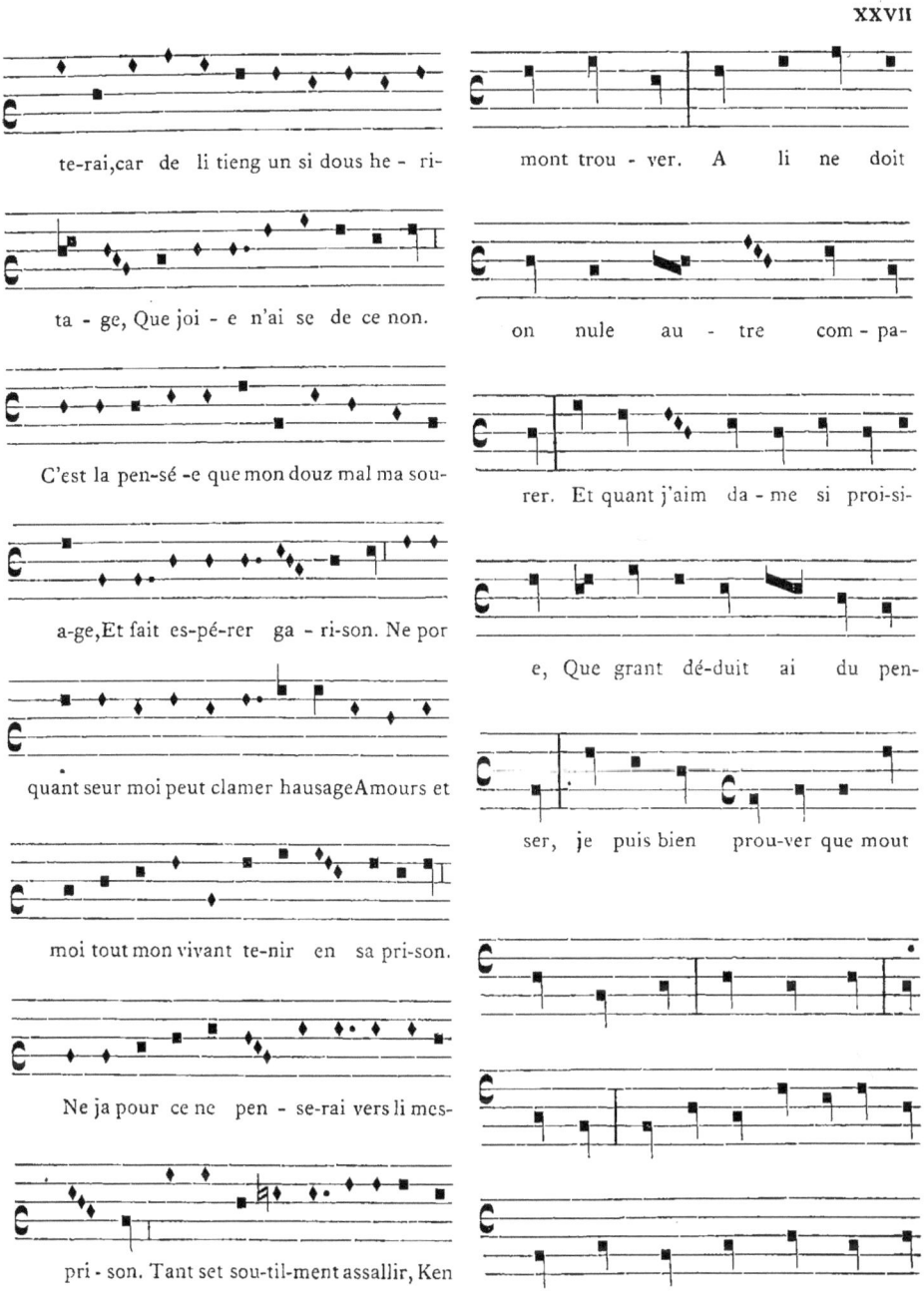

XXVIII

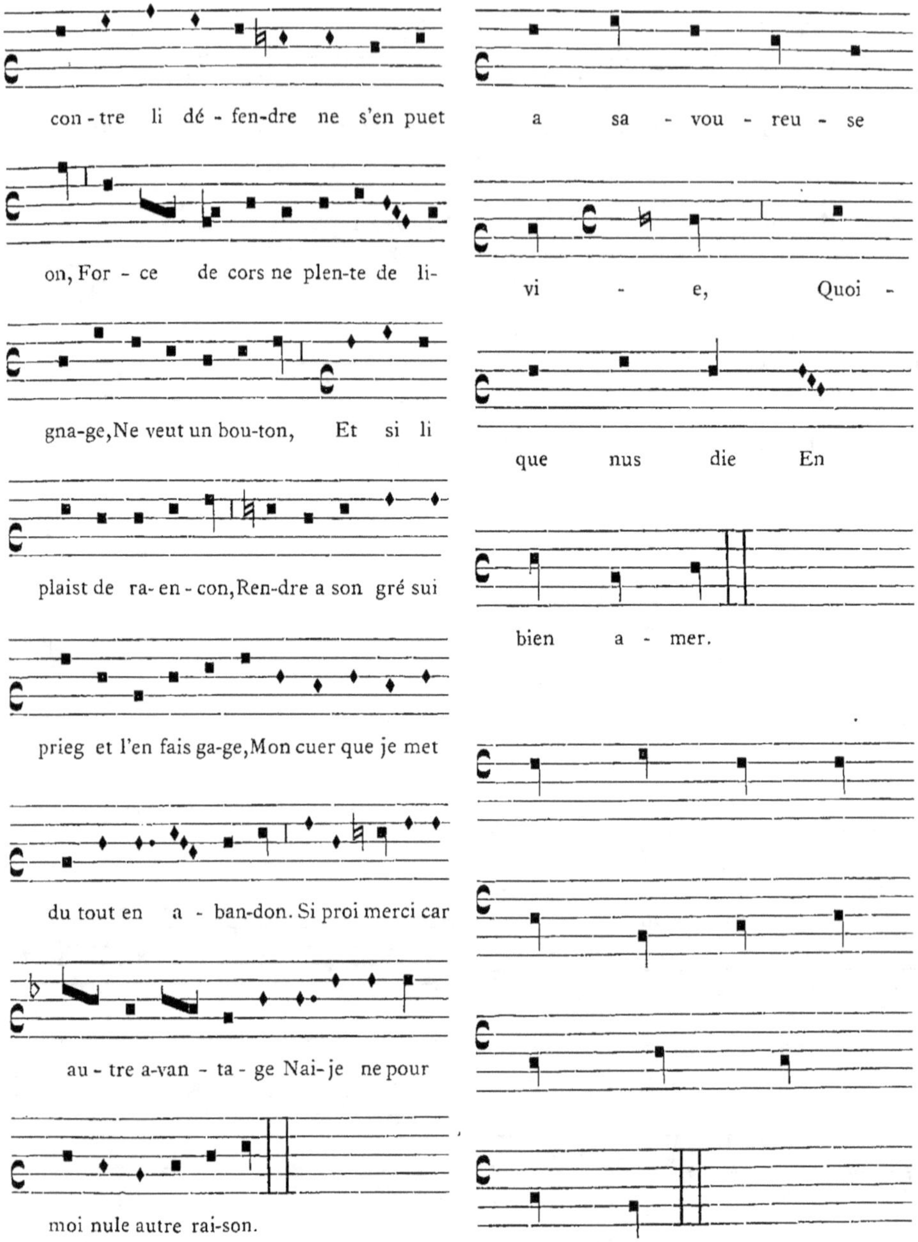

con - tre li dé - fen - dre ne s'en puet
on, For - ce de cors ne plen-te de li-
gna-ge, Ne veut un bou-ton, Et si li
plaist de ra- en - con, Ren-dre a son gré sui
prieg et l'en fais ga-ge, Mon cuer que je met
du tout en a - ban-don. Si proi merci car
au - tre a-van - ta - ge Nai- je ne pour
moi nule autre rai-son.

a sa - vou - reu - se
vi - e, Quoi -
que nus die En
bien a - mer.

XII

1. AMOR VINCENS OMNIA. — 2. MARIE PRÆCONIO. — 3. APTATUR.

Par ARISTOTE.

Ms. de M. F° 319 v°.

xxx

ter fi - li - a Fe-rens spi - ri-ta -li-   ti - um Fer-vens de - si - de - ri - o,

a. Er - go sanc-ta Ma - ri - a, No-   Lau-dat si - ne te - di - o Fi - li-

bis do - na pre-mi - a Per tu - a   um qui est hu - mi-

suf-fra - gi - a, Et pro no-bis Chris-   li - um dul - cis

tum o - ra Glo - ri - o - sa.   a - mor.

XIII

1. Salve virgo nobilis.— 2. VERBUM CARO FACTUM.— 3. Verbum.

Par Aristote.

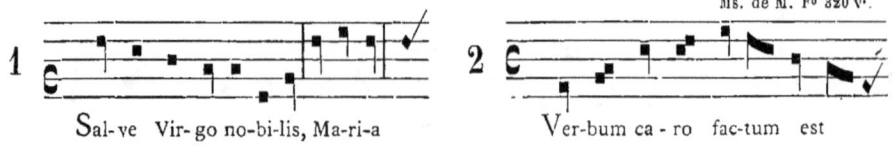

Ms. de M. F° 320 v°.

1 Sal - ve Vir - go no-bi-lis, Ma-ri-a   2 Ver-bum ca - ro fac-tum est

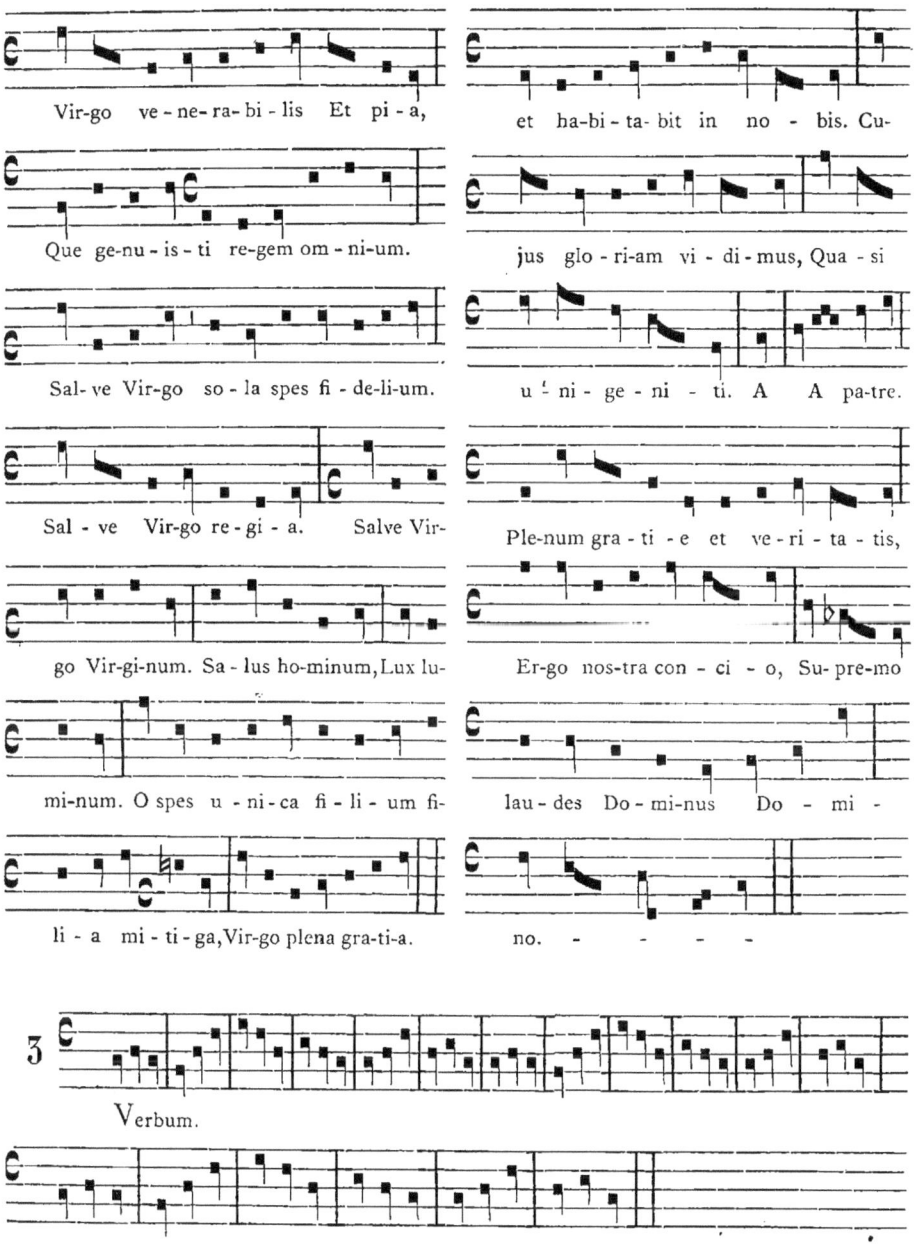

XXXII

XIV

1. Veni virgo beatissima. — 2. VENI SANCTE SPIRITUS. — 3. Neuma.

Par Aristote.

Ms. de M. F° 96 v°.

1. Ve-ni Vir-go be - a - tis - si-ma; Ve-ni Ma-ter ho - nes - tis-si-ma; Es-to no-bis sem-per pro - xi-ma. De - i ge - ne -trix pi - a, o Ma - ri - a, Nos cla - ri - fi - ca, Nos pu - ri - fi - ca; O - ra fi - li- um tu - um pro no-bis do - mi - na, Ut cunc-ta fi - de - li- um te - rat pec - ca - mi - na; Con - fe - rens su - per - na gau - di - a, Per te, ce - li re - gi - na.

3. Neuma.

XIV

1. Veni virgo beatissima. — 2. VENI SANCTE SPIRITUS. — 3. Neuma.

Par Aristote.

Ms. de M. F° 93.

Ve-ni sanc-te spi-ri-tus, Ve-ni lux gra-ti-e; Ve-ni re-ple ce-li-tus Tu-e fa-mi-li-e. Pec-to-ra ra-di-ci-tus Pa-ter po-ten-ti-e, Et ex-tir-pa pe-ni-tus La-bem ne-qui-ti-e. Da no-bis di-vi-ni-tus Pa-ter sic vi-ve-re, Ut te Deum co-le-re Et te pa-trem di-li-ge-re Pos-si-mus sem-per sin-ce-re, Et su-per-na gau-di-a pos-si-de-re.

XXXIV

XV

1. L'Autrier m'esbanoie. — 2. Desmenant grand joie. — 3. Manere.

Par Aristote.

Ms. de M. F° 111 v°

L'au - tri - er m'es-ba-noie, Et tous seus pen-soi - e. A mon gré S'en ai mieus tro-vé.

Fe-sant mout grant joie En - con - trai Ro-bin les un pré Où Ma-rot a-voit chan-té : J'ai

u-ne a-mou-re-te à mon gré qui me tient jo - li - ve. Re-gre - te, Son ber - ge - rot Qui

moult li a - gré - e et cointe et mi-gnot. Ain-si Ro-bin so-vent re-gre-tot, Grant fo-lie est

je t'en tieng pour sot à ce mot. Quant ta mie a dé-guer-pi - e Ma - rot. Quant oie ot

la che -vri- e si chan-toit : J'i - rai tou - te la va - lée a - vec Ma - rot.

Manere.

XXXV

XV

1. L'Autrier m'esbanoie. — 2. DESMENANT GRAND JOIE.— 3. Manere

Par Aristote.

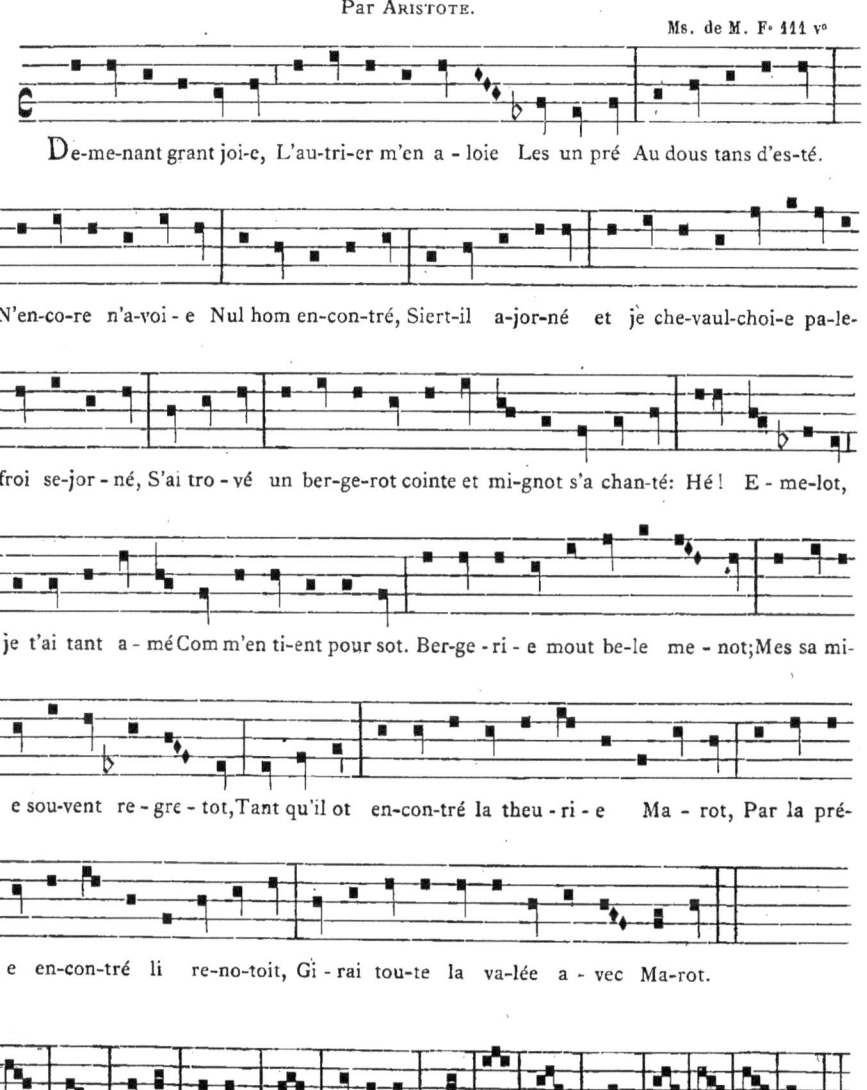

De-me-nant grant joi-e, L'au-tri-er m'en a - loie Les un pré Au dous tans d'es-té.

N'en-co-re n'a-voi - e Nul hom en-con-tré, Siert-il a-jor-né et je che-vaul-choi-e pa-le-

froi se-jor-né, S'ai tro - vé un ber-ge-rot cointe et mi-gnot s'a chan-té: Hé! E - me-lot,

je t'ai tant a - mé Com m'en ti-ent pour sot. Ber-ge - ri - e mout be-le me - not; Mes sa mi-

e sou-vent re - gre - tot, Tant qu'il ot en-con-tré la theu - ri - e Ma - rot, Par la pré-

e en-con-tré li re-no-toit, Gi - rai tou-te la va-lée a - vec Ma-rot.

XVI

1. Diex. qui pourroit. — 2. EN GRANT DOLOUR. — 3. Aptatur.

Par Francon de Paris.

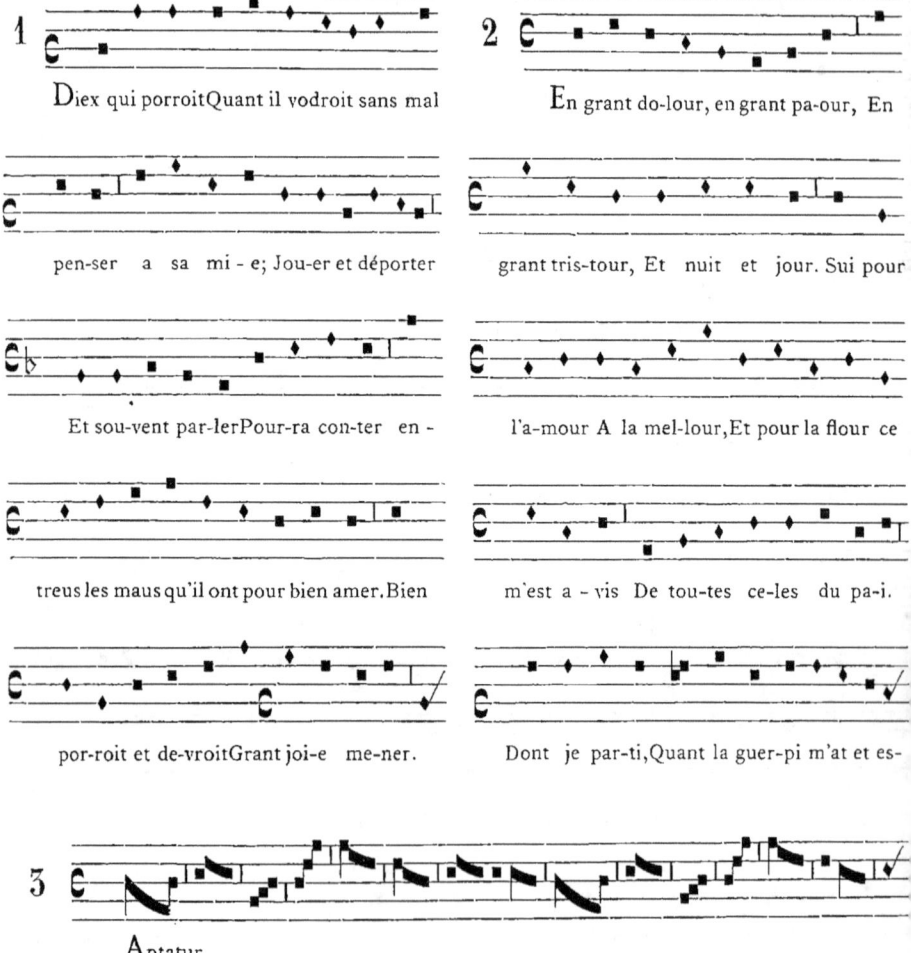

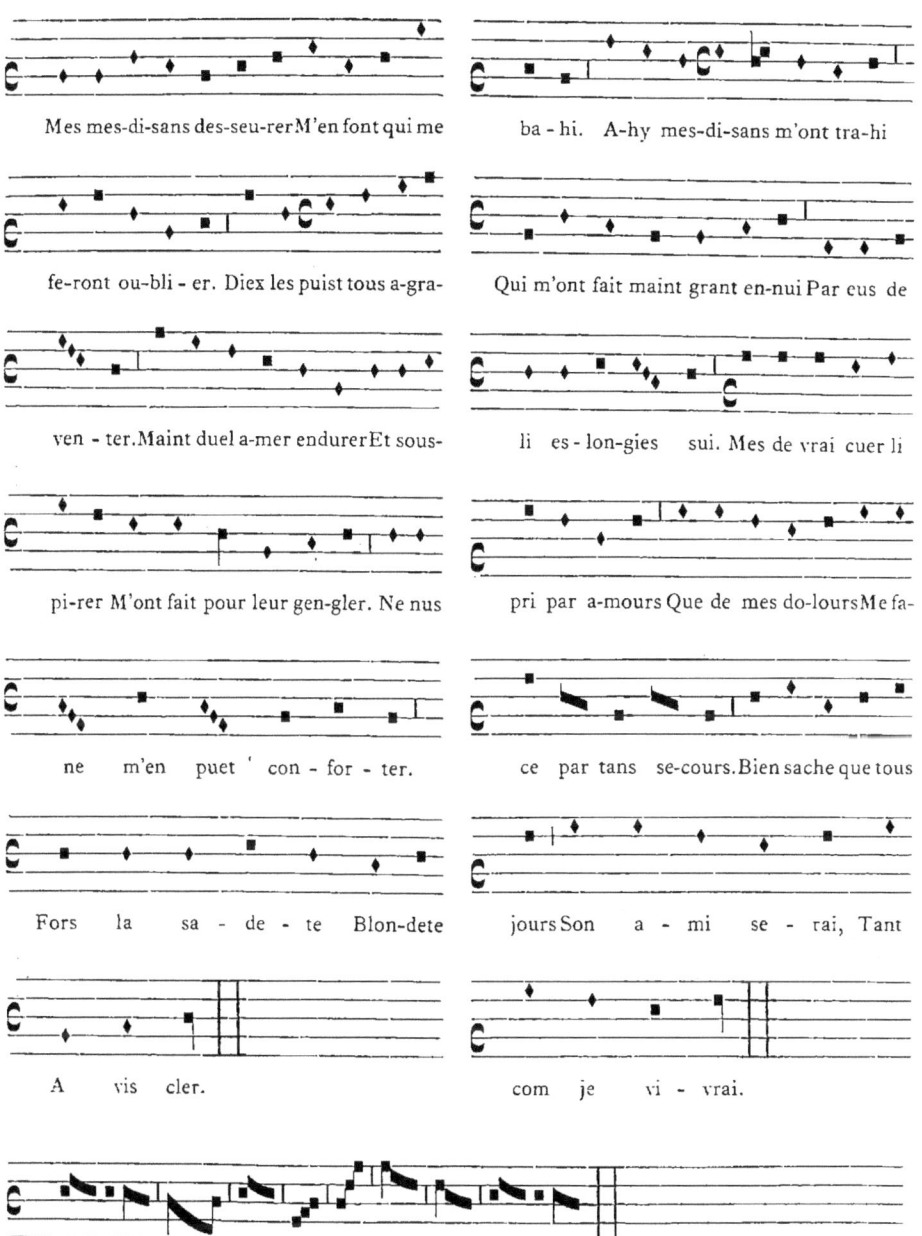

XVII

1. AVE VIRGO REGIA. — 2. AVE GLORIOSA MATER. — 3. DOMINO.

Par Francon de Cologne.

Ms. de M. F° 89 v°.

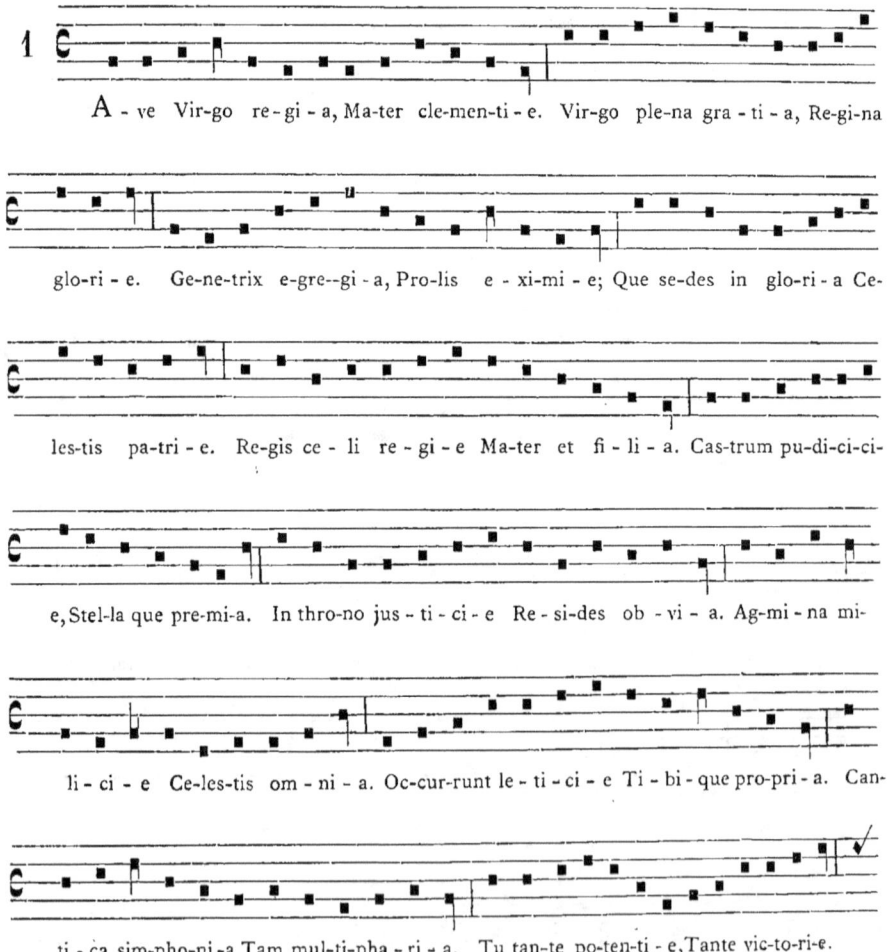

A - ve Virgo re-gi-a, Ma-ter cle-men-ti-e. Virgo ple-na gra-ti-a, Re-gi-na glo-ri-e. Ge-ne-trix e-gre-gi-a, Pro-lis e-xi-mi-e; Que se-des in glo-ri-a Ce-les-tis pa-tri-e. Re-gis ce-li re-gi-e Ma-ter et fi-li-a. Cas-trum pu-di-ci-ci-e, Stel-la que pre-mi-a. In thro-no jus-ti-ci-e Re-si-des ob-vi-a. Ag-mi-na mi-li-ci-e Ce-les-tis om-ni-a. Oc-cur-runt le-ti-ci-e Ti-bi-que pro-pri-a. Can-ti-ca sim-pho-ni-a Tam mul-ti-pha-ri-a. Tu tan-te po-ten-ti-e, Tante vic-to-ri-e.

XXXIX

XVII

1. Ave virgo regia. — 2. AVE GLŌRIOSA MATER. — 3. Domino.

Par Francon de Cologne.

Ms. de M. F° 90.

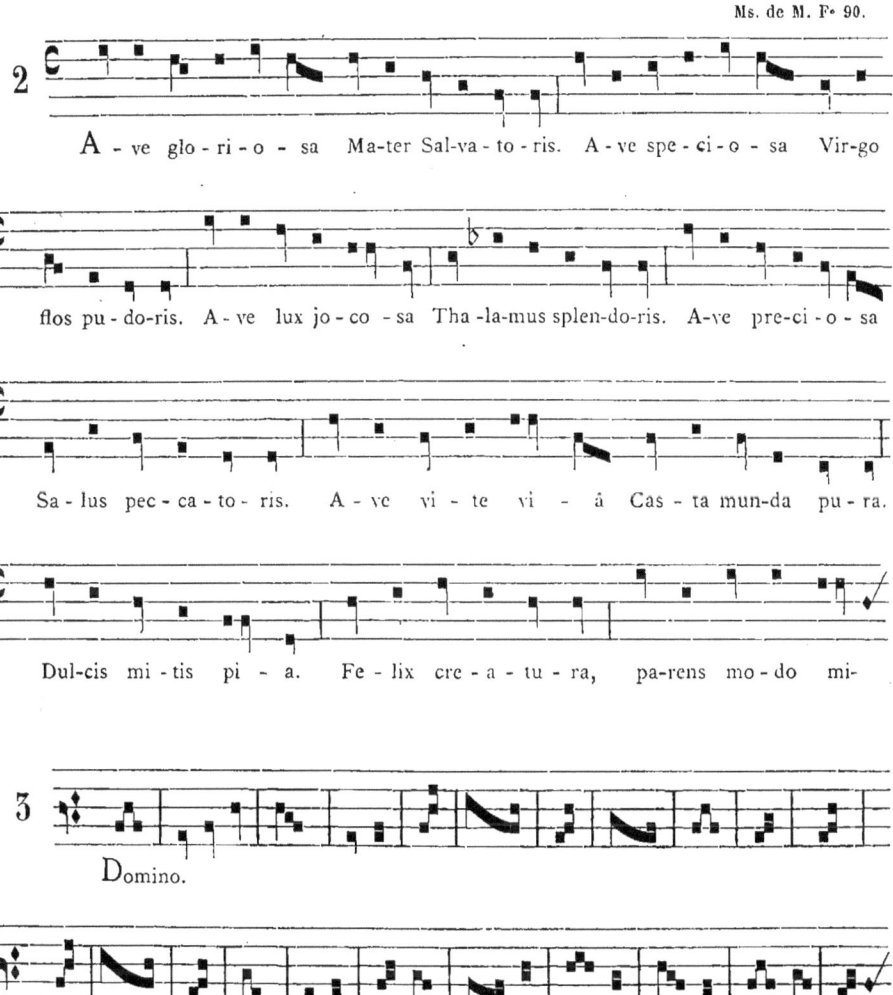

XVIII

1. Psallat chorus. — 2. EXIMIE PATER. — 3. Aptatur.

Par Francon de Cologne.

XLIII

XVIII

1. PSALLAT CHORUS. — 2. EXIMIE PATER. — 3. APTATUR.

Par F**rancon** de Cologne.

Ms. de M. F° 99.

2 E-xi-mi-e pa-ter e-gre-gi-e, Rec-tor pi-e doc-tor e-gre-gi-e, Ro-ga

Jhe-sum fi-li-um Ma-ri-e, Pro fa-mu-lis hu-jus ec-cle-si-e hac die. Ni-cho-la

e nos do-ce ho-di-e, Rec-tam vi-am ce-les-tis pa-tri-e, Ut fru-a-mur e-ter-na

re-qui-e, que no-bis ap-ta-tur.

3 Aptatur.

XIX

1. S'ON ME REGARDE. — 2. PRENÉS I GARDE. — 3. HÉ! MI ENFANT.

(Imitations).

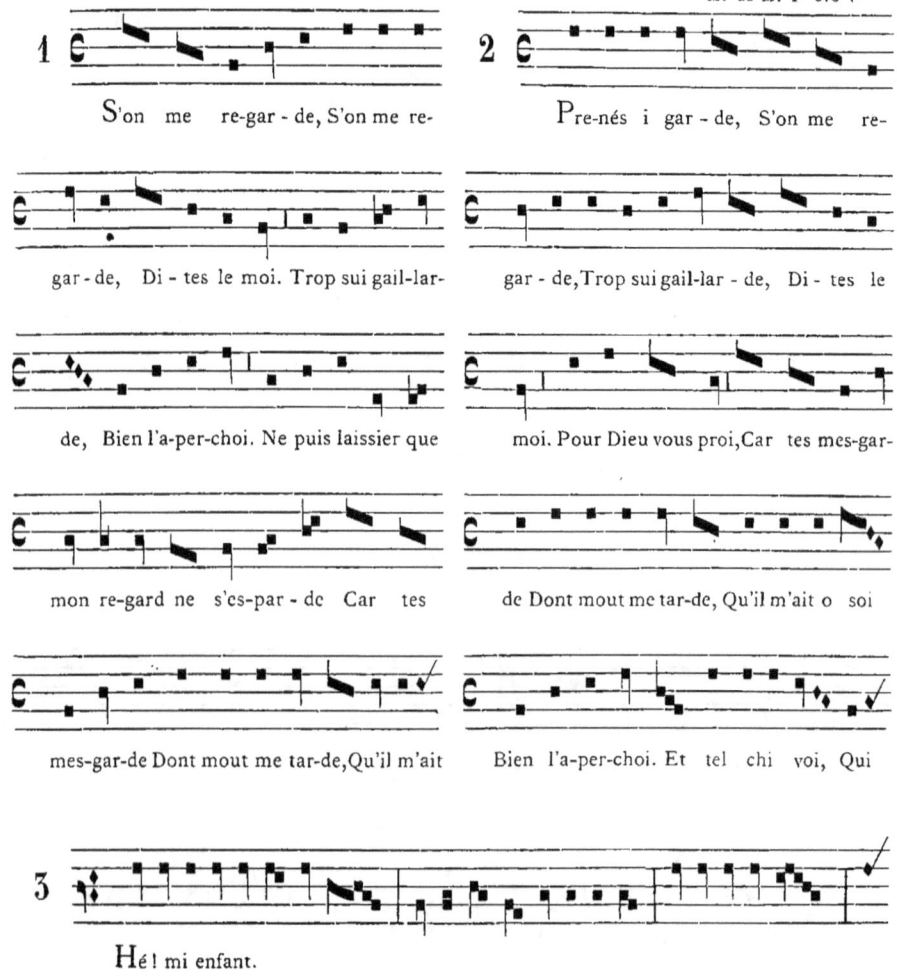

M. de M. F° 375 v°

1. S'on me re-gar-de, S'on me re-gar-de, Di-tes le moi. Trop sui gail-lar-de, Bien l'a-per-choi. Ne puis laissier que mon re-gard ne s'es-par-de Car tes mes-gar-de Dont mout me tar-de, Qu'il m'ait

2. Pre-nés i gar-de, S'on me re-gar-de, Trop sui gail-lar-de, Di-tes le moi. Pour Dieu vous proi, Car tes mes-gar-de Dont mout me tar-de, Qu'il m'ait o soi Bien l'a-per-choi. Et tel chi voi, Qui

3. Hé! mi enfant.

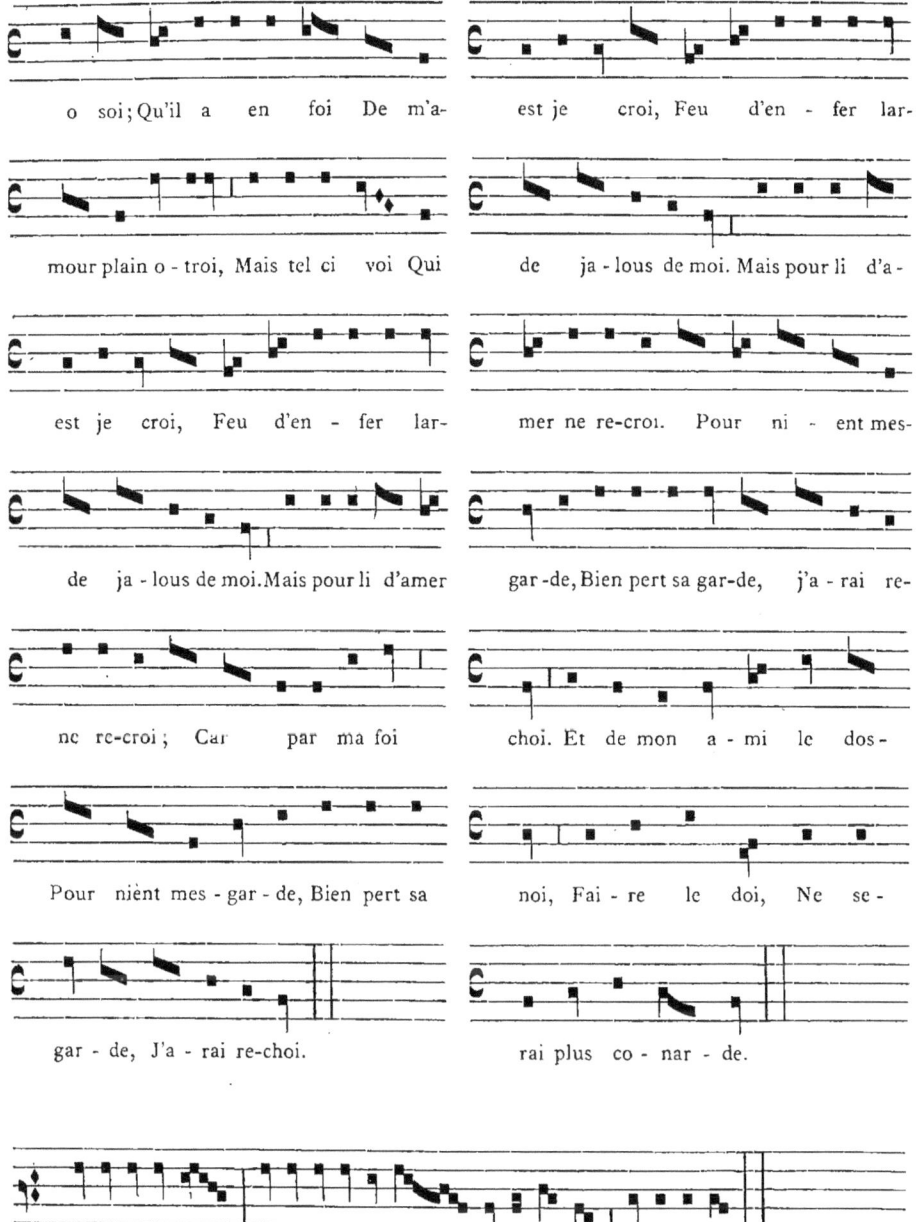

XX

SUMER IS ICUMEN

Canon à six parties

Par l'Anonyme de Reading.

Musée Brit. Ms. Harl. 978.

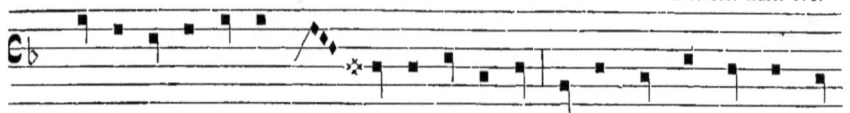

Su-mer is i-cu-men in, Lhu-de sing Cuc-cu, Gro-weth sed, and blo-weth med,
Pers-pi-ce chris-ti-co - la, Que di-gna-ci - o, Ce - li - cus a - gri - co - la

And springth the w - de nu. Sing Cuc-cu! A - we ble-teth af-ter lomb Lhouth after calve cu;
Pro vi-tis vi - ci - o. Fi - li - o non parcens ex - po-su - it Mor-tis e - xi - ci - o.

Bul-luc ster-teth, bu-cke ver-teth Mu-rie sing Cuc-cu, Cuc-cu, Cuccu. Wel sin -ges thu Cuc-
Qui cap-ti-vos se - mi - vi-vos A sup-pli - ci - o Vi - te do-nat; Et se-cum co-ro-

cu Ne swik thu na-ver nu.
nat In ce - li so - li - o.

Hanc rotam cantare possunt quatuor socii. A paucioribus autem quam a tribus vel saltem duobus non debet dici, preter eos qui dicunt pedem. Canitur autem sic: Tacentibus ceteris, unus inchoat cum his qui tenent pedem; et cum venerit ad primam notam post crucem, inchoat alius, et sic de ceteris. Singuli vero repausent ad pausaciones scriptas et non alibi, spatio unius longe note.

PES

Sing Cuc - cu nu. Sing Cuc - cu.

Sing Cuc - cu. Sing Cuc - cu nu.

Hoc repetit unus quociens opus est faciens pausacionem in fine.

Hoc dicit alius pausans in medio et non in fine, sed immediate repetens principium.

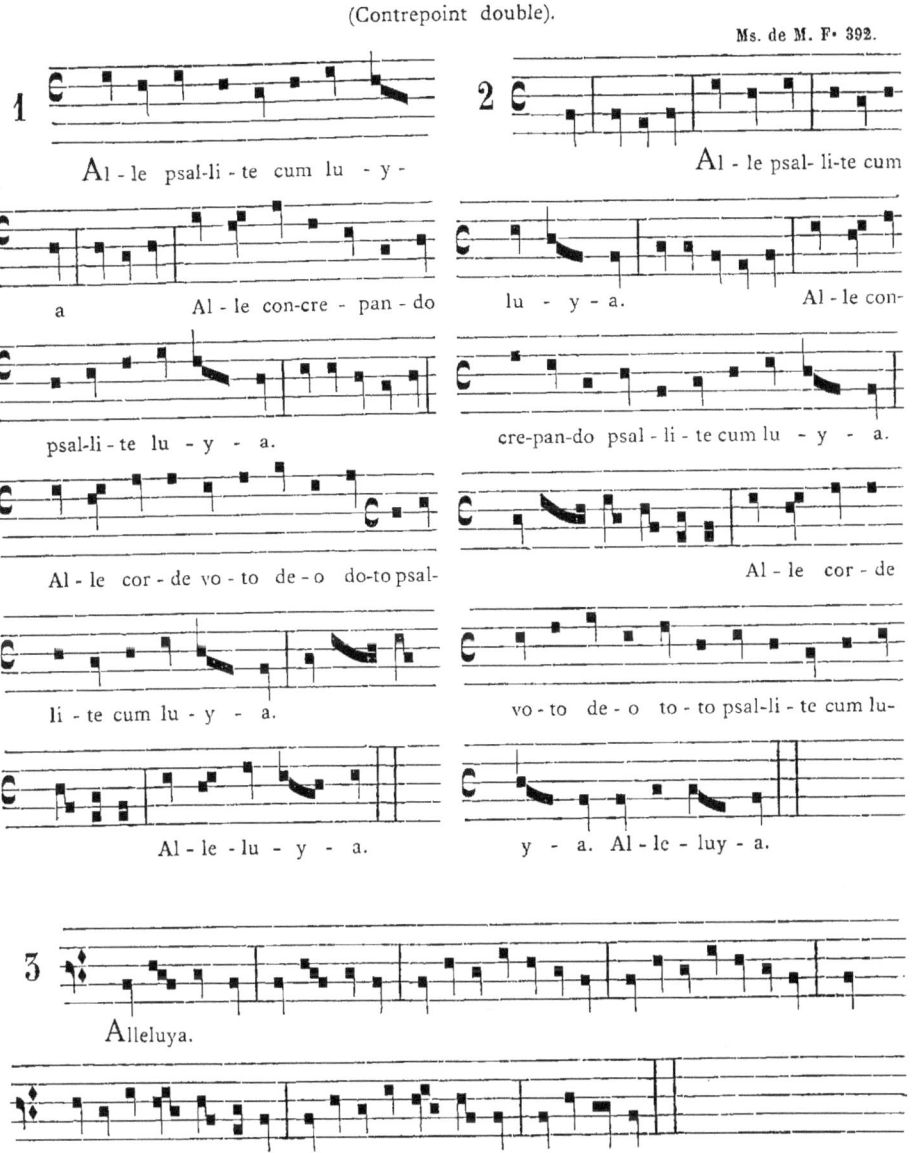

XLVIII

XXII
BALAAM
(Contrepoint double).

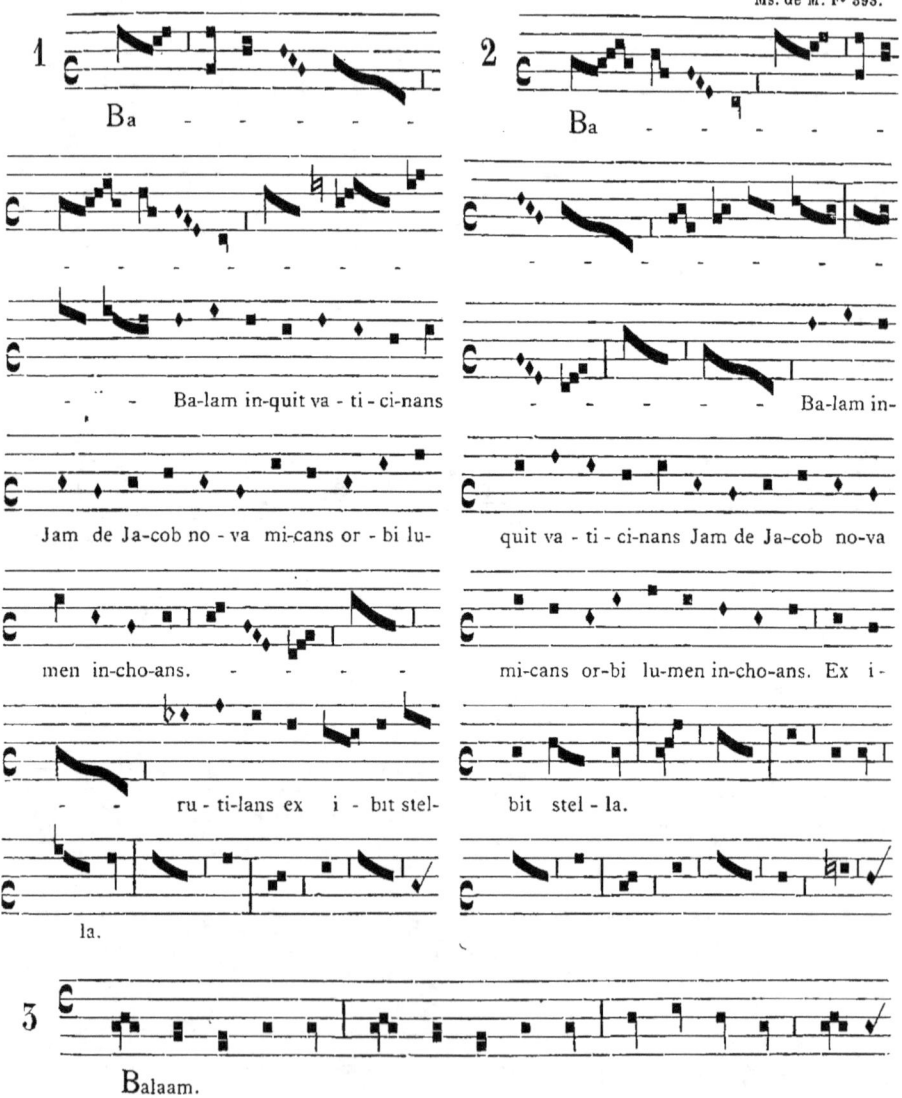

XXIII
HUIC UT PLACUIT
(Contrepoint double).

Ms. de M. F° 394 v°.

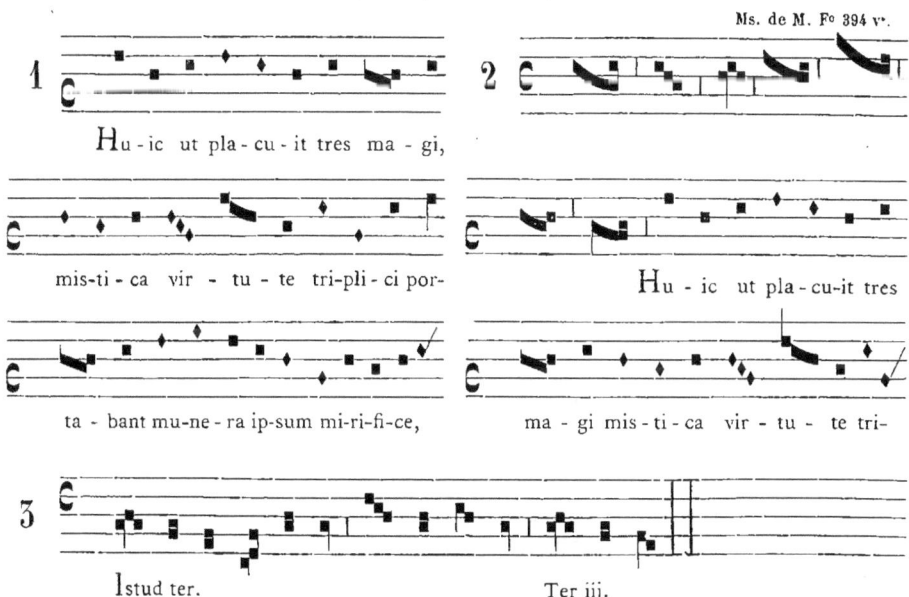

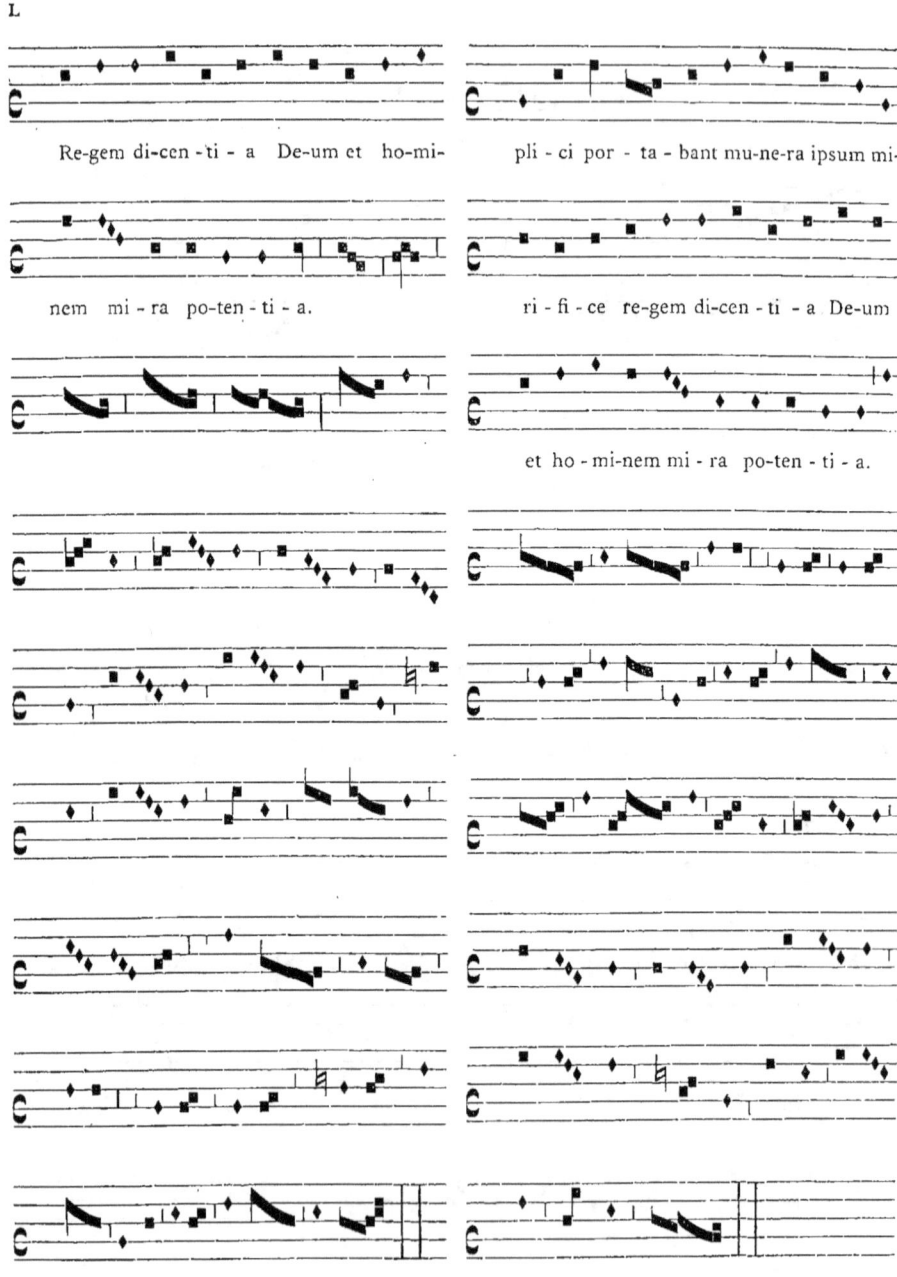

XXIV

1. Or ne sai je que devenir. — 2. PUISQUE D'AMER SUI. — 3. L....

(Hoquet).

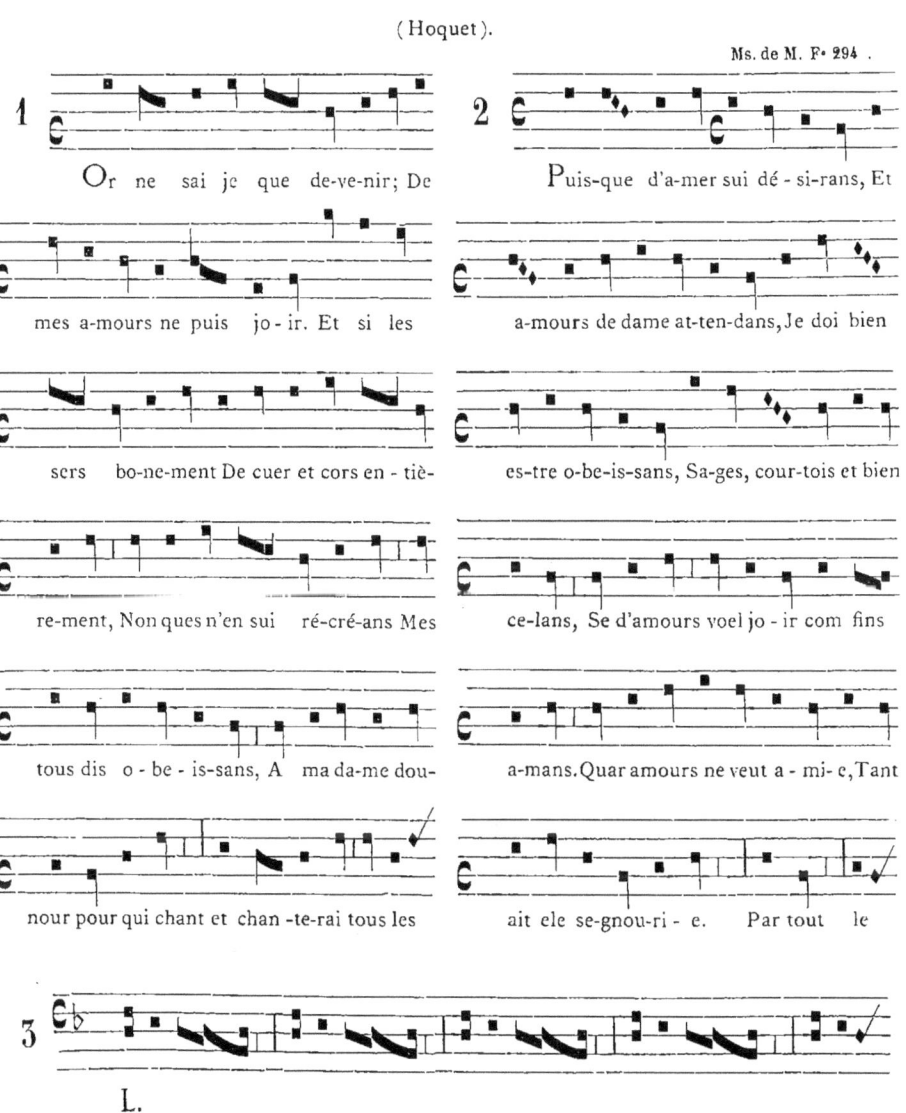

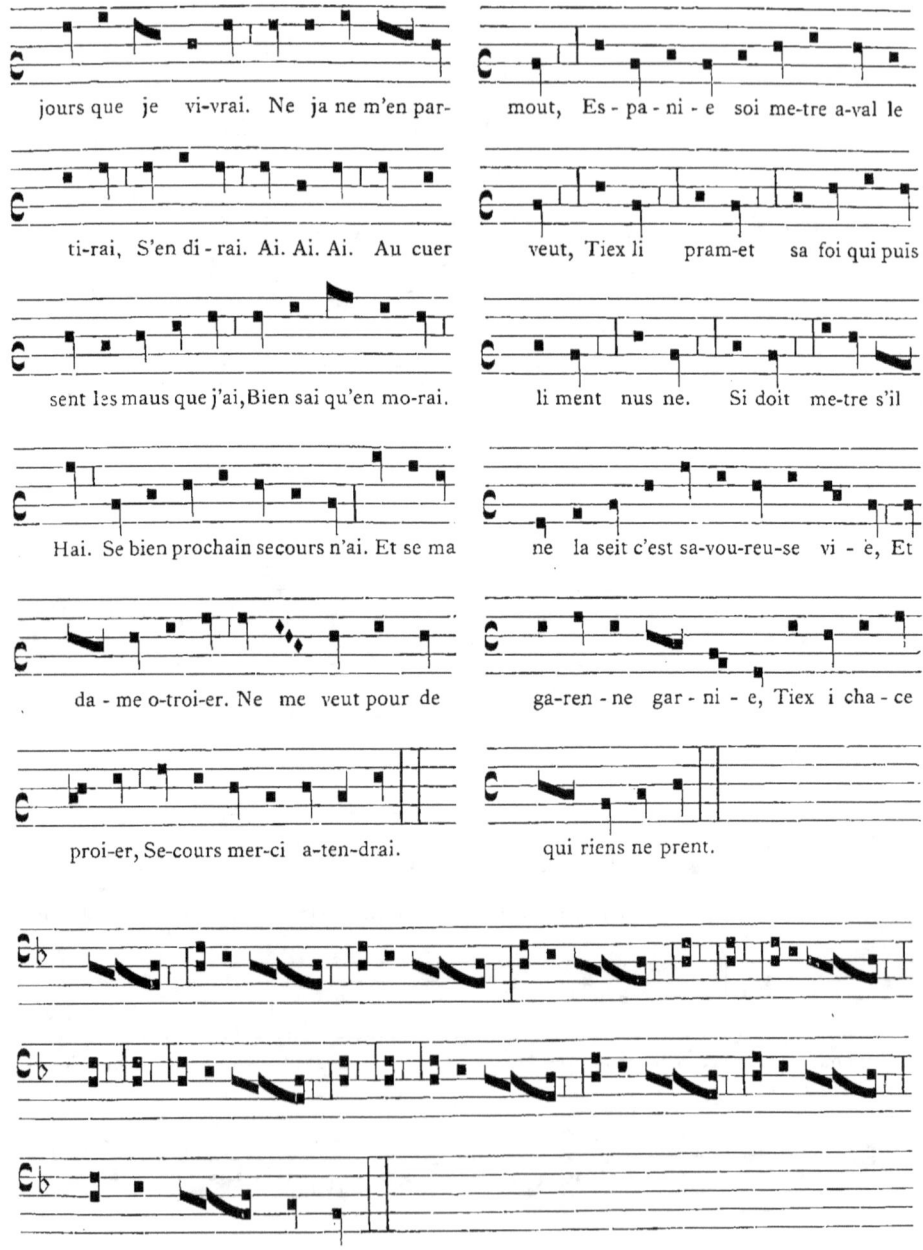

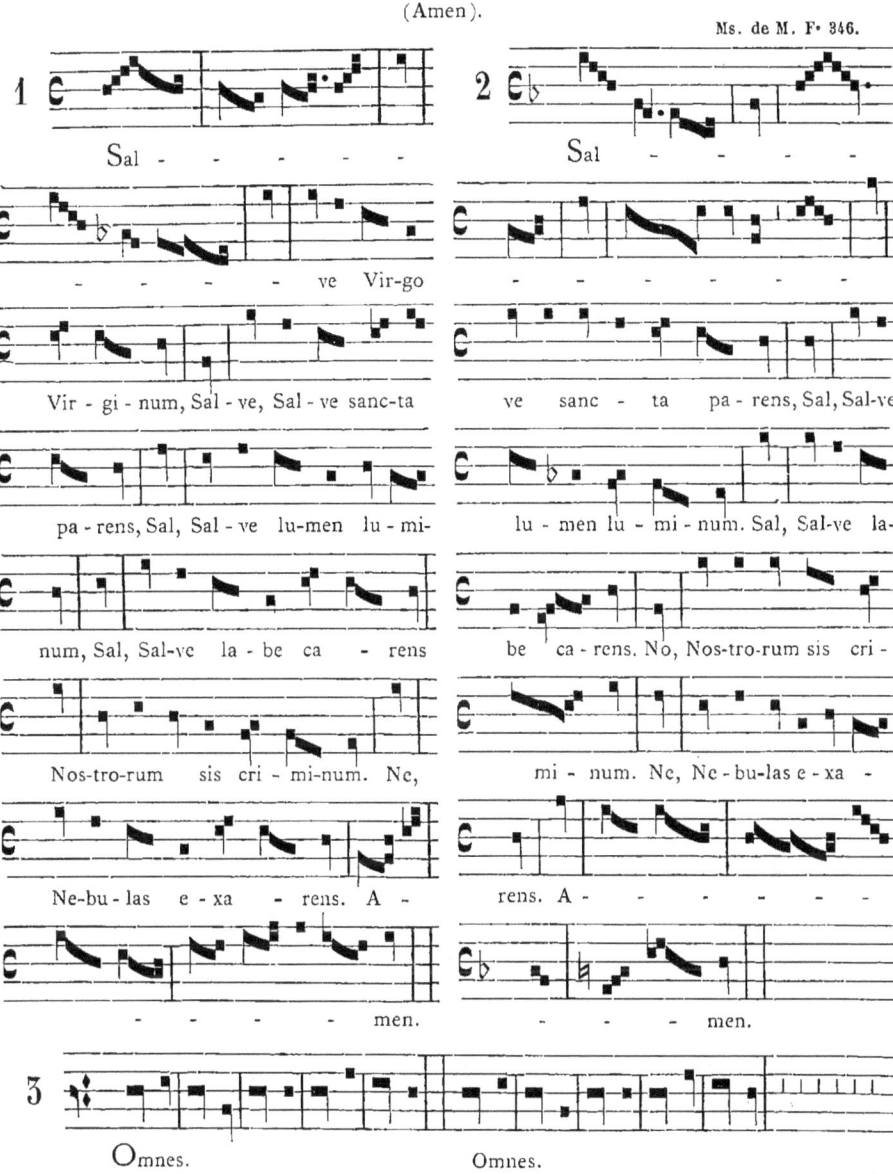

XXVI

1. Hé! Mère Diu. — 2. LA VIRGE MARIE. — 3. Aptatur.

(Motet religieux).

M. de M. F° 196 v°

Hé! Mè - re Diu re-gar-dez m'en pi - tié, Qui voz ser-vanz gar-dés d'a-ne - mi-tié. Thé-

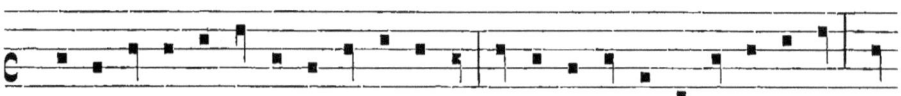

o - phi - lus par toi de son pé-chié fu qui - te. Tant m'a te - nu l'a - ne-mi souz son pié. Et

par ba-rat so-vent en - gi-gnié, M'a mis-tié m'a li - é; En li me truis so-vent tré-bu-chié.

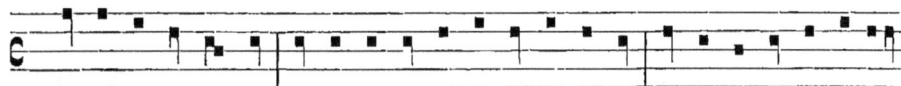

Por ce sui cour-ru - cié. Hé-las co-ment por-rai mes es-tre lié. Quant as-se-gié me sent tant

en pé-chié. Se des-li - é mon cuer me-hai-gnié N'est par vos-tre gra-ce as - ra - li - é.

Aptatur.

LV

XXVI

1. Hé! Mère Diu. — 2. LA VIRGE MARIE. — 3. Aptatur.

(Motet religieux).

Ms. de M. F* 197

La Vir-ge Ma-ri-e loi-al est a-mi-e, Qui a li s'a-li-e si com je croi.

Tro-blez n'en doit es-tre ne en es-mai. An diex! an dous diex que fe-rai! Trop l'ai mes-ser-vi-e,

grant duel en ai. A li ra-cor-der co-ment me por-rai. A ge-noux vers li - me re-tor-

nai. Mer-ci cri - e - rai, Qu'ele ait pi-tié de moi. Son serf de-ven-drai, Tan-tost sans dé-lai.

Au miex que porrai Ave Ma-ri-a docement li di-rai, Mon cuer li don-rai. Jamais ne li retaudrai.

XXVII

1. Dame bele. — 2. FI MARI. — 3. Nus niert ja jolis.

Par Adam de la Hale.

Ms. de M. F° 300 v°.

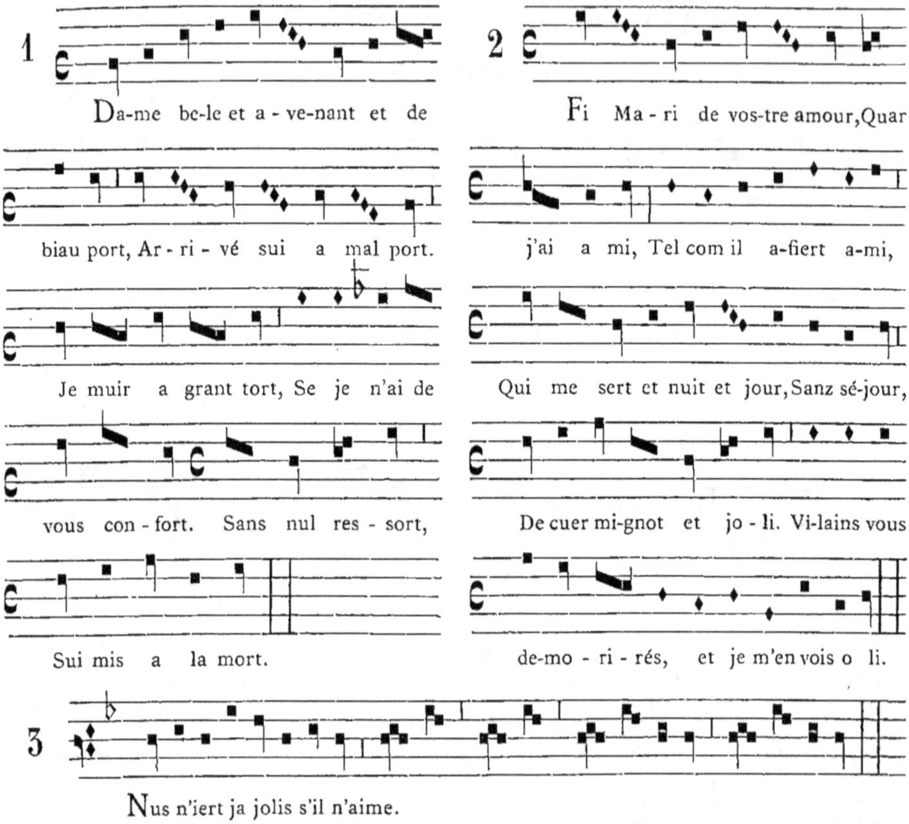

1 Da-me be-le et a-ve-nant et de biau port, Ar-ri-vé sui a mal port. Je muir a grant tort, Se je n'ai de vous con-fort. Sans nul res-sort, Sui mis a la mort.

2 Fi Ma-ri de vos-tre amour, Quar j'ai a mi, Tel com il a-fiert a-mi, Qui me sert et nuit et jour, Sanz sé-jour, De cuer mi-gnot et jo-li. Vi-lains vous de-mo-ri-rés, et je m'en vois o li.

3 Nus n'iert ja jolis s'il n'aime.

XXVIII

1. Robin m'aime. — 2. MOUT ME FU GRIEF. — 3. Portare.

Par Adam de la Hale.

Ms. de M. F° 292.

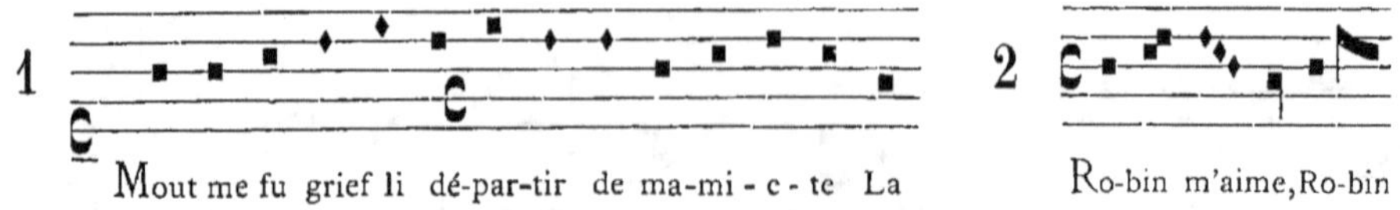

1 Mout me fu grief li dé-par-tir de ma-mi-e-te La

2 Ro-bin m'aime, Ro-bin

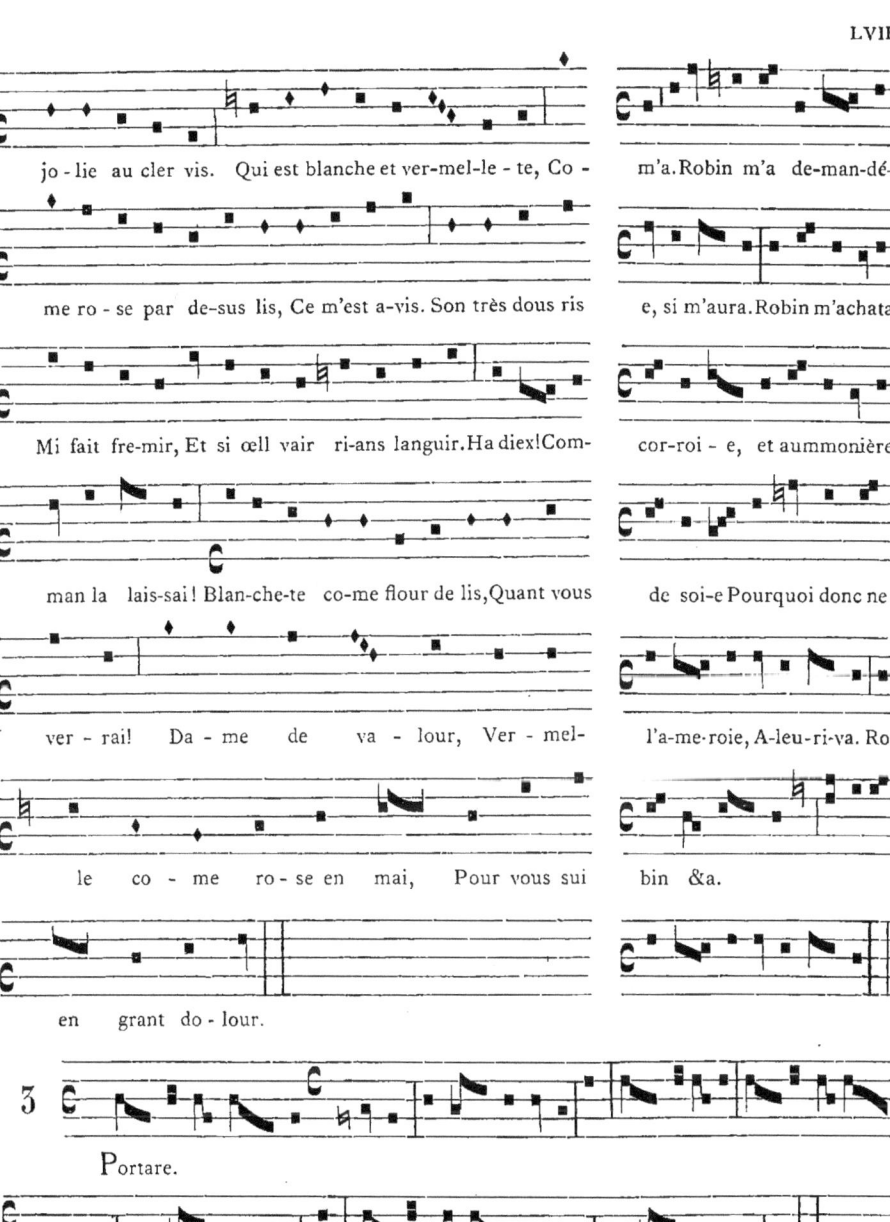

LVIII

XXIX

1. DE JOLIS CUER. — 2. JE ME CUIDAI. — 3. ET GAUDEBIT.

Par Gilon Ferrant.

Ms. de M. F° 158.

1. De jo - lis cuer doi ve-nir, De fai-re un tre-ble ple-sant. Por ce voel je main-te-nir, De Si - gneur Gi-lon Fer-rant, Ce treble pour es -io - ir. Mes chan-ter a cuer joi-ant, Ne peut cil qui n'a a - mi - e. Pour ce ne puis ne ne doi en - voi - si - e, Fe-re chan-çon se je n'ai cuer jo - li. Se la be - le ne me tient a a - mi, Qui mes cuers ai-me et la dé-si - re tant. Que maintenant, Le con-vient de moi partir. Nonques mes si vrai a-mant Ne vi fail-lir. A a-mors qui si ma-queu- re. Diex Nonques mes n'amai je tant Com je fais o - re.

3. Et gaudebit.

LIX

XXIX

1. De jolis cuer. — 2. JE ME CUIDAI. — 3. Et gaudebit.

Par Gilon Ferrant.

Ms. de M. F° 159.

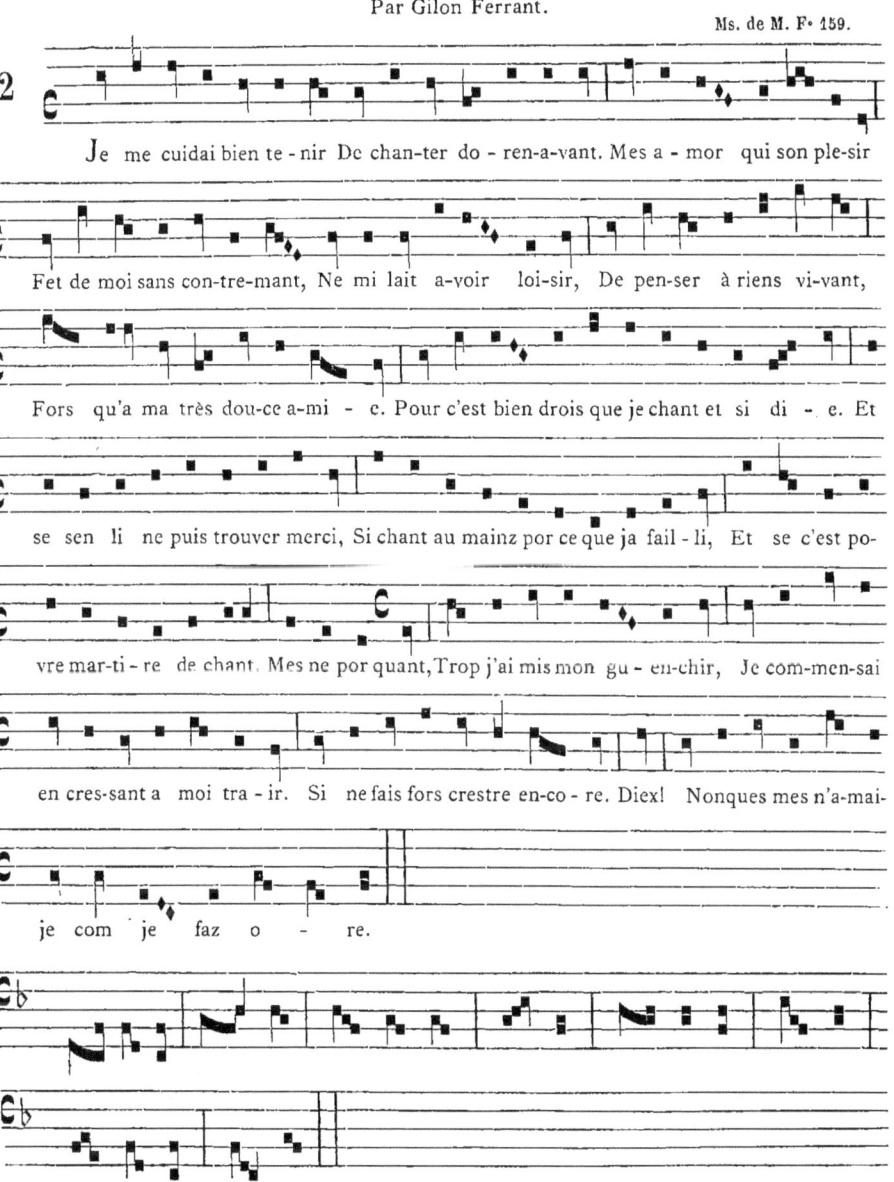

Je me cuidai bien te-nir De chan-ter do-ren-a-vant. Mes a-mor qui son ple-sir

Fet de moi sans con-tre-mant, Ne mi lait a-voir loi-sir, De pen-ser à riens vi-vant,

Fors qu'a ma très dou-ce a-mi - e. Pour c'est bien drois que je chant et si di - e. Et

se sen li ne puis trouver merci, Si chant au mainz por ce que ja fail-li, Et se c'est po-

vre mar-ti-re de chant. Mes ne por quant, Trop j'ai mis mon gu-en-chir, Je com-men-sai

en cres-sant a moi tra-ir. Si ne fais fors crestre en-co-re. Diex! Nonques mes n'a-mai-

je com je faz o - re.

XXX

1. Quant se départ la verdure. — 2 ONQUES NE SOT. — 3. Docebit.

Par Jehan De Le Fontaine.

Ms. de M. F° 179 v°.

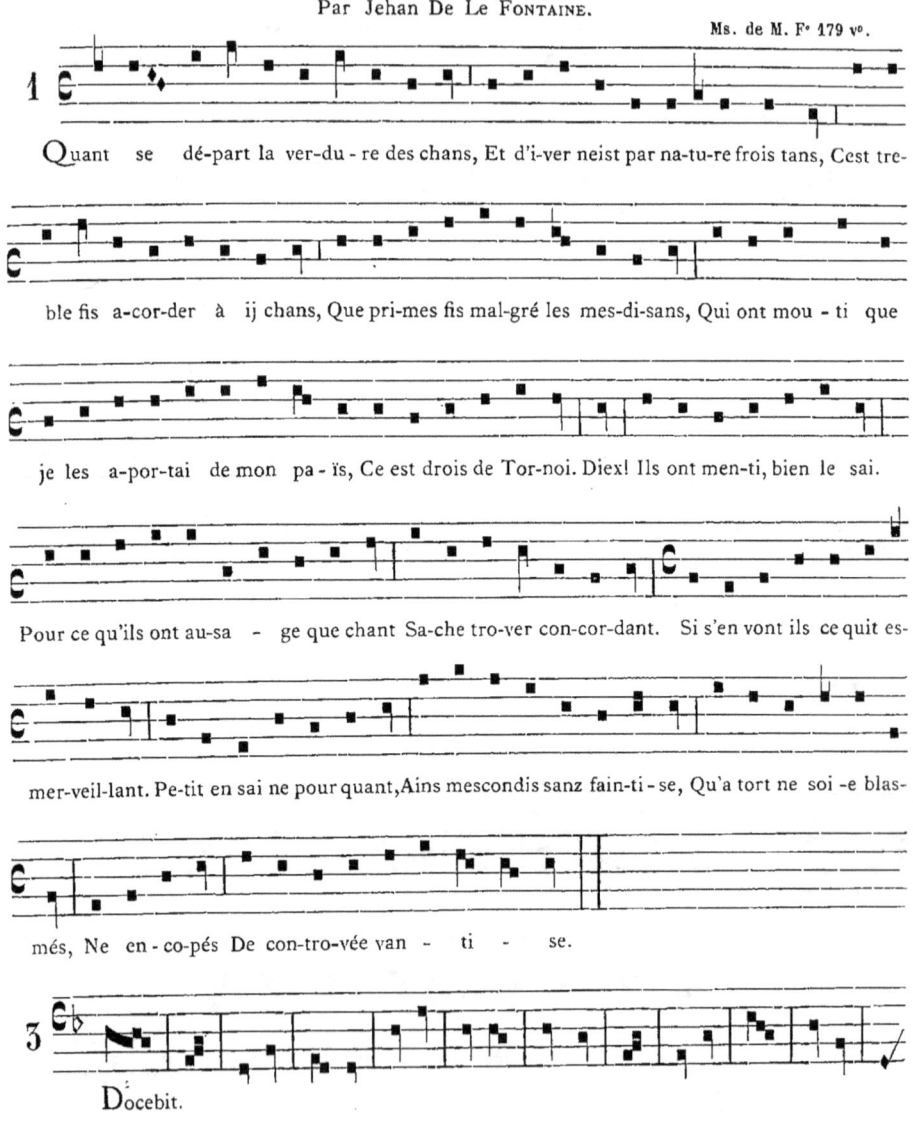

Quant se dé-part la ver-du-re des chans, Et d'i-ver neist par na-tu-re frois tans, C'est tre-

ble fis a-cor-der à ij chans, Que pri-mes fis mal-gré les mes-di-sans, Qui ont mou - ti que

je les a-por-tai de mon pa - ïs, Ce est drois de Tor-noi. Diex! Ils ont men-ti, bien le sai.

Pour ce qu'ils ont au-sa - ge que chant Sa-che tro-ver con-cor-dant. Si s'en vont ils ce quit es-

mer-veil-lant. Pe-tit en sai ne pour quant, Ains mescondis sanz fain-ti-se, Qu'a tort ne soi -e blas-

més, Ne en - co-pés De con-tro-vée van - ti - se.

Docebit.

XXX

1. Quant se départ la verdure. — 2 ONQUES NE SOT. — 3. Docebit.

Par Jehan De Le Fontaine.

M. de M. F° 179 v°

On-ques ne sot a-mer a-gas, Ce-lui qui si haut et bas, A ser-vir ne fai-gnent pas. Quant sa con-te-nan-ce, Son sens, sa puis-san-ce, Nous re-mi-rant par com-pas, Sou-tif de-ce-van-ce. Sans au-tre a-coin-tan-ce, M'a mis en ses las, Dont is-sir ne quit je pas. Que je sanz dou-tan-ce, I-truis tant joie et so-laz, Quon-ques ren-trans plus n'eut pas n'en-quo-re ne m'en re-pent pas.

XXXI

1. LONC TENS AI MON CUER ASSIS. — 2. IN SECULUM.

Par Moniot d'Arras.

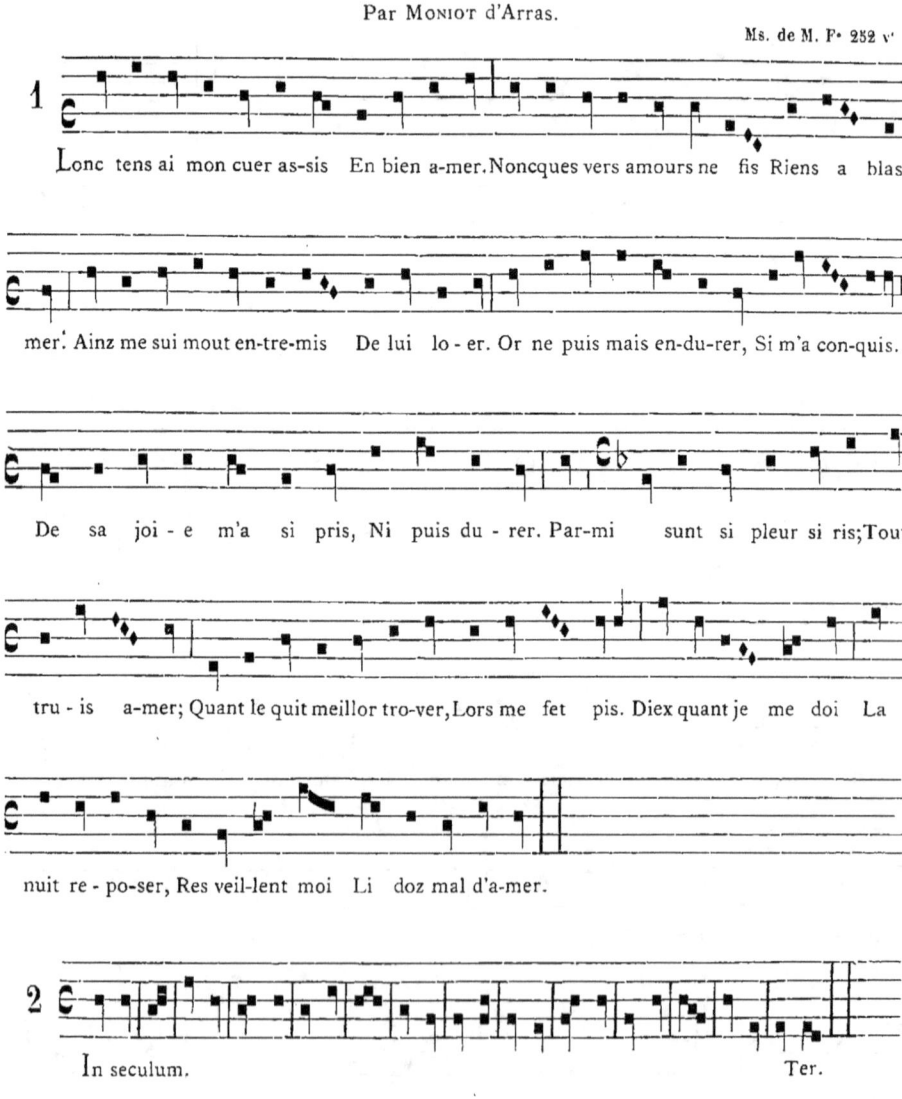

Lonc tens ai mon cuer as-sis En bien a-mer. Noncques vers amours ne fis Riens a blasmer. Ainz me sui mout en-tre-mis De lui lo-er. Or ne puis mais en-du-rer, Si m'a con-quis. De sa joi-e m'a si pris, Ni puis du-rer. Par-mi sunt si pleur si ris; Tout tru-is a-mer; Quant le quit meillor tro-ver, Lors me fet pis. Diex quant je me doi La nuit re-po-ser, Res veil-lent moi Li doz mal d'a-mer.

In seculum. Ter.

XXXII

1. Li doz termine m'agrée. — 2. Balaam.

Par Moniot de Paris.

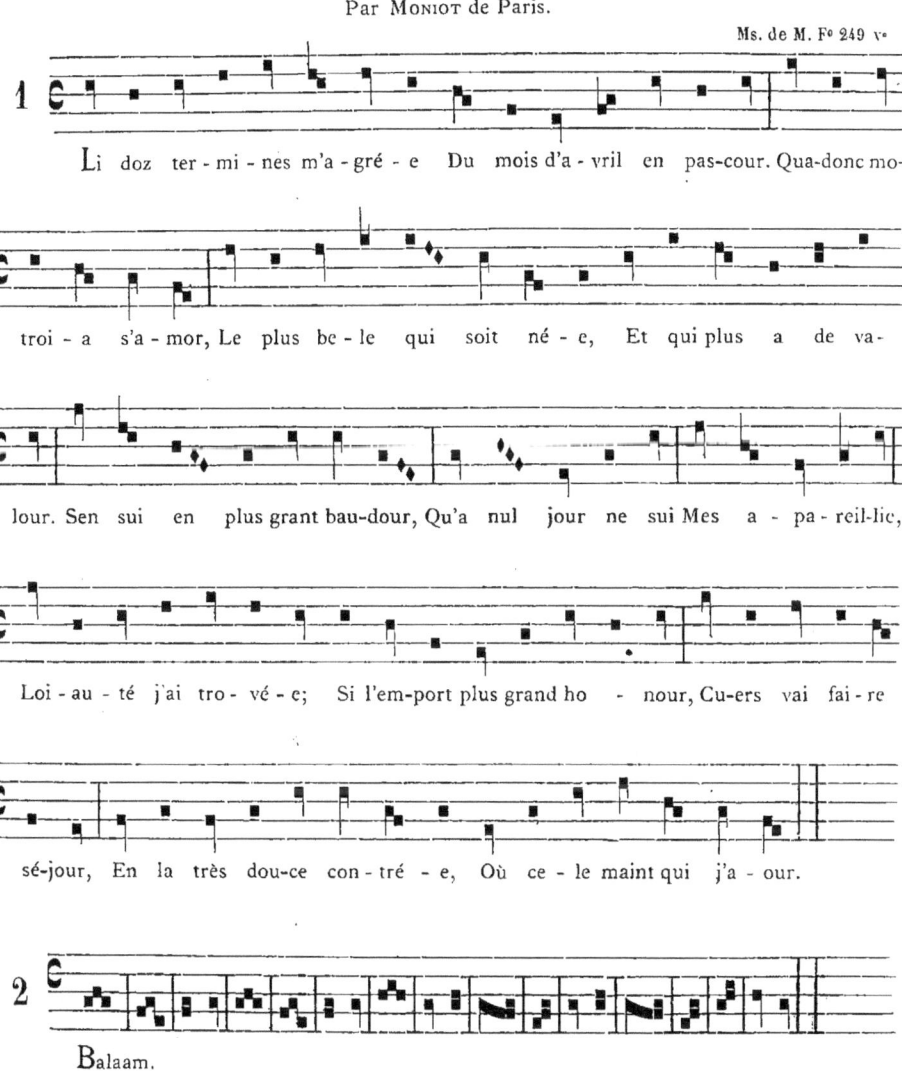

1. Li doz ter-mi-nes m'a-gré-e Du mois d'a-vril en pas-cour. Qua-donc mo-troi-a s'a-mor, Le plus be-le qui soit né-e, Et qui plus a de va-lour. Sen sui en plus grant bau-dour, Qu'a nul jour ne sui Mes a-pa-reil-lie, Loi-au-té j'ai tro-vé-e; Si l'em-port plus grand ho - nour, Cu-ers vai fai-re sé-jour, En la très dou-ce con-tré-e, Où ce-le maint qui j'a-our.

2. Balaam.

XXXIII

1. SE VALORS VIENT. — 2. BIEN ME SUI APERCEU. — 3......

Par Thomas HERRIER.

Ms. de M. F° 200 v°.

1. Se va-lors vient d'es-tre a-mou-rous et gay, A toz jours se Diu plaist la main-tenr-rai, Se je sai, C'est bien drois qu'en-voi-sies so-ie. Quant cele s'a-mors m'o-troi-e Que pri-mes a-mai, Ne ja ne m'en par-ti'rai Por mal ne por do-lour; Mais de cuer vrai. A mes pre-miè-res a-mours me ren-drai.

XXXIII

1. Se valors vient. — 2. Bien me sui aperceu. — 3......

Par Thomas Herrier.

Ms. de M. F° 201.

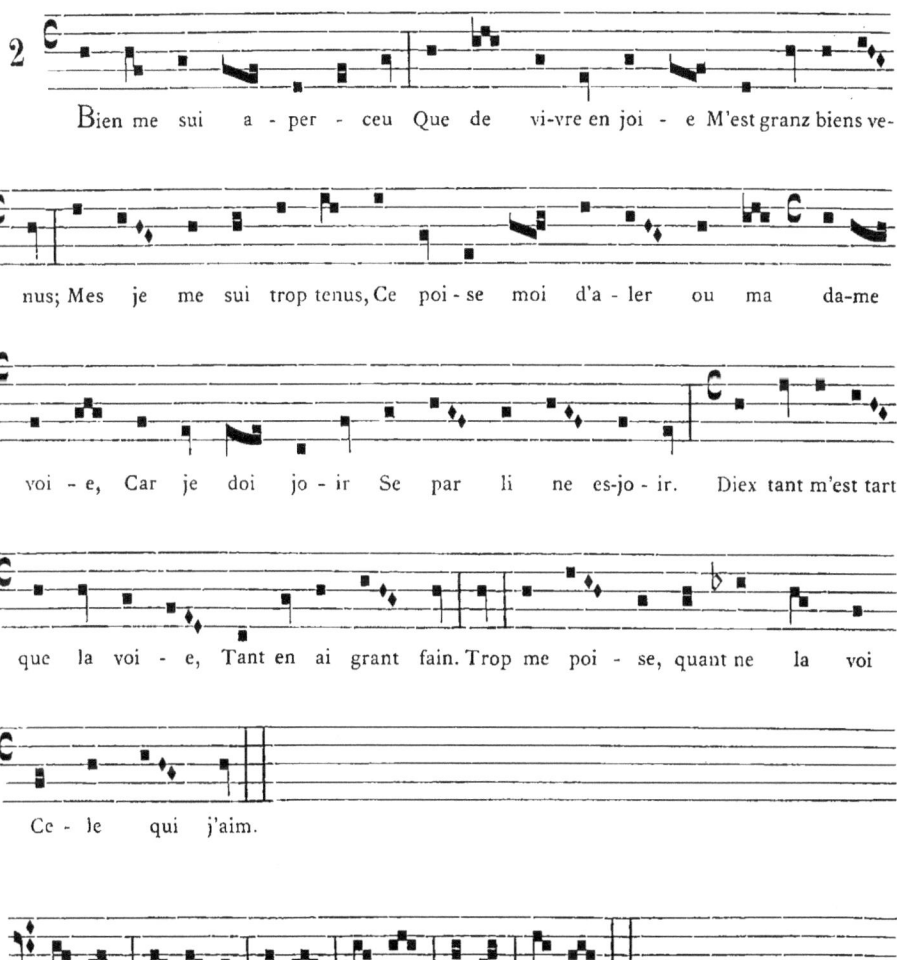

Bien me sui a-per-ceu Que de vi-vre en joi-e M'est granz biens ve-nus; Mes je me sui trop tenus, Ce poi-se moi d'a-ler ou ma da-me voi-e, Car je doi jo-ir Se par li ne es-jo-ir. Diex tant m'est tart que la voi-e, Tant en ai grant fain. Trop me poi-se, quant ne la voi Ce-le qui j'aim.

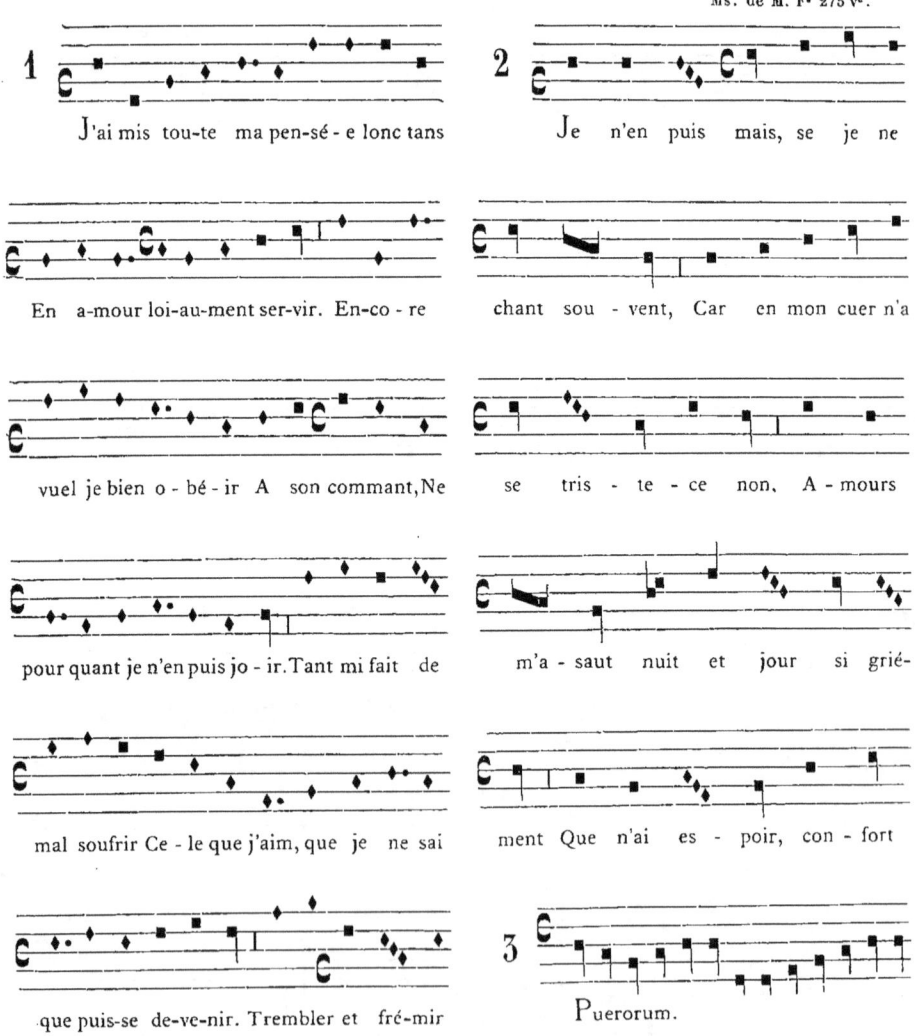

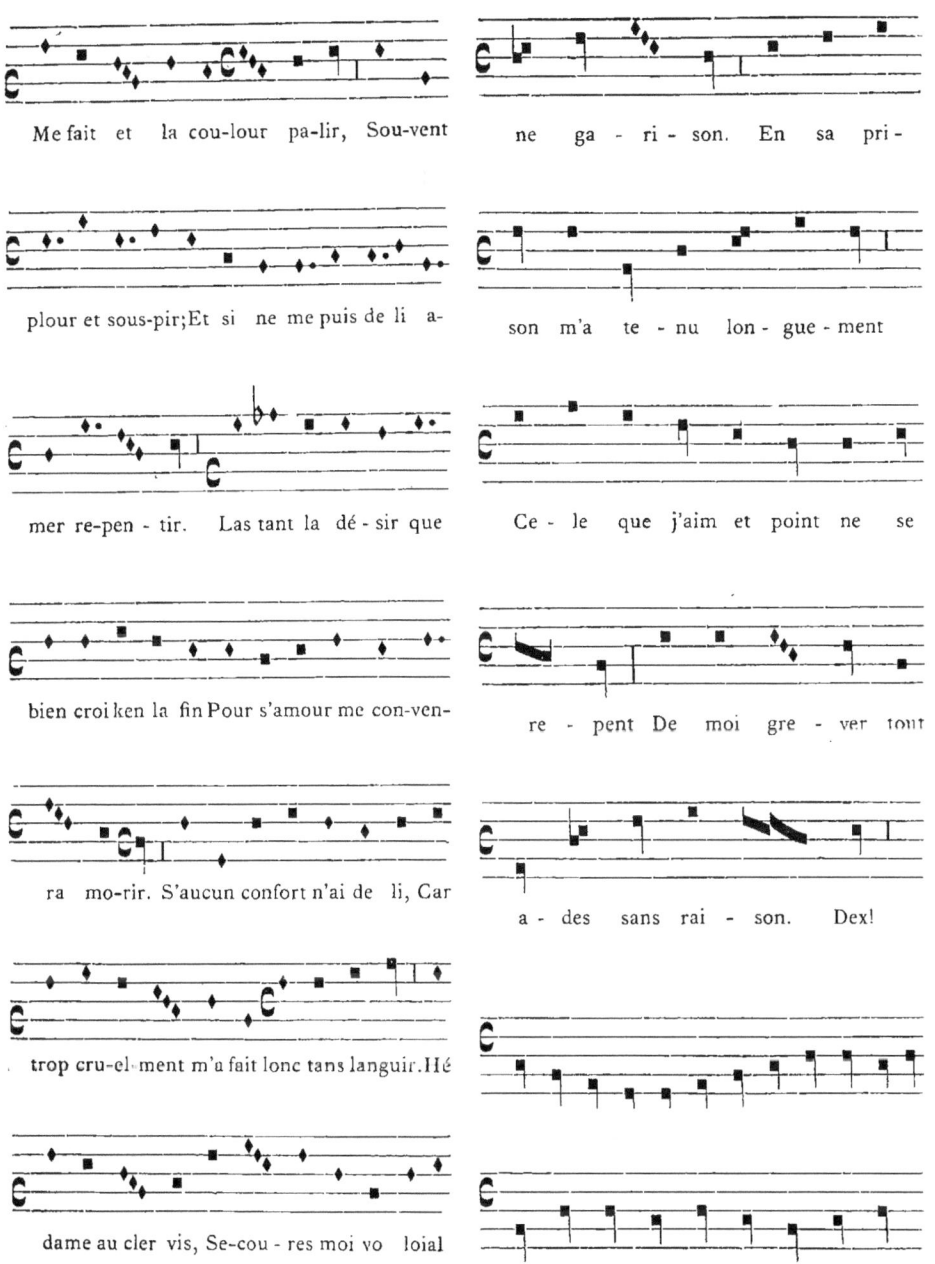

LXIX

XXXV

1. Diex ou porrai-je. — 2. CHE SONT AMOURETES. — 3. Omnes.

Par un Anonyme de Cambrai.

Ms. de M. F° 324 — 325.

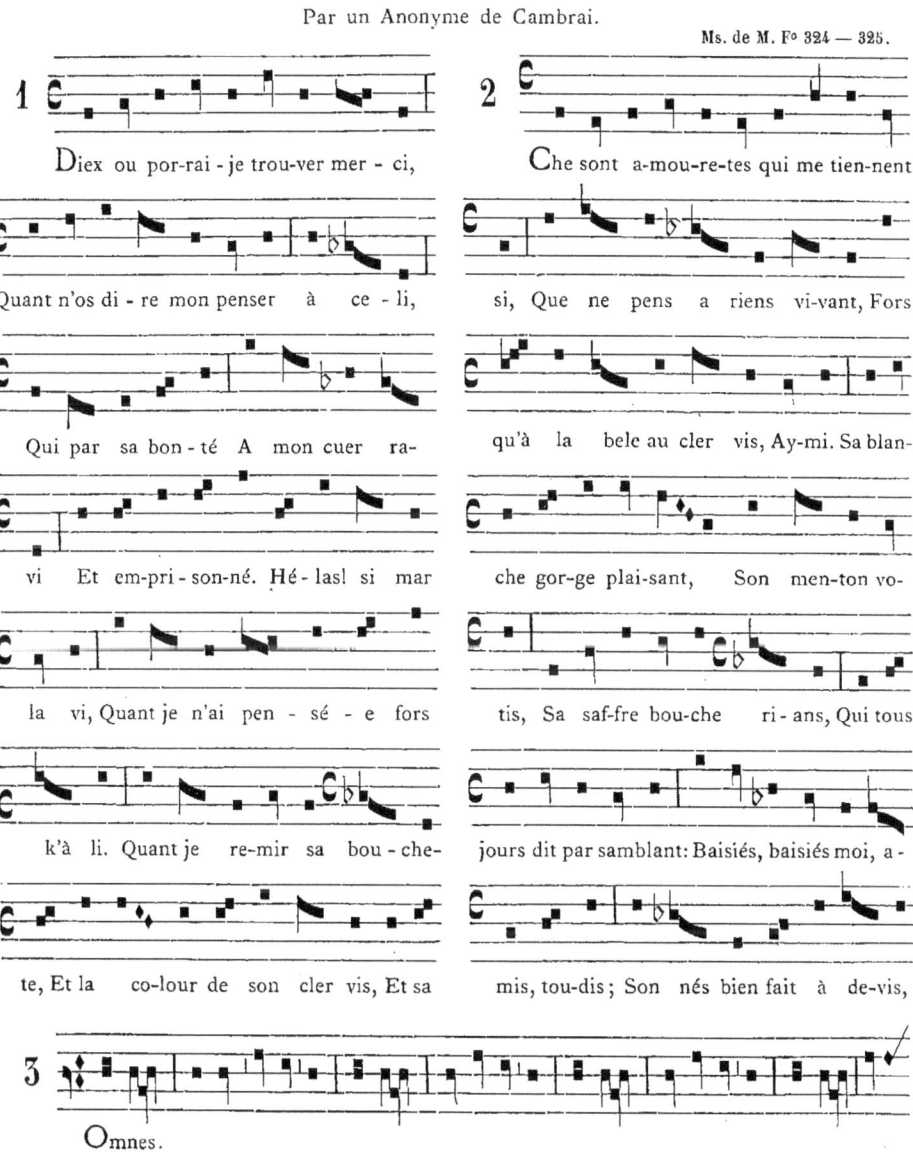

18

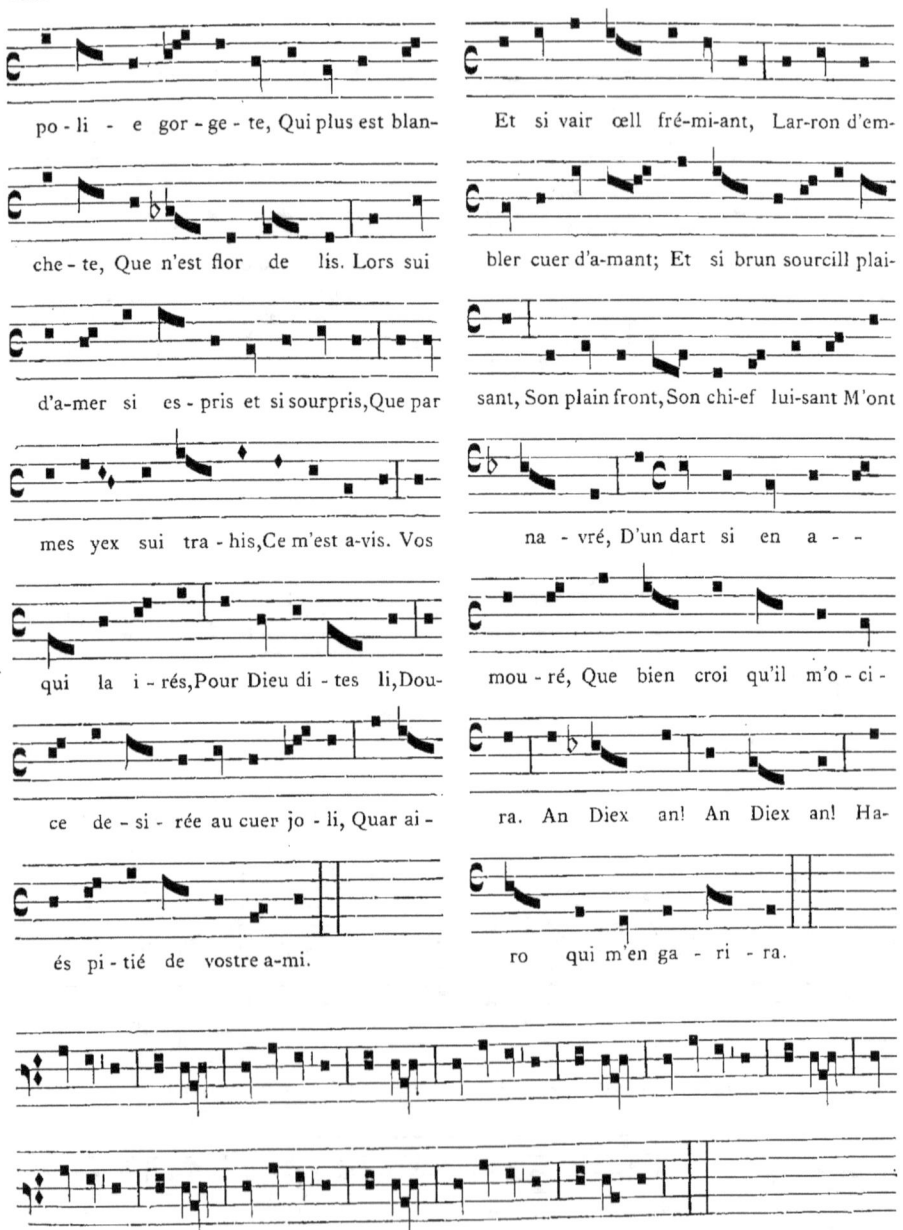

LXXI

XXXVI

1. Qui amours veut maintenir. — 2. LI DOUZ PENSER. — 3. Cis a cui je sui amie.

(Motet à tenor multiple.)

Ms. de M. F° 314.

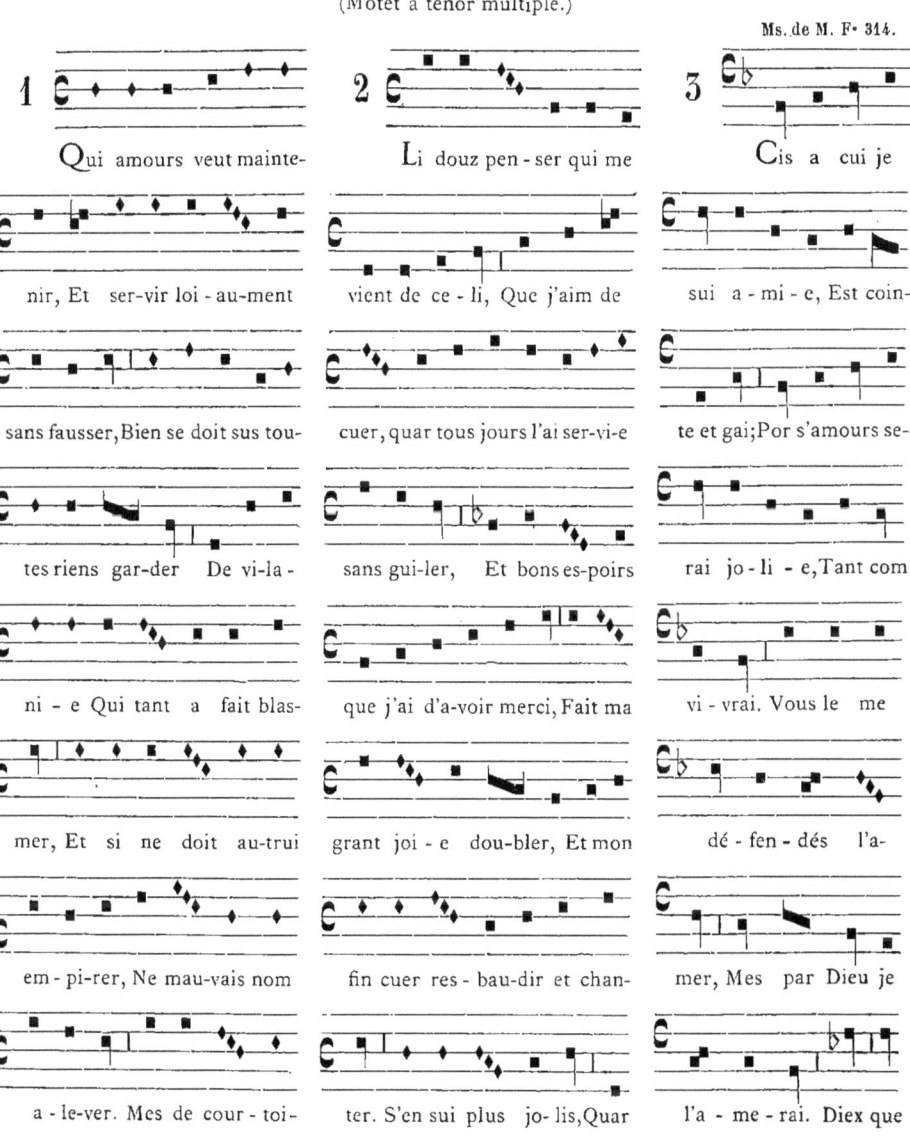

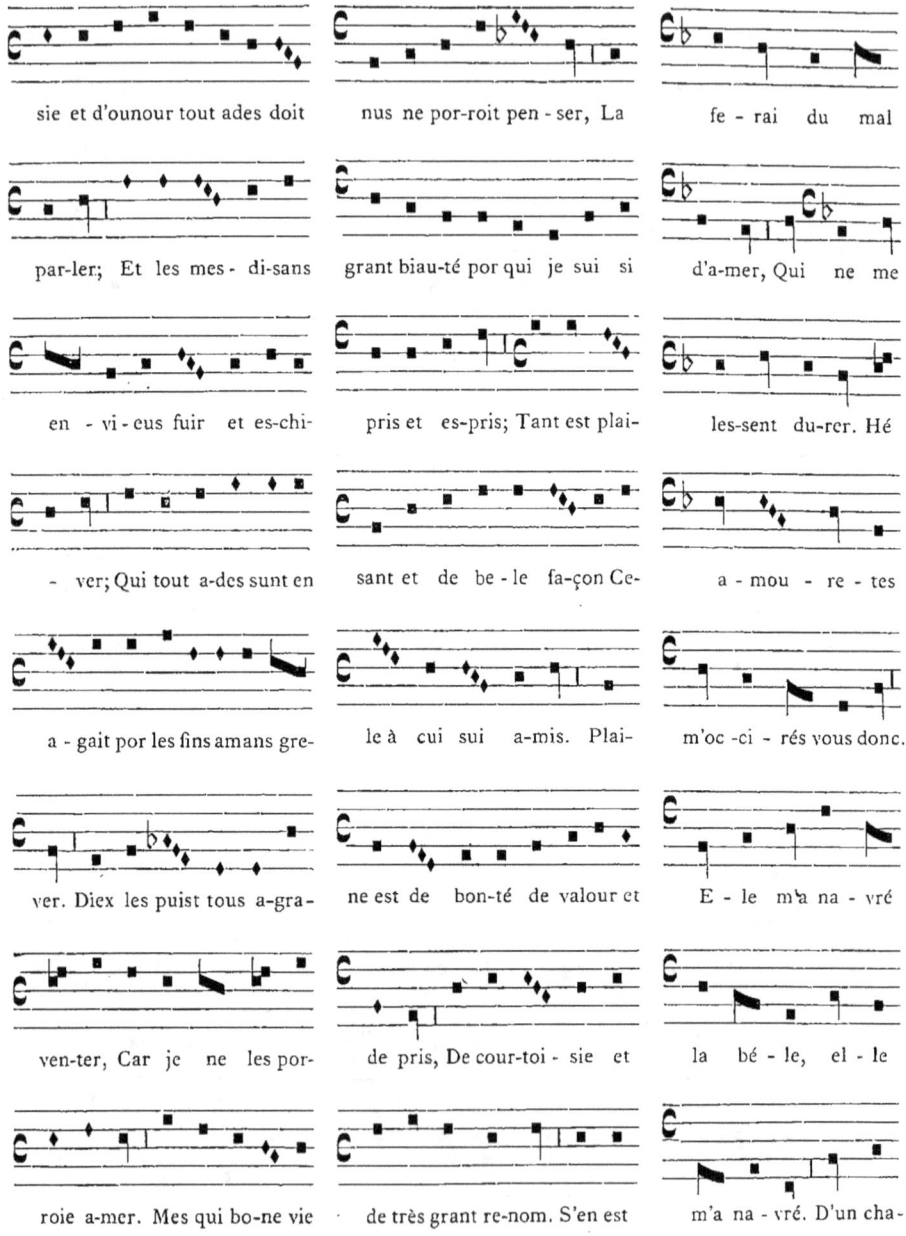

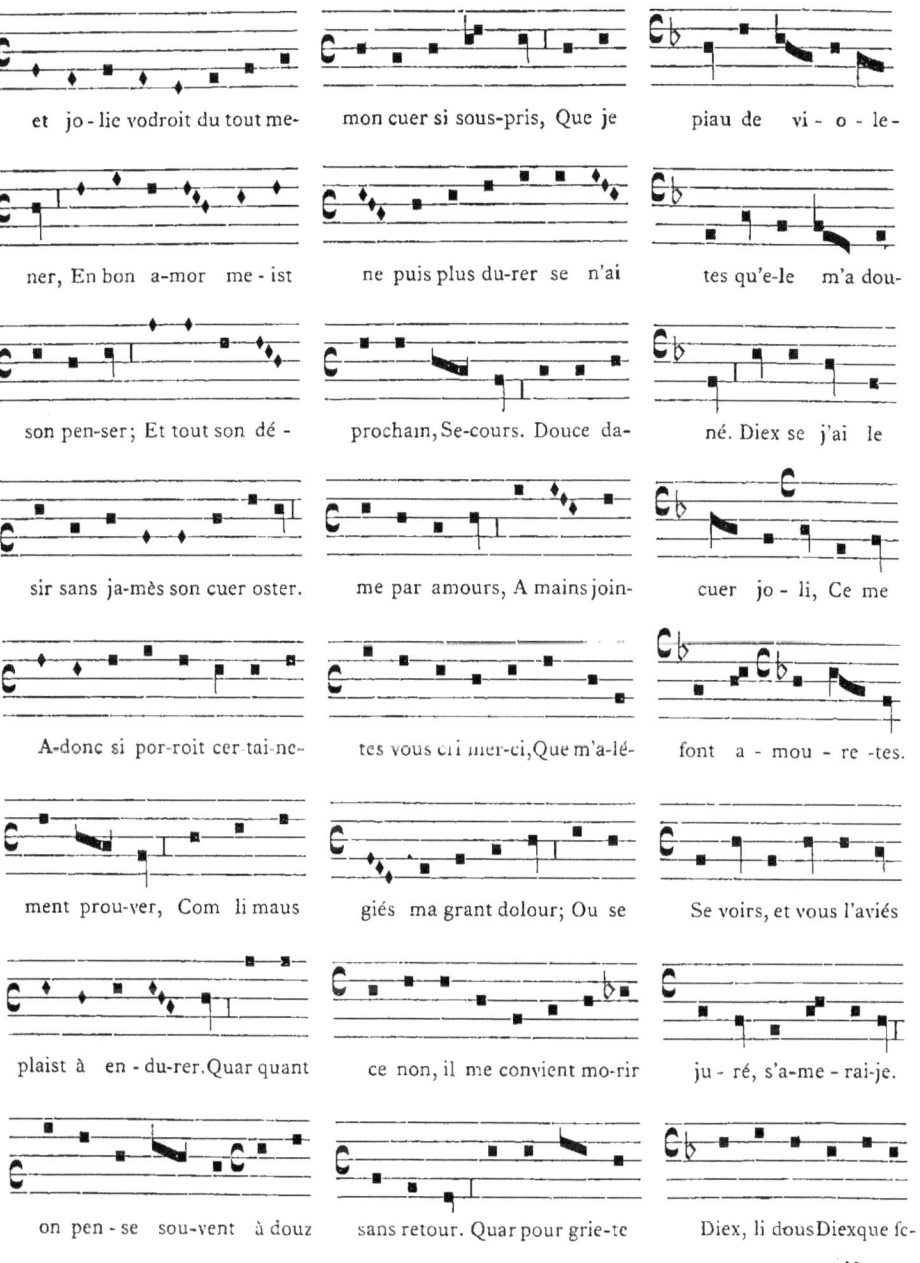

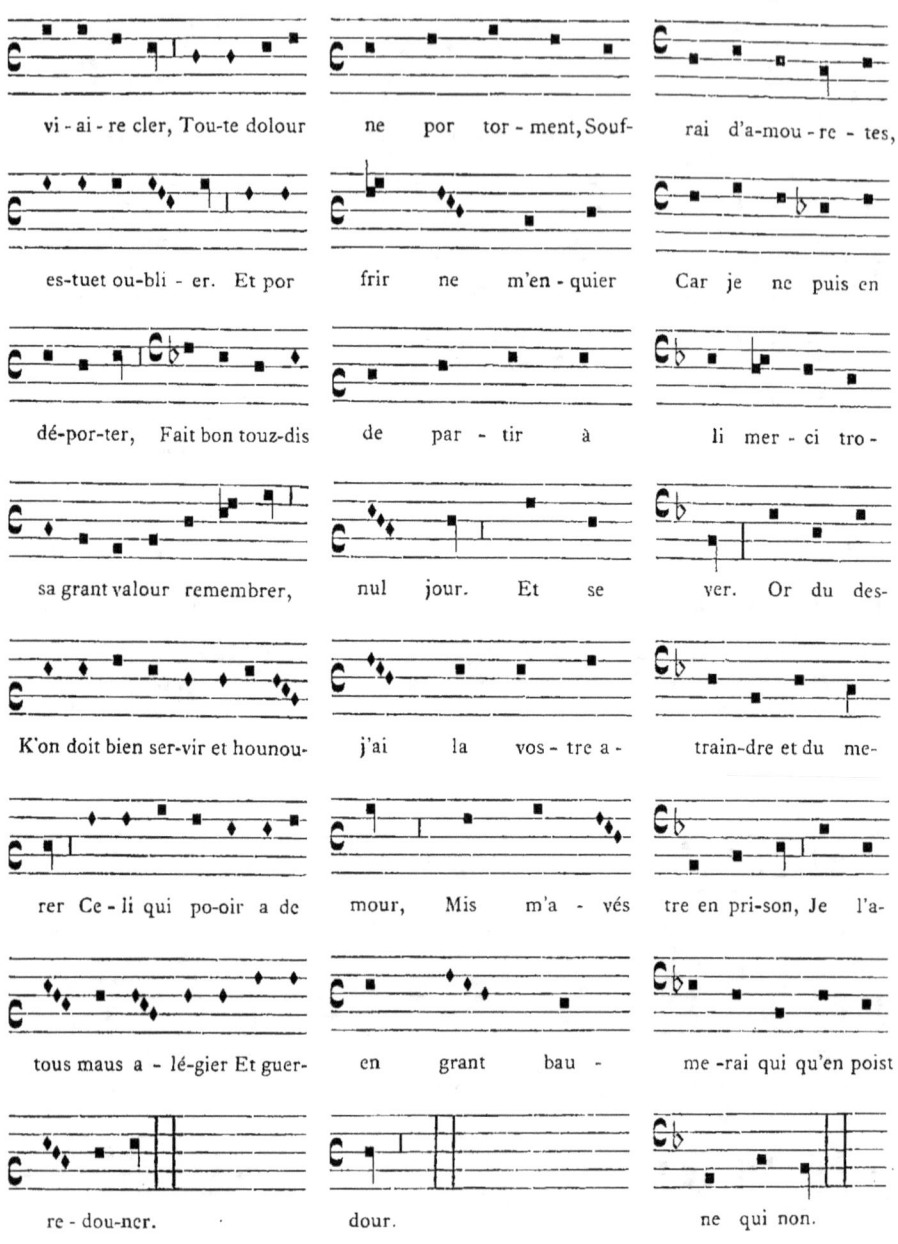

LXXV

XXXVII

1. Quant repaire la verdor. — 2. FLOS DE SPINA. — 3. Regnat.

Ms. de M. F° 78 v°.

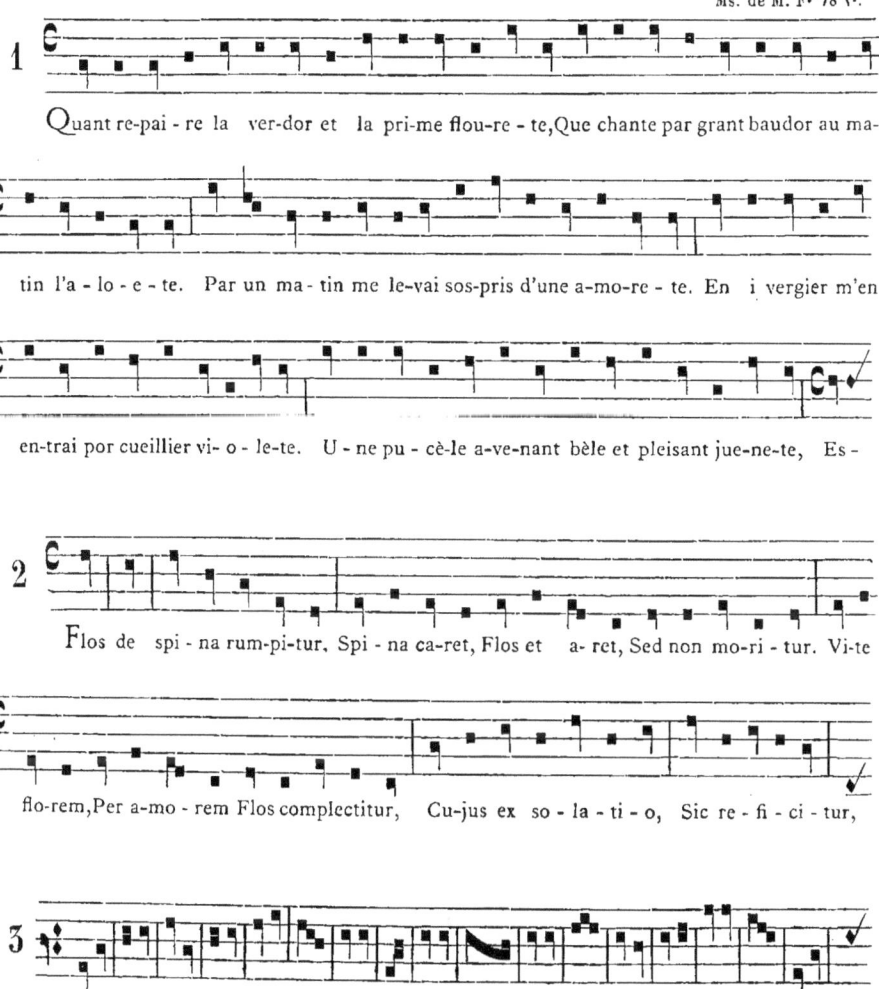

1 Quant re-pai-re la ver-dor et la pri-me flou-re-te, Que chante par grant baudor au ma-tin l'a-lo-e-te. Par un ma-tin me le-vai sos-pris d'une a-mo-re-te. En i vergier m'en en-trai por cueillier vi-o-le-te. U-ne pu-cè-le a-ve-nant bèle et pleisant jue-ne-te, Es-

2 Flos de spi-na rum-pi-tur, Spi-na ca-ret, Flos et a-ret, Sed non mo-ri-tur. Vi-te flo-rem, Per a-mo-rem Flos complectitur, Cu-jus ex so-la-ti-o, Sic re-fi-ci-tur,

3 Regnat.

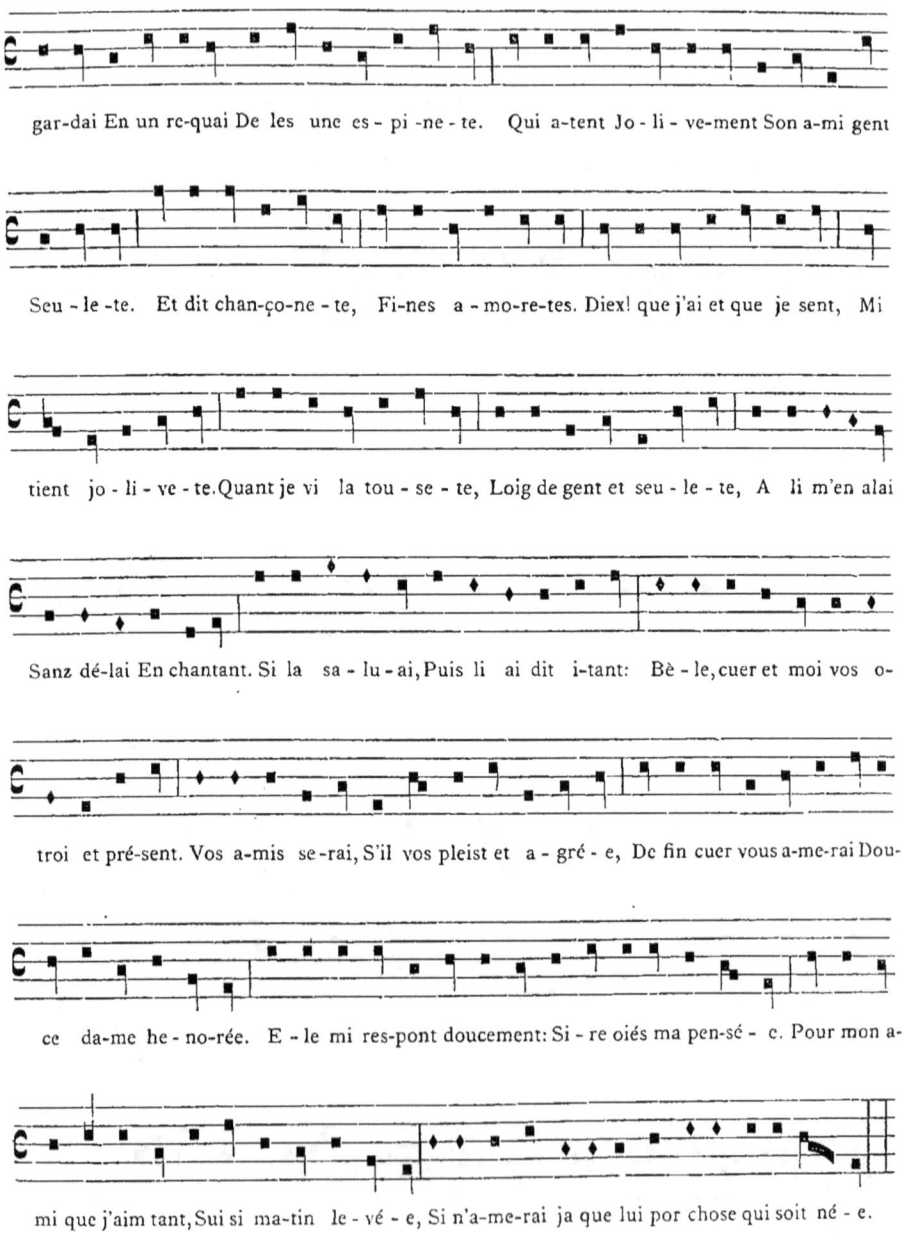

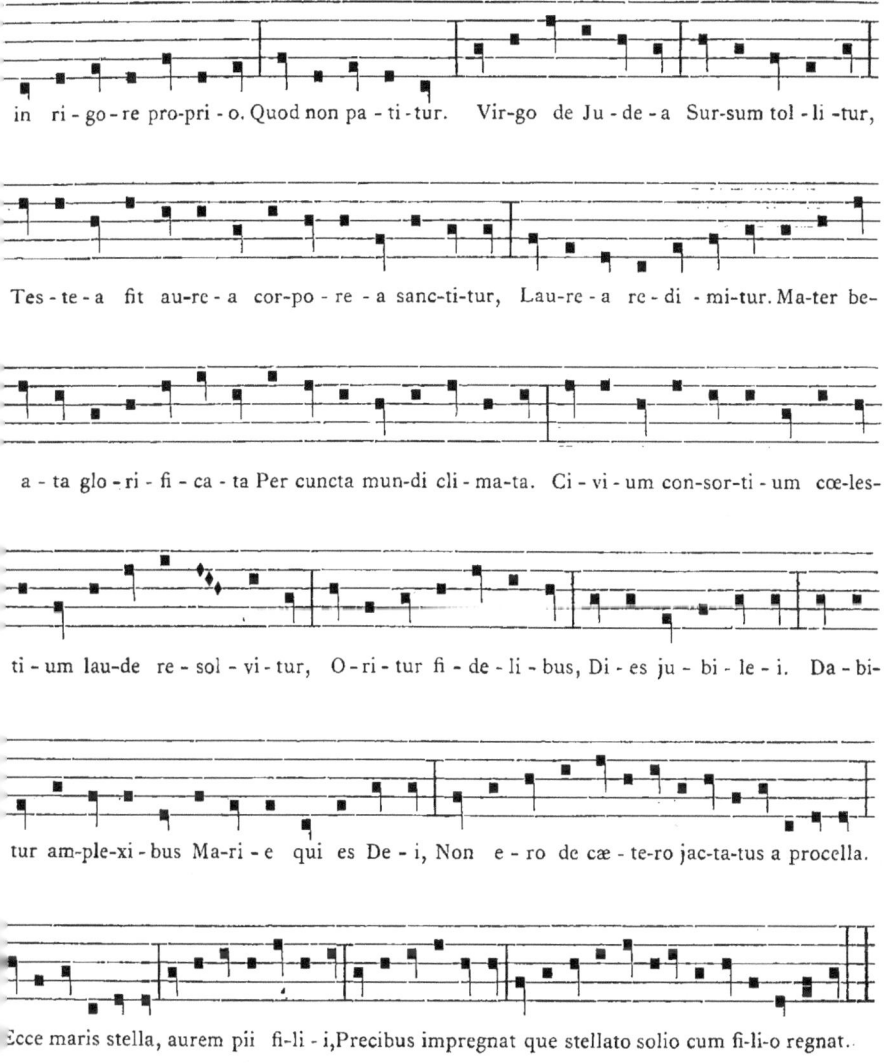

in ri - go - re pro-pri - o. Quod non pa - ti -tur. Vir-go de Ju - de - a Sur-sum tol - li -tur,

Tes - te - a fit au-re - a cor-po - re - a sanc-ti-tur, Lau-re - a re - di - mi-tur. Ma-ter be-

a - ta glo - ri - fi - ca - ta Per cuncta mun-di cli - ma-ta. Ci - vi - um con-sor-ti - um cœ-les-

ti - um lau-de re - sol - vi - tur, O - ri - tur fi - de - li - bus, Di - es ju - bi - le - i. Da - bi-

tur am-ple-xi - bus Ma-ri - e qui es De - i, Non e - ro de cæ - te-ro jac-ta-tus a procella.

Ecce maris stella, aurem pii fi-li - i, Precibus impregnat que stellato solio cum fi-li-o regnat.

XXXVIII

1. On parole de batre. — 2. A Paris soir et matin. — 3. Frese nouvele.

Ms. de M. F° 368.

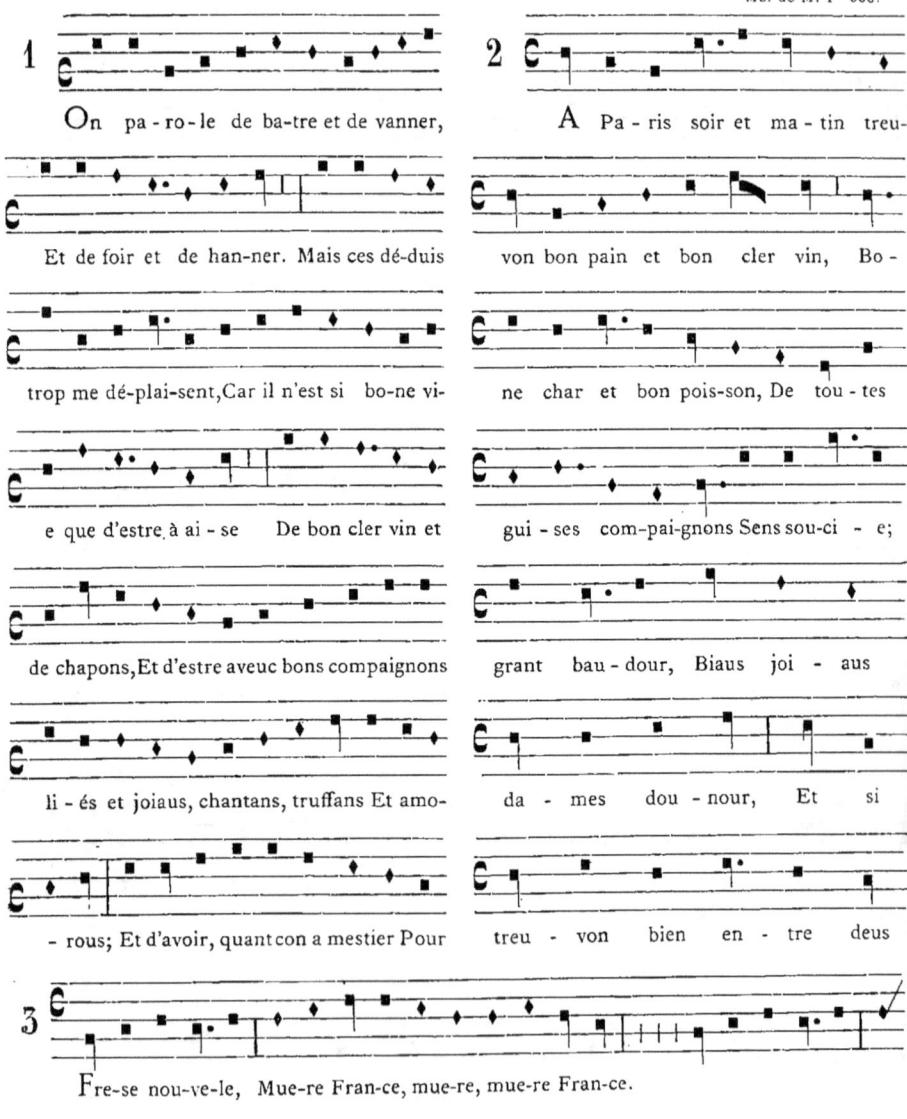

1. On pa-ro-le de ba-tre et de vanner, Et de foir et de han-ner. Mais ces dé-duis trop me dé-plai-sent, Car il n'est si bo-ne vi-e que d'estre à ai-se De bon cler vin et de chapons, Et d'estre aveuc bons compaignons li-és et joiaus, chantans, truffans Et amo-rous; Et d'avoir, quant con a mestier Pour

2. A Pa-ris soir et ma-tin treu-von bon pain et bon cler vin, Bo-ne char et bon pois-son, De tou-tes gui-ses com-pai-gnons Sens sou-ci-e; grant bau-dour, Biaus joi-aus da-mes dou-nour, Et si treu-von bien en-tre deus

3. Fre-se nou-ve-le, Mue-re Fran-ce, mue-re, mue-re Fran-ce.

XXXIX

1. Entre Copin et Bourgois. — 2. Il me cuidoie tenir. — 3. Bele Ysabelos.

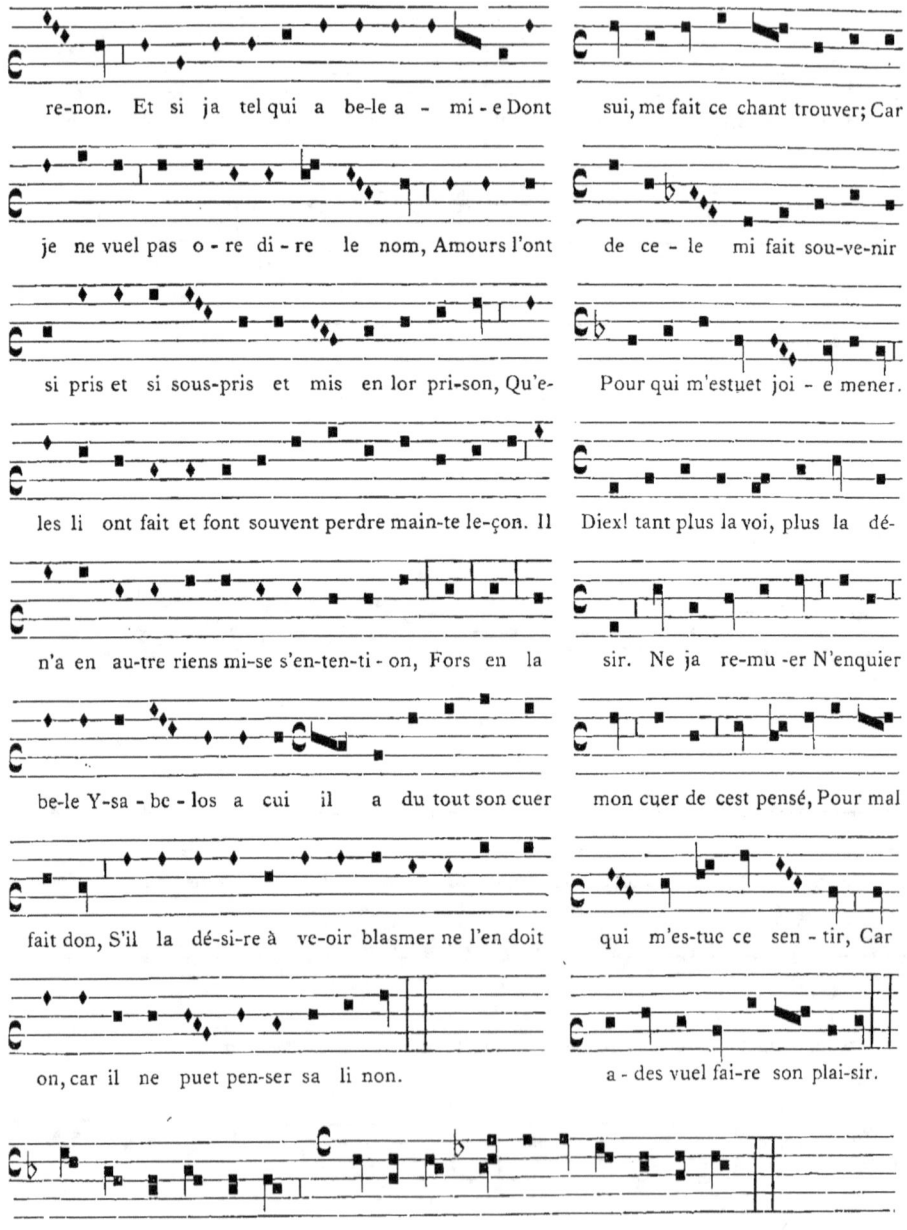

XL

1. Entre Jean et Philippet. — 2. Nus Hom Ne Puet. — 2. Chose Tassin.

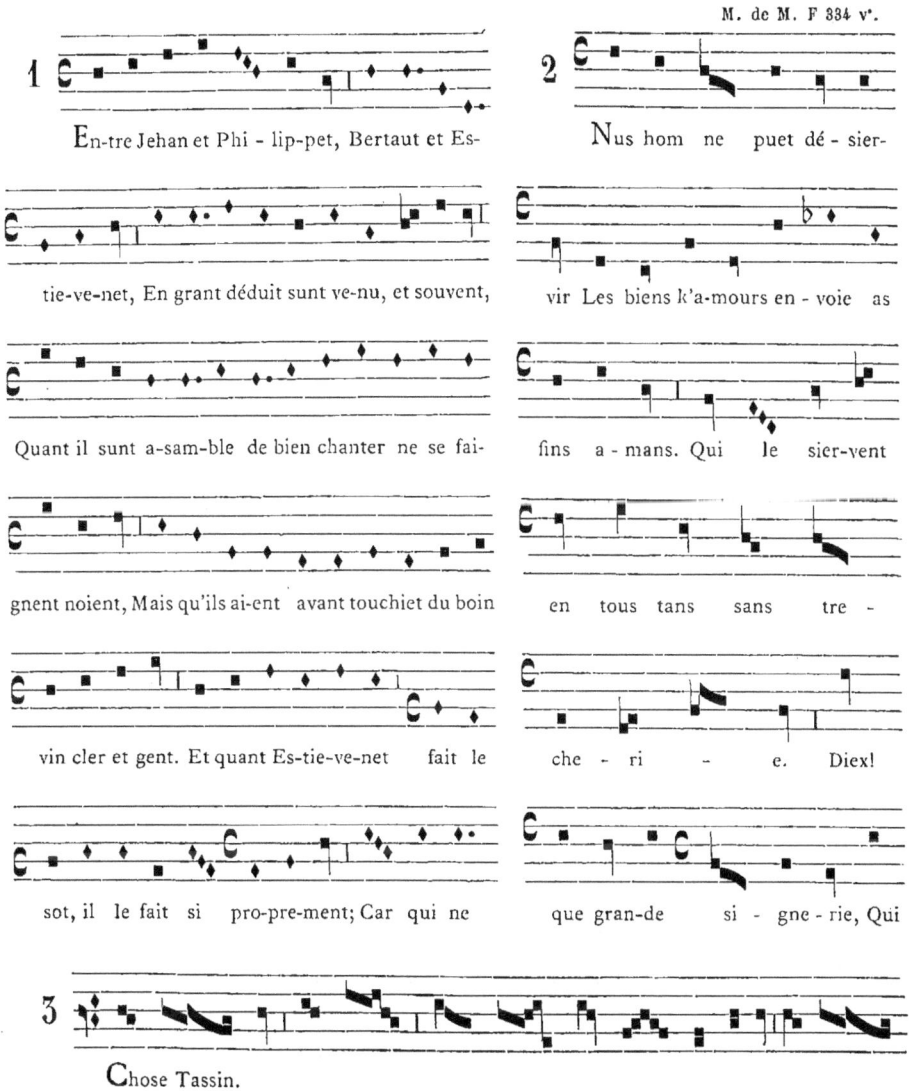

1. En-tre Jehan et Phi - lip-pet, Bertaut et Es-tie-ve-net, En grant déduit sunt ve-nu, et souvent, Quant il sunt a-sam-ble de bien chanter ne se fai-gnent noient, Mais qu'ils ai-ent avant touchiet du boin vin cler et gent. Et quant Es-tie-ve-net fait le sot, il le fait si pro-pre-ment; Car qui ne

2. Nus hom ne puet dé-sier-vir Les biens k'a-mours en - voie as fins a - mans. Qui le sier-vent en tous tans sans tre - che - ri - e. Diex! que gran-de si - gne-rie, Qui

3. Chose Tassin.

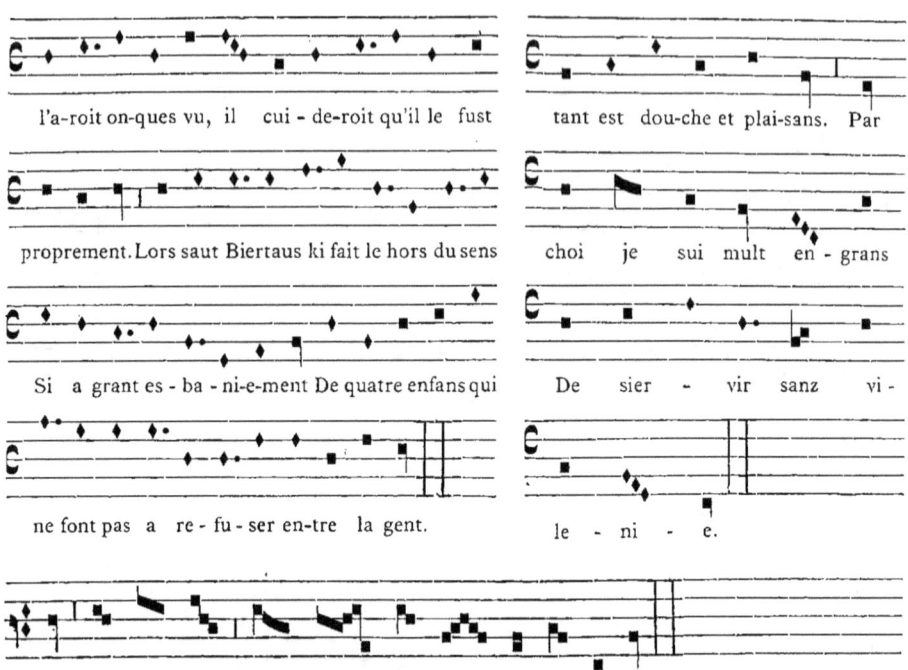

XLI

1. A Maistre Jehan Lardier. — 2. POUR LA PLUS JOLIE. — 3. Alleluia.

Ms. de M. F° 385 v°.

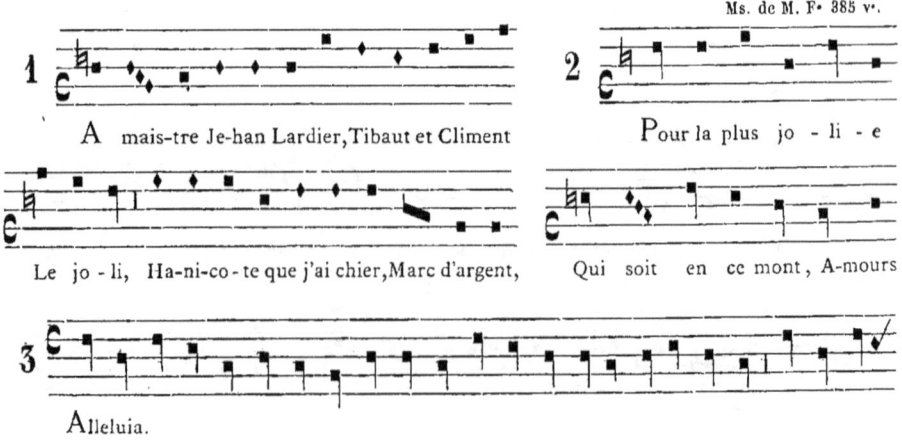

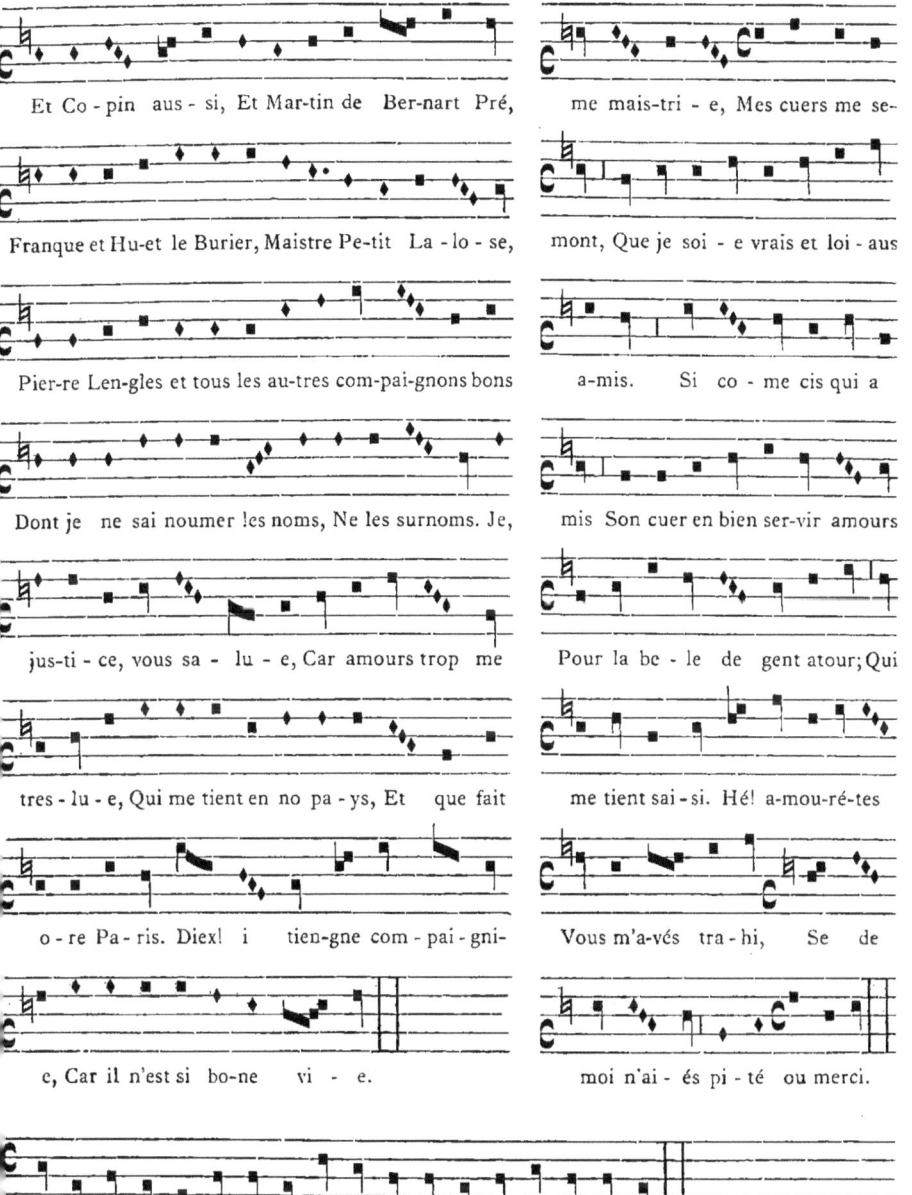

XLII

VIDERUNT.

Quadruple par PÉROTIN.

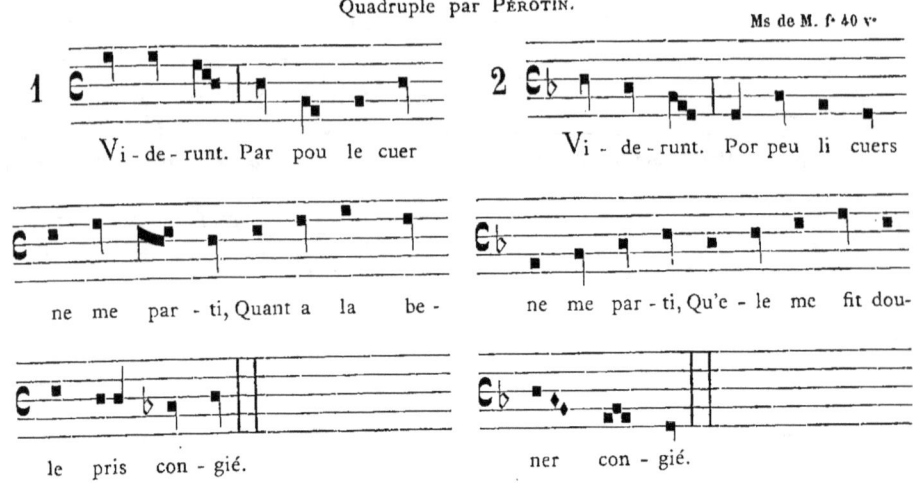

XLIII

1. Ce que je tieng. — 2. Certes mout est. — 3. Bone compaignie. — 4. Manere.

Par un Anonyme de Paris.

XLII

VIDERUNT.

Quadruple par Pérotin.

XLIII

1. Ce que je tieng. — 2. Certes mout est. — 3. Bone compaignie. — 4. Manere.

Par un Anonyme de Paris.

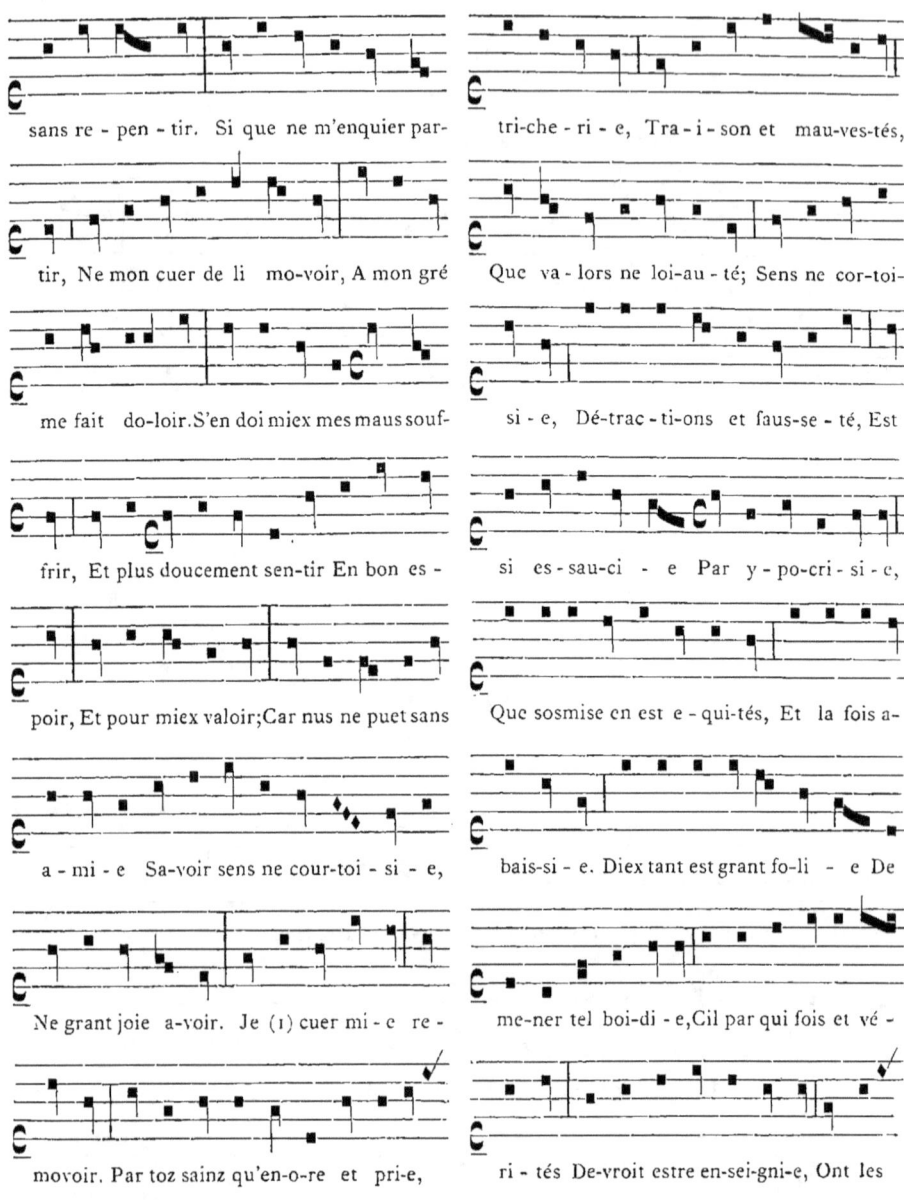

sans re - pen - tir. Si que ne m'enquier par- tri-che - ri - e, Tra-i-son et mau-ves-tés,

tir, Ne mon cuer de li mo-voir, A mon gré Que va-lors ne loi-au-té; Sens ne cor-toi-

me fait do-loir. S'en doi miex mes maus souf- si - e, Dé-trac-ti-ons et faus-se-té, Est

frir, Et plus doucement sen-tir En bon es- si es-sau-ci - e Par y-po-cri-si - e,

poir, Et pour miex valoir; Car nus ne puet sans Que sosmise en est e-qui-tés, Et la fois a-

a - mi - e Sa-voir sens ne cour-toi - si - e, bais-si - e. Diex tant est grant fo-li - e De

Ne grant joie a-voir. Je (1) cuer mi - e re- me-ner tel boi-di - e, Cil par qui fois et vé-

movoir. Par toz sainz qu'en-o-re et pri-e, ri - tés De-vroit estre en-sei-gni-e, Ont les

(1) Mot oublié dans le Manuscrit.

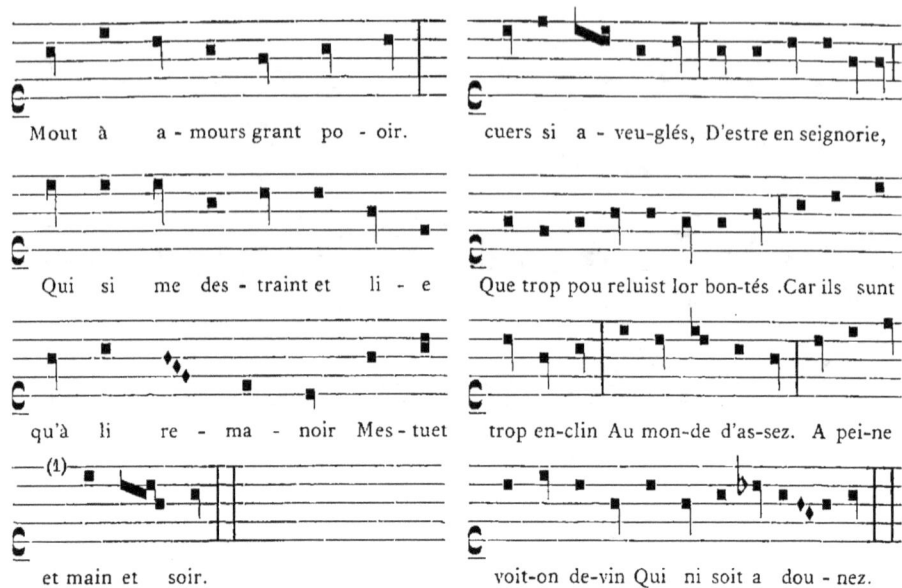

XLIV

1. Joliement. — 2. Quant voi la florete. — 3. Je sui joliete. — 4. Aptatur.

Par Aristote.

Ms. de M. F° 55 v°.

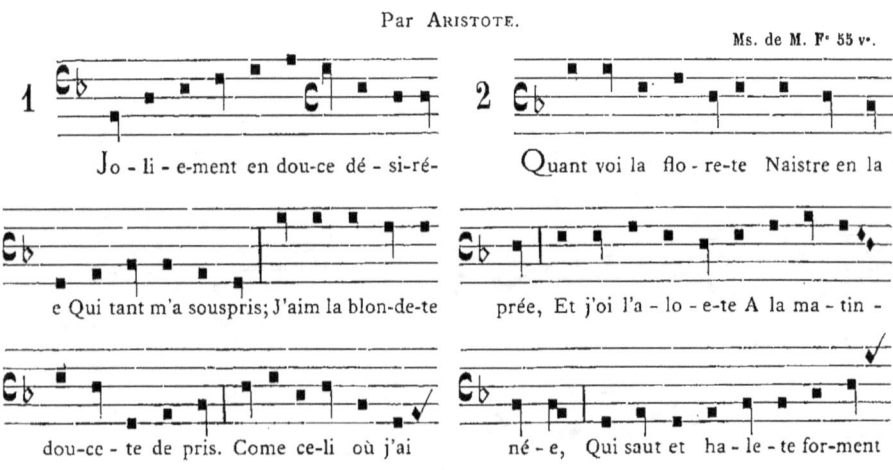

(1) Place vide dans le Manuscrit.

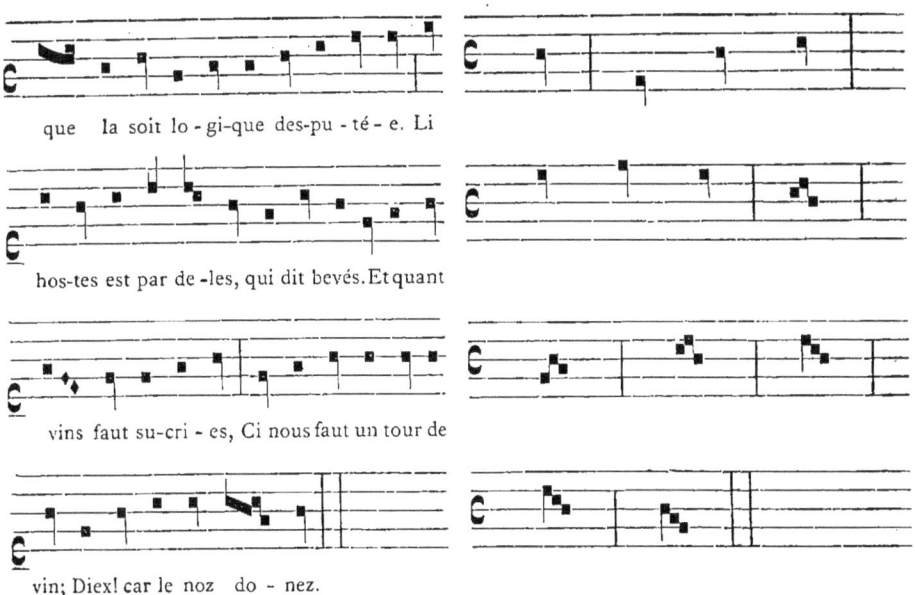

que la soit lo-gi-que des-pu-té-e. Li hos-tes est par de-les, qui dit bevés. Et quant vins faut su-cri-es, Ci nous faut un tour de vin; Diex! car le noz do-nez.

XLIV

1. JOLIEMENT. — 2. QUANT VOI LA FLORETE. — 3. JE SUI JOLIETE. — 4. APTATUR.

Par ARISTOTE.

Ms. de M. F° 55 v°.

Je sui jo-li-e-te, sa-de-te, pleisans; Joi-ne pu-ce-le-te N'ai pas quinze ans. Point moi ma-le-te, Selonc

Aptatur.

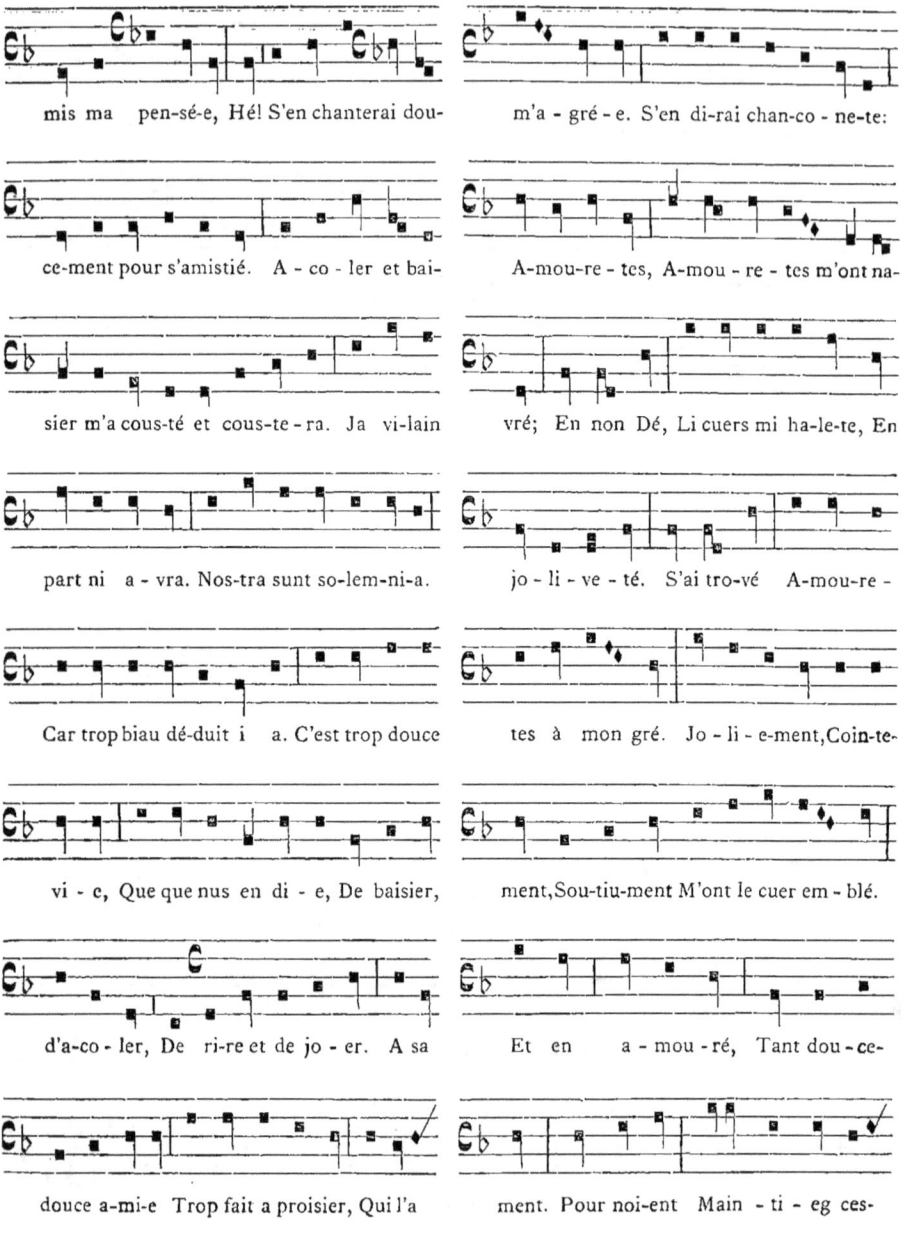

XLV

1. Ja n'amerai autre. — 2. In seculum. — 3. In seculum. — 4. In seculum.

Par un Anonyme espagnol.

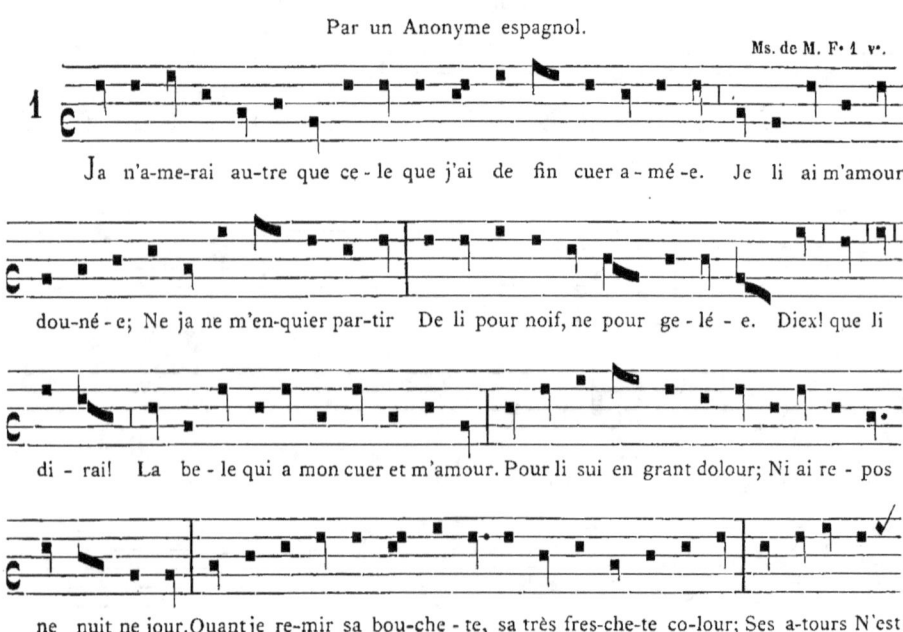

XCIII

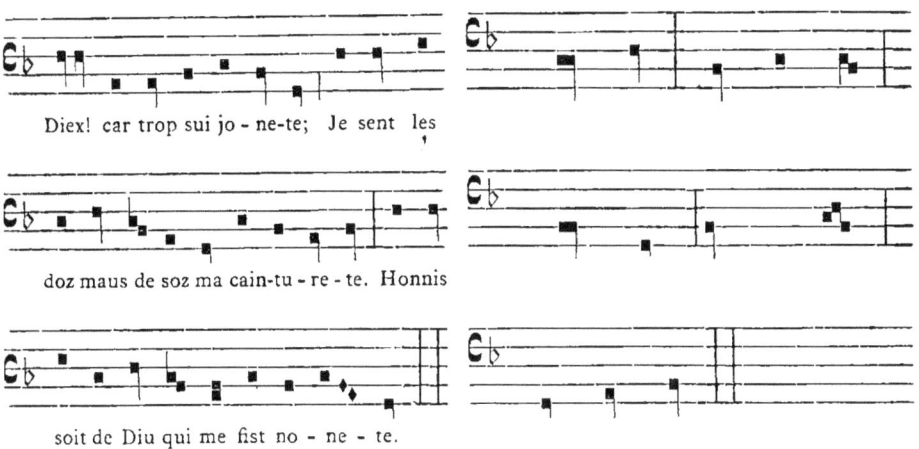

Diex! car trop sui jo-ne-te; Je sent les doz maus de soz ma cain-tu-re-te. Honnis soit de Diu qui me fist no-ne-te.

XLV

1. Ja n'amerai autre. — 2. In seculum. — 3. In seculum — 4. In seculum.

Par un Anonyme espagnol.

In seculum.

In seculum.

In seculum.

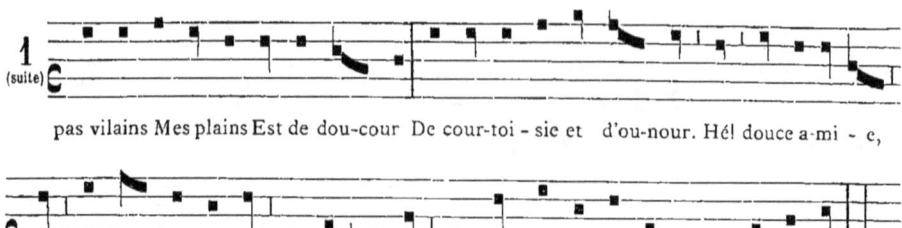

pas vilains Mes plains Est de dou-cour De cour-toi - sie et d'ou-nour. Hé! douce a-mi - e,

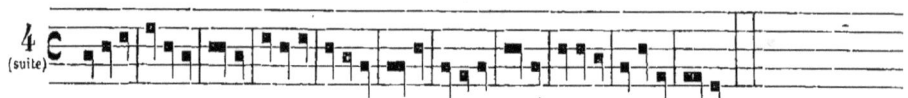

Trop main du - re vi - e En plour Tous jours pour vous sui; a-lé-giés moi mes grans dolours.

XLVI

1. Cest quadruble. — 2. Voz ni dormirés. — 3. Biaus cuers. — 4. Fiat.

Ms. de M. F° 45 v

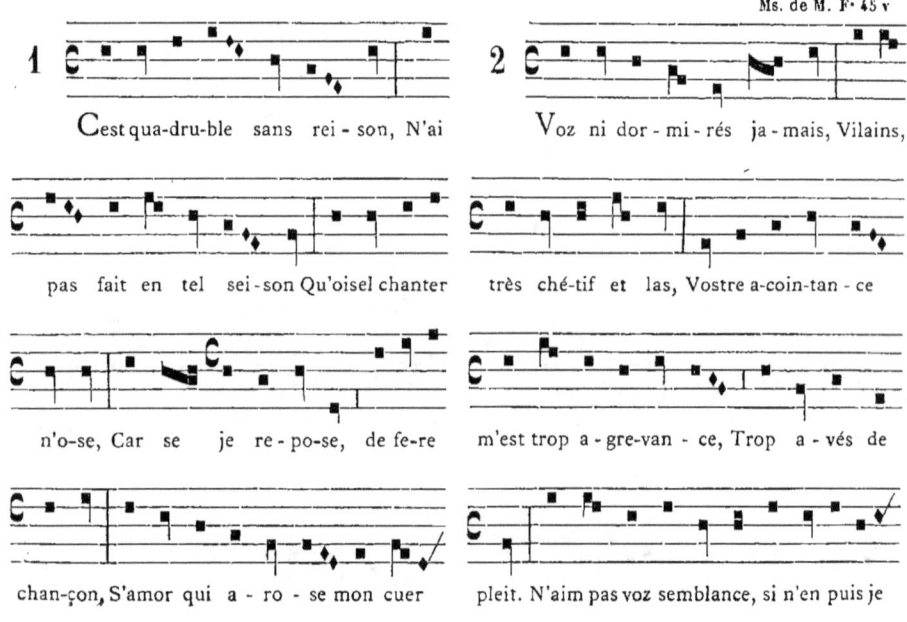

Cest qua-dru-ble sans rei - son, N'ai

Voz ni dor - mi - rés ja - mais, Vilains,

pas fait en tel sei-son Qu'oisel chanter

très ché-tif et las, Vostre a-coin-tan - ce

n'o-se, Car se je re-po-se, de fe-re

m'est trop a-gre-van - ce, Trop a-vés de

chan-çon, S'amor qui a - ro - se mon cuer

pleit. N'aim pas voz semblance, si n'en puis je

XCV

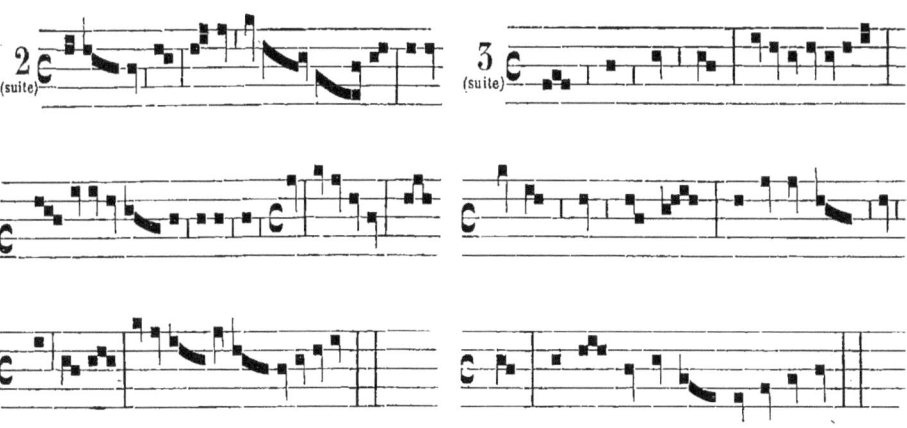

XLVI

1. Cest quadruble. — 2. Voz ni dormirés. — 3. Biaus cuers. — 4. Fiat.

Ms. de M. F· 46.

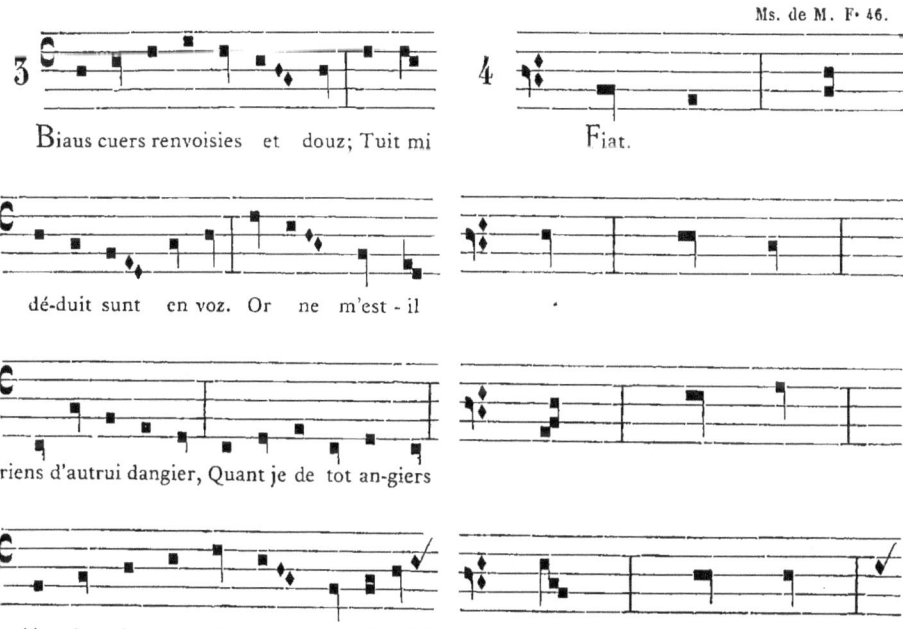

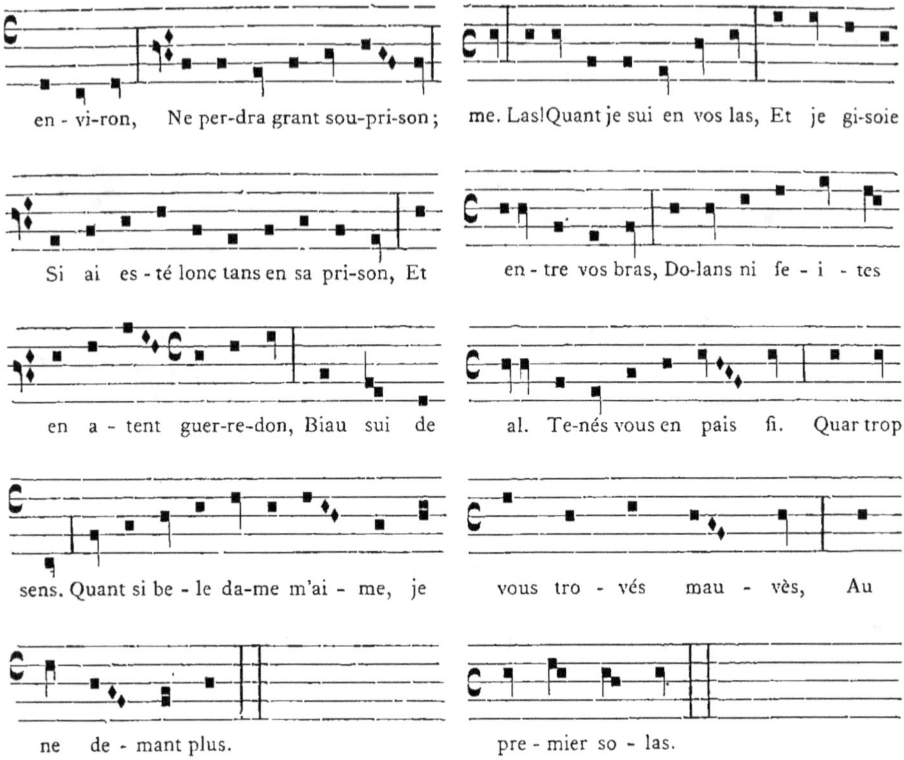

XCVI

en - vi - ron, Ne per-dra grant sou-pri-son;

Si ai es - té lonc tans en sa pri-son, Et

en a - tent guer-re-don, Biau sui de

sens. Quant si be - le da-me m'ai - me, je

ne de - mant plus.

me. Las! Quant je sui en vos las, Et je gi-soie

en - tre vos bras, Do-lans ni fe - i - tes

al. Te-nés vous en pais fi. Quar trop

vous tro - vés mau - vès, Au

pre - mier so - las.

XLVII

1. Le premier jor de mai. — 2. Par un matin. — 3. Je ne puis plus durer. — 4. Justus.

Ms. de M. F° 49 v°.

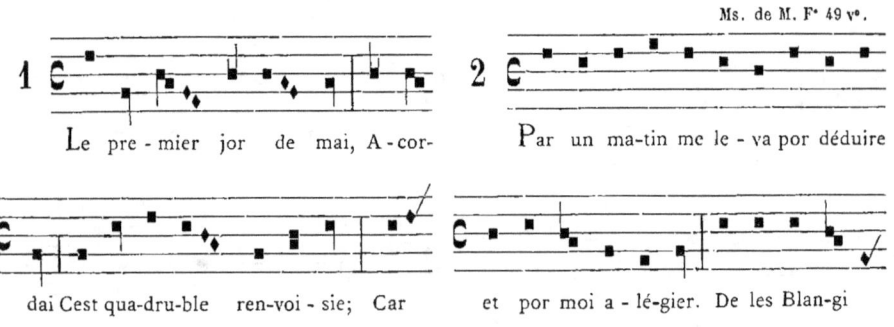

1. Le pre - mier jor de mai, A - cor-dai C'est qua-dru-ble ren-voi - sie; Car

2. Par un ma-tin me le - va por déduire et por moi a - lé-gier. De les Blan-gi

XCVII

a toz. Dou - ce dé - si - ré - e,

Sans fiel et sanz gas, Plei - ne de so-

las; Biau-té très bien lé - e, Tail-li-e à com

pas. Hé doz Diex! Quant dor-mi - rai je

o - vec vous en - tre mes bras!

XLVII

1. Le premier jor de mai. — 2. Par un matin. — 3. Je ne puis plus durer. — 4. Justus.

M. de M. F° 50

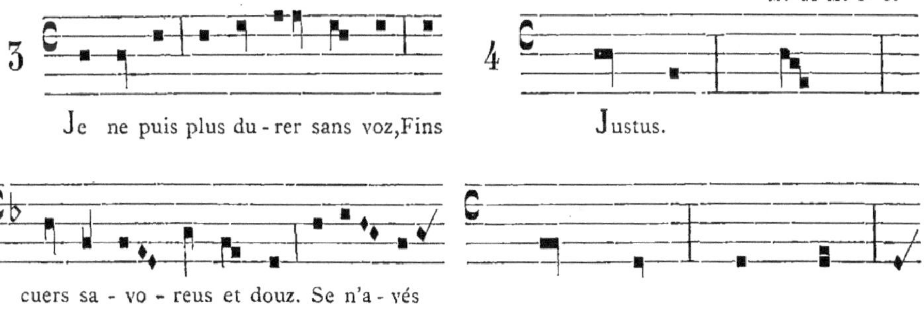

3 Je ne puis plus du - rer sans voz, Fins

4 Justus.

cuers sa - vo - reus et douz. Se n'a - vés

XCVIII

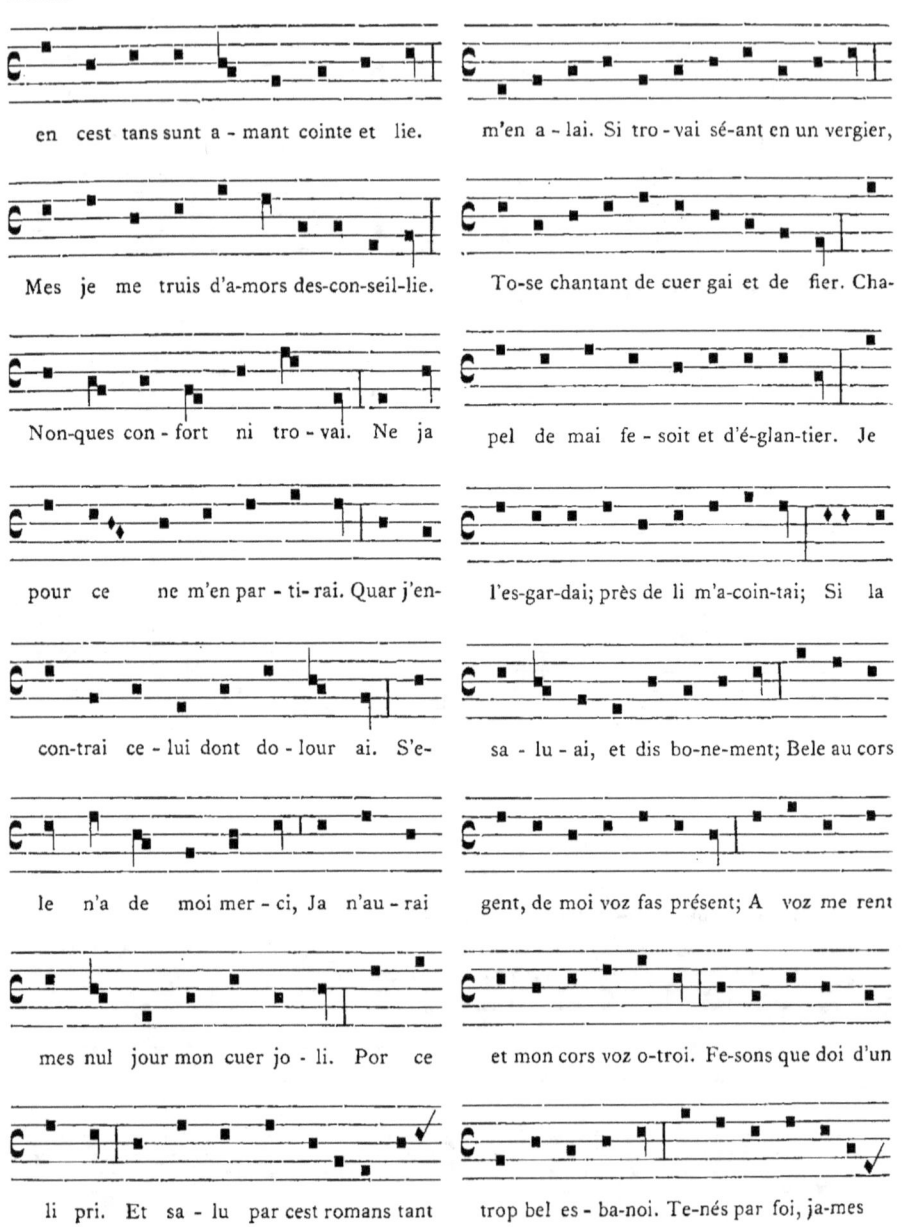

en cest tans sunt a-mant cointe et lie.

Mes je me truis d'a-mors des-con-seil-lie.

Non-ques con-fort ni tro-vai. Ne ja

pour ce ne m'en par-ti-rai. Quar j'en-

con-trai ce-lui dont do-lour ai. S'e-

le n'a de moi mer-ci, Ja n'au-rai

mes nul jour mon cuer jo-li. Por ce

li pri. Et sa-lu par cest romans tant

m'en a-lai. Si tro-vai sé-ant en un vergier,

To-se chantant de cuer gai et de fier. Cha-

pel de mai fe-soit et d'é-glan-tier. Je

l'es-gar-dai; près de li m'a-coin-tai; Si la

sa-lu-ai, et dis bo-ne-ment; Bele au cors

gent, de moi voz fas présent; A voz me rent

et mon cors voz o-troi. Fe-sons que doi d'un

trop bel es-ba-noi. Te-nés par foi, ja-mes

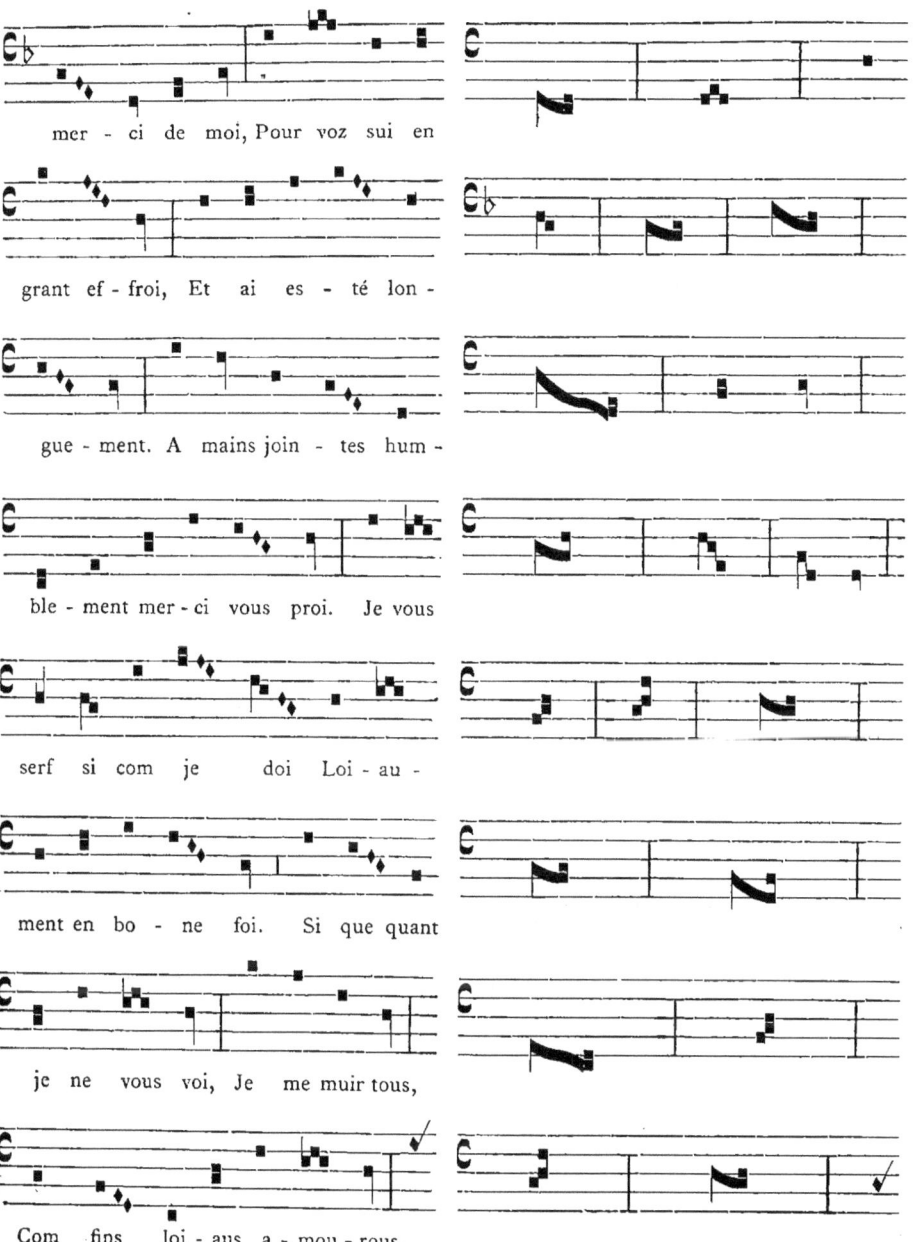

mer - ci de moi, Pour voz sui en
grant ef - froi, Et ai es - té lon -
gue - ment. A mains join - tes hum -
ble - ment mer - ci vous proi. Je vous
serf si com je doi Loi - au -
ment en bo - ne foi. Si que quant
je ne vous voi, Je me muir tous,
Com fins loi - aus a - mou - rous,

XLVIII

1. Diex! mout me fet. — 2. Diex! je suis ja près de joir. — 3. Diex! je ne puis. — 4. Et videbit.

Ms. de M. F⋅ 44 v⋅.

XLVIII

1. Diex! mout me fet. — 2. Diex! je suis ja près de joir. — 3. Diex! je ne puis. — 4. Et videbit.

Ms. de M. F° 45.

XLIX

1. Chançonete va t'en tost. — 2. Ainc d'amor. — 3. A la cheminée. — 4. Par vérité.

Ms. de M. F° 40.

L

1. Trois serors. — 2. Trois serors. — 3. Trois serors. — 4.....

Ms. de M. F° 41.

le da - me, a - mer, Et s'amours Gar-der
cil qu'il a.
a - mi, Pri - se m'a-vés el bois ra - mé
re-por - tés mi.

LI

1. Plus bele que flor. — 2. Quant revient. — 3. L'autrier joer. — 4. Flos.

Quadruple.

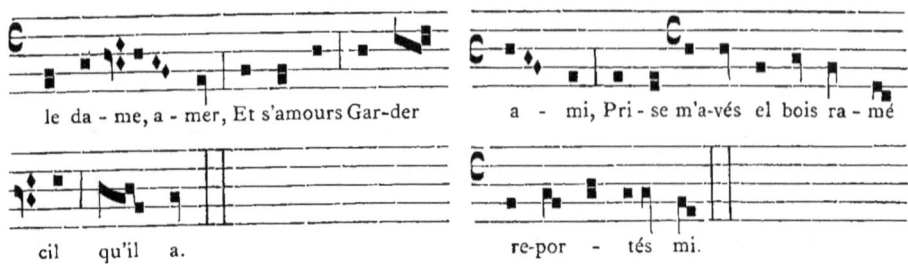

Ms. de M. F° 26 v°

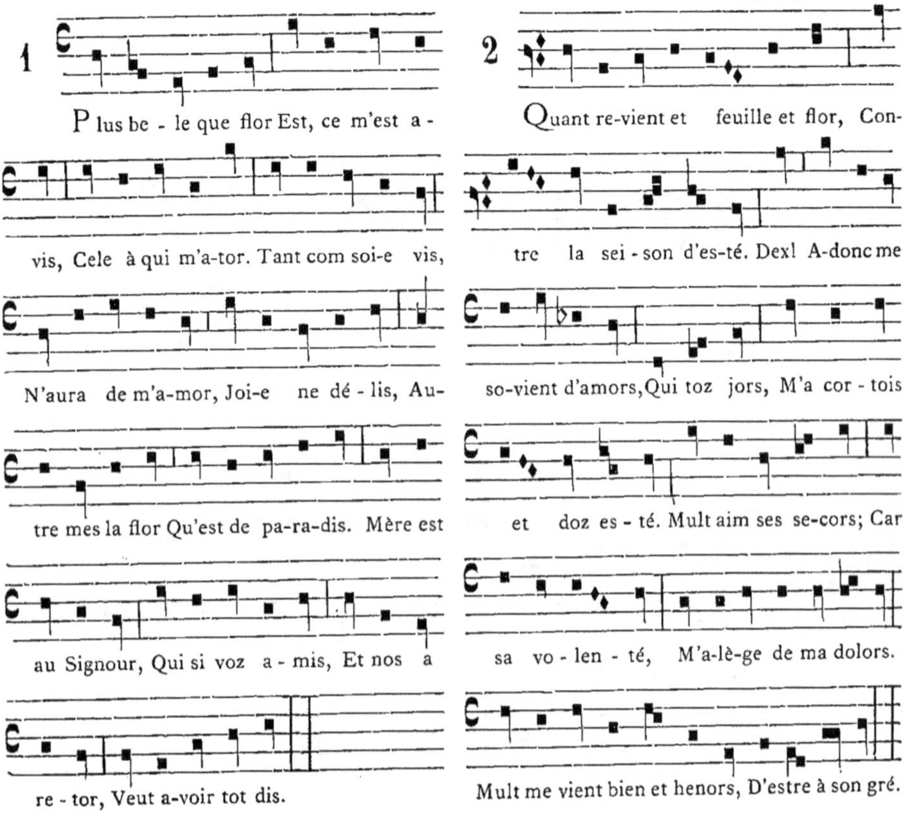
1
Plus be - le que flor Est, ce m'est a -
vis, Cele à qui m'a-tor. Tant com soi-e vis,
N'aura de m'a-mor, Joi-e ne dé - lis, Autre mes la flor Qu'est de pa-ra-dis. Mère est
au Signour, Qui si voz a - mis, Et nos a
re - tor, Veut a-voir tot dis.
2
Quant re-vient et feuille et flor, Contre la sei - son d'es-té. Dex! A-donc me
so-vient d'amors, Qui toz jors, M'a cor - tois
et doz es - té. Mult aim ses se-cors; Car
sa vo - len - té, M'a-lè-ge de ma dolors.
Mult me vient bien et henors, D'estre à son gré.

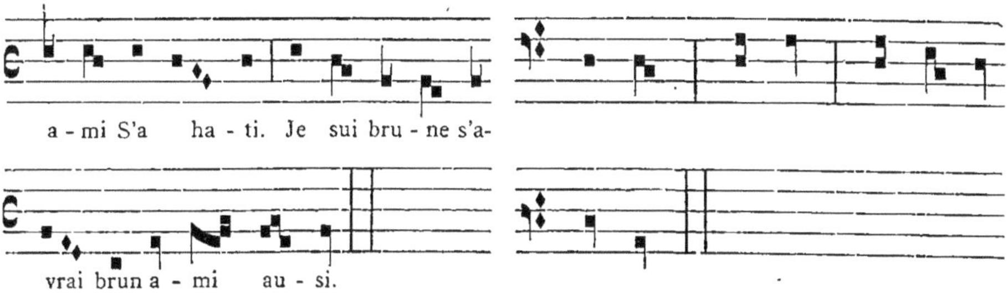

a - mi S'a ha - ti. Je sui bru - ne s'a-

vrai brun a - mi au - si.

LI

1. Plus bele que flor. — 2. Quant revient. — 3. L'autrier joer. — 4. Flos.

Quadruple.

Ms. de M. F. 27.

3 L'au-tri - er joer m'en a - lai Par un des-

4 Flos.

tor. En un ver -gier M'en en-trai Por queil-

lir flor. Dame plesant tro - vai, Cointe d'a-

tour, Cuer ot gai. Si chantoit en grant es-mai:

Amors ai, Qu'en ferai. C'est la fin, La fin, Que-

que nus di - e, J'a-me - rai.

II

TRADUCTIONS EN NOTATION MODERNE

1

ALLELUIA.

Organum pur,

par Pérotin.

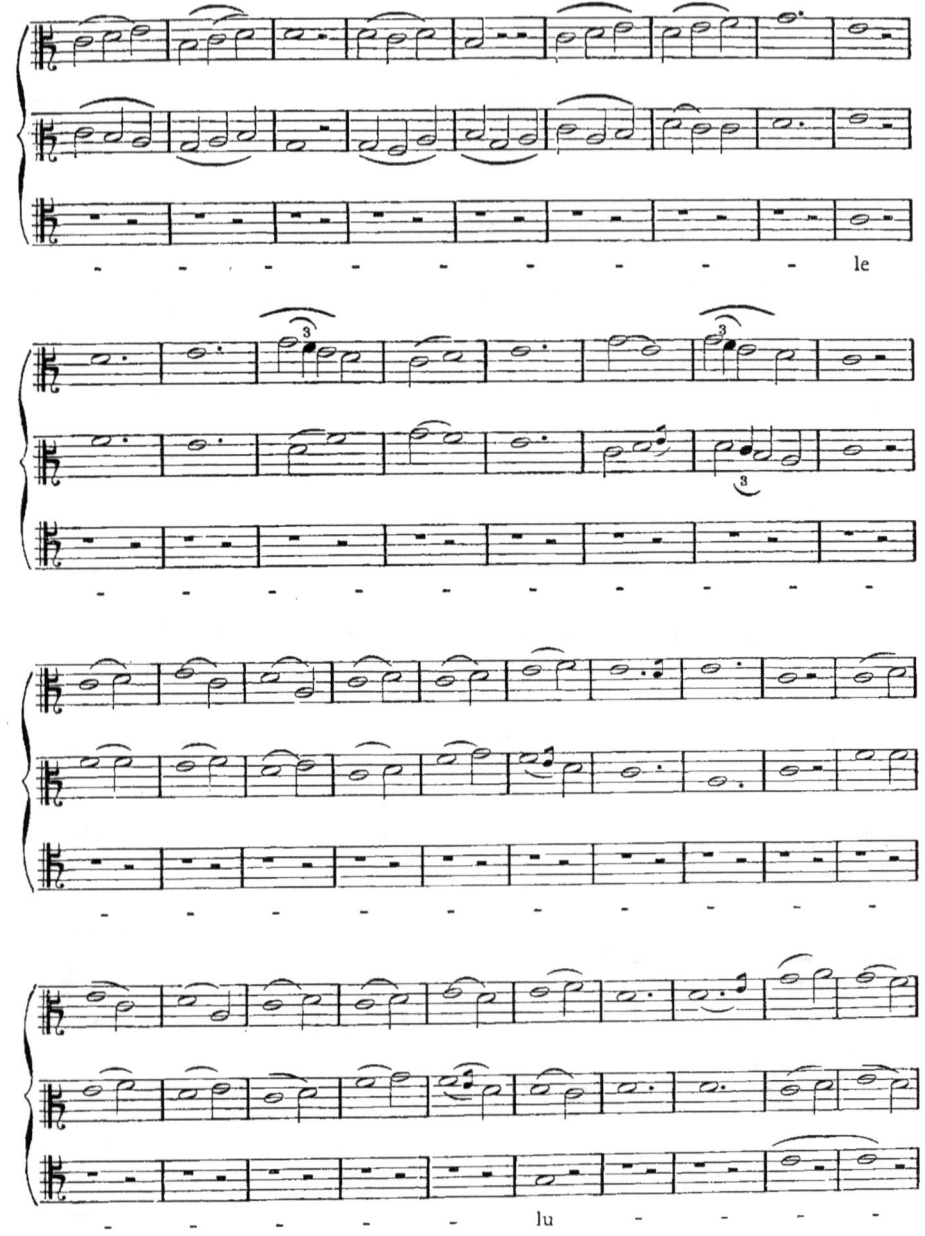

2

POSUI ADJUTORIUM.

Organum pur,

Par Pérotin.

tum.

3

DEUS IN ADJUTORIUM.

Organum ordinaire.

4

1. L'Estat du monde. — 2. BEATA VISCERA. — 3. Beata viscera.

Par Pérotin.

5

1. Conditio nature. — 2. O NATIO NEPHANDI. — 3. . . . . . .

Par l'auteur du Déchant vulgaire.

— 17 —

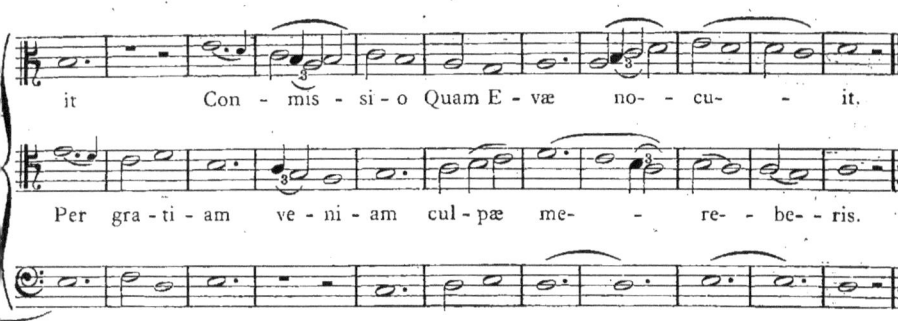

6

1. Res nova mirabilis. — VIRGO DECUS. — 3. Alleluia.

Par l'auteur du Déchant vulgaire.

Ms. de M. F^{os} 96 v°—97.

7

1. MOUT ME FU GRIÉS. — 2. IN OMNI FRATRE TUO. — 3. IN SÆCULUM.

Par l'auteur du Déchant vulgaire.

Ms. de M. F^{os} 66 v —67.

Mout me fu griés li dé-par-tir De m'a-mi-et-te la bele au cors gent;

In om-ni fra - tre tu-o non ha-bé-as

In sæculum.

Quant sa grant biau-té re-mir, Por li so-vent et nuit et jor sos-pir. Si très dos ris

fi - du-ci-am, Quo-ni - am li-vor est in plu-ri-

me fet fré-mir, Et si œil vair me fait lan-guir; Et sa be-le boche en-se-ment. Ele est do-

bus, Do-lum a-cu-en-ti-bus; Ut no-va-cu-lum ser-vi-

8

1. O maria virgo davidica. — 2. O MARIA MARIS STELLA. — 3. Veritatem.

Par l'auteur du Déchant vulgaire.

Ms. de M. F° 88 et 89.

9

1. Povre secors ai encore recovré. — 2. GAUDE CHORUS OMNIUM.— 3. Angelus.

Par l'auteur du Traité de déchant vulgaire.

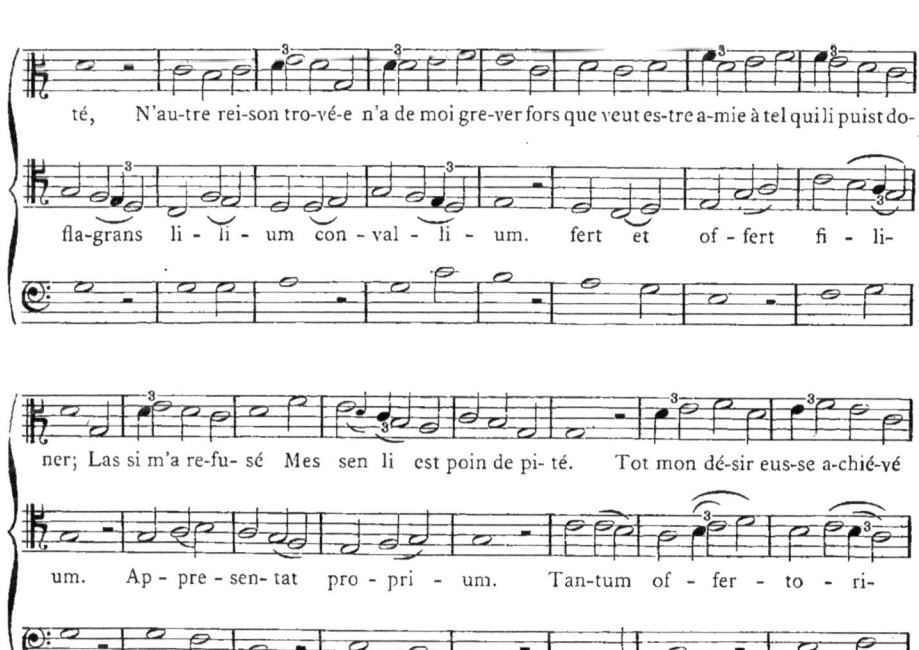

10

1. S'amours eut point de poer. — 2. AU RENOUVELER DU JOLI TANS. — 3. Ecce.

Par Pierre de la Croix.

11

1. Aucun ont trové chant. — 2. Lonc tans me sui tenu. — 3. Annunciavit.

Par Pierre de la Croix.

12

1. AMOR VINCENS OMNIA. — 2. MARIE PRÆCONIO. — 3. APTATUR.

Par ARISTOTE.

Ms. de M. F° 319 v°.

13

1. Salve virgo. — 2. VERBUM CARO FACTUM. — 3. Verbum.

Par Aristote.

Ms. de M. F° 320.

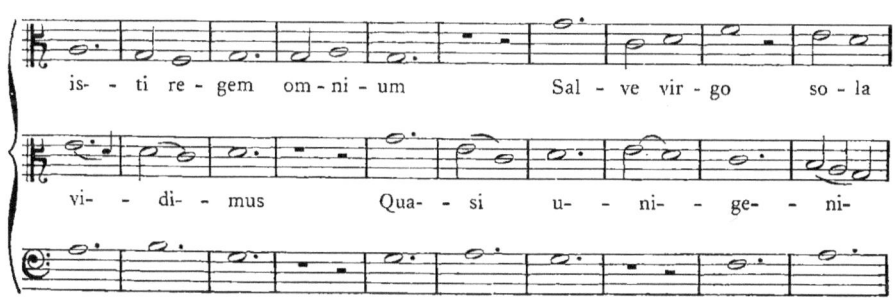

14

1. Veni virgo. — 2. VENI SANCTE SPIRITUS. — 3. Neuma.

Par Aristote.

Ms. de M. F° 92.

15

1. L'AUTRIER M'ESBANOIE. — 2. DEMENANT GRANT JOIE. — 3. MANERE.

Par Aristote.

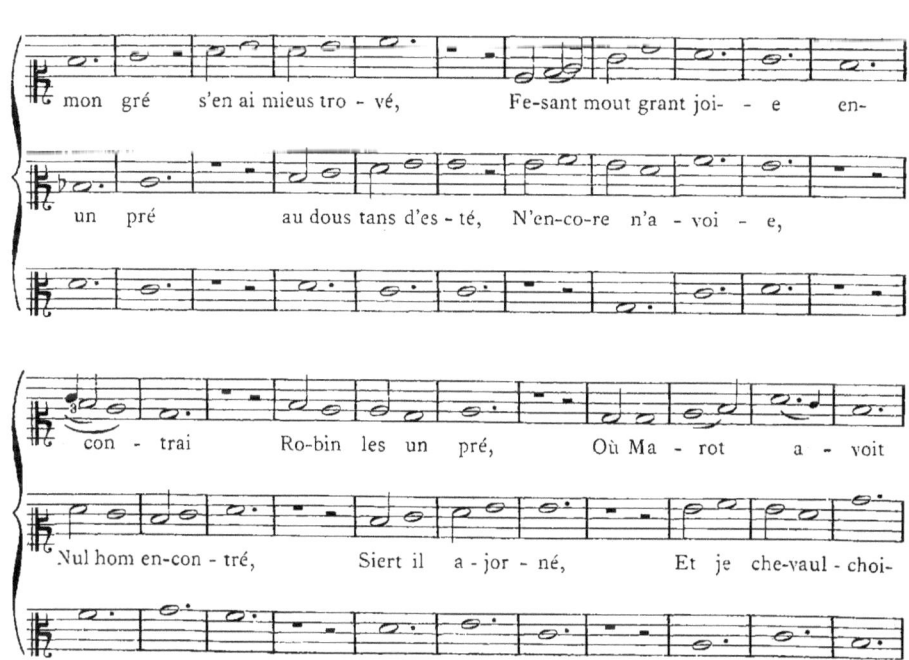

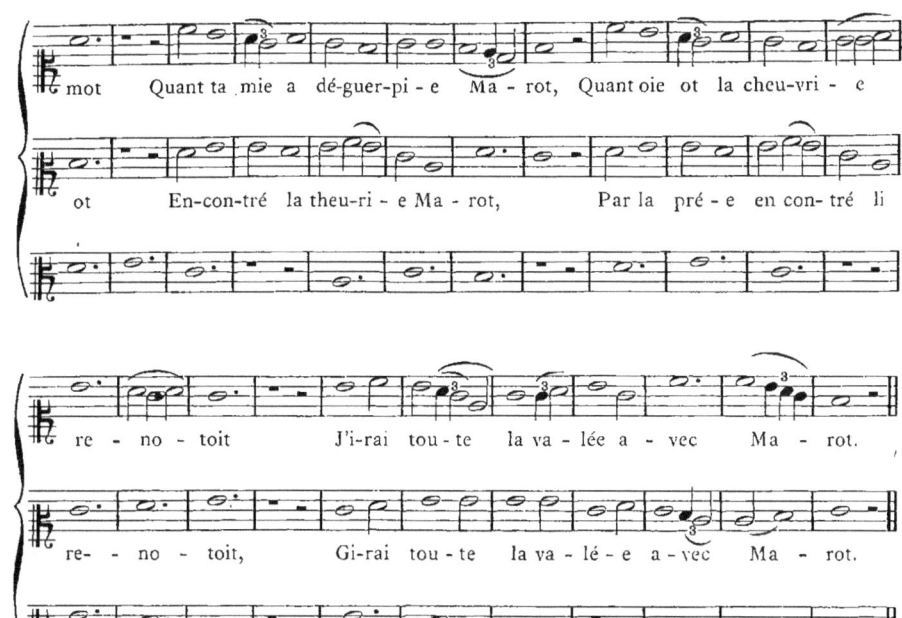

16

1. Diex qui porroit. — 2. En grant dolour. — 3. Aptatur.

Par Francon de Paris.

1. Ave virgo regia. — 2. AVE GLORIOSA MATER. — 3. Domino.

Par Francon de Cologne.

18

1. Psallat chorus. — 2. EXIMIE PATER. — 3. Aptatur.

Par Francon de Cologne.

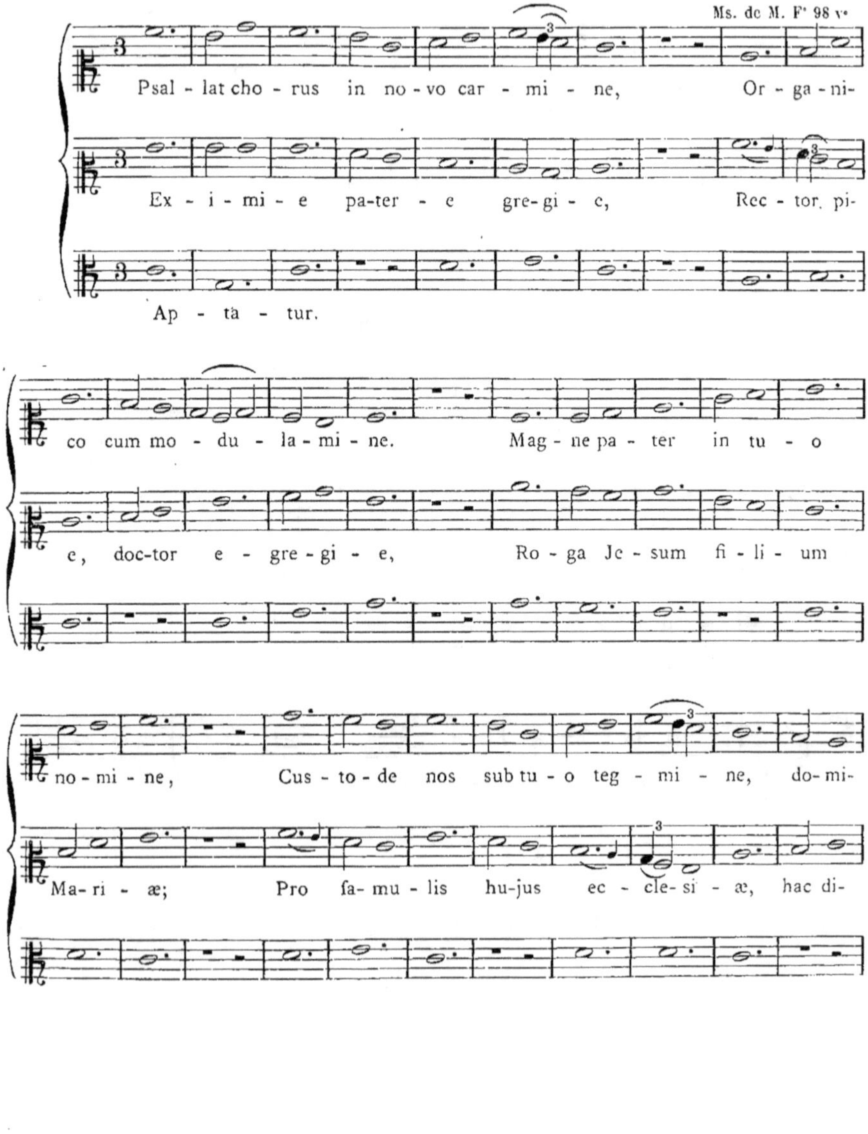

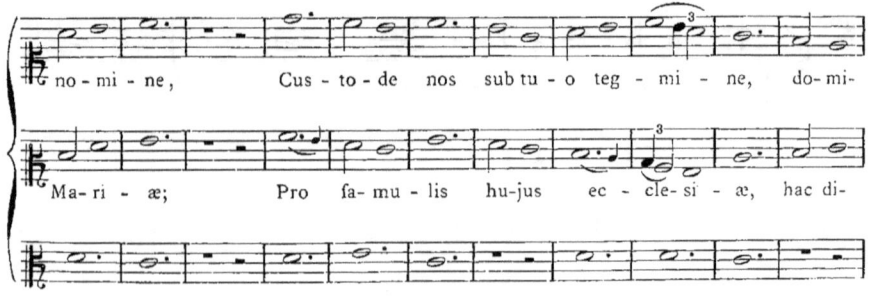

19

1. S'ON ME REGARDE. — 2. PRENÉS I GARDE. — 3. HÉ ! MI ENFANT.

(Imitations).

Ms. de M. F° 375.

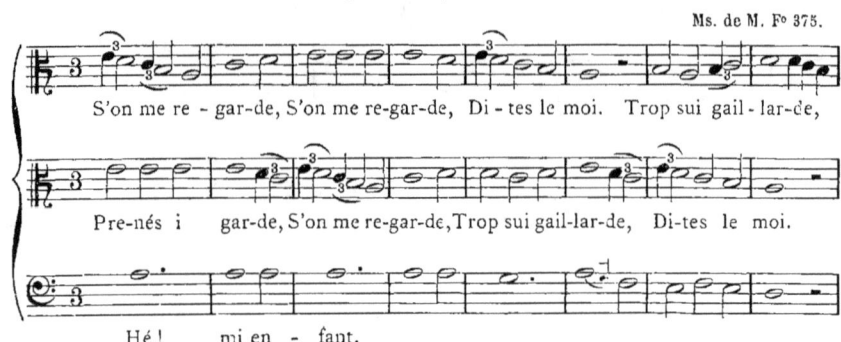

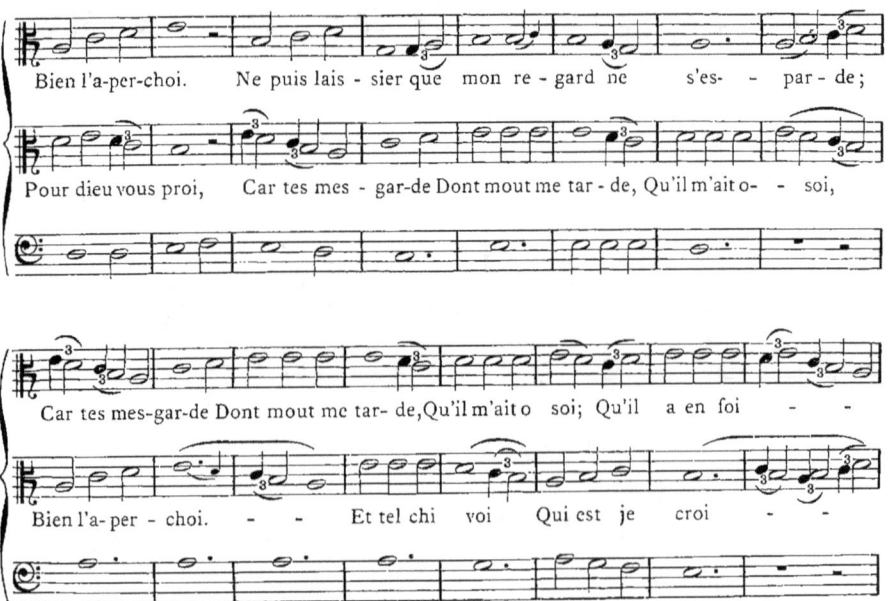

20

SUMER IS ICUMEN

Canon à six parties

Par l'Anonyme de Reading.

Musée Brit. Ms. Harl. 978.

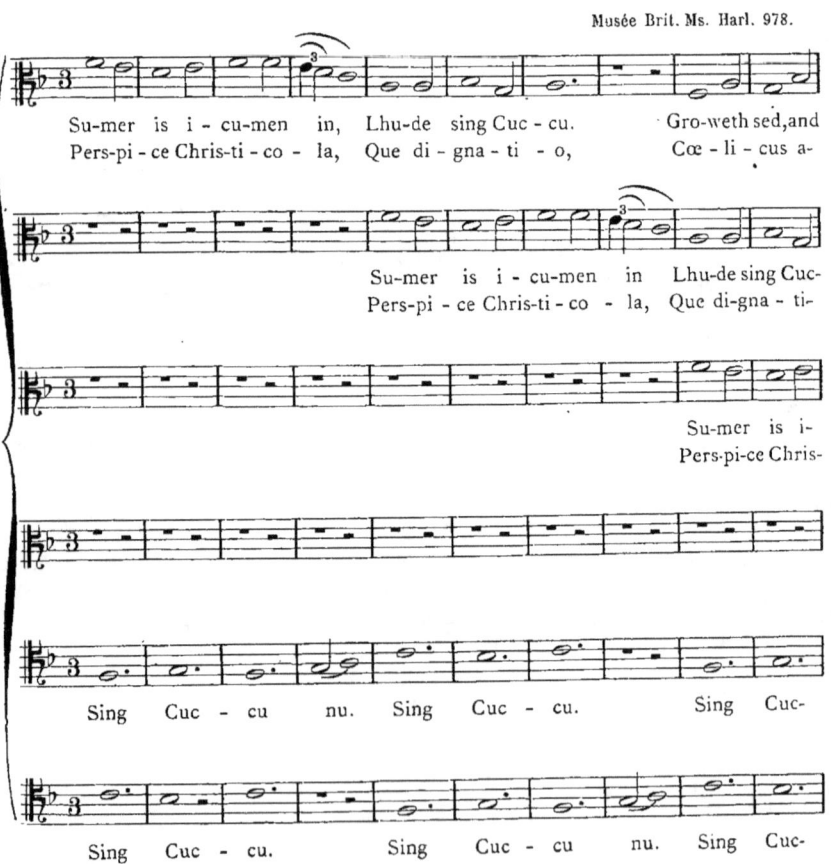

21

1. ALLE PSALLITE. — 2. ALLE PSALLITE. — 3. ALLELUYA.

(Contrepoint double).

Ms. de M. F° 392.

22

BALAAM

(Contrepoint double).

— 60 —

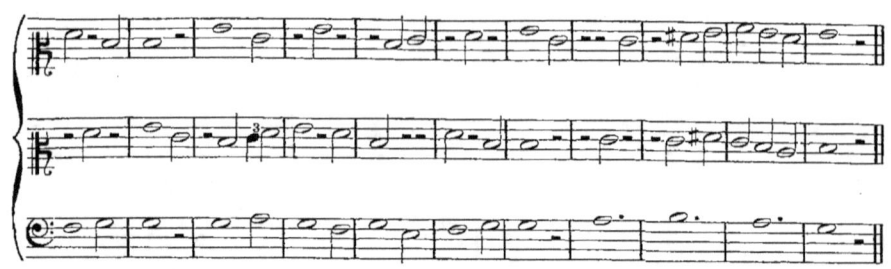

23

HUIC UT PLACUIT

(Contrepoint double).

Ms. de M. F° 394.

24

1. Or ne sai-je que devenir. — 2. PUISQUE D'AMER SUI. — 3. L....

(Hoquet).

25

1. SALVE VIRGO. — 2. SALVE SANCTA PARENS. — 3. OMNES.

(Amen).

Ms. de M. F° 346.

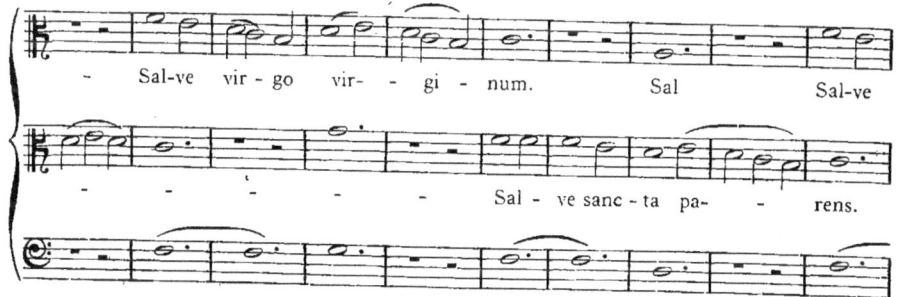

— 67 —

26

1. Hé! Mère Diu. — 2. LA VIRGE MARIE. — 3. Aptatur.

(Motet religieux).

Ms. de M. F° 196.

Hé! Mè - re Diu re - gar - dez m'en pi - tié
La Vir - ge Ma - ri - e, Loi - al est a - mi - e, Qui a li s'a-
Ap - ta - tur.

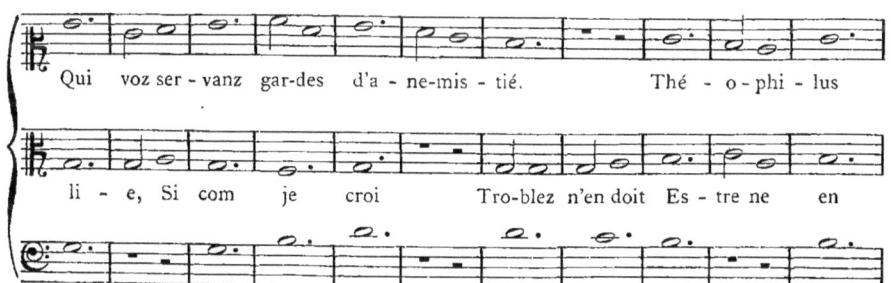

Qui voz ser - vanz gar - des d'a - ne - mis - tié. Thé - o - phi - lus
li - e, Si com je croi Tro - blez n'en doit Es - tre ne en

27

1. DAME BELE ET AVENANT. — 2. FI MARI. — 3. NUS NIERT JA JOLIS.

Par ADAM de la Hale.

Ms. de M. F° 300.

28

1. Mout me fu grief. — 2. Robin m'aime. — 3. Portare.

Par Adam de la Hale.

Ms. de M. F° 292.

Mout me fu grief li dé-par-tir de ma-mi-e-te, La jo-lie au cler vis, Qui est blanche et ver-mel-le-te Co-me ro-se par des-sus lis, Ce m'est a-vis. Son très dous ris mi fait fré-mir, Et sioell vair ri-ant lan-guir. Ha! Diex co-man la lais-

Ro-bin m'ai-me, Ro-bin m'a, Ro-bin m'a de-man-dé-e, Si m'a-ra. Ro-bin m'a-cha-ta cor-roi-e Et au-mo-niè-re de soi-e, Pour-quoi donc ne l'a-me-roie à

Portare.

29

1. DE JOLIS CUER. — 2. JE ME CUIDAI BIEN. — 3. ET GAUDEBIT.

Par GILON FERRANT.

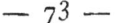

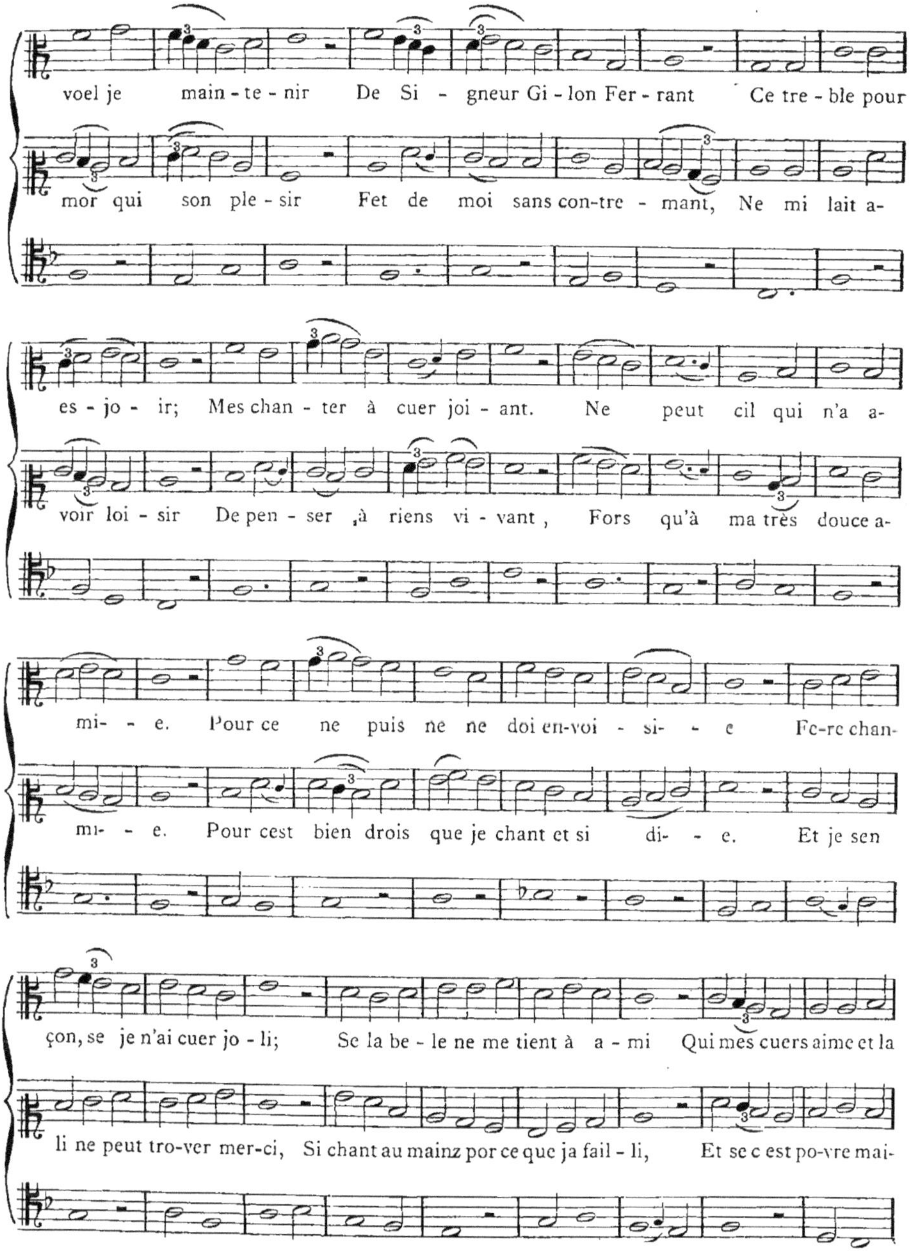
voel je main - te - nir De Si - gneur Gi - lon Fer - rant Ce tre - ble pour
mor qui son ple - sir Fet de moi sans con-tre - mant, Ne mi lait a-
es - jo - ir; Mes chan - ter à cuer joi - ant. Ne peut cil qui n'a a-
voir loi - sir De pen - ser ,à riens vi - vant , Fors qu'à ma très douce a-
mi- - e. Pour ce ne puis ne ne doi en-voi - si- - e Fe-re chan-
mi- - e. Pour cest bien drois que je chant et si di- - e. Et je sen
çon, se je n'ai cuer jo - li; Se la be - le ne me tient à a - mi Qui mes cuers aime et la
li ne peut tro-ver mer-ci, Si chant au mainz por ce que ja fail - li, Et se c est po-vre mai-

[1] D'ici à la fin, cette partie est évidemment mal notée.

30

1. Quant se départ la verdure. — 2. Onques ne sot. — 3. Docebit.

Par Jehan De Le Fontaine.

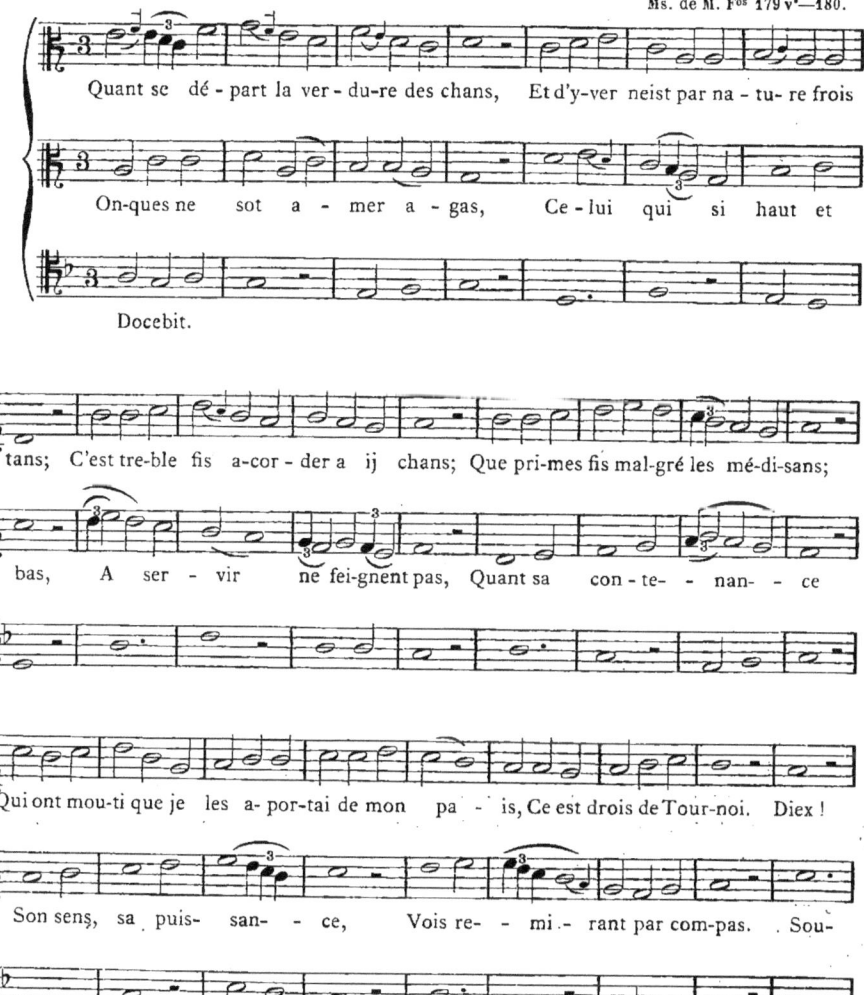

31

1. LONC TANS AI MON CUER ASSIS. — 2. IN SÆCULUM.

Par MONIOT d'Arras.

Ms. de M. F· £52 v·.

Lonc tans ai mon cuer as - sis en bien a - mer. Non-ques vers a - mours ne

In seculum.

fis riens a blau-mer; Ainz me sui mout en - tre - mis de lui lo - er. Or ne

puis mes en - du - rer. Si m'a con - quis. De sa joi-e m'a si pris, Ni puis du-

rer. Par mi sunt si pleur et si ris. Tout truis a - mer, Quant le quit meil-

lor tro - ver, Lors me fait pis. Diex! quant je me doi la nuit re-po-

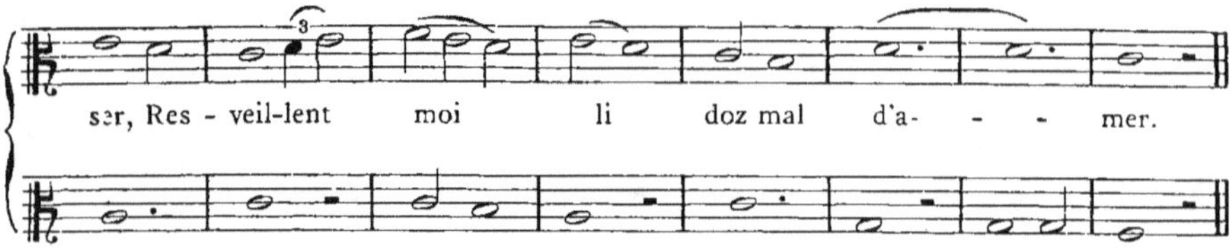

— 78 —

ser, Res - veil - lent moi li doz mal d'a - - - mer.

32

1. Li doz termines. — 2. Balaam.

Par Moniot de Paris.

Ms. de M. F° 249 v°.

Li doz ter - mi - nes m'a - gré - e. Du mois d'a - vril en pas - cour. Qu'a - donc

Balaam.

m'oc - troi - a s'a - mor Le plus bê - le qui soit né - e, Et qui plus a de va-

lour. S'en sui en plus grant bau - dour Qu'à nul jour ne sui mes ap - pa - reil-

lie. Loi - au - té j'ai tro - vé - e, Si l'em - port plus grant ho - nour. Cuers vai fai - re

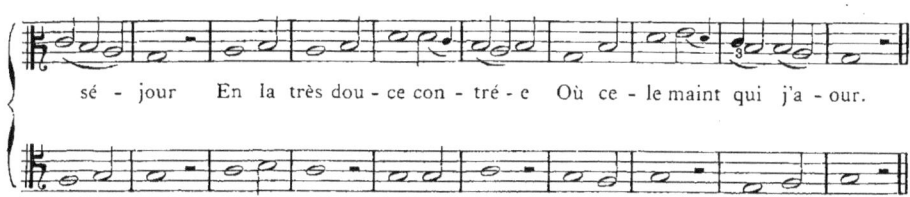

33

1. Se valors vient. — 2. BIEN ME SUI APERCEU. — 3......

Par Thomas Herrier.

34

1. J'AI MIS TOUTE MA PENSÉE. — 2. JE N'EN PUIS MAIS. — 3. PUERORUM.

Par un Anonyme de Cambrai.

Ms. de M. f° 275 v°.

J'ai mis tou-te ma pen-sé-e lonc tans en a-mour loi-au-ment ser - vir.

Je n'en puis mais, se je ne chant sou-

Puerorum.

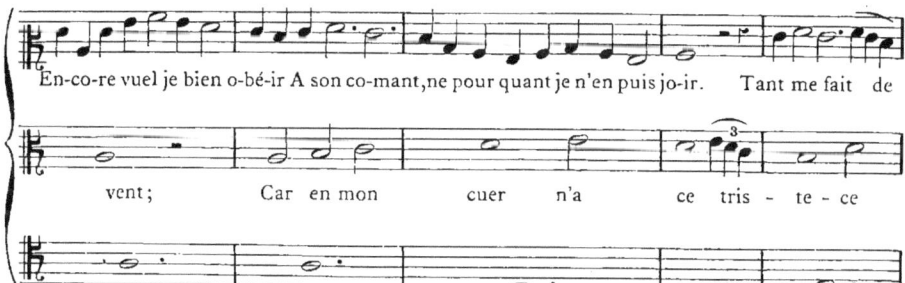

En-co-re vuel je bien o-bé-ir A son co-mant, ne pour quant je n'en puis jo-ir. Tant me fait de

vent; Car en mon cuer n'a ce tris - te - ce

mal souf-frir Ce - le que j'aim, que je ne sais que puis-se de-ve - nir. Trem-bler et fré-

non. A - mours m'a- - saut nuit et jour si grie-

35

1. Diex ou porrai-je. — 2. CHE SUNT AMOURETES. — 3. Omnes.

Par un Anonyme de Cambrai.

Ms. de M. F° 324 v°—325.

Diex où por-rai - je trou-ver mer - ci, Quant n'os di - re mon pen-ser à ce- li Qui par sa bon-té à mon cuer ra - vi Et em - pri - son - né. Hé - las! si mar la vi, Quant je n'ai pen - sée fors

Che sunt a - mou-re - tes qui me tien-nent si, Que ne pens à riens vi - vant, Fors qu'à la bêle au cler vis. Ay- mi! Sa blan-che gor- ge plai - sant. Son men - ton vo - tis, Sa saf - fre bou-che ri - ant,

Omnes.

36

1. Qui amours veut maintenir. — 2. LI DOUZ PENSER. — 3. Cis a cui je sui amie.

(Motet à thème multiple.)

Ms. de M. F° 314.

37

1. QUANT REPAIRE LA VERDOR. — 2. FLOS DE SPINA. — 3. REGNAT.

Ms. de M. F^{os} 78—79.

Quant re-pai-re la ver-dor Et la pri-me flo-re - te, Que chan-te par grant bau-dor Au

Flos de spi - na rum-pi- - tur; Spi-na ca-ret

Regnat.

ma-tin l'a-lo - e - te; Par un ma-tin me le-vai, Sos-pris d'une a-mou-re-te ; En un ver-ger

Flos et a-ret, Sed non mo-ri-tur. Vi-tæ flo-rem Per a-mo-rem Flos com-plec-ti-tur.

m'en en-trai por cucil-lier vi-o-le- te. U-ne pu-cele a-ve-nant, Bele et plei-sant, Jue-ne-te

Cu-jus ex so- la- ti- o Sic re-fi-ci- tur In ri-go-re pro-pri-o, Quod non pa-ti-

— 93 —

38

1. On parole de batre. — 2. A Paris soir et matin. — 3. Frèse nouvele.

— 94 —

39

1. Entre Copin et Bourgois. — 2. Il me cuidoie tenir. — 3. Bele Ysabelos.

Ms. de M. F° 277 v°.

40

1. Entre Jehan et Philippet. — 2. Nus hom ne puet. — 3. Chose Tassin.

Chose Tassin.

41

1. A MAISTRE JEHAN LARDIER. — 2. POUR LA PLUS JOLIE. — 3. ALLELUIA.

Ms. de M. F° 385 v°.

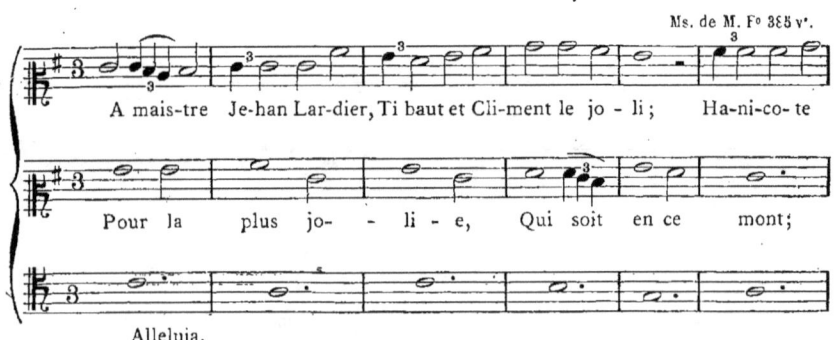

42

VIDERUNT.

Quadruple par Pérotin.

Ms. de M. Fos 40—41.

Viderunt omnes.

43

1. Ce que je tieng. — 2. Certes mout est. — 3. Bone compaignie. — 4. Manere.

Par un Anonyme de Paris.

Ms. de M. F° 51—52.

Ce que je tieng pour dé-duit, c'est ma do- - lors -

Cer-tes mout est bo-ne vi- - e, D'es-tre en bo-ne com-pai - gni-e

Bo-ne com-pai - gni - e, Quant e - le est pri - vé- - e.

Manere.

Car ce qui plus me des-traint, cet bone a- - mors. Où je m'ai do-

Vraie et es-pro- vé- - e; Car plus tôt tro- vé - e est o-ren-droit tri-che-

Main jeu, main-te dru - e - ri - e Fait fere à ce - lé - e; Mes quant chas-cun

44

1. JOLIEMENT. — 2. QUANT VOI LA FLORETE. — 3. JE SUI JOLIETE. — 4. APTATUR.

Par ARISTOTE.

Ms. de M. F. 55—56.

45

1. Ja n'amerai. — 2. In sæculum. — 3. In sæculum. — 4. In sæculum.

Par un Anonyme espagnol.

Ms. de M. F^{os} 1 v°—2.

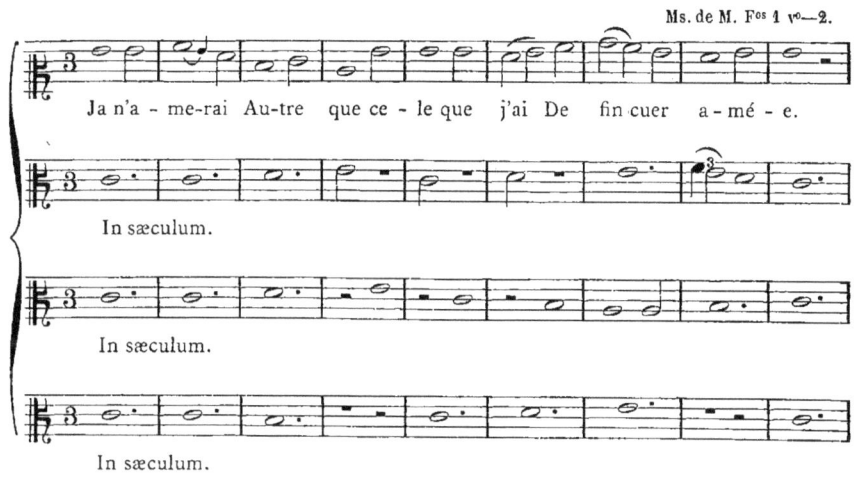

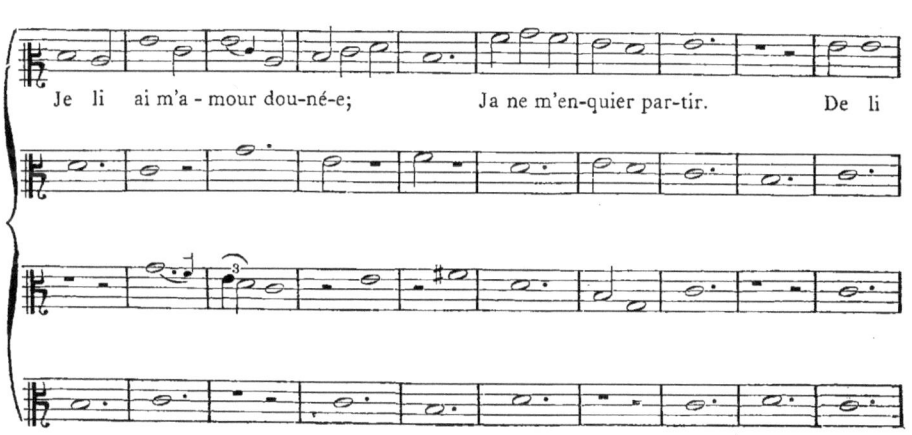

46

1. Cest quadruble. — 2. Voz ni dormirés. — 3. Biaus cuers. — 4. Fiat.

47

1. Le premier jor de mai. — 2. Par un matin. — 3. Je ne puis plus durer. — 4. Justus.

Ms. de M. F° 49 v°—50.

Le pre - mier jor de mai a - cor - dai Cest qua-

Par un ma - tin me le - va por dé - duire et por moi a - lé - gier. De les Blan-

Je ne puis plus du - - rer sans voz, Fins cuers sa-

Justus.

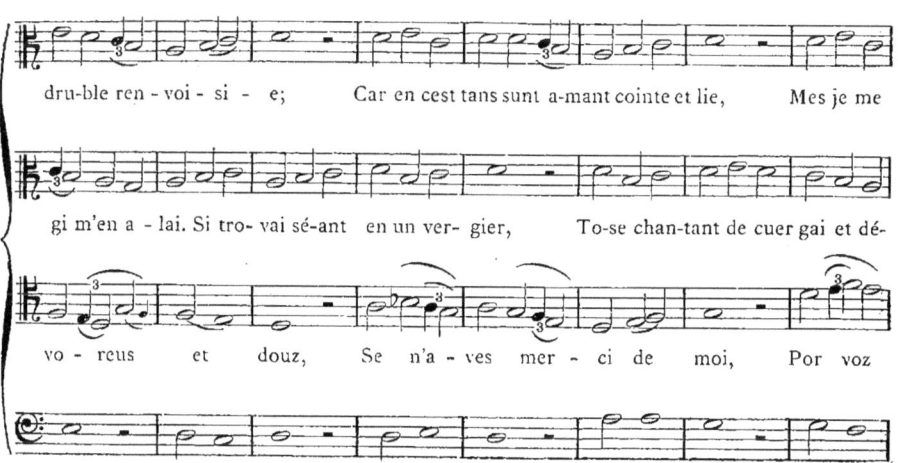

dru-ble ren - voi - si - e; Car en cest tans sunt a-mant cointe et lie, Mes je me

gi m'en a - lai. Si tro - vai sé-ant en un ver- gier, To-se chan-tant de cuer gai et dé-

vo - reus et douz, Se n'a - ves mer - ci de moi, Por voz

48

1. Diex! mout me fet. — 2. Diex! je sui ja près. — 3. Diex! je ni puis. — 4. Et videbit.

49

1. Chançonete va t'en tost. — 2. Ainc voir d'amors. — 3. A la cheminée. — 4. Par vérité.

Ms. de M. Fos 39—40.

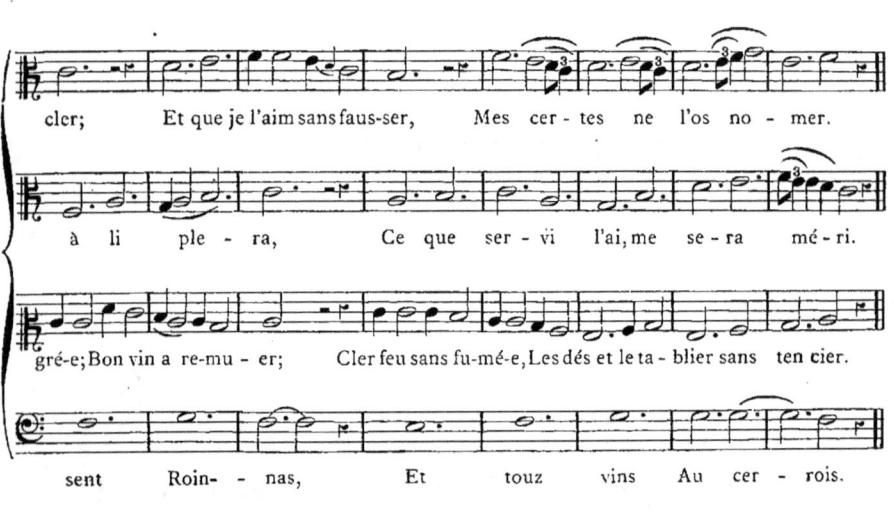

50

1. Trois serors. — 2. Trois serors. — 3. Trois serors. — 4. ....

Ms. de M. F⁰˙ 40 v⁰—41.

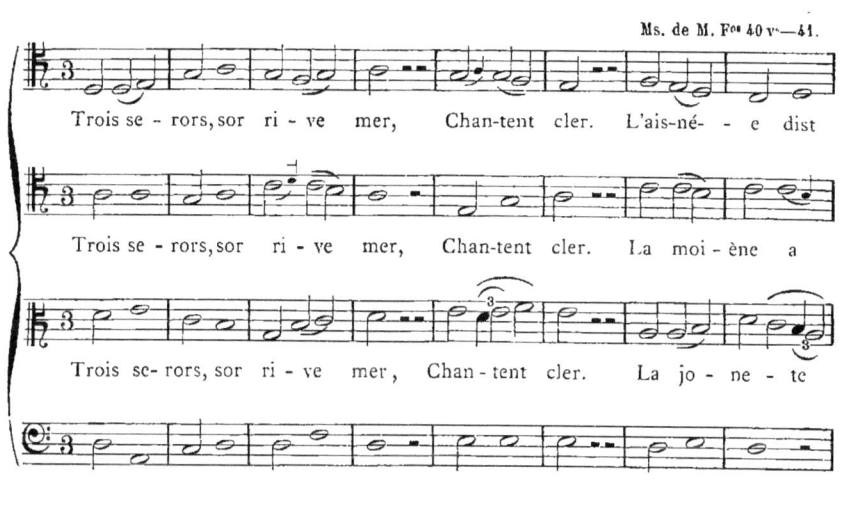

Trois se-rors, sor ri-ve mer, Chan-tent cler. L'ais-né-e dist

Trois se-rors, sor ri-ve mer, Chan-tent cler. La moi-ène a

Trois se-rors, sor ri-ve mer, Chan-tent cler. La jo-ne-te

a; On doit bien, be-le dame, a-mer, Et s'a-

a-pe-lé Ro-bin son a-mi. Pri-se m'a-vés

Fu bru-ne-te De brun a-mi. S'a ha-ti. Je sui

51

1. Plus bele que flor. — 2. Quant revient. — 3. L'autrier joer. — 4. Flos.

INDEX

A

ADAM DE LA BASSÉE, 15 — 100 — 191 — 205 — 206.
ADAM DE LA HALE, 60 — 64 — 65 — 87 — 97 — 98 — 99 — 114 — 116 — 180 — 181 — 188 — 190 — 191 — 192 — 193 — 194 — 213 — 284. — Ses compositions harmoniques, 3me partie, LVI — 70 et 71.
AIRS POPULAIRES, 90.
ALAIN DE LILLE, son « Ludus in Anticlaudianum » cité, 206.
ALLELUIA. Les Alleluia ont donné naissance aux proses ou séquences, 210 — 271 — 272.
ALLÉLUIATIQUES (Mélodies), 211.
ANDRIEU, de Douai, trouvère harmoniste, 191 — 201.
ANNALES ARCHÉOLOGIQUES, citées 14.
ANONYMES (Déchanteurs).
— Anglais, 144.
— Espagnols, 145 — 149 — 289.
— Italiens, 145.
— de Reading, 150.
— de Paris, 178.
ANONYMES (Traités).
— du British Museum, 31 — 38 — 51 — 54 — 55 — 56 — 178.
— de Bruxelles, 178.
— de Louvain, 145.
— de Milan, 18.
— de St-Dié, 172 — 179.
ANONYMES (Trouvères).
— Artésiens, 198.
— Cambrésiens, 197.
ARCHIVES des missions scientifiques, citées, 6.
ARGIES (GAUTIER d'), voir GAUTIER.
ARISTOTE (Pseudonyme?), didacticien, 50 — 52 — 60 — 92 — 93 — 123 — 153 — 154 — 157 — 166 — 167 — 168 — 171.
ARRAS (ville d'), citée dans le Manuscrit de Montpellier, 191 — 192, — renommée pour ses compositeurs de motets, 200.
ARS CANTUS MENSURABILIS de Francon de Cologne, 19 — 21 — 22 — 32 — 38.
AUDEFROID le Batard, trouvère harmoniste, 191 — 204.
AUGUSTIN (le moine), apôtre d'Angleterre, 99.

B

BAINI, maître de chapelle du Vatican, 136 — 137 — 158.
BALLOCE (Jean), didacticien, auteur d'un abrégé de Francon de Paris, 24 — 115 — 118 — 123 — 172.
BAUDE DE LA KAKERIE, compositeur de motets, 191 — 200 — 204.
BÉCARE, fonction qu'il remplissait dans la musique des XIIe et XIIIe siècles, 272.
BÈDE le vénérable, 166 — 167 — 168.
BEETHOVEN, 36.
BÉGUIN (Martin), trouvère harmoniste, 191 — 204.
BEIS (Thomas de), chantre à déchant de la chapelle de Philippe-le-Bel, 196.
BELLERMANN (Heinrich), 16 — 115 — 116 — 118.
BENSERADE, 65.
BERNEVILLE (Gillebert de), compositeur de motets, 191 — 200 — 201.
BEUGIN, compositeur de motets, 200.
BLAKESMIT, déchanteur à la Cour de Henri II, roi d'Angleterre, 41 — 144.
BLANC (Paulin), 5.
BLANGI, localité citée dans le Manuscrit de Montpellier, 191.
BLONDEAU DE NESLES, trouvère harmoniste, 191 — 204.
BODEL (Jehan), trouvère harmoniste, 191 — 204.
BOTTÉE DE TOULMON, 23 — 166.
BOURGOGNE (Jean de), didacticien, 34 — 177.
BOURGOIS, Jongleur, 206.

Brève, note musicale, sa valeur temporaire, sa subdivision en plus de trois semibrèves, 128 — 129 — 270.
Bretiaus, compositeur de motets, 200.

Buchon, 197.
Bulletin du Comité historique, cité 63.
Burney, 31 — 150 — 167.

C

Cambrai (Jacques de) trouvère harmoniste, 191.
Canon, en quoi il consiste, 71 — appelé Rota, 72 – 150.
Cantilène 187 et 188.
Cantimpré, lieu cité dans le manuscrit de Montpellier, 191.
Cantinelle 134.
Cantinelle couronnée 68 — 101.
Carnel (M. l'abbé) 100 — 206.
Cathédrales, on y enseignait la musique harmonique, 132 — 135.
Champitte (Guillaume de) 197.
Chansons des trouvères, 212.
Chantres a déchant de la chapelle de Philippe-le-Bel, 196.
Chants liturgiques d'Adam de la Bassée, 100 — 206.
Chants populaires, 90 — 99.
Chant romain dans la Gaule, sous Pépin, 99.
Chappell (William) 72 — 150 — 154 — 281.
Chapelle de Philippe-le-Bel (chantres à déchant de la), 196.
Charlemagne, difficulté qu'il eut pour faire adopter le chant romain. 99. — Cause de cette difficulté, 100.
Chromatique (musique) 68 — 101.
Ciconi (Jean), son traité de musique, 22.
Circoncision (office de la) en usage à Beauvais, 13.
Clari, lieu cité dans le manuscrit de Montpellier, 191 — 192.
Clefs — leur rôle — 75.

Clément (Félix), 210.
Colart Boutellier, trouvère harmoniste, 191 — 204 — 205.
Compositions harmoniques religieuses, 131. — Leur caractère, 135.
Compositions harmoniques séculières, 134. — Leur caractère, 135.
Compositions mélodiques, 135.
Compositeurs de motets, 260.
Conduit, — 37 — 47 — 65 — 134 — 137 — 175 — 184.
— double, — 10 — 66
— triple, — 10 — 14 — 66.
Contrepoint double, VIII — IX — 73 — 82. — Pièces de contrepoint double, 274 — 3ᵉ partie, nᵒˢ XXI-21, XXII-22, XXIII-23. —C'est par erreur que, dans la 1ʳᵉ partie, page 80, elles sont indiquées sous les nᵒˢ 19, 20 et 21.
Copin, jongleur, 200.
Copule, 55 — 56 — 57.
Coucy (le châtelain de) trouvère harmoniste, 205.
Croix (Pierre de la), Petrus de Cruce, didacticien, 32 — 129 — 130 — 153 — 154 — 157 — 158 — 176 — 277.
—Ses compositions, 3ᵉ partie, nᵒˢ x-10, xi-11.
Cunelier (Jean le), trouvère harmoniste, 191 — 204.
Cuveliers (Sohiers li), 191.
Cysoing (Jacques de), voir Jacques de Cysoing.

D

Daniel, son « Thesaurus hymnologicus », 209 — 210.
Danjou, 3 — 14.
Déchant, 18 — 37 — 43 — 76.
— ecclésiastique, 132 — 133.
— laïc, 10 — 182.
— vulgaire, 11 — 18.
— (Doctrine de) vulgaire, 32 — 40.
— (Chantres à) de la chapelle de Philippe-le-Bel, 196.
Déchanteurs, IX — 4 — 76 — 141 — 180.
— Allemands, 145.
— Anglais, 92 — 145.
— Belges, 145.

— Bourguignons, 144.
— Espagnols, 145 — 289.
— Italiens, 145.
— Picards, 144.
— de N.-D. de Paris, 4 — 143.
Diaphonie, 18 — 36 37.
Didacticiens, IX — 141 — 142 — 153.
Dinaux (Arthur) 197 — 198 — 201 — 203.
Dipodies (mesure par), 119 — 291.
Doni, 23.
Douai, lieu cité dans le manuscrit de Montpellier, 191 — 192.
Double (Duplum), 44.

E

Elewyck (Le chevalier Van), 177.
Erart (Jean), 191 204.

Eudes de Sully (Ordonnance d'), sur l'emploi de la musique harmonique à Notre-Dame de Paris, 271.

F

Fage (A. de la). Son essai de diphthérographie musicale citée, 22 — 45 — 82.

Fauconnier (le) (le Fauconer), déchanteur Picard, 144 — 176.

FAUVEL (Roman de), 274.
FERRANT, voir GILON FERRANT.
FÉTIS. VII — IX — 6 — 14 — 15 — 16 — 22 — 23 — 25 — 26 — 27 — 29 — 30 — 31 — 32 — 35 — 60 — 73 — 78 — 79 — 80 — 114 — 115 — 116 — 117 — 142 — 162 — 164 — 167 — 168 — 170 — 172 — 180 — 181 — 190 — 275.
FLORATURE, 55 — 56 — 57.
FONTAINE (JEHAN de le), trouvère harmoniste, 195 — 196.
FONTAINE (Jehan de la), chantre à déchant de la chapelle de Philippe le Bel, 196.
FORKEL, VII — 23 — 31 — 100 — 120 — 167.
FORNSETE (John) moine de l'abbaye de Reading, 72 — 150.
FRANCON d'Afflinghem, 19.

FRANCON de Cologne, 4 — 11 — 18 — 19 — 21 — 22 — 24 — 26 — 27 — 29 — 32 — 38 — 40 — 41 — 42 — 44 — 45 — 48 — 49 — 51 — 54 — 55 — 56 — 57 — 58 — 59 — 64 — 66 — 67 — 76 — 92 — 104 — 123 — 125 — 129 — 144 — 145 — 152 — 156 — 158 — 163 — 168 — 169 — 171 — 172 — 173 — 174 — 175 — 177 — 178 — 187 — 189.
FRANCON de Dortmund, 19.
FRANCON de Paris, 11 — 31 — 32 — 40 — 45 — 118 — 123 — 153 — 158 — 171 — 173 — 174.
FRANCO Primus, 31 — 144 — 171 — 172.
FREMAU (Jean), Trouvère harmoniste, 191 — 204.
FRESTEL, 184.

G

GARLANDE (Jean de), voir Jean de Garlande.
GASSES BRULEZ, trouvère, 202 — 203.
GAUTIER D'ARGIES, trouvère harmoniste, 191 — 204.
GAUTIER DE SOIGNIES, trouvère harmoniste, 199 — 204.
GAUTIER (Léon), 210 — 211.
GAZETTE musicale de Leipzig, citée 21.
GERBERT, prince-abbé de St-Blaise, VII — 30 — 100 — 166 — 171.
GIÉLÉ (Jacquemar), trouvère, 100 — 193.
GILON FERRAND, trouvère harmoniste, 188 — 191 — 192

— 194.
GILLEBERT DE BERNEVILLE, trouvère harmoniste, p. 191 — 202.
GLAY (le dʳ LE), 197.
GRECS (musique des), VII.
GRÈVE, voir Philippe de.
GUÉRARD, 41 — 136.
GUI D'AREZZO, 18 — 37.
GUI DE CHAALIS, 18 — 37.
GUILLAUME LI VINIERS, trouvère harmoniste, 191 — 204.

H

HANBOYS (Jean), 30 — 31 — 163 — 164 — 165 — 166 — 172.
HANDLO (Robert de), 30 — 31 — 120 — 130 — 163 — 164 — 165 — 166 — 172.
HARMONIE multiple.—W. Odington appelle ainsi la musique harmonique, 91.

HAWKINS, VII — 16 — 72 — 120.
HISTOIRE LITTÉRAIRE de la France, citée 23.
HÉCART, 197.
HERRIERS, voir Thomas Herrier.
HOCQUET, 83 — 137 — 145 — 162 — 175 — 283.
HUCBALD, 36 — 37.

I

IMITATIONS, IX — 70 — 73.— Composition avec imitations, 3ᵉ partie, n° XIX-19.
IMITATIF (Style), 84.

INSTRUMENTALE (Musique), 67.
INSTRUMENTS de musique, 68.

J

JACQUES DE CAMBRAI, trouvère harmoniste, 191 — 204.
JACQUES DE CYSOING, trouvère harmoniste, 191 — 203.
JACQUEMARS GIÉLÉ, trouvère, 100 — 280 — 284 — 286.
JEAN BALLOCE, didacticien, 24.
JEAN DE BOURGOGNE, didacticien, 24 — 31 — 144.
JEAN BODEL, voir Bodel.
JEAN LE FAUCONER, voir Fauconnier.
JEAN (maître), fils de Dieu, déchanteur anglais, 144.

JEAN, dit PRIMARIUS, déchanteur, 40 — 144.
JEAN de Garlande, didacticien, 10 — 31 — 32 — 40 — 42 — 45 — 47 — 48 — 49 — 50 — 51 — 54 — 55 — 58 — 66 — 74 — 76 — 77 — 78 — 79 — 82 — 93 — 118 — 123 — 130 — 147 — 156 — 157 — 162 — 163 — 273 — 282.
JEHAN, jongleur, 206.
JEHAN LARDIER, jongleur, 207.
JÉRÔME DE MORAVIE, didacticien, VIII — 18 — 24 — 27 — 29

30 — 31 — 40 — 74 — 92 — 120 — 130 — 143 — 154 — 159 — 163 — 168 — 177.
JOCELYN DE BRUGES, trouvère harmoniste, 121 — 201.
JOHANNOT DE LESCUREL, auteur d'un rondeau à trois par-
ties, 273.
JONGLEURS, 206 — 207 — 216.
JOURNAL DES SAVANTS, cité 5 — 106.
JUBILI (Neumes appelés), 211.

K

KIESEWETTER, VII — 21 — 23 — 181.

KUHNHOLTZ, 6.

L

LAURENS, 5.
LEBEUF (l'abbé), 41 — 271.
LECLERCQ (Victor), de l'Institut, 195.
LÉONIN ou LEO, (optimus organista), 39 — 42 — 124 — 143.
LESCUREL voir JOHANNOT DE.

LIBRI, 5.
LIVRES D'ORGANUM, 123.
LONGUE, sa valeur temporaire chez les premiers déchanteurs, 107. — aux XII° et XIII° siècles, 269.
LUDUS IN ANTECLAUDIANUM d'Adam de la Bassée 100.

M

MAÎTRES DE CHAPELLE de N.-D. de Paris, 143.
MADDEN (sir Frédéric), 41.
MAKEBLITE, déchanteur anglais, 42 — 144.
MANUSCRITS.
— de la cathédrale de Beauvais, 14 — 67.
— du British Museum, 41 — 72 — 136 — 137 — 143 — 145 — 146 — 149 — 150 — 171.
— de Bruxelles, 177.
— de Cambrai, 193.
— de Cambridge, 26.
— de Lille, 15 — 193.
— de Louvain, 177.
— de Milan, 18 — 171.
— de Montpellier (de la Faculté de Médecine), II. 196. — VIII Description, 3 — 6 — Ses miniatures, 7 — contient divers recueils, 9 — 10 — description des fascicules qui le composent, 11. — Les compositions qu'il renferme sont antérieures au XIV° siècle, 13.
— de Paris (Bibl. imp.) n° 273 bis du fonds Notre-Dame, 14 — 272 — n° 813 du fonds latin, 15 — 188 — 272 — n° 812 id. — 15 — 188 — n° 2736 du fonds de La Vallière, 15 — 180 — 181 — 193 — 194. — n° 184 du suppl. français 16 195 — n° 844 id. 16. — n° 11266 du fonds latin 16 — 167. — n° 146 du fonds français, 274.
— de Pise, 22.
— de Reading, 72 — 150.
— de St-Dié, 22 — 30 — 47 — 68 — 97 — 115 — 156 — 157.
— de St-Laurent de Leiges, 177.
— de St-Martial de Limoges, 27 — 28.
MARCHETTO DE PADOUE, 25 — 86 — 191.

MAROT, 65.
MARTIN BÉGHIN, Trouvère, 191 — 204.
MARTINI (Le Père), 23.
MÉLODIE, 85:
— à base harmonique, 85 — 89.
— spontanée, 85 — 186.
MÉRIL (Edelestand du) 209 — 210.
MESSE du XIII° siècle, 84 — 138 — 137 — 145.
MESURE, 113.
— binaire, 114.
— ternaire, 114.
— par dipodies, 119 — 291.
MICHEL (Francisque) 191 — 213 — 214.
MINIATURES du manuscrit de Montpellier, 7.
MODES, 103 — 108, 179.
— parfaits, 104.
— imparfaits, 104.
— irréguliers, 106.
MONE, 209 — 210.
MONIOT (Pierre) d'Arras, trouvère harmoniste, 191 — 192 — 285.
MONIOT de Paris, trouvère harmoniste, 191 — 192 — 196
MONTMERQUÉ, 194.
MORÉE (le prince de), trouvère harmoniste, 191 — 192.
MOTETS. — Etymologie et signification de ce mot, 59. — Caractère de cette composition, 59. — Son analogie avec certaines compositions modernes, 60 — d'Adam de la Halle, 60 — religieux, 134.
— à trebles et à tenures, 273.
— à trebles sans tenure, 273.
MOUVEMENT. 121.
— lent, 121.
— modéré, 121.

— vif, 121.
MOZART, 36.
MURIS (Jean de) 26 — 43 — 44 — 45 — 48 — 48 — 56 — 57 — 64 — 120 — 122 — 127 — 128 — 129 — 130 — 157 — 165 — 166 — 167 — 168.
MUSIQUE CHROMATIQUE, 68.

MUSIQUE FEINTE, 68
MUSIQUE HARMONIQUE, IX—38—en France, en Angleterre, en Espagne, en Italie, à Rome, à N.-D. de Paris, 136— 143 — en Picardie, en Flandre, 144 — en Allemagne, en Belgique, 145.
MUSIQUE INSTRUMENTALE, 67.

N

NEALE (J.), 209.
NEUFVILLE (Jean de), trouvère harmoniste, 191 — 204.
NICOLAS DE CAPOUE, 45.
NISARD (Th.) 6 — 14 — 18 — 20 — 21 — 23 — 25 — 27 — 30 — 32 — 185 — 190.

NORMAND (l'abbé Théodule), voir Nisard.
NOTATION, 123 — méthodes de, 124 — 269.
NOTKER, 211.
NOTRE-DAME (l'église) de Paris avait des déchanteurs dès le XIIe siècle, 142.

O

ODINGTON (Walter) didacticien, — 24 — 25 — 26 — 29 — 42 — 49 — 54 — 56 — 58 — 59 — 64 — 65 — 67 — 80 — 81 — 82 — 83 — 91 106 — 107 — 109 — 118 — 119 — 123 — 125 — 126 — 129 — 145 — 157 — 169 — 175 — 176 — 178 — 205.
ORGANUM, 14 — 37 — 44 — 47 — 53 — 54 — 138 — 175.

— double, 10 — 56.
— ordinaire, 58.
— pur, 56 — 57.
ORIENTIS PARTIBUS, conduit à trois parties, 14 — 67.
ORLÉANS, localité citée dans le Manuscrit de Montpellier, 192.

P

PACCHIAROTTI, à Padoue, possesseur du manuscrit de Beauvais, 14.
PAMPELUNE, ses déchanteurs, 145.
PARIS (Paulin), 201 — 212 — 273.
PASTOURELLE, 212.
PAULIN PARIS, voir PARIS.
PERNE, 23.
PÉROTIN surnommé le grand, déchanteur, maître de chapelle de N.-D. de Paris, 10 — 11 — 40 — 42 — 51 — 58 — 66 — 71 — 124 — 143 — 146 — 147 — 149 — 288 — Ses compositions, 3e partie, I — III — IX — LXXXIV — 1 — 3 — 12 — 105.
PÉPIN (le roi) 99.
PHILIPPE de Grève, chancelier de Paris, 204.
PHELIPPET, jongleur. 206.

PHILIPPE DE VITRY, didacticien, 130 — 193.
PICARD (Pierre), didacticien, 24 — 31 — 32 — 123 — 128 — 163 — 164 — 176 — 177.
PIÈRE (Robert de la) voir Robert de la.
PIERRE DE LA CROIX, voir CROIX.
PIERRE TROTHUN, voir Trothun.
PIERRE LE VISER, — 120 — 121.
PIERRE, surnommé Optimus notator, 40 — 125 — 144.
POÉSIES latines du Manuscrit de Montpellier, 209.
— françaises id. 212.
PRINCE (LE) DE LA MORÉE, trouvère harmoniste, 191 — 197.
PROBUS DE PICARDIE, surnom donné à Jean Le Fauconnier, déchanteur, 144.
PROSES, 210 — leur origine, 210.

Q

QUADRIVIUM, 193.

QUADRUPLE, 10 — 49 — 50 — 51 — 148 — 149 — 183.

R

RAOUL DE MAANTE, chantre à déchant de la chapelle de Philippe le Bel, 196.
RAOULS, trouvère, 204 — 205.
READING (Anonyme de l'abbaye de), auteur d'un canon à six parties, 72 — 150.
RENART NOVIEL (mélodies du) 100 — 193 — 280 — 284 — 286.
REVUE DE MUSIQUE RELIGIEUSE, citée, 14.
REVUE DE MUSIQUE ANCIENNE ET MODERNE, citée, 21.

RHYTHME, 102.
— de plain chant, 102 — 103.
— musical 102 — 103 — 107.
— poétique, 107.
— phraséologique, 118.
RHYTHMIQUE (forme) des ténors, 109.
ROBERT DE HANDLO, voir HANDLO.
ROBERT DE LA PIÈRE compositeur de motets, 200.

S

Robert de Sabillon, déchanteur, maître de chapelle de N.-D. de Paris, 143.
Robin et Marion (jeu de) 195 — 213.
Rondeau, sorte de composition harmonique, 37 —47 — son caractère, 64 — 134 — 175 — 188 — Rondeaux d'Adam de la Hale, 193 —212.
Rote, nom donné au canon, 72.
Roussiaus li Taillère, compositeur de motets, 200.

Sabillon (Robert de), voir Robert de.
Sacalia (Simon de), déchanteur et maître de chapelle de Notre-Dame de Paris, 144.
Saint Grégoire le grand, vi — 99.
Saint Boniface, 99.
Schilling, 23.
Scribe, 61.
Semibrève.— Sa valeur temporaire, 128 — 129 — 270.
Sigebert de Gembloux, 20 — 21 — 30 — 178.
Simon (Simon d'Authie?), 192.
Simon d'Authie, trouvère, 204.
Simon de Sacalia, voir Sacalia.
Sohiers li Cuveliers, voir Cuveliers.
Soignies, voir Gautier de.
Spinola de Gênes (des), ouvrage cité, 6.
Style imitatif, viii — 84.

T

Taillère (li), voir Roussiaus li.
Tailliar, 214.
Ténor, son rôle, 111 — 189.
Terri (Thierry de Soissons?) 192.
Théobald le Gallois, déchanteur, 144.
Thomas de Beis, voir Beis.
Thomas Herrier, trouvère harmoniste, 191 — 192 — 197.
Thomas de St-Julien, déchanteur, 144.
Tinctoris, 26.
Tonalité, 96.
 — de plain-chant, 97.
 — moderne, 97 — 99 — 100.
 — des peuples du Nord, 100.
Tournai (ville de), ses trouvères harmonistes, 191 — 192.
Treble (triple), 182 — 183 — 192 — 273.
Triple (Triplum) 10 — 11 — 47 — 48 — 76.
Triples majeurs, 10 — 48.
Trithème, 20 — 21 — 30.
Trivium, 193.
Trothun (Pierre), 40.
Trouvères harmonistes, ix — 141 — 180 — 182.
Tunstède, (Simon), didacticien, 30.

U

Université de Paris, on y enseignait la musique harmonique aux xiie et xiiie siècles, 126.

V

Verdière (Philippe), compositeur de motets, 200.
Vierge (chants en l'honneur de la Sainte).
 — (saluts en l'honneur de la Sainte).
Vincent (A. J. H.), membre de l'Institut, 35 — 65 — 114.
Vinier (li), voir Guillaume li.
Viser (Pierre le), 120 — 121.
Vitet (L.), membre de l'Institut, 114.
Vitry (Philippe de), voir Philippe de.

W

Wagener, 35.
Walter Odington, voir Odington.
Winterfeld (de), son opinion sur l'époque où vécut Francon de Cologne, 23.

TABLE DES MATIÈRES

Fac-similé du manuscrit de Montpellier. . . . . . . Frontispice.
Préface i
Prolégomènes v

I. — Description du manuscrit de Montpellier. 4

> Sommaire. — Utilité de cette description. — Le titre a donné lieu à des erreurs. — Miniatures. — Le volume comprend huit recueils distincts. — Description particulière de chacun d'eux.

II. — Des plus anciennes compositions harmoniques. 13

> Sommaire. — Aperçu des compositions harmoniques connues avant la découverte du manuscrit de Montpellier. — Résultat comparatif.

III. — Des plus anciens documents sur la musique harmonique. . 17

> Sommaire. — A quelle époque ont été écrits les plus anciens documents. — Importance de cette question. — Discussion sur l'époque où a vécu Francon de Cologne. — Découverte de nouveaux documents où il est parlé de l'existence de deux Francon.

PREMIÈRE PARTIE.

MUSIQUE HARMONIQUE.

Chap. I. — Musique harmonique, son origine, sa constitution. . 35

> Sommaire. — Ce qu'il faut entendre par musique harmonique. — Distinction entre la diaphonie et le déchant. — Quatre périodes dans la constitution de la musique harmonique. — Période originaire; période d'essais de signes de valeurs temporaires; période d'amélioration et de fixité dans les signes; période franconienne.

Chap. II. — Des compositions harmoniques appelées déchant ou double, triple, quadruple. 43

> Sommaire.—Déchant; ses diverses significations;—envisagé comme composition à deux parties ; — comment on y procédait ; — la partie génératrice de l'harmonie était tantôt la partie inférieure, tantôt la partie supérieure ; — différence résultant de ces procédés. — Triple, composition à trois parties ; — règles ; — ses diverses espèces. — Quadruple, composition à quatre parties ; règles. — Avant la découverte du manuscrit de Montpellier on ne connaissait pas de quadruples.—Celui-ci en contient dix-neuf dont un du célèbre Pérotin.

Chap. III. — Des différentes espèces de compositions harmoniques et de leur caractère distinctif. 53

> Sommaire. — Organum.— Il y avait deux sortes d'Organum : l'Organum pur et l'Organum ordinaire. — Comment se composait l'organum pur. — On y employait la « Copule » et la « Florature ». Ce qu'on entendait par « Copule ». — Copule liée. — Copule non liée. — Ce qu'on entendait par « Florature ». — L'Organum pur à deux parties, appelé aussi « Duplum », est le plus ancien. — Organum pur à trois parties. — Son caractère. — Organum pur de maître Pérotin. — Organum ordinaire. — Motet. — Etymologie et signification de ce mot.— Caractère distinctif de cette composition.— Le manuscrit de Montpellier contient des Motets à deux, trois et quatre parties.— Chaque partie chante des paroles différentes. — Analogie, sous ce rapport, avec certaines compositions modernes. — Le Motet, très en vogue aux XIIIe et XIVe siècles, avait disparu à la fin du XVe. — Rondeau ; composition où toutes les parties chantent les mêmes paroles. — Rondeaux d'Adam de La Hale. — Versification particulière du Rondeau. — Conduit. — Le caractère de cette composition n'est pas nettement défini. — Conduits simples, doubles triples et quadruples. — Conduits de maître Pérotin. — Les parties, sans paroles, semblent indiquer que le Conduit était une composition instrumentale. — Livres d'orgues.— Cantinelle couronnée.— Caractère de cette composition. — On y employait le genre chromatique.

Chap. IV. — De l'art d'écrire la musique harmonique aux XIIe et XIIIe siècles. 70

> Sommaire. — En quoi consistait l'art d'écrire aux XIIe et XIIIe siècles.— Contrepoint simple. — C'était rarement un contre-point de notre contre note. — Imitation. — Ce qu'on entend par là. — On en trouve dans les compositions de Pérotin, et des exemples dans le manuscrit de Montpellier. — Canon. — Différence entre le canon et l'Imitation. — En usage en Angleterre au XIIIe siècle, sous le nom de « Rota ». — Exemple remarquable d'un canon à six parties.— Son examen au point de vue mélodique et harmonique. — Contrepoint double. — Son existence au XIIIe siècle est contestée par M. Fétis. — Preuve tirée de la disposition diapasonale des diverses espèces de voix dans

les compositions harmoniques.—Renseignements fournis à cet égard par Jean de Garlande et par un anonyme du British Museum.—Le manuscrit de Montpellier contient trois compositions en contre-point double.— Autre preuve de l'existence du contre-point double à trois parties dans le traité de Walter Odington. — Procédés harmoniques secondaires.

Chap. V. — De la mélodie dans les compositions harmoniques des xiie et xiiie siècles. 85

> Sommaire. — Deux sortes de mélodies ; la mélodie spontanée, et la mélodie créé harmoniquement sur un thème ou chant donné. — On distingue ces deux sortes de mélodies dans les compositions des xiie et xiiie siècles. — Mélodies spontanées du manuscrit de Montpellier. — Exemples. — Les mélodies spontanées subissaient parfois des modifications. — Exemples. — Ces modifications étaient nécessaires lorsqu'on faisait marcher ensemble deux mélodies préexistantes.— Mélodies des compositions religieuses.— Dessins mélodiques des paroles secondaires. — Mélodies des thèmes ou ténors.

Chap. VI. — De l'harmonie et de la tonalité des compositions harmoniques des xiie et xiiie siècles 91

> Sommaire. — Harmonie; appelée d'abord diaphonie, puis déchant, exceptionnellement harmonie par Walter Odington. — Considérée comme science des accords, n'existait pas. — Classification, enchaînement des intervalles harmoniques. — Règles et exemples de l'anonyme de St-Dié. — Tonalité. Sens de ce mot. — Tonalité du plain-chant ; tonalité moderne. — Différence entre ces deux tonalités. — La tonalité appelée moderne existait dans les mélodies populaires et dans celles des trouvères. — Exemples d'Adam de La Hale et du manuscrit de Montpellier.— Cette tonalité remonte à une époque fort reculée. — Elle était inhérente à la musique des peuples du Nord. — C'est à cette cause qu'il faut attribuer la difficulté qu'eurent Charlemagne et ses prédécesseurs à faire adopter le chant romain.— On ne la trouve pas dans l'harmonie des xiie et xiiie siècles.

Chap. VII. — Du rhythme dans les compositions harmoniques des xiie et xiiie siècles 102

> Sommaire. — Le rhythme musical moderne est né de l'alliance du mètre antique avec le rhythme mélodique des peuples septentrionaux.— Ces deux rhythmes sont employés simultanément dans les compositions harmoniques des xiie et xiiie siècles. — Les divers rhythmes étaient appelés modes. — Rapports des modes avec les mètres antiques, d'après Walter Odington. — Modes parfaits et imparfaits. — Modifications par suites des changements intervenus dans la valeur donnée aux notes. — Modes complexes. — Rôle rhythmique du ténor dans les compositions harmoniques. — Le rhythme du ténor a un caractère franc et décidé. — Il est à croire que le ténor était exécuté par un instrument. — Le rhythme dans les autres parties, n'a pas un caractère aussi déterminé.

— Il est subordonné au rhythme des vers. — Rhythme des mélodies spontanées. — Rhythme des mélodies à base harmonique. — Rhythme phraséologique.

Chap. VIII. — De la mesure dans les compositions harmoniques des xiie et xiiie siècles 113

Sommaire. — La mesure est l'élément essentiel du rhythme musical dans les compositions harmoniques.—Différence entre la mesure dans la mélodie et la mesure dans l'harmonie. — Règles du chant mesurable. — Mesure binaire et ternaire.—Elle était exclusivement ternaire aux xiie et xiiie siècles.—Erreur de M. Fétis sur ce point. — Eléments constitutifs de la mesure à cette époque. — Unité de durée du temps. — Manière alors usitée d'exprimer le degré de lenteur et de vitesse à donner à la mesure.

Chap. IX. — De la notation employée dans les compositions du Manuscrit de Montpellier. 123

Sommaire. — Importance de la fixité dans la notation. — Premiers essais de la notation mesurée. — Améliorations successives. — Doctrine Franconienne. — Différence entre celle-ci et les doctrines antérieures.—Le manuscrit de Montpellier contient des compositions en notations antérieures, contemporaines, et postérieures à Francon. — Signes caractéristiques de ces notations. — Subdivision de la brève en plus de trois semibrèves. — Pierre de La Croix passe pour en avoir régularisé l'emploi. — Elle était connue du temps de Walter Odington. — Ce qu'en disent Robert de Handlo et Jean Hanboys.

Chap. X. — Coup-d'œil général sur les compositions harmoniques religieuses et séculières 131

Sommaire. — Compositions harmoniques religieuses.— Le déchant est né dans les grandes écoles ecclésiastiques. — Témoignage de Jérôme de Moravie.— Il y avait diverses sortes de déchants ecclésiastiques. — Leur caractère. — Les motets religieux avec paroles différentes étaient chantés dans l'église. — Compositions harmoniques séculières. — Elles étaient plus variées que les compositions religieuses. — Leur véritable caractère harmonique consistait à faire entendre simultanément plusieurs mélodies. — On n'aperçoit pas de différence entre les compositions religieuses et séculières. — Absence de sentiment religieux. — Les artistes étaient préoccupés par la nouveauté des effets harmoniques.— Enthousiasme qu'excitaient les compositions à plusieurs parties. — Résultat historique. — La musique harmonique était répandue dans toute l'Europe au xiie siècle. — Elle était en usage à la cour de Rome.— Où et comment s'exécutaient les compositions séculières. — Ce qu'on connaît des compositions et des compositeurs des xiie et xiiie siècles permet d'asseoir une opinion sur la situation de l'art à cette époque.

DEUXIÈME PARTIE.

MUSICIENS HARMONISTES.

Chap. I. — Déchanteurs.

>Sommaire. — Les déchanteurs différaient des trouvères et des théoriciens en ce qu'ils étaient à la fois compositeurs, chanteurs et organistes. — Rôle secondaire que leur fait tenir M. Fétis. — Dès le xiie siècle toutes les contrées de l'Europe avaient des déchanteurs habiles. — Déchanteurs de Notre-Dame de Paris. — Déchanteurs picards, bourguignons, anglais, italiens, espagnols, allemands et belges.

Chap. II. — Compositions des Déchanteurs. 146

>Sommaire. — Pérotin, surnommé le Grand, était auteur d'Organum purs, de triples, de quadruples. — Anonyme espagnol auteur d'un quadruple avec hoquets. — Anonyme de Reading, auteur d'un canon à six parties.

Chap. III. — Les didacticiens considérés comme compositeurs . . 153

>Sommaire. — Les didacticiens citent pour exemples, dans leurs traités, des fragments de compositions qu'on trouve en entier dans le manuscrit de Montpellier. — Exemples du « Traité de déchant vulgaire », des traités de Francon de Paris, de Francon de Cologne, d'Aristote et de plusieurs anonymes. — Faits d'où résulte que les didacticiens étaient compositeurs.

Chap. IV. — Compositions des didacticiens. 159

>Sommaire. — Compositions de l'auteur du « traité de déchant vulgaire »; — de Jean de Garlande; — de Pierre de La Croix; — du nommé Aristote; — de Francon de Paris; — de Francon de Cologne; — de Walter Odington; — de Pierre Picard; — de Jean de Bourgogne; — d'un anonyme de Paris; — de deux anonymes de St-Dié.

Chap. V. — Trouvères harmonistes. 180

>Sommaire. — Suivant M. Fétis, les trouvères étaient seulement mélodistes. — Le manuscrit de Montpellier fournit la preuve qu'ils étaient aussi harmonistes. — D'après M. Th. Nisard, les mélodies des trouvères seraient toutes le résultat d'un création harmonique. — Erreur de ce système. — Les trouvères étaient harmonistes et mélodistes.

Chap. VI. — Compositions des trouvères harmonistes. . . . 191

>Sommaire. — Plusieurs compositions du manuscrit de Montpellier ont pour auteurs d'une manière certaine les trouvères suivants : Adam de La Hale ;

Gilon Ferrant; Moniot d'Arras; Moniot de Paris; le Prince de Morée; Thomas Herriers; des anonymes de Cambrai; des anonymes d'Artois. — D'autres avec moins de certitude, mais très-vraisemblablement appartiennent à Andrieu de Douai; Gillebert de Berneville; Jacques de Cambrai; Jocelin de Bruges; Jacques de Cysoing; Audefroi le Bâtard; Jean Fremau; Baude de La Kakerie ; Blondeau de Nesles; Colart le Boutellier; Gautier d'Argies; Gautier de Soignies; Guillaume le Vinier; Jean Bodel; Jean de Neufville; Jean Erart; Jean le Cunelier; Martin Béguin. — Quelques trouvères ont composé des poésies latines. — Adam de La Bassée ; — Jongleurs. — Ils semblent aussi avoir composé de la musique harmonique.—Pièces qui peuvent leur être attribuées. — CONCLUSION.

APPENDICE.

I. — Textes seuls des compositions harmoniques de la troisième partie.. 209

II. — Table des compositions contenues dans le manuscrit de Montpellier 244

III. — Liste par ordre alphabétique, des pièces contenues dans le manuscrit de Montpellier. 257

IV. — Notes et éclaircissements sur les compositions harmoniques de la troisième partie. 269

TROISIÈME PARTIE.

MONUMENTS.

I. *Compositions en notation originale.* — II. *Traductions en notation moderne.*

1 — Alleluia. — *Organum pur*, par PÉROTIN.	1 — 1[1]
2 — Posui in adjutorium. — *Organum pur*, par le même.	II — 3
3 — Deus in adjutorium. — *Organum ordinaire*.	VII — 11
4 — 1. L'estat du monde. — 2. Beata viscera. — 3. Beata viscera — par PÉROTIN.	VIII — 12
5 — 1. Conditio naturæ. — 2. O natio nephandi. — 3.... — par L'AUTEUR DU DÉCHANT VULGAIRE.	X — 14
6 — 1. Res nova mirabilis. — 2. Virgo decus. — 3. Alleluia — par le même.	XII — 17

Les chiffres romains indiquent la pagination de la notation originale, et les chiffres arabes celle des traductions.

7 — 1. Mout mi fu griés. — 2. In omni fratre tuo. —3. In seculum — par le même.	XIV —	19
8 — 1. O Maria davidica. — 2. O Maria maris stella. — 3. Veritatem — par le même.	XVIII —	23
9 — 1. Povre secors ai encore recovré. — 2. Gaude chorus omnium. — 3. Angelus — par le même.	XX —	25
10 — 1. S'amours eut point de poer. — 2. Au renouveler du joli tans. — 3. Ecce — par PIERRE DE LA CROIX.	XXII —	27
11 — 1. Aucun ont trouvé chant. — 2. Lonc tans me suis tenu. — 3. Annun — par le même.	XXVI —	31
12 — 1. Amor vincens omnia. — 2. Mariæ præconio. — 3. Aptatur — par ARISTOTE.	XXIX —	35
13 — 1. Salve virgo nobilis. — 2. Verbum caro factum. — 3. Verbum — par le même.	XXX —	37
14 — 1. Veni virgo beatissima. — 2. Veni sancte spiritus. — 3. Neuma — par le même.	XXXII —	39
15 — 1. L'autrier m'esbatoie. — 2. Desmenant grant joie. — 3. Manere — par le même.	XXXIV —	41
16 — 1. Diex qui pourroit. — 2. En grant dolour. — 3. Aptatur — par FRANCON DE PARIS.	XXXVI —	43
17 — 1. Ave virgo regia. — 2. Ave gloriosa mater. — 3. Domino — par FRANCON DE COLOGNE.	XXXVIII —	46
18 — 1. Psallat chorus. — 2. Eximie pater. — 3. Aptatur — par le même.	XLII —	50
19 — 1. S'on me regarde. — 2. Prenés i garde. — 3. Hé! mi enfant. — *Imitations*.	XLIV —	52
20 — Sumer is icumen in — *Canon à six parties*, par L'ANONYME DE READING.	XLVI —	54
21 — 1. Alle psallite. — 2. Alle psallite. — 3. Alleluia — *Contrepoint double*.	XLVII —	57
22 — Balaam — *Contrepoint double*.	XLVIII —	58
23 — Huic ut placuit — *Contrepoint double*.	XLIX —	60
24 — 1. Or ne sai je que devenir. — 2. Puisque d'amer sui. — 3. L..... — *Hoquet*.	LI —	63
25 — 1. Salve virgo virginum — 2. Salve sancta parens. — 3. Omnes — *(Amen)*.	LIII —	65
26 — 1. Hé! mère Diu. — 2. La virge Marie. — 3. Aptatur — *Motet religieux*.	LIV —	67
27 — 1. Dame bele et avenante. — 2. Fi mari. — 3. Nus niert ja jolis — par ADAM DE LA HALE.	LVI —	70
28 — 1. Robin m'aime. — 2. Mout me fu grief. — 3. Portare — par le même.	LVI —	71
29 — 1. De joli cuer. — 2. Je me cuidai bien. — 3. Et gaudebit — par GILON FERRANT.	LVIII —	72

30 — 1. Quant se départ la verdure. — 2. Onques ne sot. — 3. Docebit — par JEHAN DE LE FONTAINE. . . . . LX — 75
31 — 1. Lonc tens ai mon cuer assis. — 2. In sæculum — par MONIOT d'Arras. LXII — 77
32 — 1. Li doz termines m'agrée. — 2. Balaam — par MONIOT de Paris. . LXIII — 78
33 — 1. Se valors vient. — 2. Bien me sui aperceu. — 3.... — par THOMAS HERRIER. . . . . LXIII — 79
34 — 1. J'ai mis toute ma pensée. — 2. Je n'en puis mais. — 3. Puerorum — par un ANONYME DE CAMBRAI. . . . . LXIV — 81
35 — 1. Diex ou porrai-je. — 2. Che sont amouretes. — 3. Omnes — par un ANONYME DE CAMBRAI. . . . . LXIX — 84
36 — 1. Qui amours veut maintenir. — 2. Li douz penser. — 3. Cis à cui je sui amie — *Motet à ténor multiple*. . . . . LXXIV — 86
37 — 1. Quant repaire la verdor. — 2. Flos de spina. — 3. Regnat. . . LXXV — 90
38 — 1. On parole de batre. — 2. A Paris soir et matin. — 3. Frèse nouvele. LXXVIII — 93
39 — 1. Entre Copin et Bourgois. — 2. Il me cuidoie tenir. — 3. Bele Ysabelos. LXXIX — 94
40 — 1. Entre Jean et Philippet. — 2. Nus hom ne puet. — 3. Chose Tassin. LXXXI — 96
41 — 1. A maistre Jehan Lardier. — 2. Pour la plus jolie. — 3. Alleluia. . LXXXII — 98
42 — Viderunt — *Quadruple*, par PÉROTIN. . . . . LXXXIV — 100
43 — 1. Ce que je tieng. — 2. Certes mout est. — 3. Bone compaignie. — 4. Manere — par un ANONYME DE PARIS . . . . LXXXIV — 101
44 — 1. Joliement. — 2. Quant voi la florete. — 3. Je suis joliete. — 4. Aptatur — par ARISTOTE. . . . . LXXXVIII — 105
45 — 1. Ja n'amerai autre. — 2. In sæculum. — 3. In sæculum. — 4. In sæculum — par un ANONYME ESPAGNOL. . . . . XCII — 109
46 — 1. C'est quadruble. — 2. Voz ni dormirés. — 3. Biaus cuers. — 4. Fiat. XCIV — 112
47 — 1. Le premier jor de mai. — 2. Par un matin. — 3. Je ne puis plus durer. — 4. Justus. . . . . XCVI — 115
48 — 1. Diex! mout me fet. — 2. Diex! je suis ja près de joir. — 3. Diex! je ne puis. — 4. Et videbit. . . . . C — 118
49 — 1. Chançonete va t'en tost. — 2. Ainc d'amor. — 3. A la cheminée. — 4. Par vérité. . . . . CII — 119
50 — 1. Trois serors. — 2. Trois serors. — 3. Trois serors. — 4.... . . CIII — 121
51 — 1. Plus bele que flor. — 2. Quant revient. — 3. L'autrier joer. — 4. Flos. CIV — 122
INDEX.
TABLE DES MATIÈRES.

ERRATA

Page	21,	ligne 24,	*au lieu de* : d'itentité,	*lisez* :	d'identité.
—	80,	— 10,	— nos XIX, XX et XXI,	—	nos XXI, XXII et XXIII.
—	80,	— 10,	— sous les nos 19, 20 et 21,	—	sous les nos 21, 22 et 23.
—	85,	— 9,	— paroles,	—	parties.
—	87,	— 4,	— nos 16, 18,	—	nos 8, 16.
—	88,	— 17,	— du no 16 etc,	—	du no 26 etc.
—	129,	— 18,	— lorsqu'une brève en,	—	lorsqu'une brève est divisée en.
—	130,	— 15,	— du XIIIe siècle,	—	du XIIe siècle.
—	134,	— 15,	— 813,	—	812.
—	153,	— 6,	— résultent	—	résulte.
—	191,	— 8,	— Jean Frémiau,	—	Jean Fremau.
—	192,	— 10,	— Une amour,	—	D'une amour.
—	204,	— 11,	— Frémiau	—	Fremau.
—	235,	— 2,	— spina	—	spina.

LILLE — IMP. LEFEBVRE-DUCROCQ, RUE ESQUERMOISE, 57.

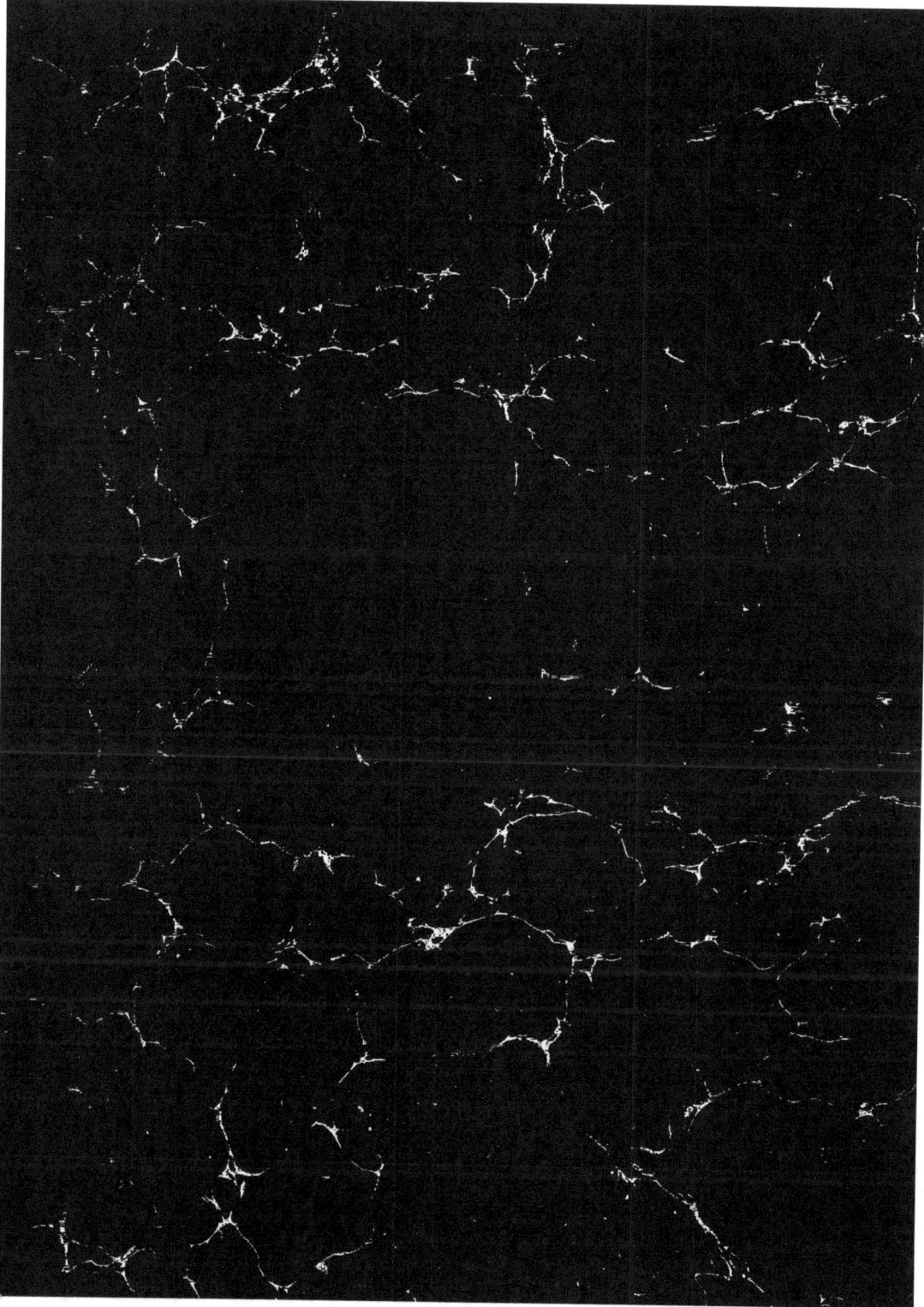

www.ingramcontent.com/pod-product-compliance
Lightning Source LLC
Chambersburg PA
CBHW060510230426
43665CB00013B/1458